HERMENEUTIK DES ALTEN TESTAMENTS

D1694443

Veröffentlichungen der
Wissenschaftlichen Gesellschaft für Theologie
(VWGTh)

Band 47

HERMENEUTIK
DES ALTEN TESTAMENTS

Herausgegeben von
Markus Witte und Jan C. Gertz

EVANGELISCHE VERLAGSANSTALT
Leipzig

Bibliographische Information der Deutschen Nationalbibliothek
Die Deutsche Nationalbibliothek verzeichnet diese Publikation in der
Deutschen Nationalbibliographie; detaillierte bibliographische Daten
sind im Internet über http://dnb.dnb.de abrufbar.

Das Buch wurde auf alterungsbeständigem Papier gedruckt.

Cover: Kai-Michael Gustmann, Leipzig
Satz: Matthias Müller, Berlin
Druck und Binden: Hubert & Co., Göttingen

ISBN 978-3-374-05092-5
www.eva-leipzig.de

VORWORT

Die Frage, wie das Alte Testament literarisch, historisch und theologisch angemessen zu verstehen ist, gehört zu den Grundfragen christlicher Theologie. Mit einer gewissen Regelmäßigkeit rückt diese Frage, die in ihrem Kern das Verhältnis christlichen Glaubens und christlicher Theologie zur Geschichte und zur Geltung der Schrift betrifft, besonders in den Vordergrund. Angesichts sich stetig wandelnder Verstehensbedingungen ist diese Frage aber jeder Generation neu aufgegeben, sei es, dass sie von außen an die christliche Theologie herangetragen wird, sei es, dass sie aus dieser selbst kommt. Als das Christentum, seine verschiedenen Kirchentümer und die christliche Theologie insgesamt betreffende Frage lassen sich Antworten nur in einem Zusammenspiel von Bibelwissenschaften und Systematischer Theologie, von Historischer und Praktischer Theologie/Religionspädagogik finden. Dabei sind sowohl im Alten und Neuen Testament selbst angelegte Verstehensweisen zu berücksichtigen als auch nachbiblische Hermeneutiken ganz unterschiedlicher philosophischer und konfessioneller Herkunft. Die in diesem Band gesammelten Beiträge bieten beides: eine Nachzeichnung der innerbiblischen Debatte und eine interdisziplinäre Bestimmung der Bedeutung des Alten Testaments in und für Theologie und Kirche.

Die Beiträge gehen auf eine Tagung der Fachgruppe Altes Testament in der *Wissenschaftlichen Gesellschaft für Theologie e. V.* zurück, die diese im Februar 2016 an der Humboldt-Universität zu Berlin veranstaltet hat. Ein wesentlicher Referenzpunkt dieser Tagung war die in jüngerer Zeit von dem Systematischen Theologen Notger Slenczka vorgetragene Problematisierung der theologischen Bedeutung des Alten Testaments für den christlichen Glauben. Neben der von Slenczka erhobenen Infragestellung der kanonischen Bedeutung des Alten Testaments waren es noch weitere Aspekte, welche die Fachgruppe Altes Testament veranlassten, ihre Jahrestagung 2016 gezielt der Hermeneutik des Alten Testaments zu widmen: Die auch gegenwärtig in öffentlichen Diskursen immer wieder anzutreffende Behauptung, das Alte Testament sei das Dokument einer gewalttätigen und rachsüchtigen Religion, die seitens des christlich-jüdischen Dialogs erhobene Mahnung, das Alte Testament in Gestalt der Hebräischen Bibel als eine sich in erster Linie an Israel richtende Urkunde wahrzunehmen, und schließlich die im Rahmen der neueren Alttestamentlichen Exegese, vor allem mitteleuropäischer Prägung, bisweilen anzutreffende Reduktion der Auslegung auf philologisch-historische Themen.

Die genannten Aspekte werden in den einzelnen Beiträgen mit unterschiedlichen Schwerpunkten thematisiert. Einleitend stellt der evangelische Alttestamentler *Manfred Oeming* (Heidelberg) unterschiedliche Hermeneutiken innerhalb des Alten Testaments vor. Er illustriert die Vielfalt alttestamentlicher Gottesbilder, unterstreicht den theologischen Eigenwert einzelner im Alten Testament vertretener Theologien und betont die bleibende Bedeutung der um eine existentiale Interpretation erweiterten historisch-kritischen Methode. *Ludger Schwienhorst-Schönberger*, römisch-katholischer Alttestamentler in Wien, bringt dazu vertiefend altkirchliche Auslegungsmethoden, für welche die Einheit der Schrift und die Polyphonie der Schrift konstitutiv sind, mit neuzeitlichen Hermeneutiken ins Gespräch und zeigt, welche Potentiale in einer Wiederentdeckung patristischer Exegese stecken. Angesichts der Tatsache, dass die Mehrzahl patristischer Kommentare zu Büchern des Alten Testaments bis heute nicht in kritischen Editionen und Übersetzungen in moderne Sprachen vorliegt, besteht hier ein besonderer Forschungsbedarf, um den Schatz der griechischen und lateinischen Bibelauslegung aus der Zeit zwischen dem 3. und dem 7. Jahrhundert n. Chr. zu heben.

Dem Neuen Testament, das traditionsgeschichtlich und theologisch ohne die im Alten Testament gesammelten Schriften nicht denkbar ist, sind zwei Aufsätze gewidmet. Zunächst skizziert der römisch-katholische Neutestamentler *Thomas Söding* (Bochum) den Gebrauch der heiligen Schriften des antiken Judentums, die später im Raum der Kirche zum Alten Testament wurden, im Markusevangelium. Für die Zeichnung der literarischen »Biographie« Jesu als Hörer der Schrift, als Exeget der Schrift und als mittels der Schrift Gedeuteter sowie für die Theologie des Markusevangeliums sind die Schriften des alten Israel, zumal die Tora, einzelne prophetische Texte und die Psalmen, basal. Dabei unterscheidet sich die literarische Verwendung »alttestamentlicher« Texte durch den Evangelisten Markus nicht grundsätzlich von zeitgenössischen jüdischen Lektüreweisen. Diesen Gesichtspunkt verdeutlicht auch der Beitrag der emeritierten evangelischen Neutestamentlerin *Oda Wischmeyer* (Erlangen), in dem der Bedeutungsgehalt von heiliger Schrift (γραφή) und Gesetz (νόμος) für Paulus und dessen bewusst selektiver Gebrauch »alttestamentlicher« Texte herausgearbeitet wird. Nach Wischmeyer greift Paulus keineswegs in allen seinen Briefen für die Begründung seiner Theologie auf die »Schrift Israels«, das spätere Alte Testament, zurück: Für Paulus, der im Bewusstsein des »neuen Bundes« lebe, sei nicht das Gegenüber von Altem und Neuem Testament entscheidend, sondern das von Schrift und Glaube.

Wesentlich für die Verhältnisbestimmung von Altem und Neuem Testament ist die Klärung, welches Textcorpus eigentlich die Schrift der frühen Christen war. *Volker Henning Drecoll*, evangelischer Patristiker in Tübingen, stellt klar heraus, dass dies die griechische Bibel, die Septuaginta, war. Dabei zeichnet er nicht nur Differenzierungs- und Identitätsbildungsprozesse in den verschiedenen Judentümern und Christentümern der hellenistischen und römischen Zeit nach, sondern beschreibt auch die Bedeutung des (werdenden) Alten Testaments für die Ausbildung der altkirchlichen Christologie und für die Liturgie. Als eine zweite, für die protestantische Theologie unverzichtbare Stimme der Bibelauslegung stellt der Frankfurter evangelische Kirchenhistoriker *Markus Wriedt* die Beschäftigung Martin Luthers mit dem Alten Testament vor. Dabei kommen sowohl Luthers Vorlesungen über alttestamentliche Texte als auch seine Vorreden auf das Alte Testament und seine Überlegungen zur Hermeneutik exemplarisch zur Sprache. In Auseinandersetzung mit Luthers Schrift gegen die Türken (1529) weist Wriedt auf die interreligiöse Bedeutung des Alten Testaments und die Wege seines Verstehens hin.

Die von Wriedt vorgestellte, stark auf die Existenz und den Glauben des Einzelnen zielende Hermeneutik Luthers spielt dann auch eine zentrale Rolle in den Reflexionen des Berliner evangelischen Systematikers *Notger Slenczka*, der seine bisher vorgetragenen Thesen zum Alten Testament hinsichtlich der Intertextualität religiöser Texte und ihres Beitrags zur Selbstdeutung menschlichen Lebens vertieft. So fragt Slenczka nun, was die alttestamentlichen Schriften unter den Bedingungen eines historischen Verstehens, hinter das es kein Zurück gebe, für das Verstehen der Biographie Jesu und über diese für das Verstehen der je eigenen Existenz leisteten. Dabei kontrastiert Slenczka einerseits methodisch scharf Intertextualität und Kanonizität und bestimmt andererseits als wesentliches Kriterium für die theologische Bedeutung biblischer Texte die Vergegenwärtigung der Deutungskraft des Lebensvollzuges Jesu. Slenczkas Aufsatz wird flankiert von einem kulturtheologischen Beitrag des in Venedig und München tätigen evangelischen Systematikers *Jörg Lauster*. Im Zentrum seines mit der Theologiegeschichte des 18. Jahrhunderts einsetzenden und einen weiten Bogen vom englischen Deismus bis zu Jan Assmann spannenden Aufsatzes steht die Beschreibung von grundsätzlichen theologischen Kontinuitäten und Diskontinuitäten zwischen Altem und Neuem Testament, die Bestimmung von Wesen und Funktion schriftbasierter Religionen sowie die Bedeutung von Erfahrung für die Interpretation heiliger Schriften.

Der Band wird mit zwei Beiträgen aus der Praktischen Theologie und Religionspädagogik beschlossen. *Michael Fricke* (Regensburg) gibt einen Überblick über die Verwendung des Alten Testaments im (evangelischen) Religionsunterricht. Dabei kommen generelle Thematisierungen des Alten Testaments in religionspädagogischen Entwürfen in der jüngeren Vergangenheit und in der Gegenwart ebenso zur Sprache wie konkrete Unterrichtsentwürfe. Ihnen zur Seite stehen Überlegungen des stark im christlich-jüdischen Gespräch engagierten evangelischen praktischen Theologen *Alexander Deeg* (Leipzig) zum Gebrauch des Alten Testaments in der christlichen Predigt.

Entsprechend der von Deeg mit Nachdruck eingeforderten dialogischen Gemeinschaft von Juden und Christen, die sich in und mit der Bibel auf dem Weg durch das Leben befinden, sollte dem Band auch ein Beitrag eines jüdischen Bibelwissenschaftlers beigegeben sein. Leider konnte der an der Hebrew University in Jerusalem tätige Shimon Gesundheit, der auf der Berliner Tagung 2016 die rabbinische Hermeneutik als Fortsetzung der innerbiblischen Schriftauslegung vorführte, seinen Vortrag aus Krankheitsgründen nicht für den Druck vorbereiten. Gesundheit zeigte seinerzeit an ausgewählten Texten der Hebräischen Bibel, dass sich bereits in dieser selbst Formen der Auslegung finden, wie sie für die Exegese im Talmud und im Midrasch typisch sind. Dabei arbeitete er strukturelle Konvergenzen zwischen rabbinischer Exegese und patristischer Auslegung, wie sie in den Beiträgen von Schwienhorst-Schönberger und Drecoll deutlich werden, heraus. Vor diesem Hintergrund signalisierte die Tagung zur Hermeneutik des Alten Testaments weiteren Forschungsbedarf zu den Berührungen zwischen jüdischer und christlicher Bibelauslegung in der Spätantike und im frühen Mittelalter. Zudem zeigte der Vortrag von Gesundheit die Problematik einer Hermeneutik, der ein fest umrissener Kanon an heiligen Schriften zugrunde liegt, wie dies Gesundheit – bei allen Unterschieden im Einzelnen – als ein typisches Merkmal christlicher Hermeneutik ansprach.

Der Autorin und den Autoren des Bandes danken wir herzlich, dass sie ihre Vorträge für die Veröffentlichung zur Verfügung gestellt haben. Der *Wissenschaftlichen Gesellschaft* und der *Deutschen Forschungsgemeinschaft* sind wir sehr dankbar für die finanzielle Förderung der Tagung im Februar 2016. Herrn Dipl.-Theol. Matthias Müller danken wir herzlich für das sorgfältige Lektorat und die Erstellung der Druckvorlage. Frau Johanna Kappelt hat dankenswerter Weise die Register erstellt. Schließlich danken wir Frau Dr. Annette Weidhas und ihren Mitarbeiterinnen bei der Evangelischen Verlagsanstalt für die verlegerische Betreuung des Bandes.

Berlin und Heidelberg, im Juni 2017   Markus Witte und Jan Christian Gertz

Inhalt

DER KAMPF UM DAS ALTE TESTAMENT
Ein Plädoyer für das Alte Testament als notwendigen Bestandteil des christlichen Kanons

Manfred Oeming

1. DAS PROBLEM

Eine durchdachte Hermeneutik des Alten Testaments ist eine Grundaufgabe christlicher Theologie. Auf die Frage, welche Bedeutung das Alte angesichts des Neuen Testaments für den Glauben noch hat, muss sie klare Antworten geben können – verliert doch in der Sphäre des Rechts ein altes Testament seine Gültigkeit, wenn ein neues geschrieben wird. Auf der Grundlage einer soliden Kenntnis der Geschichte des Problems[1] muss moderne Theologie logisch nachvollziehbare Argumente für – oder gegen – die Kanonizität des Alten Testaments entwickeln. Dies ist kein akademisches Glasperlenspiel und somit ein Randproblem, sondern eine existentielle Grundfrage der Kirche. »Dabei geht es um nicht weniger als um den Kern aller christlichen Theologie; denn das Verstehen des Redens von Gott und das Verständlichmachen dieses Redens für andere ist die Aufgabe der Theologie.«[2] Was verdanken wir theologisch dem Alten Testament? Was sollen wir als Christen übernehmen und was dürfen wir nach einem »Kanon im Kanon« eventuell auf keinen Fall übernehmen? Im Kern ist es die Frage nach dem Wesen des Christentums.[3] Konrad Schmid hat zu Recht gefordert, ein ergeb-

---

[1] Vgl. z. B. *L. Diestel*, Geschichte des Alten Testaments in der christlichen Kirche, Jena 1869 (Nachdruck Leipzig 1981); *A. H. J. Gunneweg*, Vom Verstehen des Alten Testaments. Eine Hermeneutik (GAT 5), Göttingen ²1988; *H. Graf Reventlow*, Epochen der Bibelauslegung, 4 Bde., München 1990–2001; *M. Sæbø* (Hrsg.), Hebrew Bible/Old Testament. The History of Its Interpretation, 3 Bde., Göttingen 1996–2015; *C. Dohmen/G. Stemberger*, Hermeneutik der Jüdischen Bibel und des Alten Testaments (KStTh 1,2), Stuttgart 1996; *M. Oeming*, Das Alte Testament als Teil des christlichen Kanons? Gesammelte Studien zu gesamtbiblischen Theologien der Gegenwart, Zürich ³2001; ders., Art. Biblische Theologie, in: WiBiLex (2014), http://www.bibelwissenschaft.de/stichwort/15321/ (16.02.2017).

[2] *A. Behrens*, Das Alte Testament verstehen. Die Hermeneutik des ersten Teils der christlichen Bibel (Einführungen in das Alte Testament 1), Göttingen 2013, 9.

[3] Ein klassisches Paradigma dafür, wie eng die Frage nach der christlichen Identität, mit der Frage des Kanons der Heiligen Schriften zusammenhängt, liefert Markion, vgl. *U. M. S. Röhl*, Der Paulusschüler Markion. Eine kritische Untersuchung zum Antijudaismus des 2. Jahrhunderts (Wissenschaftliche Beiträge aus dem Tectum Verlag. Reihe Theologie 8), Marburg 2014.

nisoffenes Gedankenexperiment durchzuführen: »Weshalb und Wozu eigentlich haben wir das Alte Testament?«[4] Allein daraus kann sich dann der Wert oder die partielle oder gänzliche Wertlosigkeit der Schriften des Alten Testaments erhellen.

Das Problem, welchen *Geltungsanspruch* diese Sammlung normativer Schriften Israels im Lichte des Lebens, der Lehren und der Auferstehung Jesu in den Deutungen der Evangelien und Briefe noch haben kann und wie man sie christlich *interpretieren* und im Alltag *anwenden* soll, war daher von Anfang des Christentums an heftig umstritten und ist bis heute umkämpft. Im Laufe der zweitausendjährigen Kirchengeschichte halten sich gewisse Grundfragen konstant durch, andere verändern sich.

(1) Im Anfang stand *das Alte Testament vollständig in Geltung*; die ersten Christen verstanden sich selbst als gute Juden. Matthäus lässt seinen Jesus sagen:

> Ihr sollt nicht meinen, dass ich gekommen bin, das Gesetz oder die Propheten aufzulösen; ich bin nicht gekommen aufzulösen, sondern zu erfüllen. Denn wahrlich, ich sage euch: Bis Himmel und Erde vergehen, wird nicht vergehen der kleinste Buchstabe noch ein Tüpfelchen vom Gesetz, bis es alles geschieht. (Mt 5,17f.)

(2) So wurde das Alte Testament primär als *Weissagung auf Christus*, den Messias, gedeutet und in Missionspredigten unter Juden verwendet. Man durchforschte die Heiligen Schriften auf Fingerzeige, die auf das Leiden, das Sterben und die Auferstehung Christi hindeuten, aber erst durch ihn ihre wahre Bedeutung erkennen lassen. Wenn zum Beispiel Jona drei Tage im Bauch des Fisches war, bevor er an Land ausgespuckt wurde, dann sah man darin eine klare Ankündigung der Zeit von Karfreitag bis Ostern (Mt 12,39–41//Lk 11,29–32). Der Durchzug durchs Meer und die Lebenserhaltung in der Wüste durch Manna und Wachteln sowie durch Wasser aus dem Felsen, der nach jüdischer Tradition als mitziehender Fels gedacht wurde, werden auf Christus und die Sakramente von Taufe und Abendmahl (um)gedeutet (Ex 17,1–6; Num 20,7–11; 21,16). Dieser hermeneutische Zugang hat Probleme: Was schon im Lichte der Erfüllung als (eher bloß dekoratives) Vorspiel erschien, erscheint angesichts historisch-kritischer Bibelexegese als glatte Missdeutung, die keine existentielle Bedeutung und intellektuelle Geltung mehr haben kann. Historisch-kritisch hat die Erzählung vom Durchzug durchs Schilfmeer nichts mit Taufe zu tun, und die wunderhafte Speisung in der Wüste hat mit dem Leib und Blut Christi ebenso nichts zu tun.

(3) Oder ist das Christentum als ein *verbessertes Judentum* zu verstehen? »Mit alledem steht Jesus im Rahmen des echten Judentums, und seine Eigenart besteht nicht darin, daß er besonders originelle Gedanken über Gott und die Welt vorgetragen hätte, sondern darin, daß er *den Gottesgedanken des Judentums in seiner Reinheit und Konsequenz erfaßt* hat.«[5] Besonders ist, dass die Zahl an

---

[4]   *K. Schmid*, Christentum ohne Altes Testament?, in: IKaZ 45 (2016), 443–456.

Geboten und Verboten deutlich reduziert ist, aber dafür ist es offen für alle Menschen und für alle verbindlich. »In der Tat hat Gott im AT gesagt, was er will. Wer nach Gottes Willen fragt, wird auf die sittlichen Forderungen des AT verwiesen«.[6] Das Neue Testament stellte sich dann als ein theologisches Konzentrat des Alten Testaments dar.

(4) Oder richtet sich Jesus *gegen das Judentum*, was aber erst allmählich Zug um Zug so verstanden wurde? Das Alte Testament bliebe danach nur in der Funktion einer dunklen Folie und eines abschreckenden Beispiels für ein theologisches Scheitern von Bedeutung.

War die Bewertung des Alten Testaments schon im Neuen Testament umstritten, so zog sich dieses Problem durch die gesamte Kirchengeschichte hindurch. Phasen der Befürwortung wechseln sich immer wieder mit Phasen der scharfen Ablehnung und Bekämpfung ab. Durch sich wandelnde Auslegungsmethoden, besonders mit dem Aufkommen des echt ungeschichtlichen Denkens in der Aufklärung und dann des echt geschichtlichen Denkens im 19. Jahrhundert, veränderten sich auch die Auslegungen der alttestamentlichen Texte, und mit sich wandelnden Moralvorstellungen verschoben sich auch die Bewertungen des Alten Testaments. Das berühmte Votum von Adolf von Harnack bringt das auf die griffige Formulierung: »das Alte Testament im 2. Jahrhundert zu verwerfen, war ein Fehler, den die große Kirche mit Recht abgelehnt hat; es im 16. Jahrhundert beizubehalten, war ein Schicksal, dem sich die Reformation noch nicht zu entziehen vermochte; es aber seit dem 19. Jahrhundert als kanonische Urkunde im Protestantismus noch zu conservieren, ist die Folge einer religiösen und kirchlichen Lähmung.«[7]

Mit dieser Aufforderung zur Abschaffung des Alten Testaments als kanonischer Urkunde ist vor fast 100 Jahren der Kampfplatz deutlich markiert: Ob und wie das Alte Testament als Ganzes oder in Teilen für den christlichen Glauben noch kanonische Geltung haben kann oder haben muss, darum geht es.

Ein knapper *historischer* Rückblick soll im Folgenden einige der Verschiebungen ganz knapp vor Augen führen und einige immer wiederkehrende hermeneutische Grundkategorien namhaft machen (2.). Danach wird der *gegenwärtige Kampf* um das Alte Testament beleuchtet, sowohl was die *Angreifer* (3.) und ihre Argumente betrifft als auch was die *Verteidiger* und ihre Argumente betrifft (4.). Abschließend werde ich meine eigene Begründungsstrategie kurz skizzieren (5.). Mein Beitrag versteht sich im gegenwärtigen Konflikt als ein engagiertes Plädoyer für die Notwendigkeit des Alten Testaments.

---

[5]   *R. Bultmann*, Jesus (Die Unsterblichen 1), Berlin 1926 ([2]1929), mehrere Neuausgaben: mit Nachwort von W. Schmithals (UTB 1272), München 1964 ([4]1970), 131.

[6]   *R. Bultmann*, Theologie des Neuen Testamentes, Tübingen [6]1968, 15.

[7]   *A. von Harnack*, Marcion. Das Evangelium vom fremden Gott. Eine Monographie zur Geschichte der Grundlegung der katholischen Kirche (TU 45), Leipzig [2]1924, 217.

2. Der Kampf um das Alte Testament – historische Orientierungen

Für Jesus, Paulus und die übrigen Autoren, die jetzt im Neuen Testament versammelt sind, waren die autoritativen Schriften Israels (αἱ γραφαί, Mt 26,56)[8] die einzige religiöse Bezugsgröße. Das Wissen von Gott und seinem Willen ergab sich ihnen nur aus der Bibel Israels. Um es mit der Botschaft Jesu und der Predigt über Jesus zu verbinden, bedurfte es aber hermeneutischer Kunstgriffe, die schon in den ältesten prä-neutestamentlichen Schriften umstritten sind. Wie soll man das Alte Testament auslegen? Der Ton im Streit mit den jüdischen Gesprächspartnern war zu Jesus Lebzeiten bereits *kämpferisch*, wie die Streitgespräche belegen. Die Legitimität der Berufung auf das Alte Testament wurde vom jüdischen Mainstream angezweifelt und das Recht einer messianischen Deutung Jesu massiv bestritten und mit der Todesstrafe geahndet:

> Und der Hohepriester sagte zu ihm: Ich beschwöre dich bei dem lebendigen Gott, uns zu sagen, ob du der Messias bist, der Sohn Gottes. Da sagt Jesus zu ihm: Du sagst es. [...] Da zerriss der Hohepriester seine Kleider und sagte: Er hat gelästert. Was brauchen wir noch Zeugen? Jetzt habt ihr die Lästerung gehört! Was meint ihr? Sie antworteten: Er ist des Todes schuldig! (Mt 26,63–66)

Das Alte Testament geriet weiter in Legitimationszwänge, als sich das Christentum über die Grenzen Judäas hinaus ausbreitete. Jesus und seine Jünger lebten als Juden unter Juden, Paulus aber ging hinüber nach Europa und predigte dort ein gesetzesfreies Evangelium. Er arbeitete dabei mit schroffen Gegensätzen wie zum Beispiel Freiheit und Sklaverei, Geist und Buchstaben oder Geist und Fleisch: »Ihr unverständigen Galater, wer hat euch behext?« (Gal 3,1), so beschimpft er diejenigen, die sich wieder unter das »Joch des Gesetzes« (Gal 5,1) beugen wollen. Er selbst sagt sich von seiner jüdischen Identität schroff los:

> Ich hätte doch Grund, auch auf das Fleisch zu vertrauen. Wenn irgendein anderer sich berechtigt fühlen könnte, auf das Fleisch zu vertrauen, dann ich erst recht: Ich wurde am achten Tag beschnitten, bin ein Angehöriger des Volkes Israel, aus dem Stamm Benjamin, ein Hebräer von Hebräern – was das Gesetz angeht: ein Pharisäer, was den Eifer angeht: ein Verfolger der Gemeinde, was die Gerechtigkeit angeht, die im Gesetz gilt: einer ohne Fehl und Tadel. Aber alles, was mir Gewinn war, habe ich dann um Christi willen als Verlust betrachtet. Ja mehr noch, ich halte alles für Verlust um der überragenden Erkenntnis Christi Jesu, meines Herrn, willen, um dessentwillen ich aller Dinge verlustig ging und es als Unrat[9] betrachte. (Phil 3,4–8)

---

[8]   Welchen Kanon genau sie voraussetzen können, ist ein offener Streitpunkt der Neutestamentlichen Wissenschaft.

[9]   Σκύβαλον bezeichnet etwas Wertloses, das je nach Kontext mit »Mist, Abfall, Dreck, Scheiße oder Unrat« übersetzt werden kann. Es ist ein sehr negatives Wort.

Paulus grenzt sich teilweise extrem polemisch gegen ein bestimmtes Verständnis des Alten Testaments ab, hat es damit aber schwer, sich Anerkennung zu verschaffen. Petrus und Paulus stehen emblematisch für eine Grundspannung zwischen »Judenchristen« und sogenannten »Heidenchristen«. Zwischen Menschen, die als Juden zum Christentum kamen, und solchen, die eben nicht jüdisch erzogen und sozialisiert waren, sondern von anderen Religionen wie etwa der griechisch-römischen her mit dem Christentum in Berührung kamen, bestanden große Unterschiede. Kultische Fragen wie die nach der Notwendigkeit der Beschneidung,[10] nach der Sabbat- (oder Sonntags-)Observanz und der Einhaltung der Kaschrut, ethische Fragen wie die nach der Akzeptanz von Alkohol oder dem Verzehr von »Götzenopferfleisch« oder der Möglichkeit einer Scheidung waren bald umstritten. Πάντα μοι ἔξεστιν (»alles ist mir erlaubt«, 1 Kor 6,12) war vielen Juden-Christen zu liberal. Eine schöne Beispielerzählung ist Apg 11,5–9, als Petrus sich voller Ekel weigert, Gemeines und Unreines (κοινὸν ἢ ἀκάθαρτον, 11,8) zu essen. Aber auch gleichsam »metaphysische« Fragen nach der »Natur Jesu« oder nach der Trinität führten auf den alttestamentlichen Hintergründen des strengen Monotheismus zum Streit. Die frühe »hohe Christologie« unterschied sich massiv von einem »Nazarenertum«, das Jesus als reinen Menschen betrachtete. Unterschiedliche Rezeptionsweisen des Alten Testaments führten so zu verschiedenen »Konfessionen« innerhalb des Christentums.

Es lässt sich zwischen Juden einerseits und Christen andererseits, aber auch innerhalb der christlichen Strömungen unschwer *ein Streit um die hermeneutische Deutungshoheit* erkennen. Wenn man das Neue Testament als Buch von vorne her liest, wird man im Matthäusevangelium sehr stark betont auf die enge Verbindung zum Alten Testament verwiesen. Der Stammbaum Jesu in Mt 1 macht eine ungebrochene Kontinuität von Abraham zu Jesus geltend. Jesus erscheint als »Sohn Davids«, als wahrer Moses, als wiedergekommener Elias, als einer, der das gewaltsame Geschick der Propheten teilt. In den zahlreichen Erfüllungszitaten wird vermittelt, dass sich in Jesus der Sinn der alttestamentlichen Texte enthüllt und erfüllt. Die Geschichte Israels mündet gleichsam in die Geschichte Jesu Christi. Erkennbar fordert Matthäus eine »bessere Gerechtigkeit« als die der Pharisäer. Die Christengemeinde steht in einem Wettstreit mit der jüdischen Gemeinde darüber, welche Gruppe die Tora, d. h. den Willen Gottes, besser erkennt und umfassender realisiert. Im hermeneutischen Streit um die richtige Deutung und ethische Umsetzung steht das matthäische Wort Jesu »Ich aber sage euch ...« als Kampfansage da; nur Jesus weiß, was Gottes eigentliche Intentionen bei der Tora-Erteilung waren, und er will sie klar und deutlich neu zur Geltung bringen. »Die mt Jesusgeschichte erklingt im Resonanzraum der Schrift, und sie gewinnt an Klangfarbe, wenn man sie in diesem Resonanzraum hört. [...] Über die dichten Rekurse auf die Schrift sollen die Adressaten ver-

---

10 »Wenn ihr euch nicht beschneiden lasst nach der Weise Moses, dann könnt ihr nicht gerettet werden. Darüber entstand Aufruhr, ein nicht geringer Zank« (Apg 15,1f.).

gewissert werden, dass die christusgläubige Gemeinde die wahre Sachwalterin der theologischen Traditionen Israels ist.«[11] Aber schon bei Markus tritt die Bedeutung des Alten Testaments unverkennbar zurück;[12] während das lukanische Doppelwerk das jüdische Erbe im Leben Jesu und im Leben der ersten Christen wiederum stark hervorhebt, allerdings mit dem Ziel, eine Ablösung Israels durch die Christengemeinde zu konstruieren.[13] Der Christus, der den Emmaus-Jüngern erscheint, filtert die entscheidend wichtigen Aussagen der Schriften Israels heraus und zeigt auf, inwiefern sie sich in ihm allein erfüllt haben:

> Das sind die Worte, die ich [Jesus] zu euch gesagt habe, als ich noch bei euch war: Alles muss in Erfüllung gehen, was im Gesetz des Mose, bei den Propheten und in den Psalmen über mich gesagt ist. Darauf öffnete er ihnen die Augen für das Verständnis der Schrift. (Lk 24,44f.)

Zum Teil erschreckend polemisch grenzt sich das Johannesevangelium gegen eine jüdische Inanspruchnahme des Alten Testament ab, indem es die Juden zu Repräsentanten der ungläubigen Welt, ja als Kinder des Teufels brandmarkt (Joh 8,44) und zugleich »die Schrift« als Zeugnis von Christus vereinnahmt.

> Suchet (oder: Ihr sucht) in den Schriften; weil ihr (doch) meint, ihr hättet das ewige Leben in ihnen; aber[14] jene sind es, die von mir zeugen. (Joh 5,39)

Nach dem Bericht in Apg 15 über das sogenannte Apostelkonzil (zwischen 44 und 49 n. Chr.) genügte es, den Geist Gottes zu haben, d. h. getauft zu sein, um auch als Heide als Christ zu gelten.[15] Das Notwendige (ἐπάναγκες) aus dem Judentum reduzierte sich auf drei Elemente »dass ihr euch enthaltet vom Götzenopfer und vom Blut und vom Erstickten und von Unzucht. Wenn ihr euch davor bewahrt, tut ihr recht« (Apg 15,29).

---

[11] *M. Konradt*, Das Evangelium nach Matthäus (NTD 1), Göttingen 2015, 1f.

[12] Vgl. den Beitrag von T. Söding in diesem Band.

[13] Vgl. *H. Merkel*, Israel im lukanischen Doppelwerk, in: NTS 40 (1994), 371–398, der die Frage des Antijudaismus im Lukasevangelium umsichtig behandelt und differenziert beantwortet.

[14] Das καί ist bedeutungsvoll; entweder übersetzt man es *explikativ* (»und [dabei] sind sie es doch, die von mir zeugen«) oder es hat hier die Funktion eines hebräischen Waw-adversativum und deckt den Irrtum einer nicht-christologischen Hermeneutik auf: »ihr meintet [...], aber sie zeugen von mir.«

[15] »Liebe Brüder, ihr wisst, dass Gott vor langer Zeit unter euch bestimmt hat, dass durch meinen Mund die Heiden das Wort des Evangeliums hörten und glaubten. Und Gott, der die Herzen kennt, hat es bezeugt und ihnen den Heiligen Geist gegeben wie auch uns, und er hat keinen Unterschied gemacht zwischen uns und ihnen, nachdem er ihre Herzen gereinigt hatte durch den Glauben. Warum versucht ihr denn nun Gott dadurch, dass ihr ein Joch auf den Nacken der Jünger (ζυγὸν ἐπὶ τὸν τράχηλον τῶν μαθητῶν) legt, das weder unsre Väter noch wir haben tragen können? Vielmehr glauben wir, durch die Gnade des Herrn Jesus selig zu werden, ebenso wie auch sie« (Apg 15,7–11).

Zusammen mit den Johannesbriefen kann man auf eine dramatische Kontroverse zwischen der entstehenden Kirche mit der Synagoge schließen, was (womöglich auf das Gebiet der Gaulanitis begrenzt?) zu Verfolgung und »Synagogenbann« (ἀποσυνάγωγος, Joh 9,22; 12,42; 16,2; 18,20) führt.

> Sie werden euch aus der Synagoge ausstoßen, ja es kommt die Stunde, in der jeder, der euch tötet, meint, Gott einen heiligen Dienst zu leisten. (Joh 16,2)

Die Wertungen des Alten Testaments bei Paulus sind nicht einlinig und keineswegs eindeutig. Er argumentiert zwar dauernd mit Exegesen und Rekursen auf alttestamentliche Texte, aber häufig auch in scharfer Abgrenzung. Das Gesetz gilt ihm als ein effektiver Weg zum Heil, aber man muss es *ganz* halten. Bricht man eines der Gesetze, dann wird der Fluch von Dtn 27 wirksam.[16] Von diesem extremen »Leistungsdruck« hat Christus befreit (so besonders im Galaterbrief). Die ganze Ambivalenz lässt sich in der Auslegung von Röm 10,4 ablesen:

> τέλος γὰρ νόμου Χριστὸς εἰς δικαιοσύνην παντὶ τῷ πιστεύοντι.
> »*Ziel* des Gesetzes nämlich ist Christus zur Gerechtigkeit für jeden, der glaubt«,
> oder aber
> »*Ende* des Gesetzes nämlich ist Christus zur Gerechtigkeit für jeden, der glaubt.«[17]

Ähnlich ambivalent erklärt der Hebräerbrief in seiner platonisierenden christologischen Konzeption mit permanenter Hilfe alttestamentlicher Theologumena das Opfer Jesu am Kreuz als ein für alle Mal gültiges, wahres, himmlisches Opfer, um dadurch diese alten jüdischen Konzeptionen für überholt und abgetan zu erklären (vor allem Hebr 8 in der Auslegung von Lev 16 und Jer 31,31–34). In den Pastoralbriefen wie in den katholischen Briefen wechseln Ja und Nein, wobei aber die Anerkennung der Inspiriertheit überwiegt.

> Denn alle Schrift, von Gott eingegeben, ist nütze zur Lehre, zur Strafe, zur Besserung, zur Züchtigung in der Gerechtigkeit. (2 Tim 3,16)

Der Jakobusbrief könnte ohne Probleme auch im Alten Testament stehen.

Die Hermeneutik des Alten Testaments führt direkt und unmittelbar in eine Hermeneutik des Neuen Testaments. Wie verhalten sich die unterschiedlichen Stimmen zueinander? Welche der unterschiedlichen Christologien ist maßgeblich? War Jesus ein wundertätiger Prophet, der wie seine Vorgänger ein gewaltsames Geschick erlitten hat, und ein charismatischer Lehrer, ein Rabbi, der als Mensch auf Erden eindrucksvoll wirkte, oder aber war er *das* göttliche Wort, das

---

[16] »Ich bezeuge nochmals jedem Menschen, der sich beschneiden lässt, dass er schuldig ist, das ganze Gesetz (ὅλον τὸν νόμον) zu erfüllen« (Gal 5,3).

[17] »Denn ich bezeuge ihnen, dass sie Eifer haben für Gott; aber es ist ein Eifer ohne Erkenntnis. Da sie die Gerechtigkeit Gottes verkannten und ihre eigene aufrichten wollten, haben sie sich der Gerechtigkeit Gottes nicht unterworfen. Denn Christus ist das Ende des Gesetzes und jeder, der an ihn glaubt, wird gerecht« (Röm 10,1–4).

von Anfang an bei Gott und mit Gott identisch war?[18] Muss man als Christ das Gesetz Gottes, die Tora, beachten und wenn ja, in welchem Umfang? War dieser Anspruch mit dem Judentum unvereinbar?

In der Mitte des *2. Jahrhunderts* geriet die kanonische Geltung des Alten Testaments durch das energische Wirken einer Person in eine massive Krise. Die Quellenlage über Markion ist leider schlecht und nicht eindeutig. Adolf von Harnack hat sich das knappe Material so zurechtgelegt: »Der christliche Gottesbegriff muß [...] ausschließlich und völlig restlos nach der Erlösung durch Christus festgestellt werden. Also kann und darf Gott nichts anderes sein als das Gute im Sinne der barmherzigen und erlösenden Liebe. Alles Übrige ist streng auszuscheiden: Gott ist nicht der Schöpfer, nicht der Gesetzgeber, nicht der Richter, er zürnt und straft auch nicht, sondern er ist ausschließlich die verkörperte, erlösende und beseligende Liebe.«[19] Nach Winrich Löhr[20] ging es Markion nicht primär um eine Ablehnung des Alten Testaments, sondern eher um eine Ablehnung dieser Welt voller Leiden, Krieg und Gewalt als guter Schöpfung. Markion sah das Alte Testament ganz überwiegend mit dieser Erde als dem fehlerbeladenen Produkt eines schwachen Demiurgen befasst; er aber sehnte sich nach einer besseren Welt ohne Leiden und ohne Tod. Dafür hätte er sich auch auf das Alte Testament berufen können, etwa auf Jes 25 oder Jes 66, aber er verwarf das jetzt Seiende als missglückten Versuch und zugleich damit Jhwh »den Schöpfer des Himmels und der Erde« als gescheiterten Halbgott. Jesus habe einen neuen, bis dahin unbekannten Gott der Liebe geoffenbart. Die Reaktion der Großkirche auf die gnostische Weltverachtung war jedoch eine starke Gegenbewegung gegen Markion und die nachdrückliche Anerkennung der guten Schöpfung Gottes in Gestalt der Kanonisierung des gesamten Bestandes autoritativer Schriften des Judentums, freilich nach dem Umfang und der Ordnung der Septuaginta.

Mit dem Siegeszug der Lehre vom vierfachen Schriftsinn etablierte sich die Allegorie als hermeneutischer Schlüssel zum Alten Testament, und in der *Alten Kirche* beruhigten sich damit alle Widerstände gegen das Alte Testament. Von der Spätantike durch das gesamte *Mittelalter* hindurch lag das Alte Testament in völliger christologischer Umdeutung bzw. in typologischer Entsprechung niemandem wirklich mehr quer und seine Zugehörigkeit zum Kanon war daher unangefochten. Allerdings konnte das Alte Testament nicht sein eigenes Wort sagen, sondern bekam großflächig die christliche Dogmatik untergeschoben bzw. übergestülpt.

Die Probleme brachen erst wieder im 16. Jahrhundert mit der *Reformation* auf, welche neben vielem anderen auch eine ganz neue Wissenschaftstheorie und Hermeneutik mit sich brachte. Als humanistisch gebildete Gelehrte woll-

---

[18]   Zur frühen Entstehung der hohen Christologie siehe *L. W. Hurtado*, Lord Jesus Christ. Devotion to Jesus in Earliest Christianity, Grand Rapids, Mich. 2003.

[19]   *Harnack*, Marcion (s. Anm. 7), 19.

[20]   *W. Löhr*, Art. Markion, in: RAC 24 (2012), 147–173.

ten die Reformatoren zurück zum Literalsinn (jedenfalls zu dem, was sie dafür hielten) und entdeckten so die Distanz zwischen den Testamenten; sie gaben eine großflächige und damit oberflächliche Betrachtung des Alten Testaments wie auch des Neuen Testaments auf und stellten auch die Unterschiede der jeweiligen Textcorpora heraus, aber auch die unterschiedlichen theologischen Höhenlagen innerhalb der beiden Testamente! Luther konnte sich auf dieser Basis ebenso heftig von der Tora als »der Juden Sachsenspiegel« distanzieren wie auch vom Jakobusbrief als einer »strohernen Epistel« oder von der Apokalypse des Johannes: »Mein Geist kann sich in dies Buch nicht schicken.«[21] Calvin schätzte das Alte Testament höher und predigte es entsprechend umfassend, weil es ihm zufolge viel mehr in den Alltag der Welt eingreift und somit entscheidende Impulse zur Heiligung des Lebens gibt. Insgesamt hat die Reformation mit der Hochschätzung der Schrift als *norma normans* und der verbindlichen Einführung von Hebräisch als Teil der Theologenausbildung sehr viel und nachhaltig positiv Wirksames für das Alte Testament getan. An eine Degradierung des gesamten Alten Testaments auf das Niveau der Apokryphen hat niemand gedacht.

Eine neue Krise brach *im 18. Jahrhundert* mit der *Aufklärung* herein. Die Aufklärung betrachtete die Religion unter dem alleinigen Aspekt der Moral. Als *pars pro toto* sei hier an Hermann Samuel Reimarus erinnert. Mit seiner »Apologie oder Schutzschrift für die vernünftigen Verehrer Gottes«, die Lessing ab 1774 stückweise anonym als »Fragmente eines Ungenannten«[22] herausgab, schüttete er Hohn und Spott über das Alte Testament. Gemessen an seinen rationalen Kriterien war diese jüdische Schrift für Reimarus moralisch minderwertig; sie enthielt nach seiner Auffassung keine ewigen Vernunftwahrheiten, sondern nur zufällige Geschichtswahrheiten von eher abstoßendem Charakter. Ganz ähnlich votierte die Gallionsfigur der Aufklärung, Immanuel Kant. Berühmt ist sein vernichtendes Urteil über die Aqeda: »Dass ich meinen guten Sohn nicht töten solle, ist ganz gewiss; dass aber du, der du mir erscheinst, Gott seist, davon bin ich nicht gewiss und kann es auch nicht werden, wenn sie die Stimme auch vom (sichtbaren) Himmel herabschallete.«[23] Dem Gott Abrahams, Isaaks und Jakobs kommt in diesem gedanklichen Kontext keine andere Funktion zu als diejenige des schwarzen Hintergrunds für Kants eigenen Gott, das moralische Gesetz. Vom Ungeist barbarischer Stammesbräuche aus dem Alten Testament wie Beschneidung und Heiliger Krieg sei das Judentum bis heute bestimmt. Das erkläre seine Schädlichkeit für die zivilisierte Gesellschaft. Erst wenn der Geist des Alten Testaments im Wesen des Judentums abgestorben wäre, könnten Juden Bürger einer moralisch geleiteten Gesellschaft werden.[24] (Als einen solchen

---

[21] WA 16, 378,11 (vgl. WA 18, 81,14f.); WA DB 7, 385,3–7; WA DB 7, 404.

[22] Erstmals vollständig publiziert: Hamburg 1978.

[23] *I. Kant,* Der Streit der Fakultäten (1798), in: Kants gesammelte Schriften, hrsg. von der Königlich Preußischen Akademie der Wissenschaften, Bd. 7, Berlin 1907, 1–116, hier 62.

[24] Den Vordenker der Aufklärung hat seine Abneigung gegen religiös motivierte Nor-

Bürger achtete Kant wohl Moses Mendelssohn.) Allerdings haben diese moralistischen Attacken wiederum Gegenbewegungen erzeugt, die zum einen aufzeigen wollten, wie sehr auch im Alten Testament eine Religion der Vernunft beinhaltet sei, die zum andern aber argumentierten, dass sich in der hochnäsigen Kritik letztlich nur das lebensferne ethische Empfinden von Königsberger und Hamburger Groß- und Spießbürgern spiegelte. Das geschichtsvergessene, und daher sündenvergessene Elend der Transzendentalphilosophie sowie des Idealismus trat alsbald zutage und brachte Gegenbewegungen hervor, zum einen in der Romantik, zum anderen in der Existenzphilosophie: Dort wurde das Alte Testament wegen seiner unverbildeten Urtümlichkeit geliebt, hier wurde das Alte Testament wegen seines Realismus hoch verehrt und geliebt. Ich zitiere exemplarisch Sören Kierkegaard:

> Darum kehrt meine Seele stets zurück zum Alten Testament und zu Shakespeare. Da
> fühlt man doch, daß es *Menschen* sind, die da sprechen; da hasst man, da liebt man,
> mordet seinen Feind, verflucht seine Nachkommenschaft durch alle Geschlechter, da
> sündigt man.[25]

Emotionalität, archaische Leidenschaftlichkeit und existentielle Abgründe, d. h. die »radikale Geschichtlichkeit menschlicher Existenz« begegnen im Alten Testament – wahres Leben statt dürrer Konstrukte von angeblich ewigen Wahrheiten – und das faszinierte.

Dennoch kam es mit der liberalen Theologie eines Friedrich Daniel Ernst Schleiermacher zu einer erneuten tiefen Krise. Schleiermacher kam (wie Markion) stark von Platon her und fand daher keinen Zugang zur Welt des Alten Testaments, obgleich Werke wie Hiob oder Kohelet in seinem Gemüte doch eigentlich eine eigene Provinz hätten finden müssen. Aber für ihn war das gegenwärtige Selbstbewusstsein (letztlich also sein eigenes Ich) das Kriterium der Geltung, keineswegs ein Schriftprinzip.

Die zweifelsohne schroffste Krise aber brach auf, als sich die Frage nach der kanonischen Geltung des Alten Testaments *im 20. Jahrhundert* mit dem rassisch begründeten Antisemitismus verband. Namentlich in Deutschland unter der Herrschaft der Nationalsozialisten und der sogenannten Deutschen Christen sollte das Alte Testament in einem vielgestaltigen Prozess aus der universitären

---

men, die bloß historisch gewachsen sind, aber nicht aus reiner Vernunft begründet werden können, zu sehr unglücklichen Formulierungen über die Zukunft des Judentums verleitet: »*Die Euthanasie des Judentums* ist die reine moralische Religion mit Verlassung aller Satzungslehren« (*Kant*, Streit der Fakultäten [s. Anm. 23], 52; Hervorhebung M. O.). Auch wenn der Sinn der Worte diskutiert und ihre Härte abzumildern gesucht wird (vgl. *C. König*, Unendlich gebildet. Schleiermachers kritischer Religionsbegriff und seine inklusivistische Religionstheorie anhand der Erstauflage der »Reden« [Collegium Metaphysicum 16], Tübingen 2016, 396–398), sie bleiben in ihrer totalitären Verachtung der alttestamentlichen Tradition peinlich.

25   *S. Kierkegaard*, Entweder–Oder, 1. Teil, Gütersloh 1979, 29.

Ausbildung von Theologen verbannt werden, das Hebräische als Sprache nicht mehr nur »nicht verpflichtend«, sondern vielmehr »verboten« sein. Am 6. Mai 1939 wurde das »Institut zur Erforschung und Beseitigung des jüdischen Einflusses auf das deutsche kirchliche Leben« auf der Wartburg mit einer Feier eröffnet, mit Sitz in Eisenach.[26] In den sechs Jahren seines Bestehens verfolgte das von protestantischen Theologen gegründete Institut sowohl politische als auch theologische Ziele. Orientiert an der antisemitisch-rassistischen Politik des NS-Regimes beabsichtigte das Institut die »Entjudung« der Kirche und entwickelte eine neue Interpretation der Bibel und der Liturgie. Ein Neues Testament, aus dem systematisch alle Bezüge zum Alten Testament und Judentum ausgemerzt waren, wurde unter dem Namen »Die Botschaft Gottes« auf den Markt gedrückt. Wissenschaftlicher Leiter des Instituts war Walter Grundmann (1906–1976), »Professor für Neues Testament und völkische Theologie« an der Universität Jena. In der Zeit dieses Versuches, das Alte Testament im wahrsten Sinne wegzumorden und zu verbrennen, erschien Benno Jakobs Genesis-Kommentar gerade rechtzeitig, um bei den ersten Bücherverbrennungen der Nazis ins Feuer geworfen zu werden. Für einige Jahre sah es so aus, als wäre das verbrecherische Unternehmen erfolgreich, aber es scheiterte und erzeugte nach dem Ende der Terrorherrschaft wiederum eine starke Gegenbewegung.

Der spätere Marburger Alttestamentler Ernst Würthwein hat in seinem 1934 veröffentlichten kurzen Aufsatz »Zum Kampf um das Alte Testament«[27] eine scharfsinnige Analyse der theologischen Diskussion um das Alte Testament vorgetragen, die ich auch für unsere Gegenwart sehr bedeutsam halte. Für die damals abstruse Diskussion um das Alte Testament findet Würthwein drei Gründe: Erstens kritisiert er die fehlende »objektive Bekanntschaft« mit den Inhalten des Alten Testaments in seiner ganzen Breite und Fülle. Diese Unkenntnis erklärt zweitens »eine falsche Einstellung zum Alten Testament«, die sich vor allem darin äußert, dass einzelne Aspekte oder einzelne Texte zu Unrecht eine allzu große Rolle in der Diskussion spielen. Drittens wirft er denen, die das Alte Testament verteidigen wollen, vor, sie hätten »keine klare Vorstellung über die positive Bedeutung« des Alten Testaments. Um diesen Missständen zu begegnen, unterbreitet Würthwein drei Lösungsvorschläge: Dem Alten Testament muss erstens zu einer »objektiven Bekanntschaft« in seiner ganzen Bandbreite verholfen werden. Falsche oder zu Unrecht angeführte Argumente sollen zweitens korrigiert werden, und drittens und vor allem muss man sich über die wirkliche Relevanz des Alten Testaments für das Christentum im Klaren sein. Würthwein wehrt sich vehement gegen den Versuch, das Alte Testament zu verwerfen, das Neue Testament jedoch beizubehalten, weil seiner Meinung nach beide Testamente »in organischer Verbindung miteinander« stehen. Andererseits weist er auch die

---

[26]   Vgl. *S. Heschel*, The Aryan Jesus. Christian Theologians and the Bible in Nazi Germany, Princeton 2008.

[27]   *E. Würthwein*, Zum Kampf um das Alte Testament, in: DTh 1 (1934), 423–427.

christologische Exegese als »unheilvolle Verzerrung« zurück. Das Kernproblem sieht er darin, *dass die positive Bedeutung des Alten Testaments für den christlichen Glauben in der aktuellen Diskussion kaum behandelt wird.* In einem anderen Aufsatz aus dem Jahr 1935 in der Festschrift für Georg Beer weist Würthwein erneut darauf hin, dass sich die Alttestamentliche Wissenschaft in einer Krise befindet, weil die Grundfragen ihrer eigenen Disziplin, und damit vor allem die Frage nach der Hermeneutik, lange sträflich vernachlässigt wurden.[28] Die wissenschaftliche Zunft hat das Alte Testament immer nur als rein historisches Dokument betrachtet, das keine gegenwärtige Bedeutung hat. Würthwein fordert nun, dass man sich neu auf das Ziel alttestamentlicher Textarbeit besinnen muss. Mit Hilfe der historisch-kritischen Exegese soll die Botschaft der Texte des Alten Testaments richtig herausgearbeitet werden. Es sei ein Problem, dass man oft mit falschen Fragestellungen an die Texte herangegangen sei. Das *Alte Testament muss für den Hörer und Leser eine aktuelle Bedeutung haben, ihn persönlich ansprechen und »vor die Existenzfrage« stellen.* Würthwein erachtet das Alte Testament als notwendig, um das Christusgeschehen zu begreifen, warnt aber davor, das Alte Testament vom Neuen Testament her auszulegen, weil historisch gesehen dieses nur auf jenes hinweisen kann, nicht umgekehrt. Ziel der Alttestamentlichen Wissenschaft muss also nach Würthwein sein, das Alte Testament nicht nur als historisches Dokument zu betrachten, sondern es als uns heute angehendes Zeugnis auszulegen, »das Gehör und Gehorsam fordernd an uns herantritt«.

Nach dem Zweiten Weltkrieg erlebte die Bewertung des Alten Testaments einen heftigen Umschwung und die Alttestamentliche Wissenschaft auch im Zuge der in der Geschichte oft zu beobachtenden Märtyrer-Dynamik einen rasanten Aufstieg. Verfolgte und Geschundene werden häufig nachträglich mit gesteigerter Aufmerksamkeit und Ehrungen »entschädigt«. So stand für einige Jahre das Alte Testament als theologische Leitdisziplin da. Der jüdisch-christliche Dialog brachte ab den 1970er Jahren einen weiteren neuen Respekt vor Israel und seiner Tradition in die Kirchen und die Fakultäten hinein – zumindest theoretisch. Man konnte für einige Jahrzehnte glauben, dass die innere Abwehr und die Polemiken gegen das Alte Testament endgültig überwunden seien. Als ein Zeichen dafür kann auch die Revision der Perikopenordnung gelten, die ganz bewusst dem Alten Testament einen größeren Raum in den Gemeinden verschaffen soll.

Zieht man ein erstes Fazit, so zeigt sich, dass es in den 2.000 Jahren Christentumsgeschichte regelmäßig Bewegung und Gegenbewegung für und gegen das Alte Testament gab. Wenn man es etwas grob zuspitzt, dann ergibt sich diese Bewegung aus den jeweils vorherrschenden Definitionen von »Evangelium«. Auch wenn der exegetische Befund zeigt, dass die Trennungslinien nicht *zwischen* den Testamenten verlaufen, sondern *innerhalb* beider Testamente, manchmal sogar

---

[28]   *E. Würthwein*, Vom Verstehen des Alten Testaments, in: A. Weiser (Hrsg.), Festschrift Georg Beer, Stuttgart 1935, 128–146, hier 129f.

innerhalb eines Buches, finden sich doch immer wieder glatte Gegenüberstellungen, wobei jedes der beiden Testamente Opfer von Projektionen der jeweiligen Autoren wurde und wird. Es ist zu bedauern, dass immer und immer wieder formelhafte und pauschale und damit falsche Gleichsetzungen vorgenommen wurden und werden, wie die nachfolgende Tabelle veranschaulichen möchte:

AT = Gesetz	NT = Liebe
AT = Bindung	NT = Freiheit
AT = Rache	NT = Vergebung
AT = Zorn	NT = Gnade
AT = Heteronomie	NT = Autonomie
AT = Irdisch	NT = Himmlisch
AT = Gewalt	NT = Friede
AT = National	NT = Universal

Diese Gegenübersetzungen beruhen bei Licht besehen auf schematischem Schubladendenken und auf unzutreffenden »Idealisierungen«, die sowohl das Alte Testament ideologisch verkennen als aber auch (und in noch viel größerem Maße) die Botschaften des Neuen Testaments verzerren und weichzeichnen.

3. DER GEGENWÄRTIGE KAMPF UM DAS ALTE TESTAMENT – DIE ANGREIFER

Von vielen Seiten erfolgen in jüngster Zeit die aggressiven Abwertungen des Alten Testaments; aus den Bereichen Philosophie, Pädagogik, Psychologie, Biologie, Jurisprudenz, Soziologie, Politologie, Kulturanthropologie oder auch der Religionswissenschaft.[29] Die Hauptvorwürfe gegen das Alte Testament lauteten immer wieder: Partikularismus, Gesetzlichkeit, Diesseitigkeit, Patriarchalismus, Gewaltverherrlichung, ein menschlich-allzumenschliches Gottesbild. Viele fordern die Abwertung und Abschaffung des Alten Testaments als kanonischer Urkunde des Christentums. Wenn man die Stimmen in diesem Chor der Kritiker – notgedrungen etwas grob – ordnet und strukturiert, ergeben sich für mich sechs verschiedene Klangfarben:[30]

(1) Die eine Stimme ist die der *säkularen Aufklärung bzw. atheistischen Religionskritik*. Religion erscheint grundsätzlich als Produkt der Unvernunft und des

---

[29] *B. Janowski*, Ein Gott, der straft und tötet? Zwölf Fragen zum Gottesbild des Alten Testaments, Neukirchen-Vluyn 2013, 395–419, plus das Nachwort zur zweiten Auflage (²2014, 435–446), hat mit jeweils reichen Literaturangaben eine imposante Zusammenstellung von vernichtenden Urteilen erarbeitet und in vielen Punkten treffend klargestellt, wo den Argumenten Fehleinschätzungen und schlichtes Unwissen zugrunde liegen (s. u.).
[30] Hierbei verweise ich auf die Überlegungen von *J. Kegler*, Die Bedeutung des Alten Testaments für den christlichen Glauben, in: LuThK 39 (2015), 227–244.

Aberglaubens. Das ist aber in dem Augenblick nicht mehr als »Privatsache« billigend hinzunehmen, wenn Religion *Gewalt* befördert. Genau in diesem Ruf steht aber das Alte Testament. Besonders nachhaltig hat der Vorwurf gewirkt, dass das Alte Testament die mosaische Unterscheidung von wahrer und falscher Religion begründet habe und damit die Verfolgung und Ausrottung von Anhängern der falschen Religion legitimiere (z. B. die Tötung der Stierverehrer in Ex 32,25–28, die Ermordung von Missionaren anderer Götter nach Dtn 13, die Abschlachtung der Baal-Propheten am Bach Kischon durch Elija, 1 Kön 18,40, oder Jehus Massenmord an Baal-Priestern in Samaria, 2 Kön 10,17–28). Die Absolutsetzung der eigenen monotheistischen Religion verhindere eine für den Frieden notwendige Selbstrelativierung und untergrabe jedwede Toleranz.[31] Wo keine vernünftigen Grenzen gesetzt werden, da blühe der Fundamentalismus und Irrationalismus, und Religion wird zum Motor von Diktatur und Terror. Durch viele spektakuläre Ereignisse in der jüngsten Vergangenheit wird dieser Vorwurf zum gesellschaftlichen *common sense*. Nur zwei radikale Kritiker seien zitiert, die aber schlagartig deutlich machen, wie das Alte Testament im öffentlichen Diskurs diffamiert wird. Raymund Schwager (1935–2004) argumentiert:

> In den alttestamentlichen Büchern finden sich über sechshundert Stellen, die ausdrücklich davon sprechen, dass Völker, Könige oder einzelne über andere hergefallen sind, sie vernichtet und getötet haben. [...] An ungefähr tausend Stellen ist davon die Rede, dass der Zorn Jahwes entbrennt, dass er mit Tod und Untergang bestraft, wie ein fressendes Feuer Gericht hält, Rache nimmt und Vernichtung androht. [...] Kein anderes Thema taucht so oft auf wie die Rede vom blutigen Wirken Gottes. [...] Neben den vielen Texten, gemäß denen der Herr die Übeltäter dem Schwert der Bestrafer ausliefert, gibt es über hundert Stellen, in denen Jahwe ausdrücklich befiehlt, Menschen zu töten. [...] er [ist] es, der befiehlt, menschliches Leben zu vernichten, der sein Volk wie Schlachtvieh preisgibt und die Menschen gegeneinander aufhetzt.[32]

Richard Dawkins (*1941) ereifert sich regelrecht und trägt alle negativen Seiten Jhwhs zu einem vernichtenden »Portrait« zusammen:

> Der Gott des Alten Testaments ist die unangenehmste Gestalt der gesamten Dichtung: eifersüchtig und auch noch stolz drauf; ein kleinlicher, ungerechter, nachtragender Kontroll-Freak; ein rachsüchtiger, blutrünstiger ethnischer Säuberer; ein frauen-

---

[31]   *J. Assmann*, Die mosaische Unterscheidung oder der Preis des Monotheismus, München 2003; ders., Totale Religion. Ursprünge und Formen puritanischer Verschärfung, Wien 2016.

[32]   *R. Schwager*, Brauchen wir einen Sündenbock? Gewalt und Erlösung in den biblischen Schriften, München ²1986, 58, 65f., 70 (die Zusammenstellung der Textstellen ist entnommen aus: *W. Dietrich / C. Link*, Die dunklen Seiten Gottes. Willkür und Gewalt, Neukirchen-Vluyn 1995, 77); *R. Bernhardt*, Zur Hermeneutik biblischer Gewalttexte, in: H. Mohagheghi / K. von Stosch (Hrsg.), Gewalt in den Heiligen Schriften von Islam und Christentum (Beiträge zur Komparativen Theologie 10), Paderborn 2013, 13–32.

feindlicher, homophober, rassistischer, kinds- und völkermörderischer, ekliger, größenwahnsinniger, sadomasochistischer, launisch-boshafter Tyrann.[33]

Dawkins setzt alle Autoren des Alten Testaments auf eine Stufe und hält sie für naive Kreationisten und gefährliche Fundamentalisten. Dabei hat er keinen Sinn für innere Spannungen im Gottesbild; von historischen Wandlungen und situativen Verortungen von Aussagen weiß er nichts. Unter dem grellen Anstrich seiner »Wissenschaftlichkeit« schimmert so immer wieder seine schiere Ahnungslosigkeit durch.

Auch innerhalb der Theologie wird die historisch-kritische Exegese zum aufgeklärten Argument gegen das Alte Testament. Sehr zupackend geht Gerd Lüdemann (*1946) gegen jeden Geltungsanspruch des Alten Testaments vor. Seine Beweisführung ist rein geschichtswissenschaftlich. In »Altes Testament und christliche Kirche«[34] wendet er die historisch-kritische Forschung radikal auf das Alte Testament an. Zunächst untersucht er als Neutestamentler den Gebrauch des Alten Testaments im Neuen Testament, der die gesamte Kirchengeschichte bis zur Aufklärung geprägt hat. Dann prüft er den »historischen Wert« des Alten Testaments. Diese Prüfung fällt sehr negativ aus, weil kein Buch Mose von Mose stammt, weil kein Psalm Davids von David, weil die allermeisten Prophetenworte nicht von den Propheten stammen, weil es keinen Exodus Israels aus Ägypten gegeben hat. Diese Ergebnisse (die allerdings Alttestamentlern nicht neu sind und die in dieser apodiktischen Gewissheit nicht seriös sind), erschüttern nach Meinung Lüdemanns die Grundfesten der durch Schrift und Bekenntnis definierten christlichen Kirchen, die sich auf ihren einmaligen historischen Ursprung berufen. Ein theologisch-normativer Gebrauch des Alten Testaments in der Kirche und der akademischen Theologie der Gegenwart beruht auf einem intellektuellen Salto mortale, was Lüdemann an Christoph Levin, Reinhard Kratz und Manfred Oeming illustriert. Gegen die historische Einsicht in die Fiktionalität von zahlreichen alttestamentlichen Überlieferungen könne man einfach keine Normativität behaupten.

Der Freiburger Psychologie-Professor Franz Buggle (1933–2011) hat sich ausführlich der Lektüre der Bibel gewidmet und kommt zu dem Resultat, dass sie »in zentralen Teilen ein gewalttätig-inhumanes Buch [und] als Grundlage einer heute verantwortbaren Ethik ungeeignet« sei.[35] Sein moralisches Argument gegen die ganze Bibel ergibt sich daraus, dass es in *beiden* Testamenten etliche Stellen gibt, die den Genozid bejahen, abscheulichsten Strafphantasien huldigen,

---

[33]   R. *Dawkins*, Der Gotteswahn, Berlin 2007, 45.

[34]   G. *Lüdemann*, Altes Testament und christliche Kirche. Versuch der Aufklärung, Kampen 2006 (²2014).

[35]   F. *Buggle*, Denn sie wissen nicht, was sie glauben. Oder warum man redlicherweise nicht mehr Christ sein kann. Eine Streitschrift, Reinbek 1992 (Nachdruck Aschaffenburg 2012).

zum Schlachtfest an Ketzern, Andersgläubigen, sexuell Abweichenden, Geistes-kranken, ja sogar an unbotmäßigen Söhnen und Töchtern aufrufen. Hervorzuhe-ben ist, dass Buggle »die beliebte Unterscheidung zwischen dem Alten und dem Neuen Testament nicht gelten lässt, die fortschrittliche Theologen so feinsinnig zu machen pflegen, wenn sie argumentativ in die Bredouille kommen«.[36] Die Blutspur, die das Christentum durch die Geschichte gezogen hat, ist nach Buggle keine Kette von Unfällen oder Verdrehungen, sondern gehe kausal genau aus der Moral hervor, welche die Bibel – auch das Neue Testament – in die Welt set-ze. Buggle stellt fest, »dass das Ausmaß der archaisch-sadistischen Grausamkeit im NT keinesfalls geringer ist und teilweise, etwa in der Lehre von den ewigen Höllenstrafen, das Alte Testament diesbezüglich noch übertrifft. Frauendiskri-minierung, Verfolgung von Geisteskranken, Häretikern, Atheisten, Juden, Skla-venhaltung, Teufels- und Dämonenglauben werden gerade im NT massenhaft propagiert«.[37] Dabei kann er ethisch positive Züge in diesem Teil der »Heiligen Schrift« durchaus würdigen.

(2) Laut klingt ferner die *Kritik am Staat Israel.* In früheren Jahrzehnten hatte Israel als eine Art gesellschaftliches Experiment, besonders in der Kib-buz-Bewegung, eine sehr viel bessere Akzeptanz in Deutschland, heute ist Israel geradezu zum »Buhmann« geworden. Das Alte Testament erscheint dabei als finsterer Faktor, der den Siedlern für ihre rechtswidrige Enteignungspolitik ein religiöses Fundament gebe (vgl. die Landbeschreibungen in Gen 15,18–21). Weil das Alte Testament und die biblische Archäologie politisch instrumentalisiert und für eine »Archäologie der Enteignung«[38] in Anspruch genommen werde, trage es zur Verunmöglichung einer friedlichen Lösung des Nahost-Konfliktes zwischen Israelis und Palästinensern unrühmlich bei. Daher erhebt sich vieler-orts auch Widerstand gegen Ausgrabungen in Israel und von Israelis: Wo im-mer jüdische Relikte ausgegraben werden, werde das als politische Legitimation für eine Beschlagnahmung von palästinensischem Land missbraucht. Auch die Vergeltungspolitik des Staates Israel, der auf Terrorattacken mit Gegenattacken antwortet, wird mit dem alttestamentlichen Grundsatz »Auge um Auge, Zahn um Zahn« zusammengefasst. Es wird so dargestellt, als verhindere das Alte Testa-ment den Frieden im Nahen Osten. Nach dem »Kairos-Palästina-Dokument« von 2009, das nach seiner Veröffentlichung vom Ökumenischen Rat der Kirchen in verschiedene Sprachen übersetzt und verbreitet wurde, heißt es mit deutlichem Blick auf das Alte Testament, die Kirche müsse die Kraft der Liebe anstatt der Rache, die Kultur des Lebens statt des Todes bezeugen und dürfe kein unge-rechtes politisches System unterstützen. Gegen die israelische Besetzung müsse

---

[36]   *J. Hettel*, Rezension des Buches von F. Buggle, in: Materialien und Informationen zur Zeit 4 / 1992, online unter https://www.ibka.org/artikel/miz92/buggle.html (21.02.2017).
[37]   *Hettel*, Rezension (s. Anm. 36).
[38]   Vgl. den gleichnamigen Artikel von *Y. Gostoli* vom 25.05.2015 unter https://de.qanta-ra.de/node/19843 (12.02.2017).

Widerstand geleistet werden, aber mit Mitteln, die die Menschlichkeit der Feinde ansprechen und »im Antlitz des Feindes die Würde Gottes [...] sehen«. Dem Bösen dürfe nicht mit Bösem widerstanden werden. Als Mittel des friedlichen Widerstandes werden wirtschaftliche Boykottmaßnahmen gegen alle »von der Besatzung hergestellten Güter« genannt.[39]

(3) *Die Stimme der Feministischen Theologie* ist zwar leiser geworden, sie ist aber immer noch sehr gut hörbar. »Die spezifischen Vater-Sohn-Erfahrungen, auf die die Begrifflichkeiten vieler Gleichnisse, Psalmen, Bekenntnisse und Gebete aufbauen, sind für Frauen zunächst einmal nicht erschließbar. Aus diesem Grunde fordern feministische Theologen und Theologinnen heutzutage die Wiederbelebung auch weiblicher und anderer, personaler und nicht personaler Gottesbilder.«[40] Die krank machende Vorstellung von Gott als Mann führe unter anderem dazu, dass das Priesteramt im Alten Testament nur Männern vorbehalten sei.[41]

(4) Die feministische verbindet sich mit der *psychologischen Kritik*. Hanna Wolff (1910–2001)[42] hat in einem rasanten, bewusst polemischen und von schroffen Urteilen geprägten Buch die psychischen Auswirkungen beleuchtet, welche die Zusammenstellung von Altem Testament und Neuem Testament gehabt hat. Ihre Hauptthese lautet, dass die christliche Selbstidentität durch die Einbeziehung des jüdischen, nichtchristlichen, ja widerchristlichen Alten Testaments verhindert werde. Neben anderen wird als Paradebeispiel für solchen christlichen Selbstverlust der Synodalbeschluss der Rheinischen Landeskirche zur Erneuerung des Verhältnisses von Christen und Juden mit größter Schärfe angeprangert (vgl. 11–13 und 25f.): Christliche Theologie stehe hier wie sonst unter einem »Holocaust-Komplex« (vgl. 19ff.), unter neurotischem »Zwangsdenken« (12), versuche, sich »wie ein Schmarotzergewächs an das Judentum und seine religiösen Güter anzuranken« (23), und werde dadurch »eine zum Stöhnen elende Theologie« (26). Durch die Anerkennung des Alten Testaments als Teil des christlichen Kanons, durch die weithin alttestamentlich geprägte Sprache der neutestamentlichen Autoren sei von allem Anfang an der neue Wein Jesu in die alten Schläuche des Judentums gegossen worden und habe dadurch seinen spezifischen Eigengeschmack rasch verloren. Nur durch eine ausschließli-

---

[39] Dt. Text unter https://www.oikoumene.org/de/resources/documents/other-ecumenical-bodies/kairos-palestine-document (29.06.2017), Zitate unter Nr. 4-2-3 und 4-2-6.

[40] *J. Kegler*, Bedeutung des Alten Testaments (s. Anm. 30), 229.

[41] *M. Daly*, Beyond God the Father. Toward a Philosophy of Women's Liberation, Boston 1973 (dt.: Jenseits von Gottvater, Sohn & Co. Aufbruch zu einer Philosophie der Frauenbefreiung, München 1980); *P. Trible*, Texts of Terror. Literary-Feminist Readings of Biblical Narratives (OBT 13), Philadelphia 1984 (dt.: Mein Gott, warum hast du mich vergessen! Frauenschicksale im Alten Testament, Gütersloh 1986).

[42] *H. Wolff*, Neuer Wein – Alte Schläuche. Das Identitätsproblem des Christentums im Lichte der Tiefenpsychologie, Stuttgart 1981 ([4]1990) (Seitenangaben im Text beziehen sich auf dieses Werk); dies., Jesus der Mann. Die Gestalt Jesu in tiefenpsychologischer Sicht, Stuttgart [11]2002.

che Orientierung am historischen Jesus könne das Christentum endlich zu sich selbst finden. Bisher sei das Neue, das Proprium Jesu selbst, in der neutestamentlichen Forschung unter massiver Rejudaisierung verschüttet, ja zum Teil in sein genaues Gegenteil verkehrt worden: Jesus, der allen Richtgeist ablehnte, sei zum patriarchalischen Weltenrichter verdreht worden (43–65). Jesu Glaube, der das Wort »Gnade« nicht einmal gekannt habe, sei zu einer patriarchalischen Gnaden- und Opferreligion umstilisiert worden (65–90), die ihren Gipfel in der intellektualistisch-unverständlichen paulinischen Rechtfertigungslehre finde (vgl. 84); Jesu dualistische Weltsicht, welche das Böse nicht von Gott ableitet, sondern von einer widergöttlichen Macht, sei wieder zurückgezwungen worden in den alttestamentlich-jüdischen Monismus, der mit einem patriarchalischen Gott rechnet, von dem Gutes und Böses kommt (90–117); obwohl Jesus am kollektiven Bundesgedanken völlig desinteressiert gewesen sei und mit seiner Betonung des Individuums gegen diesen geradezu protestiert habe, sei er zum Begründer des neuen Bundes umgedeutet worden (118–144); Jesu präsentische Zusage »Jetzt ist die Zeit erfüllt« sei zeitlich und räumlich abgedrängt und vom jüdischen Bild des fernen Patriarchengottes übertüncht worden (144–161); das krank machende patriarchalische Gottesbild, das Gut und Böse, Gerechtigkeit und Liebe in verwirrender Weise harmonisiere, sei ins Christentum übernommen worden, obgleich es mit jesuanischen Grundpositionen unvereinbar sei (162–192). Diese Erkenntnisse lassen nach Wolff nur eine Schlussfolgerung zu: Markion (»ein genialer Christ«) und Harnack (vgl. 189) hatten recht! »Es ist für Christen absolut unmöglich, das Alte Testament weiterhin als ihre heilige Schrift und Grundlage ihres Glaubens anzuerkennen« (189). Das Alte Testament sei wie die Apokryphen gut und nützlich zu lesen, der Heiligen Schrift aber nicht gleichzuachten. Christliche Theologie müsse sich vielmehr auf das echt Jesuanische besinnen und konzentrieren, das durch eine Exegese des Gleichnisses vom verlorenen Sohn (193–223) exemplifiziert wird, um endlich zu wahrer Selbstidentität zu finden. Wolff konstruiert zu diesem Zweck – wie manche Theologen vor ihr – einen angeblich »historischen Jesus«, der sich vom krank machenden Gott Israels völlig getrennt habe. Jesu Religiosität sei völlig anders gewesen als die seiner jüdischen Umwelt. Er habe keinen Gerichtsgedanken gekannt, habe den Begriff der Gnade völlig überwunden, habe einen deutlichen Dualismus gelehrt und gerade nicht geglaubt, dass das Gute und das Böse aus der Hand des *einen* Gottes kämen, er habe das Individuum gesehen und kein Bundeskollektiv, er habe einen nahen, sanften, gütigen, vergebenden und empathischen Gott gelehrt. Um ihre eigene Identität zu gewinnen, betreibt Frau Wolff eine Verzerrung und Pathologisierung des Anderen, des »jüdischen« Gegners sowie auch der geschichtlichen Fakten. Wie es in der Jesus-Forschung in aller Regel der Fall ist, ist der angeblich »historische« Jesus ein reines Wunschprodukt der Projektion. Dieser Wolffs-Mann ist gewiss nicht der historische Jesus, sondern wieder einmal ein selbst erschaffener Wunsch-Jesus, der nichts anderes belegen soll als das, was schon immer der Lieblingsgedanke seiner Erfinderin war. Das Alte Testament wird als Projektionsfläche missbraucht.

(5) Auch aus der Riege der *Systematischen Theologen* erheben sich warnende Stimmen: Klaus-Peter Jörns (*1939) ist in mehreren Schriften ganz durchdrungen von der Verteidigung der Liebe Gottes. Er ist überzeugt, dass die Liebe Gottes, wie sie Jesus verkündet und gelebt hat, ganz aus Gott selbst kommt. Sie ist Ausdruck der höchsten Freiheit Gottes und sie bedarf keiner Vorleistung. Ja, würde sich Gottes Liebe auf irgendeine Vorleistung wie ein stellvertretend gebrachtes Opfer, gar ein Menschenopfer, berufen, wäre sie keine un-bedingte Liebe, sondern wieder eine bedingte, abhängige, und das heißt in religionsgeschichtlicher Perspektive: eine gewöhnliche Liebe. Darum ist das Alte Testament eine Störung und im Grunde eine Beleidigung der Liebe Gottes und muss notwendigerweise verabschiedet werden.[43]

Falk Wagner (1939–1998) vertritt die These, dass in der Moderne das reformatorische Schriftprinzip völlig unhaltbar geworden sei und folgert daraus, dass man die Bibel ganz aus der (heute verbindlichen) Theologie verabschieden sollte. Dazu wird zunächst die Kanonizität des Alten Testaments infrage gestellt. Denn indem »die christliche Theologie den ›Vater‹ Jesu Christi immer wieder auf Jahwe, den Gott des Alten Testaments, beziehen will«, wird im Grunde der »mit der Trinität und der Christologie zum Ausdruck gebrachten Revolutionierung des Gottesgedankens die Spitze abgebrochen«.[44] Dieser Distanzierung des Christentums vom Alten Testament folgt konsequenterweise die Reduktion der Bedeutung des Neuen Testaments auf die rein historische Dimension: »Die Behauptung, die historischen Anfänge des Christentums verbürgten zugleich seinen normativen Ursprung und seine die Zeiten überdauernde Geltung, lässt sich argumentativ nicht rechtfertigen«.[45] Durch eine an Hegel erinnernde bewusstseinsphilosophische Neuformulierung des christologischen Dogmas will Wagner die Quelle der Autorität und Klarheit der Theologie nicht mehr aus der Schrift erheben, sondern im rationalen und autonomen Glauben des Individuums verankern.

Sebastian Moll (*1980)[46] sieht als Kirchenhistoriker eine Linie von Ignatius von Antiochien über den Barnabasbrief hin zu Markion, Justin dem Märtyrer, Ptolemäus und Irenäus von Lyon. Zunächst wurde versucht, die Gegensätze zwi-

---

[43] *K.-P. Jörns*, Notwendige Abschiede. Auf dem Weg zu einem glaubwürdigen Christentum, Stuttgart 2004; ders., Lebensgaben Gottes feiern. Abschied vom Sühnopfermahl. Eine neue Liturgie, Gütersloh 2007; ders., Glaubwürdig von Gott reden. Gründe für eine theologische Kritik der Bibel, Stuttgart 2009.

[44] *F. Wagner*, Auch der Teufel zitiert die Bibel. Das Christentum zwischen Autoritätsanspruch und Krise des Schriftprinzips, in: R. Ziegert (Hrsg.), Die Zukunft des Schriftprinzips, Stuttgart 1994, 236–258, hier 252.

[45] *Wagner*, Auch der Teufel zitiert die Bibel (s. Anm. 44), 249.

[46] *S. Moll*, The Arch-Heretic Marcion (WUNT 250), Tübingen 2010; ders., Die christliche Eroberung des Alten Testaments, Berlin 2010.

schen dem Alten Testament und dem sich allmählich formierenden Christentum abzudämpfen, indem zum Beispiel aus dem Verbot, Schweinefleisch zu essen, ethisierend-allegorisierend das Verbot gemacht wurde, sich so zu benehmen wie ein Schwein. Markion aber habe die Antinomien nicht mehr kaschieren wollen, sondern habe sie in seinen »Antithesen« klar formuliert. Nach Moll erweist sich Markion als ein (nahezu pathologischer) Fanatiker, der von großem Hass gegen die Schöpfung getrieben war. Ihn musste man stoppen. Aber von Harnacks Form der Geltungsreflexion über das Alte Testament und seine Forderung nach Abschaffung seiner kanonischen Geltung sei die einzige heute vertretbare Hermeneutik des Alten Testaments.

(6) Wenn es um die Relativierung der Bedeutung des Alten Testament geht, darf die *Stimme mancher Kirchenleitungen* nicht vergessen werden. Ich selbst habe öfters schwierige Predigten von Kirche Leitenden anhören müssen, die das Alte Testament als dunkle Folie nutzten, von der sich das Neue Testament lichtvoll absetze. So zum Beispiel die Predigt von Landesbischof Ulrich Fischer zum 450. Jubiläum des Heidelberger Katechismus, der den Gedanken des Sündenbocks von Lev 16 schroff zurückweist:»Opfertiere, Sündenböcke haben wir nicht mehr – wie im alten Israel –, auf die wir unsere Unreinheit und Schuld übertragen könnten! Wie gut tut es dann zu wissen: Im Leiden Christi leidet Gott selbst mit uns. [...] Gott hat am Kreuz von Golgatha auch unsere Sünden weggenommen. Befreit von der Macht der Sünde können wir leben.«[47] Dabei bemerkt er nicht, dass er genau den Gedanken, den er zuvor brüsk abweist, sogleich wieder hineinnimmt und beim Abendmahl zum Abendmahlsbecher das traditionelle Spendewort sagt: »Christi Blut, für dich vergossen«. Oder auf der Homepage der Badischen Kirche wurde zum Boykott von Waren aus den besetzten Gebieten aufgerufen. Da aber Waren aus Israel diese Unterscheidung gar nicht aufweisen, führte dies *de facto* zu einem Kauf-Boykott gegen Israel. Oder ich musste erleben, dass ein Synodal-Protokoll gefälscht wurde: Ein Vortrag, den ich anlässlich der »Dekade zur Überwindung von Gewalt« vor der Landessynode im Oktober 2006 in Bad Herrenalb gehalten habe, der davor warnte, diese Dekade nicht zu einer »Dekade zur Überwindung des Alten Testaments« zu machen, sondern auch die Sinnhaftigkeit der dunklen Seiten Gottes zu sehen und im Begriff der »Gewalt« auch positive Aspekte anzuerkennen, wurde samt Diskussion darum im Protokoll der Herbstsynode nicht abgedruckt. Oder im Berliner Dom habe ich 19. Februar 2012 eine Predigt von Mitri Raheb gehört, die verkündet, dass Jesus heute gegen Israel aufstehen würde. Heute wäre Jesus ein Palästinenser.[48] Der Pfarrer aus Betlehem wird in der Kirche hoch geehrt. Oder es ist mir auch schon mehrfach passiert, dass Predigende die vorgesehene Perikope aus dem Alten

---

[47] Text unter http://www.ekihd.de/html/predigt_fischer_17032013.html (29.06.2017) (Zitat im Original hervorgehoben).

[48] Tonmitschnitt abrufbar unter http://www.berlinerdom.de/component/option,com_docman/task,doc_download/Itemid,99999999/gid,1082/lang,de/ (25.02.2017).

Testament einfach nicht genommen haben, sondern über einen Text des Neuen Testaments gepredigt haben. Als Erläuterung auf meine Nachfrage bekam ich zu hören:»Ich habe aus dem jüdisch-christlichen Dialog gelernt, dass das Alte Testament den Juden allein gehört.«

(7) Nachdem also viele Male und auf vielerlei Weise die Forderung nach einer Abwertung des Alten Testaments erhoben wurde, hat nun auch Notger Slenczka (*1960) zu uns gesprochen. Er hat 2013 einen Aufsatz publiziert,[49] der ein erstaunliches Echo gefunden hat. In umfänglichen Referaten von Schleiermacher, Harnack und Bultmann[50] macht er wie die anderen Kritiker folgenden Vorschlag:»Das Alte Testament ist ein vorchristliches Buch, Zeugnis der Religion, von der die ersten Christen herkommen, in der sie aufgewachsen sind, bis sie Jesus Christus, bzw. der Verkündigung von Jesus Christus begegneten. Das Alte Testament ist also nicht Zeugnis von Christus oder vom Dreieinigen Gott. Diese vorchristliche Gotteserfahrung wird dann in den Texten des Neuen Testaments nicht einfach aufgenommen und bestätigt, sondern wie eben beschrieben umgebrochen und neu gedeutet. Für die Christen heute ist das Alte Testament damit nicht Christuszeugnis oder Zeugnis vom Dreieinigen Gott, sondern Zeugnis der vorchristlichen Gotteserfahrung, die aber nicht nur dort formuliert ist, sondern die auch in philosophischen oder sonstigen gegenwärtigen Weltdeutungen zur Sprache kommt.«[51] Daraus sei zu folgern,»dass das AT [...] eine kanonische Geltung in der Kirche nicht haben sollte«[52] und auch faktisch nicht hat bzw. »dass die Texte des AT zwar selektiv Wertschätzung und auch religiösen Gebrauch, nicht aber kanonischen Rang verdienen«.[53] Das Alte Testament sei im Christentum nicht von gleichem Rang wie das Neue Testament, sondern es solle vielmehr denselben Status wie die sogenannten Apokryphen erhalten, die – mit Martin Luther gesprochen – »gut und nützlich zu lesen, aber der heiligen Schrift nicht gleich zu achten« seien. *De facto* hatte Luthers freihändige Kanonreform ja dazu geführt, dass die Apokryphen im Protestantismus weithin unbekannt wurden. Das Alte Testament sei deshalb dem Judentum zurückzugeben. Slenczka betonte dabei explizit, dass er dies im Unterschied zu anderen Christen nicht fordere, weil er das Alte Testament ablehne, sondern weil er es respektiere und es dem rechtmäßigen Eigentümer überlassen wolle.

---

[49]   *N. Slenczka*, Die Kirche und das Alte Testament, in: E. Gräb-Schmidt / R. Preul (Hrsg.), Das Alte Testament in der Theologie (MJTh 25), Leipzig 2013, 83–119.

[50]   Bultmanns Verhältnis zum Alten Testament ist aber viel komplexer; vgl. *M. Oeming*, Bultmann und das Alte Testament, in: C. Landmesser (Hrsg.), Bultmann Handbuch, Tübingen 2017, 301–307.

[51]   *N. Slenczka*, Ein vorchristliches Buch. Zur Bedeutung des Alten Testaments für das Christentum, in: Rotary Magazin 6 / 2015, online unter https://rotary.de/kultur/ein-vor-christliches-buch-a-7610.html (29.06.2017).

[52]   *Slenczka*, Kirche (s. Anm. 49), 83.

[53]   *Slenczka*, Kirche (s. Anm. 49), 119.

Der Präsident des Koordinierungsrates der Gesellschaften für christlich-jüdische Zusammenarbeit, Pfarrer Friedhelm Pieper, hat den Aufsatz von Slenczka in einem Rundschreiben des Verbandes zu einem »handfesten theologischen Skandal im gegenwärtigen deutschen Protestantismus« erklärt und entrüstet angeprangert. Daran schlossen sich breite öffentliche Diskussionen und fakultätsinterne Kämpfe an, die Slenczka einschließlich aller Attacken seiner Fakultätskollegen auf seiner Dienst-Homepage umfangreich dokumentiert.[54] Die FAZ betitelte ihren Bericht über diese Vorgänge angesichts der tiefen Zerwürfnisse in der Berliner Fakultät wohl nicht unzutreffend: »Der Gott des Gemetzels«.[55]

Wenn man die Argumente von Slenczka auf dem Hintergrund der langen Geschichte der Diskussion der kanonischen Geltung betrachtet, dann ist zunächst festzustellen, wie »unoriginell die These ist, indem sie mit nur geringen Neujustierungen Argumente wiederholt, die sich bereits bei Friedrich Schleiermacher, Adolf von Harnack, Emanuel Hirsch, Rudolf Bultmann, Wolfgang Trillhaas, Falk Wagner und anderen finden«.[56] Ich erkenne nur vier halbwegs neue Elemente:

(a) Die starke Betonung ausschließlich des Ursprungssinns. Die *historisch-kritische* Wissenschaft habe erwiesen, dass das Alte Testament vorchristlich sei, und diese Einsicht führe notwendig zur Erkenntnis seiner geschichtlichen Abständigkeit.

(b) Der christlich-jüdische Dialog habe die Einsicht hervorgetrieben, dass die christliche Vereinnahmung des Alten Testaments unangemessen sei und es dem Judentum zurückgegeben werden müsse. Weil Slenczka *für* Israel denkt, deswegen ist er *gegen* das Alte Testament im christlichen Kanon. Er begreift dies in keiner Weise als Antijudaismus.

(c) Vielleicht noch stärker als Schleiermacher plädiert Slenczka für die *Aufgabe des Schriftprinzips* zugunsten der eigenen Gefühle des modernen Menschen und begibt sich damit nahe an Falk Wagner heran.

---

54   https://www.theologie.hu-berlin.de/de/st/AT (29.06.2017).

55   *R. Bingener*, Der Gott des Gemetzels, FAZ vom 21.04.2015, http://www.faz.net/-gpf-82ehv (29.06.2017); siehe ferner *R. Leonhardt*, Viel Lärm um nichts. Beobachtungen zur aufgeregten Diskussion um den Berliner Theologen Notger Slenczka, in: Zeitzeichen 16,6 (2015), 13–16; *H. Liss*, An der Sache vorbei. Eine jüdische Sichtweise zum Streit um Notger Slenczka und das Alte Testament, a.a.O., 42–44; *A. Feldtkeller*, Vom Reichtum der ganzen Bibel. Die Zusammengehörigkeit von Altem und Neuem Testament aus der Perspektive Interkultureller Theologie, in: ThLZ 140 (2015), 753–765; *J.-H. Tück*, Christentum ohne Wurzel? Warum das Alte Testament nicht aus dem christlichen Kanon herausgenommen werden darf, in: StZ 234 (2016), 43–55.

56   *F. Hartenstein*, Zur Bedeutung des Alten Testaments für die evangelische Kirche. Eine Auseinandersetzung mit den Thesen von Notger Slenczka, in: ThLZ 140 (2015), 739–750, hier 738; *ders.*, Die bleibende Bedeutung des Alten Testaments. Studien zur Relevanz des ersten Kanonteils für Theologie und Kirche (BThSt 165), Göttingen 2016.

(d) Die *Zunft der Alttestamentler* selbst betone in weiten Kreisen, dass sie mit Christus und der Kirche nichts zu tun haben wolle. Auch die Mitglieder der Kirche haben starke »Schluckbeschwerden«:

> Wenn jemand ernsthaft die Texte des Alten Testaments in ihrer Gänze liest und über-schaut, wird er oder sie sich nur in engen Grenzen dazu imstande sehen, sie als Ausdruck des Gottesverhältnisses zu lesen und zu verstehen, das sein christlich-re-ligiöses Bewusstsein ausspricht und das er in den Texten des NT wiedererkennen und begründet sehen kann. Es ist faktisch so, dass wir den Texten des AT in unserer Frömmigkeitspraxis einen minderen Rang im Vergleich zu den Texten des NT zuer-kennen […]. Ausdrücklich wird dieses Fremdeln in der Auswahl der alttestamentli-chen Predigttexte und in der Versauswahl, die unter den Psalmen in den liturgischen Beigaben des EG vorgenommen wird.[57]

Weil Slenczka national und international so ein großes Aufsehen erregt hat, möchte ich zu diesen Argumenten jeweils kurz Stellung nehmen:

Ad (a): Wenn schon historische Kritik, dann aber richtig: »In seiner Gänze ist das AT kein Zeugnis der Universalität des Gottesverhältnisses, sondern *ein Zeug-nis einer Stammesreligion mit partikularem Anspruch.*«[58] Das theologische Zeug-nis des Alten Testaments auf den Begriff »Stammesreligion« zu verdichten, ist historisch gesehen schlicht eine peinliche Fehlleistung. Der Begriff »Stammesre-ligion« ist meines Wissens von Heinrich von Treitschke in die Debatte eingeführt worden.[59] In den Jahren nach 1860 hat Treitschke argumentiert, dass jedes Volk eine eigene Religion habe, so auch das deutsche. Das Judentum aber sei weder evangelisch noch katholisch noch deutsch, sondern »eine fremde Stammesreligi-on«. Von da aus hat diese Ansicht ihren Weg in die nationalsozialistische Vorstel-lungswelt genommen. Freilich müsste nicht etwas deswegen falsch sein, weil die Nazis es aufgenommen haben, aber es sollte einem doch sehr zu denken geben. Wenn man die Stellung der Völker im Alten Testament genauer untersucht,[60] so wird man leicht feststellen können, dass es in dieser Frage eine tiefe Spaltung

---

57   *Slenczka*, Kirche (s. Anm. 49), 119.

58   *Slenczka*, Kirche (s. Anm. 49), 94 (Hervorhebung M. O.).

59   *H. von Treitschke*, Unsere Aussichten, in: Preußische Jahrbücher 44 (1879), 559–576; ders., Noch einige Bemerkungen zur Judenfrage, PrJ 45 (1880), 85–95. Auch von jüdi-scher Seite gab es Widerspruch gegen Treitschke. So entgegnete der Religionsphilosoph Hermann Cohen auf die Behauptung, das Judentum sei »eine fremde Stammesreligion, die einem Christen nichts geben könne«, der Gott der alttestamentlichen Propheten, de-ren rigorose Ethik mit der von Kant sachlich übereinstimme, sei unerlässlich für eine reinere Form des Christentums. Auch Cohen bekannte sich als Deutscher, aber nicht im völkischen Sinne, sondern im Sinne der Übereinstimmung von jüdischer Gebotsreligion und deutscher philosophischer Ethik. Für die von Cohen angedeutete konfessionelle Ver-wandtschaft jüdischer und christlicher Religion gab es damals keinerlei Verständnis.

60   Vgl. umfassend *C. Ziethe*, Das Heil für die Völker im Matthäusevangelium und die Schriften Israels (Diss., Universität Heidelberg, 2017), zu den Schriften Israels: 26–60.

zwischen den unterschiedlichen Theologien des Alten Testaments gibt. Es gibt Hardliner wie zum Beispiel Esra (Esra 9 und 10), die in der Tat für eine scharfe Abgrenzung nach außen waren und »Stammbäume der Stämme« pflegten (1 Chr 2-9), allerdings auch schon mit erstaunlichen Öffnungen auf die Völker der Welt in 1 Chr 1. Man darf darüber aber nicht übersehen und herunterspielen, dass es im Alten Testament selbst auch deutlich universalistische Tendenzen gibt; es gibt gerade auch in den Apokryphen eine spezifische Perspektive der weltweiten Diaspora, wie zum Beispiel in Jes 19,24f.:

> Zu der Zeit wird Israel der Dritte sein mit Ägypten und Assur, ein Segen im Mittelpunkt der Erde, denn Jhwh Zebaoth wird sie segnen und sprechen: Gesegnet bist du, Ägypten, mein Volk, und du, Assur, meiner Hände Werk, und du, Israel, mein Erbe.

Zudem sollte man auch nicht verkennen, wie sehr das Alte Testament von den umfangreichen Bildungsgütern der Spätantike durchtränkt ist. Im Alten Testament sind die religiösen Traditionen Ägyptens, Mesopotamiens und Griechenlands präsent. Das Buch Hiob zum Beispiel ist ein Feuerwerk der antiken Bildung, ebenso Kohelet oder Jesus Sirach. Wenn man zum Beispiel die schöne Theologie von Jörg Jeremias durcharbeitet und dabei den überraschenden, aber sehr zutreffenden Rekurs auf Paul Ricœur findet, wonach wenigstens fünf sehr unterschiedliche Diskursarten im Alten Testament zu differenzieren sind, dann wird am Ende im Abschnitt »Ausblick« deutlich: In der reifen Spätzeit hat das biblische Israel eine so enorme theologische und denkerische Syntheseleistung erbracht, dass man sich über eine solche herabwürdigende Bewertung nur wundern kann.[61] *Die* Religion des Alten Testaments ist eigentlich ein falscher Begriff. Es handelt sich vielmehr um eine Pluralität von Religionsformen, die miteinander in einem ständigen Diskurs und auch in innerer bleibender Spannung stehen. Mit der Einordnung in eine partikulare Stammesreligion begeht man einen historischen Trugschluss; das Judentum ist eine Weltreligion mit zahlreichen philosophischen Elementen.[62]

Historische Kritik umfasst auch hermeneutische Reflexion (oder sollte es zumindest). Seit Hans-Georg Gadamers »Wahrheit und Methode« (1960) ist die Einsicht im hermeneutischen Diskurs unverzichtbar geworden, dass zum wahrhaft historischen Verstehen auch die Einbeziehung der Wirkungsgeschichte eines Textes gehört. Die Ursprungsintention kann man nicht einfach von der Wir-

---

[61]   J. Jeremias, Theologie des Alten Testaments (GAT 6), Göttingen 2015, 5-7, 479-495.

[62]   Es ist kein Wunder, dass viele Philosophen auf das Alte Testament als ernsthaften Gesprächspartner zugreifen, z. B. Karl Jaspers (Von der biblischen Religion, in: ders., Erneuerung der Universität. Reden und Schriften 1945/46, Heidelberg 1986, 65-75; dazu M. Oeming, Existenzerhellung. Karl Jaspers als Ausleger des Alten Testaments, in: P. Pokorny/J. Roskovec [Hrsg.], Philosophical Hermeneutics and Biblical Exegesis [WUNT 153], Tübingen 2002, 176-190) oder Paul Ricœur (vgl. M. Oeming, Paul Ricœur als Ausleger des Alten Testaments - unter besonderer Berücksichtigung seiner Interpretation des Buches Hiob, in: EvTh 68 [2013], 245-258).

kungsgeschichte »absägen«. Eine naiv historistische Hermeneutik sollte daher nicht mehr möglich sein. Dass historisch betrachtet das Neue Testament in der Wirkungsgeschichte der Heiligen Schriften Israels steht, ist auch wissenschaftlich unbestreitbar.

Dass zum innerbiblischen Wachstumsprozess radikale Umschreibungen gehören, hat Gerhard von Rad in seiner Theologie immer wieder hervorgehoben. Im Lichte neuer heilsgeschichtlicher Ereignisse gewinnen alte Texte eine ganz neue Bedeutung. So verhält es sich, um nur ein Beispiel zu geben, mit dem Text Jes 9,5f.:

> Denn uns ist ein Kind geboren, ein Sohn ist uns gegeben, und die Herrschaft ruht auf seiner Schulter; und er heißt Wunderrat, Gott-Held, Ewig-Vater, Friede-Fürst, auf dass seine Herrschaft groß werde und des Friedens kein Ende auf dem Thron Davids in seinem Königreich, dass er's stärke und stütze durch Recht und Gerechtigkeit von nun an bis in Ewigkeit.

Ursprünglich handelte es sich wohl um das Geburtsorakel des Königs Hiskija; in redaktionellen Nachbearbeitungen während des Exils wurde dieser Text schon 550 Jahre vor Christus messianisch umgedeutet in die Hoffnung auf einen neuen Davididen; in weiteren Fortschreibungsprozessen in protoapokalyptischen Kontexten verbindet sich mit diesem Friedefürst eine strukturelle Umwandlung der Welt. Jes 9,4 zeichnet eine neue Welt ohne Krieg:

> Denn jeder Stiefel, der mit Dröhnen daher geht, und jeder Mantel, durch Blut geschleift, wird verbrannt und vom Feuer verzehrt.

So entsteht im Laufe von Jahrhunderten durch Fortschreibungen und jeweilige Umdeutungen schon textintern neuer Sinn.[63] Genau dieser Prozess setzt sich fort, wenn die christliche Gemeinde im Lichte der Geburt Jesu in Betlehem diesen Text mit »weihnachtlichem Sinn« neu füllt. Damit begeht sie keinen intellektuellen Salto mortale oder gar Selbstmord, sondern sie liest den Text applikativ auf die eigene Situation hin; sie verfährt hermeneutisch genauso, wie alle Leser dieser Zeit ihn gelesen haben, etwa die Qumran-Gemeinde in den Pescharim, welche alte prophetische Überlieferungen auf die Gegenwart der »Einung« bezog.[64]

Ad (b): Das Alte Testament ist im *ursprünglichen* Sinne kein christliches Buch. Gewiss, das ist lange bekannt. Aber es ist auch kein jüdisches Buch. Es liegt *vor* der Entstehung des pharisäischen Judentums.[65] Auch wenn der Wort-

---

[63] Zum Phänomen und zur theologischen Bedeutung der innerbiblischen Fortschreibungen vgl. *J. C. Gertz*, Schriftauslegung in alttestamentlicher Perspektive, in: F. Nüssel (Hrsg.), Schriftauslegung (Themen der Theologie 8), Tübingen 2014, 9–41.

[64] Vgl. *M. Oeming*, Christvesper – 24.12.1999: Jes 9,1–6, in: GPM 53 (1999), 35–40.

[65] Dies hat besonders L. Schwienhorst-Schönberger stark gemacht: Die Rückkehr Markions, in: IKaZ 44 (2015), 286–302; ders., Das gespaltene Gottesvolk. Die unterschiedlichen Lesarten des Alten Testaments in Judentum und Christentum, in: Rotary Magazin

laut der »Biblia Hebraica« und des »Alten Testaments« identisch sind, so ist doch der Umfang und die Abfolge jeweils anders. Der Septuaginta-Kanon stammt aus dem Judentum, ist aber im Judentum nicht rezipiert worden, er war aber die Bibel der Christen. Er stellt auch nicht nur eine unschuldige, naive Umstellung dar, sondern er hat ein Programm: Kanonische Schriftauslegung hat dies sehr deutlich herausgearbeitet. Vor allem hat das »Alte Testament« einen *Kontext*, den es im Judentum überhaupt nicht hat, nämlich das Neue Testament. Das Alte Testament ist Teil des christlichen Kanons aus Altem plus Neuem Testament. Wir können das Alte Testament den Juden daher nicht zurückgeben. Sie werden es nicht wollen.

Ad (c): Über die Frage der Bedeutung von Schriftbindung von Theologie muss man bei Slenczka eine Inkonsistenz in der Argumentation konstatieren. »Denn wenn ›kanonisch‹ heißen sollte, dass eine Aussage unmittelbar und auslegungsfrei als maßgeblich einleuchtet, so trifft das auch auf die Normativität des Neuen Testaments nicht zu.«[66] *De facto* müsste mit seiner Argumentation die gesamte Bibel in den Zustand der Apokryphen herabgestuft, womit sich Slenczka mit Wagner berührt.

Ad (d): In der Tat hat die Zunft der Alttestamentler selbst viel dazu beigetragen, dass ihre Wissenschaft als theologisch irrelevante »Erbsenzählerei« angesehen wird. Die alles zermalmende Kritik (Geschichten sind nur fiktional; die Archäologie zeigt, dass es keine Erzväter gab, keinen Mose, keinen Exodus, keine Landnahme, kein davidisch-salomonisches Reich, keine Propheten, kein babylonisches Exil, keine Heimkehr, keine Mauer Nehemias) hat sich selbst zermalmt. Dabei hat sie die zentralen theologischen und hermeneutischen Probleme kaum behandelt. Auch die Fremdheit des Alten Testaments in den Gemeinden ist richtig beobachtet. Hier muss ich Slenczka aufrichtig dankbar sein, dass er mit seinen provokativen Thesen eine Disziplin aus dem Schlaf der Sicherheit geweckt hat.

Man muss schließlich nach einer weiteren logischen Inkonsistenz der Argumentation fragen. Kann man auf der einen Seite das Alte Testament als »Zeugnis einer Stammesreligion« ansprechen und es damit in den Bereich des Naturhaft-Primitiven hinabdrücken, und auf der anderen Seite den jüdisch-christlichen Dialog anführen, der den Christen neuen Respekt vor dem Judentum erweckt habe, der sie darum veranlasse, den Juden ihr Eigentum zurückzugeben?

6/ 2015, 43–47; ders., Christentum ohne Altes Testament? Theologen diskutieren wieder über den biblischen Kanon, in: HerKorr 70 (2016), 26–30.
[66]   *Schmid*, Christentum ohne Altes Testament (s. Anm. 4), 450.

4.   Der gegenwärtige Kampf um das Alte Testament – die Verteidiger

Wir haben gesehen: Vielen Zeitgenossen erscheint der Gott des Alten Testaments als unangenehmer, Angst einflößender, harter Richter, der hohe moralische Forderungen aufstellt, an die er sich selbst aber nicht hält. Dieser Gott achtet vor allem darauf, dass er selbst exklusiv verehrt wird. Angesichts dieser gängigen Urteile, vielfacher Verurteilungen und »Verabschiedungen« (Jörns) sind gute Argumente gefragt, warum man das Alte Testament überhaupt noch braucht, die jetzt gesichtet werden sollen. Die Verteidiger des Alten Testaments verfolgen unterschiedliche Strategien.

(1) Viele der Verteidiger, vermutlich die meisten, setzen auf die *Normativität des Faktischen*: Sie bleiben trotz aller heftiger »Schüsse vor den Bug« ganz ruhig und vertrauen auf die Beharrungskraft der Tradition. Das Alte Testament ist da, es ist Bestandteil des Kanons, und wer das ändern will, der hat die Beweislast und soll erst einmal zeigen, was er kann. Diese Angriffe kann man aussitzen. Häufig wird dieses Argument mit der »Antijudaismuskeule« verbunden: Jeder, der das Alte Testament kritisch wertet oder gar abwertet, sei Antisemit. So als ob das kritische Denken verboten wäre, überbieten sich diese Verteidiger in entrüsteter Empörung über das, was man »längst überwunden geglaubt« hatte. In einer solchen Strategie erkenne ich zwar durchaus *particula veritatis*, denn seit Gadamers Hermeneutik darf man relativ zuversichtlich argumentieren, dass sich nur das Klassische immer wieder neu durchzusetzen vermag, und in der Tat haben viele Angriffe antisemitische Hintergründe,[67] aber dennoch halte ich sie für gefährlich. Auf Dauer helfen nur jeweils neu einleuchtende positive Begründungen. Unsere moderne Gesellschaft erlebt einen dramatischen Wertewandel, sodass es zentral wichtig ist, sich der Geltungsreflexion immer neu zu stellen.

(2) Ein weiteres wesentliches Argument ergibt sich aus den *historischen Tatsachen*: Unzweifelhaft liegt die Wurzel, die das Christentum trägt, im Alten Testament; *ohne das Alte Testament kann man das Neue Testament gar nicht angemessen verstehen. Ein Christentum ohne Altes Testament ist wie ein Baum ohne Wurzel.* Viele Neutestamentler entdecken, dass man die Botschaften des Neuen Testaments nicht ohne ihre enge Anbindung an das alttestamentliche Erbe verstehen kann, weshalb ich schon in meinen Studienzeiten von Philipp Vielhauer den Rat erhielt: »Verkaufe alles, was du hast, und kaufe dir einen Strack/Billerbeck«.[68] Wenn das Alte Testament aber lediglich religionsgeschichtlicher Hintergrund und Ursprungsort wäre, dann hätte es eine »nur« vorbereitende Funktion,

---

[67]   Wer im Internet etwas intensiver surft und auf diversen Blogs nachliest, wird auf eine Fülle unappetitlicher und wirklich empörender antijüdischer Hetze stoßen. Darauf genauer einzugehen, verbietet sich.

[68]   *H. L. Strack/P. Billerbeck*, Kommentar zum neuen Testament aus Talmud und Midrasch, 6 Bde., München ⁹1979.

keinen Wert in sich selbst. Dann wäre seine Stellung als Anhang zum Neuen Testament (à la Schleiermacher) durchaus nicht unangemessen. Man muss herausarbeiten, dass das Alte Testament nicht nur historisch vorbereitet, sondern sachlich grundlegend ist. Wovon das Neue Testament überhaupt spricht, wird nur verständlich, wenn man den Gott des Alten Testaments kennt und versteht.

(3) Ein nächster Grund für die enorme Bedeutung des Alten Testaments liegt in seiner anthropologischen Nähe. Es ist leicht erkennbar, dass im Alten Testament Menschen begegnen, die *dem gegenwärtigen Menschen sehr ähnlich* sind – mit ihren Stärken und Schwächen, Freuden und Leiden, Hoffnungen und Ängsten, Glauben und Zweifeln. »Ich habe die Nacht einsam hingebracht in mancher inneren Abrechnung und habe schließlich, beim Scheine meines noch einmal angezündeten Weihnachtsbaumes, die Psalmen gelesen, eines der wenigen Bücher, in dem man sich restlos unterbringt, mag man noch so zerstreut und ungeordnet und angefochten sein«, so schrieb Rainer Maria Rilke am 4. Januar 1915 an seinen Verleger Samuel Fischer.[69] Dieser Aspekt, dass sich jeder Mensch in den Psalmen »restlos unterbringt«, diese existentielle »Anwendbarkeit« ist ein wesentlicher Grund für die hohe Gegenwartsbedeutung des Psalters. Die nahezu klassische Formulierung der Strukturanalogie Altes Testament und Neues Testament im Menschenbild lautet:

> Der *Mensch ist also hier in seiner Zeitlichkeit und Geschichtlichkeit gesehen.* Er wird, um sich zu verstehen, nicht auf das Allgemeine verwiesen, den Kosmos, um sich als dessen Glied zu erfassen, auf den Logos, um im Zeitlosen das eigentlich Seiende zu finden, sondern er wird in seine konkrete Geschichte gewiesen, in ihre Vergangenheit und Zukunft, in ihre Gegenwart, die in dem konkreten Miteinander der »Nächsten« ihm die Forderung des Augenblicks entgegenbringt. Er weiß sich also nicht in einen kosmischen Rhythmus eingegliedert, dessen Bewegung sich nach ewigen Gesetzen vollzieht und in dem alles Drängen, alles Ringen ewige Ruhe in Gott dem Herrn ist, so daß es die höchste Möglichkeit des Menschen wäre, in der *theoria* dieses Gottes inne zu werden, sondern er weiß sich durch den göttlichen Willen an eine bestimmte Stelle des zeitlichen Geschehens gestellt, das für ihn die Möglichkeiten des Gerichtes und der Gnade hat, je nachdem er *in gehorsamem Tun* das tut, was Gott von ihm fordert. So ist das Verhältnis zu Gott nicht ein Sehen, sondern ein Hören, ein Gott-Fürchten und ihm Gehorchen, ein Glauben, d. h. nicht eine optimistische Weltanschauung, sondern ein Auf-sich-Nehmen der Vergangenheit in Treue, ein vertrauendes Warten auf Gott gegenüber der Zukunft, treuer Gehorsam in der Gegenwart. Dieses Verständnis des Daseins ist aber das gleiche wie das des Neuen Testaments.[70]

(4) Auf die Abwertung des Alten Testaments reagieren *die Modelle einer gesamtbiblischen Theologie,* die insbesondere in den Jahren 1960 bis 1985 florierten.[71]

---

[69] *R. M. Rilke,* Briefe an seinen Verleger, Leipzig 1934, 247.
[70] *R. Bultmann,* Die Bedeutung des Alten Testaments für den christlichen Glauben, in: ders., Glauben und Verstehen, Bd. 1, 313–336, hier 324 (Hervorhebung M. O.).

Gesamtbiblische Theologien wurden vor allem von Alttestamentlern vorange-trieben, weil diese ihre eigene Disziplin im Rahmen der heutigen theologischen Fakultäten legitimieren müssen. In aller Bescheidenheit darf ich auf meine ei-gene Dissertation (1985) verweisen, die zusammen mit vier weiteren Aufsätzen unter dem Titel »Das Alte Testament als Teil des christlichen Kanons?« 2001 in dritter Auflage nochmals erschienen ist.[72] Darin werden die zwischen 1960 und 1985 gegebenen Antworten der Alttestamentler und Systematiker auf die Frage analysiert, weshalb und in welchem Umfang das Alte Testament Teil des christ-lichen Kanons sein muss. Sie gehen von der Eigenständigkeit des Alten Testa-ments aus, führen es aber unter verschiedenen Gesichtspunkten über *gemeinsa-me thematische Grundpfeiler* historisch und sachlich mit dem Neuen Testament eng zusammen (wie zum Beispiel über das Erste Gebot, W. H. Schmidt). Im Rah-men gesamtbiblischer Modelle kann man betonen, dass das Alte Testament ex-plizite oder implizite *Verheißungen* enthält, die über es selbst hinausverweisen und sich in Jesus Christus und in der neutestamentlichen Botschaft »erfüllen« (besonders Zimmerli und Hermisson[73]). Der Pannenberg-Kreis hat die *objektive Heilsgeschichte* als Historie des Handelns des einen Gottes zur Grundlage der ganzen Bibel gemacht. Man kann die *Kontinuität der Traditionsgeschichte* hervor-heben (von Rad), wonach sich zentrale theologische Vorstellungskomplexe und Sprachrepertoires (z. B. Opfer, Sühne oder Stellvertretung) über Jahrhunderte unterschiedlich entwickeln und die in einem Überlieferungsstrom ins Judentum, in einem anderen aber ins Christentum münden (Gese, Stuhlmacher, Janowski). Man kann aber auch das *Neue Testament als kritischen Filter* begreifen, der aus den vielfachen Vorstellungskreisen des Alten Testaments das Normative her-ausfiltert: *(Solum) Vetus Testamentum in Novo receptum*, d. h. nur das, was vom Neuen Testament aufgegriffen und explizit bestätigt wird, kann als weiter gültig gelten, der Rest ist abgetan (Hübner). Man kann im Rahmen einer kanonischen Auslegung die durch *den einen Autor* (nämlich den Heiligen Geist) gewirkte, eher statische innere Entsprechung und Harmonie des Gesamtkanons herausarbeiten (Childs). Eine tiefenpsychologische Auslegung hat ihre Stärken darin, dass die Botschaft des Alten Testaments, die auf der objektalen Ebene sehr verschieden erscheint (Exodus und Landnahme), sich *auf der subjektalen Ebene dem Kerygma des Neuen Testaments sehr ähnelt* (Kreuz und Auferstehung): Es geht in beiden Testamenten um Überwindung von Angst und Not durch die Liebe und Verge-bung Gottes (Drewermann). Man kann von einer »*Mitte der Schrift*« her zwischen

---

[71]   Vgl. *M. Oeming*, Gesamtbiblische Theologien der Gegenwart. Das Verhältnis von AT und NT in der hermeneutischen Diskussion seit Gerhard von Rad, Stuttgart 1985.

[72]   *M. Oeming*, Das Alte Testament als Teil des christlichen Kanons? Studien zu gesamt-biblischen Theologien der Gegenwart, Zürich ³2001.

[73]   *H.-J. Hermisson*, Jesus Christus als externe Mitte des Alten Testaments. Ein unzeitge-mäßes Votum zur Theologie des Alten Testaments, in: C. Landmesser / H.-J. Eckstein / H. Lichtenberger (Hrsg.), Jesus Christus als die Mitte der Schrift. Studien zur Hermeneutik des Evangeliums (BZNW 86), Berlin 1997, 199–233.

Zentrum und Peripherie differenzieren und im Alten Testament theologische Höhen von inakzeptablen Abwegen unterscheiden (Gunneweg). Die Fülle der Modelle lassen sich in vier Grundtypen untergliedern.[74]

(a) Als klassischer Fall einer *dogmatischen Abwertung* des Alten Testaments kann Markion mit seinen gegenwärtigen Eleven gelten, die im Alten Testament einen anderen Gott als den Gott Jesu bezeugt sehen. Geltungsreflexion und theologische Sachkritik sind notwendig und gerechtfertigt.

Allerdings muss man stets bedenken: Die Kritik vollzieht sich schon im Alten Testament selbst! Der Maßstab für theologische Sachkritik soll und braucht größtenteils nicht von außen herangetragen zu werden, sondern kann ganz schriftgemäß den theologischen Einsichten der Bibel selbst entnommen werden. Wie in wohl keinem anderen religiösen Dokument gehört das Streitgespräch in die Offenbarungsurkunde selbst hinein. Der Kanon stellt in bestimmtem Umfang sicher, dass keine einseitige Urteilsbildung erfolgt. Das belegen, um bei den Beispielen zu bleiben, die außergewöhnlich negativen Stimmen zum Königtum (z. B. 1 Sam 8; Jer 23) oder die implizite Kritik an Esra 9f. in den Anti-Erzählungen von Rut und Jona, die über Nicht-Israeliten sehr positiv urteilen, oder die Prophezeiungen in Tritojesaja über Priester und Leviten aus den Völkern (Jes 66,21f.). Das Alte Testament fordert und fördert eine *theologische Diskussionskultur.* Das Alte Testament wird oft allzu simpel dazu genutzt, das Neue Testament als ganz anders und desto wertvoller erscheinen zu lassen. Diese Argumentationsfiguren entpuppen sich nicht selten als Wunschdenken und Projektion. *Theologische Sachkritik* ist an beiden Testamenten notwendig. In Fragen der Sexualethik zum Beispiel sind die Grenzen beider Testamente evident; die Todesstrafe für Ehebruch, Homosexualität, Travestie oder Sodomie ist *schlicht obsolet.*

(b) *Teils negative, teils aber auch positive dogmatische Bewertungen* ergeben sich aus bestimmten anderen Argumentationsfiguren: Wenn sich die Erkenntnis Gottes *geschichtlich entwickelt,* dann haben die Ereignisse der Heilsgeschichte sowie die *traditionsgeschichtlichen Vorstufen* der Fülle in Christus doch noch einen bleibenden Wert. Das Alte Testament zeigt *den langen Weg zur Fülle* der Gotteserkenntnis auf. Das Christuszeugnis bleibt *notwendig auf die Sprachmöglichkeiten des Alten Testaments angewiesen* (z. B. »Messias«, »Sühne«, »Gerechtigkeit«). Das Verständnis, das zum Beispiel Walther Zimmerli und der frühere Verfasserkreis des »Biblischen Kommentars« zugrunde legten, beruht auf der Einschätzung, dass das Alte Testament eine Weissagung der Offenbarung Christi enthalte (was jüdische Denker bestreiten würden) oder doch zumindest eine Strukturanalogie des Menschen- und Gottesbildes. Dogmatisch ist auch denkbar, dem Alten Testament noch insofern normative Gültigkeit zu verleihen, als es *vom Neuen Testament selbst impliziert und autorisiert* wird (Hübner, Gunneweg). *Theologische Sachkritik* bleibt aber auch in diesen dem Alten Testament eher freundlich zugewandten Modellen gefordert. Es gibt keine pauschalen Bewertungen,

---

[74]   *Oeming,* Biblische Theologie (s. Anm. 1).

sondern die Strategie einer *flexible response,* die alles kritisch am Maßstab des Neuen Testaments prüft. Manches erweist sich als überzeugend, manches muss kritisiert werden; trotz allen historischen Verständnisses ist zum Beispiel die Idee der Totalvernichtung im Bann nicht akzeptabel.[75] Kritikverbote helfen dem Alten Testament nicht. Man muss jeweils abwägen.

(c) Die traditionell *positive Bewertung des Alten Testaments* gehört besonders in die reformierte Tradition. Hier wird das Alte Testament als Gesetz der *Heiligung des Alltags* klassisch sehr intensiv aufgenommen. Das Alte Testament ist das Dokument der entscheidenden Bundesschlüsse (Schöpfung, Noach, Abraham, Sinai) und insofern Fundament der weltweiten Theokratie und der entsprechenden Rechtsverpflichtungen (Weiteres s. u.).

(d) Das entscheidende Argument bei diesem Ansatz lautet: Das Alte Testament hat ein *theologisches Plus,* d. h. es stellt eine *notwendige Ergänzung zum Neuen Testament* dar. Es wird vom Neuen Testament her als gültig impliziert, keineswegs nur im Sinne der Weissagung oder Analogie, sondern als wesentliche Offenbarung Gottes (Näheres im Schlussabschnitt unter 5.)

(5) Um das Projekt einer gesamtbiblischen Theologie war es zwischenzeitlich eher stiller geworden. Mit einigen Monographien ist es in den letzten fünf Jahren wieder als kräftige Stimme hervorgetreten:

Hermann Spieckermann (*1950) und Reinhard Feldmeier (*1952)[76] haben unter intensiver Berücksichtigung der altorientalischen und griechisch-römischen Religionsgeschichte eine gesamtbiblische Gotteslehre ausgearbeitet. Nach einer Grundlegung (Namen, Vatersein, Einheit, Liebe, Allmacht, Gegenwart im Geist) folgt die Entfaltung der Gotteslehre in den drei Teilen: Gottes Zuwendung (Wort, Segen, Gerechtigkeit, Vergebung), Gottes Zumutung (Verborgenheit, Leid, Tod, transzendente Ewigkeit) und – wohl als Klimax – Gottes Zuspruch (Gebot und Gebet, Bund und Verheißung, Gericht und Rettung, Hoffnung und Trost). Alles das mündet im Beschluss: Die Bibel bezeugt den Gott der Lebendigen, einen Gott, der nicht bei sich allein sein will ohne sein Geschöpf und deshalb dieses in Anteilnahme und Selbsthingabe aus tödlicher Verblendung und Schuldverstrickung zu einem Leben in Gemeinschaft mit sich und dem Nächsten befreit. Diese Biblische Theologie hat fast etwas von einem Katechismus, der die Eigenschaften des Gottes der Lebendigen aus beiden Testamenten nachzeichnet und sie so anordnet, dass eine Dynamik vom Namen Gottes[77] hinführt zu der getrosten Heilsgewissheit »Ich werde nicht sterben, sondern leben« (Ps 118,17). Der programmatische Schlusssatz lautet: »Leben unter dem Zeichen der Rettung ist

---

[75]   M. *Oeming,* Krieg und Frieden, in: W. Dietrich (Hrsg.), Die Welt der Hebräischen Bibel, Stuttgart 2017, 226–241.

[76]   R. *Feldmeier / H. Spieckermann,* Der Gott der Lebendigen. Eine biblische Gotteslehre (Topoi Biblischer Theologie 1), Tübingen 2011.

[77]   *Feldmeier / Spieckermann,* Der Gott der Lebendigen (s. Anm. 76), 17–50.

Zeugnis der ewigen Güte und Liebe Gottes. Ihr Lob hat in Ps 118 wie in jeder Theologie, die den Namen verdient, das erste und das letzte Wort.«[78] In dem Buch wird wie nie zuvor deutlich, dass die beiden Testamente eine gemeinsame Gotteslehre bezeugen.

(6) Markus Witte (*1964)[79] geht zentralen Gottesvorstellungen im Alten Testament nach und versucht, diese religionsgeschichtlich differenziert darzustellen. Dabei tritt im Vollzug historisch-kritischer Exegese hervor, wie stark diese alttestamentlichen Gottes-Konzepte den neutestamentlichen Christus-Konzepten strukturell entsprechen. Durch diese geniale *Aufdeckung von Strukturanalogien* im Zentrum entsteht das Modell eines »christotransparenten Zugangs« als angemessener Weg der christlichen Exegese des Alten Testaments. Er »zielt auf eine Erhellung der alttestamentlichen Theologien, die wie eine Folie vor, hinter und in der neutestamentlichen Rede von Jesus als Christus, Herr und Gott stehen.«[80] Es bedarf keiner speziellen Hermeneutik des Alten Testaments, sondern nur einer sachorientierten Exegese.

(7) In dem Werk von Frank Crüsemann (*1938) aus dem Jahr 2011[81] liegt der Fokus ganz auf strukturellen Konvergenzen, die Altes und Neues Testament bleibend verbinden. Punkt für Punkt arbeitet Crüsemann die angeblichen großen Unterschiede zwischen Altem und Neuem Testament durch und zeigt auf, *dass die vermeintlichen Differenzen in Wahrheit gar nicht existieren*; ganz im Gegenteil wird jeweils eine enge Verwandtschaft sichtbar, was zur Aufwertung des Alten Testaments führen muss: »Das Alte Testament muss für ChristInnen und die christliche Theologie, ja letztlich für den christlichen Glauben denselben theologischen Rang haben, den es im Neuen Testament hat, den es also für Jesus und für die Verfasser und Verfasserinnen der (meisten) neutestamentlichen Schriften hat.«[82] Am Ende der Untersuchung ergibt sich, dass das Neue Testament nur noch Wirkung des Alten Testaments ist. Der Begriff »Wahrheitsraum« stellt bei Crüsemann eine Alternative zum Begriff »Erfüllung« dar; er soll ausdrücken, dass die Wahrheit des Alten Testaments im Neuen Testament entfaltet und bestätigt wird. Jürgen Kegler fasst die Grundgedanken folgendermaßen zusammen:

a) Das Neue Testament ist von Anfang bis Ende auf das Alte bezogen. Schon Mt. 1,1 versteht sich als Fortsetzung, dessen Anfang man kennen muss: »Das ist das Buch von der Geschichte Jesu Christi, des Sohnes Davids, des Sohnes Abrahams«. Man muss die Geschichte von Abraham und David kennen, denn Jesus ist ja nicht der leibliche Sohn Davids und Abraham ist nicht sein Großvater, vielmehr wird hier Jesus eingeschrie-

---

78   *Feldmeier/Spieckermann*, Der Gott der Lebendigen (s. Anm. 76), 546.
79   *M. Witte*, Jesus Christus im Alten Testament. Eine biblisch-theologische Skizze (SEThV 4), Münster 2013.
80   *Witte*, Jesus Christus im Alten Testament (s. Anm. 79), 18.
81   *F. Crüsemann*, Das Alte Testament als Wahrheitsraum des Neuen. Die neue Sicht der christlichen Bibel, Gütersloh 2011.
82   *Crüsemann*, Wahrheitsraum (s. Anm. 81), 28.

ben in die Verheißungs- und Heilsgeschichte Israels. b) Die Verheißungen des Alten Testaments werden durch Christus nicht »erfüllt«, sondern als wahre Verheißungen Gottes durch Christus *bestätigt* (2 Kor 1,19f:»Denn der Sohn Gottes, Jesus Christus, der unter euch durch uns gepredigt worden ist, durch mich und Silvanus und Timotheus, der war nicht Ja und Nein, sondern es war Ja in ihm. Denn auf alle Gottesverheißungen ist in ihm das Ja; darum sprechen wir auch durch ihn das Amen, Gott zum Lobe«). Ja-Sagen ist Bestätigung, nicht Erfüllung. c) »Das Neue Testament ist [...] durchgängig durch dichte Bezüge auf das Alte Testament geprägt. Es setzt diese Texte voraus; es setzt ihre Kenntnis voraus; es setzt voraus, dass sie in Kraft sind und in Geltung. Dabei ist der Bezug durchgehend positiv, von Abschaffen, Außer-Kraft-Setzen, Überwinden, Überbieten ist nicht die Rede – nur bei wenigen Stellen kann man überhaupt diskutieren, ob und in welchem Sinne eine Kritik vorliegt. [...] Neben den expliziten Zitaten stehen derartig viele Anspielungen und übernommene Sprachmuster, Bilder und Wendungen etc. (Nestle-Aland verzeichnen ca. 2.900 Verweise auf das Alte Testament im Neuen Testament!). Neben diesen konkreten Verwendungen stehen Aussagen von weitreichender und grundsätzlicher Bedeutung. Sie lassen erkennen, dass keineswegs nur die jeweils konkret herangezogenen Texte, sondern die Schrift im Ganzen vorausgesetzt und neu bestätigt wird. Von diesem Befund her kann kein Zweifel sein: [...] Für das Neue Testament ist die Bibel Israels ›die Schrift‹. Sie gilt als uneingeschränkte göttliche Wahrheit. Wenn sich christlicher Glaube, christliche Theologie und christliche Kirche auf das Neue Testament gründen, muss das auch für sie im gleichen Maße gelten. Der Bezug auf das Neue Testament impliziert: Die Bibel Israels ist *die Schrift*, sie ist gültig und in Kraft, sie ist vorgegeben und wird bestätigt. Von einer Herabstufung, einer minderen Wahrheit, einem zweiten Rang kann nicht die Rede sein. [...] Es gibt im Neuen Testament kein Substrat, keinen Kern, keine christliche Wahrheit, die nicht – alttestamentlich gewonnen wäre.«[83]

(8) Auch Teile der neueren Neutestamentlichen Wissenschaft leiten dazu an, das Neue Testament überhaupt nicht als Dokument einer neuen Religion zu sehen, sondern ganz als Teil des alttestamentlich-jüdischen Traditionsgutes. Nach Klaus Wengst (*1942) gibt es gar kein Christentum vor dem 2. Jahrhundert.

Für mich ist es im Blick auf das ganze Neue Testament eine wesentliche Lernerfahrung der letzten gut zwanzig Jahre, dass dieses Buch zwar als Ganzes seit seiner Zusammenstellung ein christliches Buch ist, dass aber die meisten seiner Schriften – wenn nicht alle – bei ihrer Entstehung jüdische Schriften waren. Ich habe es mir deshalb abgewöhnt, zur Kennzeichnung von Phänomenen des ersten Jahrhunderts, die die auf Jesus bezogene Gemeinschaft betreffen, die Begriffe »christlich«, »Christ(en)« und »Christentum« zu gebrauchen. Mit dieser Terminologie trägt man die spätere Trennungsgeschichte mit ihrem Gegenüber und ihren Gegensätzen von Judentum

---

83 *Kegler*, Bedeutung des Alten Testaments (s. Anm. 30) mit Zitaten aus *Crüsemann*, Wahrheitsraum (s. Anm. 81), 135f.

und Christentum hinterrücks mit ein. Daher möchte ich mit meiner Auslegung von Jesu Lehre auf dem Berg nach Matthäus 5–7 vor allem deutlich machen, wie stark sie in ihrem jüdischen Kontext verwurzelt ist.[84]

Nach Wengst ist die Bibel als Einheit zu begreifen, der Bezug zum Judentum ist bleibender Bestandteil der christlichen Identität. Es gibt kein Christentum ohne Altes Testament.[85] Allerdings: Wer so radikal wie Crüsemann und Wengst ein christliches Proprium des Neuen Testaments bestreitet, wird vermutlich das Gegenteil von dem bewirken, was er anstrebt. Durch die Leugnung der besonderen Profilierung wird die Suche nach dem Eigenständigen, d. h. die Betonung der Unterschiede von Juden und Christen auf beiden Seiten gestärkt und gefördert. Ich nenne vier Beispiele, die meines Erachtens exklusiv christlich und nicht innerjüdisch erklärbar und akzeptabel sind: (a) Dass Gott Mensch geworden ist, wirklich Mensch (also das *vere homo et vere deus* der Zwei-Naturen-Lehre), ist für jüdisches Empfinden unannehmbar. (b) Dass *Gott* in Christus am Kreuz *gestorben* ist, wirklich gestorben, bleibt den Juden auch heute ein Ärgernis. (c) Dass Gott nur in der *trinitarischen Einheit* von Vater, Sohn und Heiligem Geist angemessen gedacht werden kann, ist Juden nicht einsichtig. (d) Auch die sakramentale Vorstellung »Wer mein Fleisch isst und mein Blut trinkt, hat das ewige Leben« (Joh 6,54) ist für jüdisches Empfinden schlicht eine Zumutung. Oder um es mit Schalom Ben-Chorin zu sagen: »Der Glaube Jesu einigt uns [...], aber der Glaube an Jesus trennt uns«[86] – schon sehr früh.

(9) Bernd Janowski (*1943) hat in einem herausragenden Buch wesentliche Angriffspunkte auf das Alte Testament zusammengestellt.[87] Dabei leitet er jedes Kapitel mit Stimmen aus der aktuellen Kritik ein, wendet sich dann der Exegese zentraler Texte zu und weist durch die intensive Textarbeit auf, was wirklich in den genannten Problemaussagen über Gott steckt. »Sowohl der altorientalische Hintergrund als auch der bleibende Anspruch dieser Texte werden in exegetisch reflektierter und theologisch verantwortlicher Weise erschlossen. Dabei wird das Verstörende nicht wegdiskutiert. Gleichwohl wird ein Weg des Verstehens erschlossen, bei dem zeitgenössische Einwände – von der modernen Literatur bis zur Religionspädagogik – ernstgenommen werden«, so urteilt Ludger Schwienhorst-Schönberger treffend.[88] Das Fremde und Abstoßende des Alten Testaments wird nicht geleugnet, aber es wird doch als viel komplexer und

[84]   *K. Wengst*, Das Regierungsprogramm des Himmelreichs. Eine Auslegung der Bergpredigt in ihrem jüdischen Kontext, Stuttgart 2010, 7f.
[85]   *K. Wengst*, Christsein mit Tora und Evangelium. Beiträge zum Umbau christlicher Theologie im Angesicht Israels, Stuttgart 2013. Entsprechend verortet Wengst auch Jesus: Der wirkliche Jesus? Eine Streitschrift über die historisch wenig ergiebige und theologisch sinnlose Suche nach dem »historischen« Jesus, Stuttgart 2013.
[86]   *S. Ben-Chorin*, Werke, Bd. 4: Bruder Jesus. Der Nazarener in jüdischer Sicht (1967), neu hrsg. von V. Lenzen, Gütersloh 2005, 5.
[87]   *Janowski*, Zwölf Fragen (s. Anm. 29).

tiefsinniger erkennbar, als zeitgenössische Dichter und Denker glauben. In ihrer Abwertung offenbart sich häufig mangelnde historische Bildung. Im Einzelnen werden folgende Aussagen über Gott beleuchtet: ein strafender Richter; ein Gott der Vergeltung; Gott und Gewalt; ist Gott grausam?; der Zorn Gottes; ein Gott der Rache?; Hiob und sein Gott; was ist Sünde?; Opfer und Kult; Sühne. Janowski zeigt vorbildlich auf, dass man sich vor raschen Übertragungen von modernen Begriffsfeldern in das antike Denken hinein hüten muss. Zum Beispiel erweist sich die Rede von der »Rache« nicht als Ausdruck zügelloser Gewaltausbrüche, sondern sie gehört in den Kontext von Gerechtigkeit und Wiederherstellung der Rechtsordnung. Dabei liegt der Akzent auf dem Eintreten für die Schwachen und Hilfsbedürftigen. Insgesamt vermittelt das Werk einen tiefen Einblick in die theologische Welt des Alten Testaments, die bei genauer Betrachtung eben gar nicht so abständig ist.

(10) Jürgen Ebach (*1945)[89] hat 2016 einen sehr wichtigen Beitrag zur Verteidigung des Alten Testaments in der Kirche geleistet. Er führt auf 360 Seiten den Nachweis, dass die ganz gewöhnliche Sonntags-Liturgie in einem evangelischen Gottesdienst zutiefst vom Alten Testament durchtränkt ist. Aus einem detaillierten Durchgang durch die liturgische Ordnung seiner Bochumer Heimatgemeinde wird unbestreitbar klar, dass das Alte Testament eine hier und heute nachhaltig prägende Kraft besitzt. Im Grunde wird im Zuge der Erläuterung des Gottesdienstes eine kleine Theologie des Alten Testaments entwickelt.[90] Der Aufweis der vielgestaltigen Implikationen trägt sicher effektiv zur Wertschätzung des Alten Testaments bei. Wenn man die Präsenz alttestamentlicher Denkfiguren im allsonntäglichen Gottesdienst durchschaut und ihre fundamentale Bedeutung erkennt, wird man schwerlich auf den Gedanken kommen, das Alte Testament zu degradieren. Allerdings ist nicht geklärt, ob damit das Alte Testament in seiner ganzen Fülle legitimiert ist, oder eben nur – was auch Slenczka zugesteht – in seinem partiellen liturgischen Gebrauch. Denn es ist ein Faktum, dass nur geringe Bruchstücke der alttestamentlichen Literatur heute in liturgischem Gebrauch stehen, während die große Masse der Texte des Alten Testaments auch der sehr aktiven Kirchengemeinde unbekannt bleibt.[91]

(11) Die Stimmen der Kirchen sind wichtig. Vieles ist getan worden: Studienkreise Kirche und Israel wurden gegründet, Materialien wurden erarbeitet, Akademietagungen wurden durchgeführt, sogar Pfarrstellen für den christlich-jüdischen Dialog sind geschaffen worden. Besondere Bedeutung kommt nach meiner

---

[88]   *L. Schwienhorst-Schönberger*, Rezension des Buches von B. Janowski, in: Christ in der Gegenwart 41/2013, 466.

[89]   *J. Ebach*, Das Alte Testament als Klangraum des evangelischen Gottesdienstes, Gütersloh 2016.

[90]   Dies wird von *Ebach*, Klangraum (s. Anm. 89), 13f., selbst so gesehen und erläutert.

[91]   Vgl. *M. Oeming*, Exegetische Forschung und keine kirchliche Praxis? Gedanken zur Krise der Predigt alttestamentlicher Texte, in: M. Oeming/W. Boës (Hrsg.), Alttestamentliche Wissenschaft und Kirchliche Praxis (FS J. Kegler), Münster 2009, 85–98.

Sicht der theologischen Arbeit in der katholischen Kirche zu.[92] Schon das Zweite
Vatikanische Konzil (1963) vertritt in großen Teilen klassische Positionen zur
»Rettung des Alten Testaments«. In der Dogmatischen Konstitution *Dei verbum*
(1964) heißt es zum Beispiel, dass das Alte Testament »wahres Wort Gottes« ist
(4,14):

> Der liebende Gott, der um das Heil des ganzen Menschengeschlechtes besorgt war,
> bereitete es vor, indem er sich nach seinem besonderen Plan ein Volk erwählte, um
> ihm Verheißungen anzuvertrauen. Er schloß mit Abraham (vgl. *Gen* 15,8) und durch
> Moses mit dem Volke Israel (vgl. *Ex* 24,8) einen Bund. Dann hat er sich dem Volk,
> das er sich erworben hatte, durch Wort und Tat als einzigen, wahren und lebendigen
> Gott so geoffenbart, daß Israel Gottes Wege mit den Menschen an sich erfuhr, daß
> es sie durch Gottes Wort aus der Propheten Mund allmählich voller und klarer er-
> kannte und sie unter den Völkern mehr und mehr sichtbar machte (vgl. *Ps* 21,28-29;
> 95,1-3; *Jes* 2,1-4; *Jer* 3,17). Die Geschichte des Heiles liegt, von heiligen Verfassern
> vorausverkündet, berichtet und gedeutet, *als wahres Wort Gottes vor in den Büchern
> des Alten Bundes*; darum behalten diese von Gott eingegebenen Schriften ihren un-
> vergänglichen Wert: »Alles nämlich, was geschrieben steht, ist zu unserer Unterwei-
> sung geschrieben, damit wir durch die Geduld und den Trost der Schriften Hoffnung
> haben« (*Röm* 15,4).

In der Arbeit der Päpstlichen Bibelkommission wurden die Gedanken stetig weiter entfaltet.[93]

(12) Der jüdisch-christliche Dialog schafft nach der Shoa eine neue Lage.[94]
Die vielfältigen Impulse aus den jüdisch-christlichen Arbeitsgruppen können
hier unmöglich besprochen werden. Ich will hier nur vier Forscher stellvertretend herausgreifen: Erich Zenger (1939-2010), der in der Konzeption und
Durchführung von »Herders Theologischem Kommentar zum Alten Testament«
jüdische Forscherinnen und Forscher eingebunden hat; Rolf Rendtorff (1925-
2014), der in seiner Theologie maßgeblich von der Entdeckung Israels her dach-
te; Christoph Dohmen (*1957), der die »Hermeneutik der Jüdischen Bibel und
des Alten Testaments« unermüdlich durchdenkt und etwa für seine Exodus-Kom-

---

[92]   Vgl. *H. W. Seidel*, Die Erforschung des Alten Testaments in der katholischen Theologie
(BBB 86), Frankfurt a. M. 1993, mit einem instruktiven Vorwort von C. Dohmen (1-28);
K. Lehmann / R. Rothenbusch (Hrsg.), Gottes Wort im Menschenwort. Die eine Bibel als
Fundament der Theologie (QD 266), Freiburg i. Br. 2014.
[93]   *Päpstliche Bibelkommission*, Die Interpretation der Bibel in der Kirche (VApS 115),
Bonn 1996; Das jüdische Volk und seine Heilige Schrift in der christlichen Bibel (VApS
152), Bonn 2001; Inspiration und Wahrheit der Heiligen Schrift. Das Wort, das von Gott
kommt und von Gott spricht, um die Welt zu retten (VApS 196), Bonn 2014.
[94]   Der Beitrag von S. Gesundheit zur Tagung, der aus Krankheitsgründen hier in diesem Band leider nicht abgedruckt werden kann, wäre ein Beispiel dafür, wie sich im
Prozess der Exegese jüdische und christliche Auslegungen begegnen können.

mentierung fruchtbar gemacht hat;[95] schließlich Daniel Krochmalnik (*1956), der sehr verdienstvoll christlichen Lesern die jüdische Schriftauslegung vielfach erschlossen hat.[96] Im Vorwort der Veröffentlichung der Päpstlichen Bibelkommission unter dem Titel »Das jüdische Volk und seine Heilige Schrift in der christlichen Bibel« (2001) fordert Joseph Kardinal Ratzinger programmatisch:

> *Was aber aus dem Geschehenen folgen muss, ist ein neuer Respekt für die jüdische Auslegung des Alten Testaments.* Das Dokument sagt dazu zweierlei. Zunächst stellt es fest, dass die jüdische Lektüre der Bibel »eine mögliche Lektüre ist, die in Kontinuität mit den heiligen Schriften der Juden aus der Zeit des zweiten Tempels steht und analog ist der christlichen Lektüre, die sich parallel dazu entwickelt hat« (Nr. 22). Sie fügt hinzu, *dass die Christen viel lernen können von der 2000 Jahre hindurch praktizierten jüdischen Exegese;* umgekehrt können die Christen hoffen, dass die Juden aus den Forschungen christlicher Exegese Nutzen ziehen können (ebd.). Ich denke, dass diese Analysen für den Fortgang des christlich-jüdischen Dialogs, aber auch für die innere Formung des christlichen Bewusstseins hilfreich sein werden.

Das sind richtungsweisende Gedanken: Wie aber soll dieses »viel lernen« konkret aussehen? Meine persönliche Antwort als protestantischer Theologe soll den Abschluss bilden.

5. Die Perspektiven für die Zukunft: Interdisziplinäre Konzentration auf die theologische Substanz, die Rückgewinnung der Kategorie »Wort Gottes« und der Eigenwert des Alten Testaments

Der aktuelle Kampf um die kanonische Bedeutung des Alten Testaments macht deutlich, dass es in der Tat auch gegenwärtig immer noch und wieder eine tiefgehende Unsicherheit im Umgang mit dem ersten und größten Teil der christlichen Bibel gibt. Eine Hermeneutik des Alten Testaments ist eine dringliche Aufgabe. Es ist für mich bestürzend, wie aktuell die Analyse von Ernst Würthwein aus dem Jahre 1934 heute immer noch und wieder ist (zumal, wenn man sich etwas tiefer in die Diskussionen begibt, die auf Internetforen stattfinden): Ich nenne sie deshalb noch einmal, weil sie die Grundprobleme trefflich erfassen: Man kann beobachten, dass die Kenntnisse alttestamentlicher Theologie, ja schon

---

[95] Vgl. z.B. *C. Dohmen*, Exodus 1–18 (HThKAT), Freiburg i.Br. 2015; ders., Biblische Auslegungstraditionen. »Jüdische Studien und christliche Theologie«, in: FrRu 21 (2014), 84–94; *C. Dohmen/G. Stemberger*, Hermeneutik der Jüdischen Bibel und des Alten Testaments (Kohlhammer Studienbücher Theologie 1,2), Stuttgart 1996.

[96] *D. Krochmalnik*, Im Garten der Schrift. Wie Juden die Bibel lesen, Augsburg 2006, sowie seine Pentateuch-Kommentierung in: Schriftauslegung, 3 Bde. (NSK 33,1, 3 und 5), Stuttgart 2001–2003.

elementare Bibelkundekenntnisse in weiten Teilen (auch unter den Kollegen aus anderen theologischen Disziplinen) schwach entwickelt sind. Um wie viel mehr ist die Bibelkenntnis der allgemeinen Bevölkerung in der außerkirchlichen Öffentlichkeit geschrumpft. Wir stehen vor einem dramatischen Verlust von Wissen, der mit einem Verlust der Wertschätzung einhergeht (und umgekehrt). Aber wie so oft fallen dort, wo das »sichere Urteil« nicht durch genauere Kenntnis irritiert wird, die Verurteilungen umso heftiger aus. Auch der zweite Punkt, den Würthwein kritisierte, scheint mir vollkommen zutreffend. Die wirklich zentralen theologischen Vorstellungen des Alten Testaments werden häufig kaum wahrgenommen. Manche glauben, dass sich mit dem Buch Josua die gesamte Botschaft des Alten Testaments erfassen lasse. Die Zunft der Alttestamentler erschöpft sich in literarkritischen, historischen oder religionsgeschichtlichen Studien und Spekulationen, dringt aber nicht mehr zum eigentlichen Kern der Sache vor. Hier müsste ein Ruck durch die Disziplin gehen.

Aber dies gilt nicht nur für die Alttestamentliche Wissenschaft, sondern die dringende Frage nach der Bedeutung des Alten Testaments für den christlichen Glauben müssen *alle* theologischen Disziplinen gemeinsam zu beantworten suchen.[97] Die Exegese des Neuen Testaments müsste systematisch die Verbundenheit zum Alten Testament herausarbeiten, die Kirchengeschichte ein Augenmerk auf die Geschichte des Alten Testaments und seiner Auslegung legen, die Dogmatik müsste die Lehre vom Wort Gottes neu betreiben[98] und das *sola scriptura* inklusive des Alten Testaments intensiver diskutieren. Biblische Theologie hat zahlreiche Auswirkungen auf nahezu alle Felder des kirchlichen Handelns: Religionspädagogik (z. B. Baldermanns Psalmenauslegung für Kinder), Liturgik (Psalmengebet, in welcher Auswahl, Schriftlesung), Homiletik (welche Texte werden als Grundlage der Verkündigung aufgenommen), Poimenik und Diakonie,[99] deren Potentiale noch nicht ausgelotet sind, sondern zukünftiger Forschung harren. Zwar meinen viele Experten, diese Fragen für sich ein für alle Mal gelöst zu haben. Aber gilt dies auch für die Mehrzahl der Gemeindeglieder? Hier gäbe es noch viel zu tun.

---

[97]   Vgl. *O. Kaiser*, Die Bedeutung des Alten Testaments für den christlichen Glauben, in: ZThK 86 (1989), 1–17; *W. Herrmann*, Situationsanalogie. Ein Beitrag zum Gespräch über das hermeneutische Problem des Alten Testaments, in: ders., Von Gott und den Göttern. Gesammelte Aufsätze zum Alten Testament (BZAW 259), Berlin 1999 (²2015), 115–132.

[98]   Im 20. Jahrhundert argumentierten u. a. Karl Barth, Dietrich Bonhoeffer oder Hans Urs von Balthasar in diese Richtung, was sich aber nicht durchsetzen konnte und weitgehend verloren worden ist; vgl. *M. Oeming*, The Significance of the Old Testament in Twentieth Century Systematic Theology, in: Sæbø, Hebrew Bible (s. Anm. 1), Bd. 3/2, 170–195.

[99]   Vgl. dazu *M. Oeming*, »Selig ist, wer sich um den Armen kümmert« (Psalm 41,2). Das Alte Testament als Grundlage des diakonischen Handelns der Kirche, in: J. Eurich/H. Schmidt (Hrsg.), Diakonik. Grundlagen – Konzeptionen – Diskurse, Göttingen 2016, 11–38.

Um die bleibende Bedeutung des Alten Testaments wirklich zu begründen, müsste eine Grundentscheidung getroffen werden: Theologie soll Theologie sein. Ist christliche Theologie exklusiv nur Christologie, dann hat das Alte Testament zwangsläufig eine Randstellung. Ist Theologie aber Theologie, das heißt Gotteslehre, dann hat das Alte Testament eine wichtige und umfangreiche Grundlagenfunktion. Denn im Alten Testament gibt es eine Fülle von Aussagen über Gott, die das Neue Testament so nicht enthält, weil es sie schlicht als bekannt und gültig voraussetzt. Nach meinem Verständnis eröffnet das Alte Testament bewusst eine Pluralität der Zugänge zu Gott. Es sind zwölf Wege zu Gott. Wenn wir das Alte Testament nicht in seiner ganzen Fülle in die theologische Erkenntnislehre einbeziehen würden, dann würden wir sehr gewichtige Aspekte Gottes verlieren. Die hebräische Bibel will Gott so gut wie möglich zugänglich machen, und wählt dafür nicht nur einen Weg, sondern mit großem Bedacht ein ganzes Spektrum: Geschichte, Recht, Ethik, Kult, Prophetie, Gebet, Weisheit, Skepsis, Erotik und Apokalyptik. Der Kanon des Alten Testaments ist eine systematische Anleitung, sich auf einer Vielzahl von Wegen Gott anzunähern, von vielen Seiten und mit ganz verschiedenen »Einstiegen« einer Spur zum Zentrum des Seins zu folgen und im Dickicht des Lebens Einblicke in die Tiefe des Seins zu finden – das ist die Herausforderung, aber auch die Verheißung des altehrwürdigen Erbes.[100] Die theologische Bedeutung des Alten Testaments und ihre exegetische Erschließung sind noch nicht hinreichend entfaltet. Die Zerstrittenheit der Forschung über die angemessene Hermeneutik des Alten Testaments verweist aber auf eine sachliche Schwierigkeit. Das Paradox von Hochschätzung und Abwertung, von normativer Orientierung und deutlicher Kritik muss erfasst und ausgehalten werden. Die historische Analytik der vielgestaltigen Konzeptionen im Alten Testament muss eine kritische Dauerreflexion sein, inwiefern diese Konzepte heute noch Geltung beanspruchen können. Ermitteln und Vermitteln gehören in jeder Hermeneutik zusammen. Ziel der Alttestamentlichen Wissenschaft muss es daher mit Ernst Würthwein sein, das Alte Testament nicht nur als historisches Dokument zu betrachten, sondern es als uns heute angehendes Zeugnis auszulegen, »das Gehör und Gehorsam fordernd an uns herantritt«. Oder wie Otto Kaiser es formuliert: »Weil in den beiden Testamenten unter all ihrer zeitbedingten Sprache menschliche Existenz ihre Erhellung findet, bleiben sie beide fähig, den Menschen zu Gottes Wort zu werden, wo und wann immer es Gott gefällt.«[101]

---

[100] Ich selbst arbeite an einem Lehrbuch der »Theologie des Alten Testaments«, in dem die alttestamentlichen Botschaften als ein strukturierter Pluralismus von zwölf Wegen zu Gott verstanden werden sollen. Als erste Skizze siehe *M. Oeming*, Viele Wege zu dem Einen. Die »transzendente Mitte« einer Theologie des Alten Testaments im Spannungsfeld von Vielfalt und Einheit, in: S. Beyerle / A. Graupner / U. Rüterswörden (Hrsg.), Viele Wege zu dem Einen. Historische Bibelkritik – Die Vitalität der Glaubensüberlieferung in der Moderne (BThSt 121), Neukirchen-Vluyn 2012, 83–108.

[101] *Kaiser*, Die Bedeutung des Alten Testaments (s. Anm. 97), 17.

»Christentum ohne Altes Testament? Nach den Regeln der deutschen Grammatik ist dieser Satz unvollständig, es fehlt ihm ein Verb. Man könnte ergänzen: Kann es ein Christentum ohne Altes Testament geben? Soll es ein Christentum ohne Altes Testament geben? Muss es ein Christentum ohne Altes Testament geben? Darf es ein Christentum ohne Altes Testament geben? Man kann alle Modalverben, die die deutsche Sprache bereithält, hier durchspielen, die Antwort auf diese Fragen – die wohlgemerkt gestellt werden dürfen – lautet nach diesen sieben Überlegungen aus meiner Sicht gleichbleibend: Nein.«[102] Daher komme ich zu dem Schluss: Das Alte Testament im 18. Jahrhundert zu verwerfen, war ein Fehler, den die große Kirche mit Recht abgelehnt hat; es im 20. Jahrhundert beizubehalten, war eine Notwendigkeit, der sich die Kirche nicht zu entziehen vermochte; es aber seit dem 21. Jahrhundert als kanonische Urkunde im Protestantismus immer noch abschaffen zu wollen, ist die Folge einer religiösen und kirchlichen Lähmung.

---

[102] *Schmid*, Christentum ohne Altes Testament (s. Anm. 4), 455.

Einleuchtend

Führt das christlich-religiöse Bewusstsein zur Herabstufung des Alten Testaments?

Ludger Schwienhorst-Schönberger

Mit der These, »dass das AT in der Tat, wie Harnack vorgeschlagen hat, eine kanonische Geltung in der Kirche nicht haben sollte«,[1] hat Notger Slenczka viel-fachen Widerspruch hervorgerufen. Die These wurde erst einer breiteren Öf-fentlichkeit bekannt, als der Evangelische Präsident des Deutschen Koordinie-rungsrates der Gesellschaften für christlich-jüdische Zusammenarbeit, Pfarrer Friedhelm Pieper, Slenczka in einer öffentlichen Stellungnahme unverhohlen Antijudaismus vorwarf und sich darüber empörte, dass diesem Ansinnen von-seiten des deutschen Protestantismus nicht energisch entgegengetreten werde. Daraufhin kam eine Debatte ins Rollen, die sich über einige Wochen durch die Feuilletons deutscher Tageszeitungen zog. In einigen Fachartikeln wurde der Vorschlag Slenczkas kritisch kommentiert und zurückgewiesen.[2]

Slenczka führt vor allem zwei Gründe für die von ihm vorgeschlagene ka-nonische Herabstufung des Alten Testaments an. Zum einen habe die histo-risch-kritische Exegese gezeigt, dass ein christologisches Verständnis des Alten Testaments, wie es von den Kirchenvätern und weit über sie hinaus vertreten wurde, nicht mehr möglich sei. Das Alte Testament spricht nicht von Christus. Die Kirche als solche ist in den Texten des Alten Testaments nicht angespro-chen. Zum anderen, so Slenczka, verbiete der jüdisch-christliche Dialog aus Re-spekt vor dem Judentum, das Alte Testament christlich zu vereinnahmen. Mit der Trennung des Christentums vom Judentum wird es zum »Dokument einer Religionsgemeinschaft, die mit der Kirche nicht identisch ist«.[3]

Die von Slenczka vorgetragenen Überlegungen sind nicht neu. Bereits in früheren Vorträgen und Veröffentlichungen hatte er sich kritisch mit der neue-

---

[1] *N. Slenczka*, Die Kirche und das Alte Testament, in: E. Gräb-Schmidt / R. Preul (Hrsg.), Das Alte Testament in der Theologie (MJTh 25), Leipzig 2013, 83–119, hier 83.
[2] *L. Schwienhorst-Schönberger*, Die Rückkehr Markions, in: IKaZ 44 (2015), 286–302; *F. Hartenstein*, Zur Bedeutung des Alten Testaments für die evangelische Kirche. Eine Ausei-nandersetzung mit den Thesen von Notger Slenczka, in: ThLZ 140 (2015), 739–751; *J.-H. Tück*, Christentum ohne Wurzeln? Warum das Alte Testament nicht aus dem christlichen Kanon herausgenommen werden darf, in: StZ 141 (2016), 43–55; *K. Schmid*, Christentum ohne Altes Testament?, in: IKaZ 45 (2016), 591–604.
[3] *Slenczka*, Kirche (s. Anm. 1), 118.

ren Israel-Theologie auseinandergesetzt und ihr exegetisches und theologisches Recht bestritten.[4] Auch hier musste er sich den Vorwurf des Antijudaismus gefallen lassen.

1.   Historische Kontextualisierung[5]

Die von Slenczka vertretene Position ist keineswegs als eine abwegige Sondermeinung anzusehen. Die von ihm – wie er selbst sagt – in einem durchaus provokativen Sinn erhobene Forderung, das Alte Testament aus dem Kanon der christlichen Bibel herauszunehmen und auf das Niveau apokrypher Schriften herabzustufen, wird zwar in dieser Form von kaum einem Theologen geteilt. Die theologischen Voraussetzungen jedoch, die zu dieser Konsequenz führen, sind in der gegenwärtigen evangelischen systematischen Theologie durchaus verbreitet. In ökumenischer Perspektive ergibt sich ein zwiespältiger Eindruck. Auf der einen Seite ist die Einheit der Heiligen Schrift, bestehend aus Altem und Neuem Testament, zwischen den christlichen Konfessionskirchen unstrittig. Sie wurde auch in der Reformationszeit nicht angezweifelt. Auf der anderen Seite bestätigt sich aber die Beobachtung Christoph Böttigheimers: »Während katholischerseits das Alte Testament mit seinem Wortgottes-Charakter unangefochten anerkannt wird, scheint evangelischerseits die theologische Bedeutung des Alten Testaments teilweise immer wieder zur Disposition gestellt zu werden.«[6] Friedhelm Hartenstein spricht in diesem Zusammenhang von einer latenten Wunde protestantischer Theologie in der Neuzeit.[7]

Bei der von Slenczka angestoßenen Diskussion geht es um das Grundproblem neuzeitlicher theologischer Hermeneutik und damit um die Frage, wie die Heilige Schrift angesichts der durch die moderne Bibelkritik hervorgerufenen Krise des protestantischen Schriftprinzips weiterhin als Offenbarung und somit als Wort Gottes verstanden werden kann. Slenczkas Position lässt sich als Antwort auf die Auflösung des (alt)protestantischen Schriftprinzips verstehen. Er steht dabei in einer ehrwürdigen Tradition, zu der so bekannte Namen wie Friedrich Schleiermacher, Adolf von Harnack und Rudolf Bultmann gehören. Die mit der Aufklärung einsetzende moderne Bibelkritik hatte den nur schwer zu widerlegenden Eindruck hinterlassen, dass die Erkenntnis der in der Bibel be-

---

[4]   *N. Slenczka*, Der Tod Gottes und das Leben des Menschen. Glaubensbekenntnis und Lebensvollzug, Göttingen 2003, 110–126 (»Jesus Christus und der Israelbund. Bemerkungen zur neueren Israel-Theologie«).

[5]   In der folgenden historischen Kontextualisierung der Diskussion folge ich weitgehend meinem Bericht: Christentum ohne Altes Testament?, in: HerKorr 8 (2016), 26–30.

[6]   *C. Böttigheimer*, Die eine Bibel und die vielen Kirchen. Die Heilige Schrift im ökumenischen Verständnis, Freiburg i. Br. 2016, 168.

[7]   *F. Hartenstein*, Weshalb braucht die christliche Theologie eine Theologie des Alten Testaments?, in: Gräb-Schmidt/Preul, Das Alte Testament (s. Anm. 1), 19–47, hier 26.

zeugten göttlichen Wahrheit keine Angelegenheit historischer Vergewisserung sein kann. Auf der Basis kontingenter und von der historischen Forschung stets unterschiedlich bestimmter historischer Gegebenheiten findet der Glaube keinen sicheren Halt. Der Deutsche Idealismus hatte auf diese Erschütterung mit einer Interpretation des christlichen Glaubens geantwortet, bei der die symbolisch-anschauliche Ausdrucksweise der Bibel mittels der Philosophie in begrifflicher Form erfasst und vom vernünftigen Selbstbewusstsein eingeholt werden sollte. Der von allen zeit- und kulturbedingten Ausdrucksformen befreite Kern des christlichen Glaubens sei im spekulativen Denken zu ergründen und nicht auf die stets unsicheren sinnlichen Gewissheiten historischer Sachverhalte angewiesen. Diese seien zwar durchaus interessant, für die Begründung des Glaubens aber letztlich irrelevant. So mokiert sich Georg Wilhelm Friedrich Hegel über eine Exegese, die »bloße Worterklärung ist«, in den Geist der Sache selbst aber nicht einzudringen vermag: »Aus der Schrift sind daher exegetisch durch die Theologen die entgegengesetztesten Meinungen bewiesen, und so ist die sogenannte heilige Schrift zur wächsernen Nase gemacht worden. Alle Ketzereien haben sich gemeinsam mit der Kirche auf die heilige Schrift berufen.«[8] Aus der Tradition des Deutschen Idealismus heraus entstand eine neue Form philosophischer Religiosität. Ihr Anliegen, durch Transformation des christlichen Glaubens seinen essentiellen Gehalt unter den kulturellen Bedingungen der Moderne zu retten, findet in unseren Tagen des *cultural turn* neue Beachtung. Ausgerechnet aus der Schule Hegels kamen bedeutende historisch-exegetische Arbeiten, deren ursprüngliches Ziel es entgegen einer verbreiteten Ansicht nicht war, den christlichen Glauben zu zerstören, sondern seinen harten historischen Kern freizulegen. Freilich waren die Ergebnisse desillusionierend. Der große Alttestamentler Julius Wellhausen sah sich aufgrund seiner historischen Forschungen zur Geschichte Israels und zum Alten Testament und angesichts der in seinen Augen erstarrten evangelischen Kirche nicht mehr in der Lage, die zukünftigen evangelischen Pfarrer auszubilden, und bat um Versetzung in die philosophische Fakultät. Adolf von Harnack, der bedeutende Vertreter des Kulturprotestantismus und zeitweilige Rektor der Friedrich-Wilhelms-Universität zu Berlin und Autor der epochalen Schrift »Das Wesen des Christentums«, war ratlos, welche Rolle historische Forschungen bei der Begründung des Glaubens spielen könnten.

Vor dem Hintergrund dieser Problemkonstellation ist das Anliegen Slenczkas zu verstehen. Er weist zu Recht darauf hin, dass das Christentum keine Buchreligion ist. Im Zentrum der kanonischen Texte der Kirche, so Slenczka, stehe die viergestaltige Erzählung der Biographie Jesu. Diese sei aber nicht in einem historischen Sinn von Interesse, sondern im Sinne eines »zugeeigneten Lebens«. Die gegenständlichen Aussagen des christlichen Glaubensbekenntnis-

---

[8]   *G. W. F. Hegel*, Vorlesungen über die Philosophie der Religion I. Einleitung A.II.3a (zitiert nach der Ausgabe in der Philosophischen Bibliothek Felix Meiner 59, hg. von G. Lasson, Hamburg 1966, 38).

ses sind erst dann verstanden, wenn sie als Deutungsangebote für das eigene Leben begriffen und angenommen werden. Genau das sei der Sinn, wenn Luther im Kleinen Katechismus vom Verstehen der christlichen Lehrsätze spreche. Verstehen heißt aneignen, zu etwas Eigenem machen. Das Bekenntnis »Ich glaube an Gott, den Schöpfer des Himmels und der Erde« verstehen heißt: »Ich glaube, dass Gott *mich* geschaffen hat.« Christus, so Slenczka, ist die Mitte der Schrift. In ihm und von ihm her wird das Menschsein neu bestimmt.[9]

Die Texte des Alten Testaments stellen zwar das Medium dar, in dem das Leben Jesu zur Sprache gebracht werde. So gesehen seien sie für das Verständnis der Gestalt Jesu unverzichtbar. Da jedoch die christologische Auslegung des Alten Testaments durch die historische Kritik zusammengebrochen sei, vergegenwärtigen die Texte des Alten Testaments nach Überzeugung der gegenwärtigen Christenheit nicht mehr das Leben Jesu. In diesem Sinne sei das Alte Testament nicht als Wort Gottes an die Kirche zu verstehen und kein Gegenstand christlicher Predigt. Es sei Manifestation und Ausdruck der »vorchristlichen« Existenz. Zwar gibt es durchaus Texte des Alten Testaments, die Wesentliches zur Daseinserhellung des Menschen beitragen können. Aber viele alttestamentliche Texte, so Slenczka, sprechen den Menschen unserer westlichen Kultur nicht mehr an. In anderen Kulturen möge das durchaus anders sein. Das müsse zur Kenntnis genommen und daraus müssten die entsprechenden Konsequenzen gezogen werden. Adolf von Harnack und andere haben das klar gesehen und getan. Faktisch ist ihm ein nicht geringer Teil der heutigen Christenheit darin gefolgt.

Unverkennbar ist der Einfluss Schleiermachers. Der »Kirchenvater« der protestantischen Theologie des 19. Jahrhunderts erlebt seit etwa zwei Jahrzehnten eine bemerkenswerte Renaissance. Schleiermacher gilt als Begründer der neuprotestantischen Schrifthermeneutik. Mit ihm verbindet sich im Ansatz die Überwindung der Diastase zwischen einem auf Verbalinspiration gegründeten supranaturalistischen Schriftverständnis altprotestantischer Provenienz auf der einen und einem den biblischen Offenbarungsanspruch weitgehend auflösenden Rationalismus auf der anderen Seite. Er versteht die Schrift als Ausdrucksgestalt religiöser Erfahrung, die ihre spezifisch christliche Signatur aus der pneumatologisch vermittelten Beziehung des frommen Bewusstseins zu Christus gewinnt. Den Begriff der Inspiration konzipiert er im Sinne der Eingebung. Damit ist eine »innere Mitteilung« gemeint, die weder als eine rein äußerliche Einflößung von Worten, noch als eine rein subjektive Produktion von Einsichten zu verstehen ist, sondern als ein an individuelle und kulturelle Denk- und Sprachvoraussetzungen gebundener Ausdruck eines von der Person Christi ausgehenden Eindrucks. Schleiermachers Kanonbegriff ist dementsprechend christologisch bestimmt. Folglich weist er den normativen Anspruch des Alten Testaments zurück und empfiehlt, diesen Teil der Schrift in den Anhang zu stellen, »da die jetzige Stel-

---

[9]   *Slenczka*, Tod Gottes (s. Anm. 4), 21–38.

lung nicht undeutlich die Forderung aufstellt, dass man sich erst durch das ganze A. T. durcharbeiten müsse, um auf richtigem Wege zum Neuen zu gelangen.«[10]

Im Hintergrund der von Slenczka ausgelösten Kontroverse stehen unterschiedliche Verhältnisbestimmungen von Schrift und Offenbarung. Vereinfachend gesprochen stehen sich zwei Modelle gegenüber: eine Theologie des Wortes Gottes und eine Hermeneutik religiöser Erfahrung. Beide Modelle ihrerseits geben unterschiedliche Antworten auf eine zweifache Krise der Schriftauslegung: zum einen auf die in der altprotestantischen Orthodoxie vertretene Identifikation von Schrift und Wort Gottes und der damit einhergehenden Lehre von der Verbalinspiration. Diese Lehre brach angesichts der überwältigenden Erkenntnisse der historischen Bibelkritik in sich zusammen. Zum anderen aber konnte die historische Kritik der Bibel ihrerseits nicht halten, was sie versprach. Die Bibel in ihrer Entstehungsgeschichte und den ursprünglichen historischen Sinn ihrer Texte zu erfassen, ist das eine, sie zu verstehen, ist etwas anderes. Mit den Worten Slenczkas: »Dass ein Text ›einleuchtet‹, geht über das hinaus, was eine Feststellung seines historischen Sinnes erreichen kann; das gilt auch für biblische Texte. Die Feststellung des historischen Sinns der Texte bringt diese meistens nicht nahe, sondern macht sie fremd.«[11] Die Wort-Gottes-Theologie eines Karl Barth versuchte das »Einleuchten eines Textes« als eine von allen historischen und kulturellen Vermittlungsformen unabhängige Inspiration zu bestimmen. Die Schrift *ist* nicht Wort Gottes, aber sie kann immer wieder zum Wort Gottes werden, wenn sich in ihr das ursprüngliche Offenbarungsgeschehen in Christus von selbst – unabhängig von aller menschlichen Vermittlung und Methode – erschließt. Der außerordentliche Erfolg der Wort-Gottes-Theologie im 20. Jahrhundert dürfte damit zusammenhängen, dass sie sich von den stets wechselnden historischen und religionsgeschichtlichen Erkenntnissen der Bibelwissenschaft weitgehend emanzipieren konnte. Bekannt ist das Diktum Barths aus dem zweiten Vorwort seines Römerbriefkommentars: »*Kritischer* müssten mir die Historisch-Kritischen sein!«[12] Damit ist nicht gemeint, dass die Historisch-Kritischen das Instrumentarium ihrer historischen Forschung zu verfeinern, sondern dass sie die Grenzen ihres Unterfangens hinsichtlich eines wirklichen Verstehens biblischer Texte anzuerkennen hätten. Kritiker dieser »Wahrheit ohne

---

[10] *F. Schleiermacher*, Der christliche Glaube (²1830/31), § 131,3, zitiert nach *R. Smend*, Gesammelte Studien, Bd. 3: Epochen der Bibelkritik, München 1991, 136. In § 22 der Glaubenslehre heißt es: »Das Christenthum ist ohnerachtet seines geschichtlichen Zusammenhanges mit dem Judenthum doch nicht als eine Fortsetzung oder Erneuerung desselben anzusehen; vielmehr steht es, was seine Eigenthümlichkeit betrifft, mit dem Judenthum in keinem anderen Verhältniß als mit dem Heidenthum« (zitiert nach *Smend*, a. a. O., 132).

[11] *N. Slenczka*, Historizität und normative Autorität der Schrift, in: C. Landmesser / E. E. Popkes (Hrsg.), Verbindlichkeit und Pluralität. Die Schrift in der Praxis des Glaubens, Leipzig 2015, 13–36, hier 14.

[12] *K. Barth*, Der Römerbrief, München 1922, XII.

Methode« freilich sprechen von einem »neoorthodoxen Biblizismus«[13] und einer »argumentativen Selbstimmunisierung gegen die moderne Bibelkritik«.[14] Die Frage nach der theologischen Relevanz einer methodisch angelegten Schriftauslegung bleibt offen. Der »autoritative Gestus« der Wort-Gottes-Theologie gilt in diesen Kreisen als obsolet und kulturell nicht mehr anschlussfähig. Angesichts der historischen Bibelkritik wird die Rede vom Wort Gottes von Jörg Lauster als »Remythisierung der Gottesvorstellung« kritisiert. Sie stelle eine »geradezu gewaltsame Infantilisierung des Gottesbegriffs dar, die vielfach abschreckend und ausschließend wirken muss, weil sie keinerlei Anknüpfungspunkte an modernes kritisches Denken bereithält und darüber hinaus theologisch weit hinter das zurückfällt, was die christliche Tradition über Gott lehrt und bekennt. Vor diesem Hintergrund verstellt die Wort-Gottes-Theologie die Entwicklung eines Bibelverständnisses, das dem in der Neuzeit entstandenen Umgang mit der Bibel eine konstruktive und plausible theologische Bedeutung abzugewinnen versucht. Das Insistieren auf der freien Selbstdurchsetzungskraft des göttlichen Wortes hebt einen methodischen Umgang mit den biblischen Texten letztlich aus den Angeln. Die wissenschaftliche Exegese und die damit verbundene historische Betrachtung der Bibel hängen theologisch in der Luft. Die biblische Hermeneutik trägt die dem Gottesbild entsprechenden regressiven Züge einer allerdings durchaus gewollten Naivität.«[15] Die Identifizierung der Schrift mit dem Begriff des Wortes Gottes, so Lauster, habe ihre lebensorientierende Deutungskraft eher verschlossen als eröffnet. »Denn sie rückt jenes Geschehen, in dem die Bibel Menschen trifft und anspricht, in den Dunstkreis eines übernatürlichen Ereignisses, das ganz davon absieht, dass die biblischen Texte literarische und historisch gewachsene Ausdrucks- und Deutungsleistungen von Menschen sind.«[16]

Aus der Kritik an der Wort-Gottes-Theologie entstand unter anderem im Rückgriff auf Schleiermacher und das kulturprotestantische Projekt einer Versöhnung von Christentum und Moderne die Hermeneutik einer erfahrungstheologischen Verhältnisbestimmung von Schrift und Offenbarung. Die Bibel wird dabei als literarische Ausdrucksgestalt religiöser Erfahrung verstanden. Eine der großen Herausforderungen einer erfahrungstheologischen Verhältnisbestimmung von Schrift und Offenbarung besteht nun darin, die in der Bibel in einer kulturspezifischen Deutung aufbewahrten religiösen Erfahrungen unter den hermeneutischen Voraussetzungen der Moderne zu vermitteln.

Slenczkas Position versteht sich aus den Voraussetzungen einer erfahrungstheologischen Verhältnisbestimmung von Schrift und Offenbarung. Er sieht sich

---

[13]   *P. Tillich*, Systematische Theologie, Bd. 1, Berlin ⁸1987, 45 (zitiert nach *J. Lauster*, Religion als Lebensdeutung. Theologische Hermeneutik heute, Darmstadt 2005, 38).

[14]   *Lauster*, Religion (s. Anm. 13), 38.

[15]   *J. Lauster*, Zwischen Entzauberung und Remythisierung. Zum Verhältnis von Bibel und Dogma, Leipzig 2008, 22.

[16]   *Lauster*, Religion (s. Anm. 13), 39.

dabei in Übereinstimmung mit Luther. Für Luther, so Slenczka, ergibt sich die Klarheit der Schrift nicht aus der distanzierten Betrachtung von außen, nicht aus der Anleitung und Auskunft berufener Autoritäten und den stets wechselnden Auskünften der Bibelwissenschaft, sondern aus dem »Zeugnis des Heiligen Geistes im Inneren« (*testimonium Spiritus sancti internum*). Diese innere Einsicht in das Zentrum der Schrift vermag sich einzustellen, wenn der Bibelleser »unter Anfechtung und Gebet unermüdlich meditiert«. *Oratio, meditatio* und *tentatio* sind dabei Aspekte und Phasen eines geistigen Prozesses, bei dem der Bibelleser in kindlichem Gehorsam anklopft, damit ihm aufgetan werde und er in den inneren Raum des göttlichen Wortes eintrete. Der entscheidende Punkt dabei, so Slenczka, »ist der, dass dieses Zentrum keine inhaltliche Information ist [...]. Dass die Schrift sich erschließt auf ein Zentrum hin besagt, dass dieses Zentrum sich an dem lesenden und fragenden Menschen selbst vollzieht; die Kommunikation, die Vereinigung von Gott und Mensch, die der Inhalt des Evangeliums ist – Gott gibt und der Mensch empfängt – vollzieht sich im Verstehen selbst.«[17]

2. KRITISCHE ANFRAGEN

Im Folgenden soll lediglich ein Punkt in der von Slenczka angestoßenen Diskussion aufgegriffen und kritisch hinterfragt werden.[18] Führt der subjekttheologische Ansatz, so wie Slenczka ihn vertritt, letztlich nicht zur Auflösung des Kanons überhaupt? Ein leitender Gesichtspunkt in Slenczkas Argumentation ist das Motiv des *frommen religiösen Selbstbewusstseins.* Wird mit dieser Kategorie nicht ein dem Deutschen Idealismus entstammendes Konzept der Heiligen Schrift vorgeordnet und diese somit einem fragwürdigen modernen Verständnis von Subjektivität untergeordnet? Friedhelm Hartenstein spricht von der »Vorordnung des religiösen (Selbst-)Bewusstseins vor die Schrift, mit der das Subjekt erst sekundär Übereinstimmung feststellt«,[19] und bemerkt dazu kritisch: »Anstelle der Interpretationsgemeinschaft und ihres Umgangs mit dem Kanon tritt die [...] Gewissheit des einzelnen Subjekts, dessen Einsicht in die Wahrheit den Ort der Offenbarung bezeichnet.«[20] »Ich frage mich, was uns – als evangelische Kirche und evangelische Theologie – dazu nötigt, die idealistische Religionstypologie im Anschluss an Schleiermacher zur Grundlage unseres Schriftverständnisses zu machen [...]. Mir scheint die Emphase auf die ›innere Gewissheit‹ im Selbstbewusstsein des Christenmenschen auch ein pietistisches Erbe zu sein.«[21]

---

[17] *Slenczka*, Tod Gottes (s. Anm. 4), 56.
[18] Weitere Aspekte habe ich in meinen Aufsatz »Die Rückkehr Markions« (s. Anm. 2) angesprochen.
[19] *Hartenstein*, Bedeutung (s. Anm. 2), 738.
[20] *Hartenstein*, Bedeutung (s. Anm. 2), 738.
[21] *Hartenstein*, Bedeutung (s. Anm. 2), 749.

Kritisch merkt auch Konrad Schmid an, dass sich Slenczka mit seinem in der Tradition Schleiermachers stehenden subjekttheoretischen Ansatz in einen Selbstwiderspruch begebe. Damit werde das Christentum auf ein frommes Bewusstsein zurückgeführt »und nicht auf die Bibel selbst«.[22] Das Neue Testament werde zum Ausdruck dieses Bewusstseins und damit »nur *norma normata* und nicht *norma normans*«.[23] »Um es zugespitzt zu sagen: Das Neue Testament dient so nur noch zur Selbstbespiegelung des frommen Individuums, das nun selbst ›kanonisch‹ geworden ist, dies jedoch nicht offenlegt, sondern dazu dem Neuen Testament einen Mantel exklusiver Pseudo-Kanonizität umlegt.«[24]

Slenczka und die Tradition, in der er steht, weisen zu Recht darauf hin, dass die Heilige Schrift erst dann verstanden ist, wenn sie zur Transformation des menschlichen Bewusstseins und einem aus ihr hervorgehenden neuen Leben führt. Dem Selbstverständnis der Schrift nach ist Verstehen immer eine Metanoia. Die gegenständlichen Aussagen des christlichen Glaubens sind erst dann verstanden, »wenn ihr existentieller Sinn so begriffen ist, dass er nachvollziehbar ist«.[25] Es besteht somit eine Wechselwirkung zwischen dem Verstehen der Schrift und dem der eigenen Existenz. Das eine ist nicht ohne das andere möglich: »Die gegenständlichen Aussagen des Glaubens sind Deutungen des menschlichen Lebensvollzuges und Eröffnung eines Selbstverständnisses. Sie sind nur dies. Den Begriff Gott zu verwenden heißt nicht, über etwas zu sprechen, das erstens ist und zweitens mein Leben orientiert – sondern es heißt: über das Getragensein des Lebens zu sprechen, über das, woher ich mich alles Guten versehe (Luther, Auslegung des 1. Gebotes im Großen Katechismus). Wer sich selbst nicht thematisiert, spricht nicht von Gott – und umgekehrt!«[26]

Mit diesem hermeneutischen Grundsatz erschließt Slenczka das für die protestantische Theologie konstitutive Prinzip der *Klarheit der Schrift* und die ihr zugesprochene Kraft, *sich selbst auszulegen*. Klarheit der Schrift kann nicht bedeuten, dass die Schrift über jedwede Pluralität an Bedeutungen erhaben ist. Diese bereits der patristischen Exegese vertraute Einsicht gehört inzwischen zum Gemeingut der Theologie und der Bibelwissenschaft. Ulrich Luz spricht von der »Krise des protestantischen Schriftprinzips«.[27] Um dennoch am protestantischen Schriftprinzip festzuhalten, verlegt Slenczka die Klarheit der Schrift in eine bestimmte »Erfahrung im Umgang mit der Schrift«.[28] Diese sieht er in exemplarischer Weise bei Luther verwirklicht und reflektiert.

---

[22]   *Schmid*, Christentum (s. Anm. 2), 600.

[23]   *Schmid*, Christentum (s. Anm. 2), 601.

[24]   *Schmid*, Christentum (s. Anm. 2), 601.

[25]   *Slenczka*, Tod Gottes (s. Anm. 4), 10.

[26]   *Slenczka*, Tod Gottes (s. Anm. 4), 10.

[27]   *U. Luz*, Theologische Hermeneutik des Neuen Testaments, Neukirchen-Vluyn 2014, VI; vgl. 99–147. Vgl. ausführlich dazu *J. Lauster*, Prinzip und Methode. Die Transformation des protestantischen Schriftprinzips durch die historische Kritik von Schleiermacher bis zur Gegenwart (HUTh 46), Tübingen 2004.

Die von Luther postulierte *Klarheit der Schrift* ist nach Slenczka so zu verstehen, dass sich diese dem Leser, wenn er nur beharrlich und in der rechten Haltung »anklopft«, als *innere Klarheit* aus sich selbst heraus mitteilt und erschließt. Erkennbar ist dies daran, dass der Mensch dabei zu einem neuen, befreienden Verständnis seiner selbst geführt wird. Die Klarheit der Schrift wird also nicht durch einen methodisch kontrollierten Zugriff auf einen einzigen Textsinn erfasst und dem Leser der Schrift von außen als zu glaubender Inhalt vorgelegt, sondern dem Leser in Gestalt einer Art von Erleuchtung aus dem Inneren der Schrift selbst zuteil. Damit wird ihm zugleich ein neues Verständnis seiner selbst erschlossen. Erst in diesem Sinne wird die Schrift zum Wort Gottes:

> Das Wort Gottes – im Allgemeinen, nicht einfach die Schrift – erleuchtet. Es wird damit ein Identifikationskriterium für das Wort Gottes genannt, an dem es als solches erkennbar ist: dass es erleuchtet und Verstehen gibt. Das heißt: Wenn die Schrift, die Bibel, Wort Gottes ist, dann muss sich das daran zeigen und daran ausweisen, dass sie selbst Einsicht und Verstehen gibt, dass sie erleuchtet und sich selbst auslegt. Die Klarheit der Schrift in diesem Sinne ist der Ausweis dafür, dass sie Wort Gottes ist [...]. Die Schrift erschließt sich selbst, wenn ein Mensch sie befragt, bei ihr anklopft. Dann wird sie zum Ausleger ihrer selbst, dann setzt sie selbst ihren Sinn aus sich heraus und erweist sich demjenigen, der sie in der Hoffnung auf Antwort befragt, als keiner Auslegungsinstanz bedürftige Quelle von Verständnis und Erleuchtung; und *so* weist sie sich als Wort Gottes aus. Dann wäre also nicht als schiere Behauptung oder aufgrund der kirchlichen Tradition (die auf die Schrift als ihre Quelle verweist) vorausgesetzt, dass die Schrift klar ist und dass die Schrift das Wort Gottes ist, sondern dann wird es gleichsam überprüfbar und verifizierbar: Wer die Schrift befragt, zu dem beginnt sie selbst zu reden; sie wird zur Quelle von Verständnis und Erleuchtung und weist sich damit als Wort Gottes und als in sich klar aus.[29]

Es überrascht, dass Slenczka bei der inneren Klarheit davon spricht, dass hier etwas »überprüfbar« und »verifizierbar« wird. Allerdings handelt es sich hierbei um einen Zirkelschluss. Die Schrift erweist sich dadurch als klar, dass sie ihren Sinn aus sich heraus freisetzt. Doch hier muss in aller Nüchternheit gefragt werden, welches denn der Sinn ist, den der Leser als einen aus der Schrift freigesetzten Sinn erfasst. Auch innere geistige Erfahrungen und Einsichten bedürfen der »Unterscheidung der Geister«. Die Erfahrung von Klarheit und Befreiung kann Ausdruck einer subtilen Selbsttäuschung sein. Auch der Teufel kann als »Engel des Lichtes« in Erscheinung treten. Dann aber stellt sich die Frage nach den Kriterien der Unterscheidung. Die geistliche Tradition der Kirche hat aus der Heiligen Schrift selbst heraus Kriterien erarbeitet, die – auch von außen – an solche Erfahrungen herangetragen und mit deren Hilfe derartige Erfahrungen und Einsichten auf ihre Echtheit hin überprüft werden. Auf die differenzierte Lehre

---

[28]   *Slenczka*, Tod Gottes (s. Anm. 4), 39.
[29]   *Slenczka*, Tod Gottes (s. Anm. 4), 50.

von der Unterscheidung der Geister soll und kann hier nicht näher eingegangen werden.[30] Es sei lediglich erwähnt, dass sich hier eine Leerstelle im hermeneutischen Konzept Slenczkas zeigt.

Dass das Verstehen der Heiligen Schrift im christlichen Sinn aus dem Urbekenntnis »Jesus ist der Herr« erwächst, dürfte einigermaßen evident sein. Nachvollziehbar ist auch, dass im Lichte dieses Bekenntnisses die Heilige Schrift gelesen und verstanden wird. Problematisch allerdings wird es, wenn aus dem Akt dieses Verstehens heraus der Kanon konstituiert oder neu konfiguriert wird. Damit werden Ursache und Wirkung verkehrt. Das Problem scheint mir in der Tat darin zu bestehen, dass Slenczka eine spezifische Form christlichen Verstehens zu einem Kriterium macht, anhand dessen der Kanon neu geordnet und gewichtet werden soll. Damit kommt ein Erbe der Reformation zur Geltung, das aus katholischer Sicht von Anfang an als problematisch angesehen wurde. Es dürfte unbestritten sein, dass Martin Luther in dem von Slenczka skizzierten Sinn ein Verständnis der Heiligen Schrift zuteilwurde, das als ein echtes Verstehen angesehen werden kann. Slenczka hat es eindringlich und gut nachvollziehbar beschrieben. In der Vorrede zum ersten Band seiner lateinischen Werke kurz vor seinem Tod im Jahre 1545 deutet Luther die reformatorische Wende als exemplarische Situation eines angefochtenen Bibellesers: »Luther beschreibt sich selbst als den unablässig anklopfenden und fragenden Beter – auch in der Anspielung auf Ps 42: ›Wie der Hirsch lechzt nach frischen Wasser‹ – mit glühendem Durst klopft er an. Er ist der Bibelleser par excellence: oratio, meditatio, tentatio, Gebet, Bibelbetrachtung und Anfechtung, die drei Grundvoraussetzungen der Theologie treffen in dieser Situation zusammen.«[31] Im Lichte dieser Erfahrung erscheint die ganze Heilige Schrift in einem neuen Licht; erst jetzt ist sie wirklich verstanden. »Luther behauptet eben, nicht nur eine Bibelstelle verstanden zu haben, sondern die ganze Schrift. Das recht verstandene Evangelium wird zum hermeneutischen Schlüssel für die Schrift, und folglich zeigt die Schrift insgesamt ein anderes Gesicht. Sie erschließt sich *insgesamt* auf das Zentrum hin, das Luther an der *einen* Textstelle verstanden hat; sie erweist sich insgesamt und in ihren Teilen als Zeugnis für den schenkenden Gott, in diesem Sinne: für das Evangelium.«[32] All dies ist gut nachvollziehbar. Problematisch wird es allerdings, wenn diese Einsicht ein solches Gewicht bekommt, das in seiner inneren Dynamik auf die Neukonstitution des Kanons hinausläuft. Mag die Herabstufung der deuterokanonischen Schriften dem humanistischen Ruf *Ad fontes* geschuldet sein, so ist die theologische Hintansetzung des Jakobusbriefes als »stroherne Epistel« bereits Zeichen einer problematischen Verabsolutierung der lutherischen Erfahrung. Auf dieser Linie liegend ist es nur konse-

---

[30]   Einen guten Überblick gibt *M. Schlosser* (Hrsg.), Die Gabe der Unterscheidung. Texte aus zwei Jahrtausenden, Würzburg 2008.
[31]   *Slenczka*, Tod Gottes (s. Anm. 4), 52.
[32]   *Slenczka*, Tod Gottes (s. Anm. 4), 55.

quent, wenn Slenczka aus einer spezifischen, geschichtlich geprägten Sicht des *christlichen Bewusstseins* einen wesentlichen Schritt weitergehen möchte. Genau das war die Pointe der Kritik Harnacks an Luther. Luther, so Harnack, sei die Neuentdeckung des Evangeliums zu verdanken. Er sei aber noch zu sehr der Tradition verhaftet gewesen, um aus dieser Einsicht heraus im Hinblick auf das Alte Testament reinen Tisch zu machen. Das Alte Testament im 16. Jahrhundert noch beizubehalten »war ein Schicksal, dem sich die Reformation noch nicht zu entziehen vermochte«.[33]

In dieser Tradition steht der Vorschlag Slenczkas. Unter den spezifischen Bedingungen der zeitgenössischen Moderne, zu denen die Erkenntnisse der historisch-kritischen Exegese ebenso wie die Einsichten des christlich-jüdischen

---

[33] *A. von Harnack*, Marcion. Das Evangelium vom fremden Gott. Eine Monographie zur Geschichte der Grundlegung der katholischen Kirche, Leipzig 1921, 248f. (im Original hervorgehoben). Weiter heißt es bei Harnack:»Gewiß wird man dem Manne die Anerkennung nicht versagen, der, weil er das Evangelium und das Gesetz für unvereinbar hielt, sich mutig der mächtigsten Tradition entgegenwarf und das AT opferte; [...]. Das AT hat die Christenheit in einen tragischen Conflict gebracht: er war im 2. Jahrhundert und bis auf weiteres nicht so zu lösen, wie ihn M.[arkion] gelöst hat, sondern wie die Kirche ihn löste. [...] Durch Luther wurde die Paulinisch-Marcionitische Erkenntnis des Unterschieds von Gesetz und Evangelium wieder in den Mittelpunkt gestellt; sie wurde der Hebel der Reformation als geistlicher Bewegung [...]. Waren nicht auch in bezug auf das AT alle Prämissen gegeben, um ihm endlich sein kanonisches Ansehen in der Christenheit zu nehmen und ihm die hohe geschichtliche Stelle anzuweisen, die ihm gebührt? Die Prämissen waren vorhanden, aber ihre Consequenzen konnten noch nicht gezogen werden; denn an diesem Punkt waren Tradition und Gewohnheit doch noch stärker als die erst aufdämmernde geschichtliche Kritik – die Bibel stand fester als die Kirchenlehre, die allegorische Erklärung herrschte noch, und Luther waren die Psalmen so teuer wie die Paulsbriefe – und wenn ihm auch der Mut und die Kraft zuzutrauen sind, daß er einer bloßen Tradition entgegengetreten wäre, so war er an diesem Punkte noch religiös gebunden« (249f.). Die entscheidende Erkenntnis kam dann nach Harnack mit der historischen Kritik des 19. Jahrhunderts. Doch den evangelischen Kirchen fehlte der Mut, die Konsequenz daraus zu ziehen und dem Alten Testament die kanonische Geltung abzuerkennen. Daraus resultiert eine religiöse und kirchliche Lähmung:»Aus geschichtskritischen und religiösen Gründen folgte von hier aus mit zwingender Notwendigkeit und Evidenz, zumal da der Begriff der Inspiration im alten Sinne aufgelöst war, daß jede Art von Gleichstellung des AT mit dem NT und jede Autorität desselben im Christentum unstatthaft ist. Klar hat das Schleiermacher erkannt und andere neben ihm; Marcion hat recht bekommen, wenn auch teilweise mit anderer Begründung. Seit einem Jahrhundert wissen das die evangelischen Kirchen und haben nach ihren Prinzipien die Pflicht, dem Folge zu geben, d. h. das AT zwar an die Spitze der Bücher zu stellen, ›die gut und nützlich zu lesen sind‹ und die Kenntnis der wirklich erbaulichen Abschnitte in Kraft zu erhalten, aber den Gemeinden keinen Zweifel darüber zu lassen, daß das AT kein kanonisches Buch ist. Aber diese Kirchen sind gelähmt und finden nicht die Kraft und den Mut, der Wahrheit die Ehre zu geben [...]. Hier reinen Tisch zu machen und der Wahrheit in Bekenntnis und Unterricht die Ehre zu geben, das ist die Großtat, die heute – fast schon zu spät – vom Protestantismus verlangt wird« (253f.).

Dialogs gehören, hat sich ein christliches Bewusstsein herausgebildet, das faktisch zur Herabstufung des Alten Testaments innerhalb der Kanons führt. Es ist an der Zeit, diese Konsequenz ausdrücklich zu ziehen. Beurteilungsmaßstab ist das jeweils maßgebliche Bewusstsein:

> Sobald sich das *Bewusstsein* ausbildet, dass dieses Buch [scil. das Alte Testament] nicht von der Kirche, sondern von einer Religionsgemeinschaft handelt und zu ihr spricht, von der sich die Kirche getrennt hat, wird das Verhältnis der Kirche zu diesem Schriftenkorpus hochproblematisch: Es handelt sich eben von vornherein nicht mehr um ein unmittelbar in die eigene Geschichte hineinredendes Buch, sondern um die Identität stiftende Urkunde einer anderen Religionsgemeinschaft. Dieses *Bewusstsein* der Unterscheidung von Kirche und Judentum als zweier Religionsgemeinschaften hat sich – jedenfalls in der abendländischen Christenheit – durchgesetzt und auch in der Deutung des Verhältnisses der Urchristenheit zum zeitgenössischen Judentum niedergeschlagen. Damit wird aber das Alte Testament zu einem Dokument einer Religionsgemeinschaft, die mit der Kirche nicht identisch ist. Die Kirche ist sich dessen *bewusst* [...], dass sie dieser Religionsgemeinschaft entsprungen ist und zum Verständnis ihrer eigenen Texte des religionsgeschichtlichen Hintergrundes der alttestamentlichen Überlieferung bedarf. Gerade um des Respektes vor dem Selbstverständnis des Judentums willen identifiziert sich die Kirche aber nicht mit dem Judentum in der Weise, wie Paulus das für die Kirche seiner Zeit in Anspruch nimmt: Mit der Behauptung, dass die Erwählungsgeschichte Gottes mit seinem Volk über das Judenchristentum in der Kirche aus Juden und Heiden sich fortsetze und (vorläufig) nicht in der Geschichte des Teils des Judentums, das nicht zum Glauben an Christus gekommen ist. Damit ist aber das AT als Grundlage einer Predigt, die einen Text als Anrede an die Gemeinde auslegt, nicht mehr geeignet: Sie – die christliche Kirche – ist als solche in den Texten des AT nicht angesprochen. [...] Vollends mit dem christlich-jüdischen Dialog und der damit verbundenen Anerkennung des Selbstverständnisses des Judentums als Volk eines Bundes, der nicht ohne weiteres christologisch vereinnahmt werden kann, verkompliziert sich das Verhältnis zum AT. Denn nun steht die Brücke einer Einheit von Kirche und »Israel nach dem Geist«, unter deren Vorzeichen das AT als Zeugnis der Kirche und als Anrede an die Kirche gelesen wurde, unter dem Verdacht der Bestreitung des religiösen Selbstverständnisses Israels; damit bleiben einer Kirche, in deren *gegenwärtigem Bewusstsein* sich diese Option durchsetzt, eigentlich nur die Verhältnisbestimmungen Schleiermachers, Harnacks und Bultmanns übrig.[34]

Schaut man nun genauer hin, so zeigt sich, dass das Bewusstsein, von dem Slenczka spricht, im Grunde nichts anderes ist, als ein Ensemble theologischer und bibelhermeneutischer Prämissen. Meiner Ansicht nach kommt Slenczka das Verdienst zu, darauf hingewiesen zu haben, dass zwischen der in allen Kirchen anerkannten kanonischen Geltung des Alten Testaments und einigen vorherr-

---

[34] *Slenczka*, Kirche (s. Anm. 1), 118f. (Hervorhebung L.S.-S.).

schenden theologischen Ansichten in der Tat eine Spannung besteht. Slenczka macht den provokativen Vorschlag, die Spannung dahingehend aufzulösen, dass das Alte Testament in seinem kanonischen Rang herabgestuft wird. Dieser Vorschlag ist jedoch nicht akzeptabel. Wohl jedoch bedürfen die Prämissen, von denen her sich der Vorschlag rechtfertigt, einer Modifikation. Dazu habe ich mich in einem Beitrag ausführlich geäußert.[35] Die dort von mir vertretene Position entspricht dem, was in der Katholischen Kirche allgemein anerkannt ist. Aus dem Dokument »Das jüdische Volk und seine Heilige Schrift in der christlichen Bibel« der Päpstlichen Bibelkommission aus dem Jahre 2001 seien abschließend zu den strittigen Punkten drei kurze Auszüge zitiert:

(1) Zur Spannung zwischen der historisch ursprünglichen Bedeutung des Alten Testaments, wie sie im Rahmen der historisch-kritischen Exegese erhoben wird, und seiner christologischen Lektüre im Rahmen des christlichen Glaubens heißt es:

> Die christlichen Leser sind überzeugt, dass ihre Deutung des Alten Testament, so sehr sie sich auch von derjenigen des Judentums unterscheiden mag, doch einer Sinnmöglichkeit der Texte entspricht. Wie bei der Entwicklung eines Films haben Jesus und die ihn betreffenden Ereignisse in der Schrift eine Sinnfülle freigelegt, die vorher nicht wahrzunehmen war. Diese Sinnfülle schafft zwischen dem Neuen und dem Alten Testament eine dreifache Beziehung: die der Kontinuität, die der Diskontinuität und die der Progression.[36]

(2) Zu den Unterschieden zwischen der jüdischen und der christlichen Auslegung des Alten Testaments / des Tanach heißt es:

> Wenn der christliche Leser wahrnimmt, dass die innere Dynamik des Alten Testaments in Jesus gipfelt, handelt es sich hier um eine rückschauende Wahrnehmung, deren Ausgangspunkt nicht in den Texten als solchen liegt, sondern in den Ereignissen des Neuen Testaments, die von der apostolischen Predigt verkündigt worden sind. So darf man nicht sagen, der Jude sähe nicht, was in den Texten angekündigt worden sei. Vielmehr gilt, dass der Christ im Lichte Christi und im Geist in den Texten einen Sinnüberschuss entdeckt, der in ihnen verborgen lag.[37]
>
> So bringt das Neue Testament zugleich seine Zustimmung zur Offenbarung des Alten Testaments und seine mangelnde Übereinstimmung mit der Synagoge zum Ausdruck. Diesen Mangel an Übereinstimmung kann man nicht »Antijudaismus« nennen, denn es handelt sich um Uneinigkeit auf der Ebene der Glaubensüberzeugung. Sie wurde Quelle religiöser Kontroversen zwischen zwei Menschengruppen,

---

35 *Schwienhorst-Schönberger*, Die Rückkehr Markions (s. Anm. 2).
36 *Päpstliche Bibelkommission*, Das jüdische Volk und seine Heilige Schrift in der christlichen Bibel (24.05.2001), 64 (zitiert nach der Ausgabe in VApS 152, hg. vom Sekretariat der Deutschen Bischofskonferenz, 118f.). Im Vorwort geht Joseph Kardinal Ratzinger ausführlich auf die Position Adolf von Harnacks ein.
37 *Päpstliche Bibelkommission*, Heilige Schrift (s. Anm. 36), 21 (43f.).

die von der gleichen Glaubensgrundlage im Alten Testament ausgehen, aber dann uneins werden über die Weise, wie die weitere Entwicklung dieses Glaubens zu verstehen ist. So tief die Uneinigkeit auch reichen mag, so rechtfertigt sie doch in keiner Weise wechselseitige Feindseligkeit.[38]

Meiner Ansicht nach handelt es sich hier um ausgewogene, den historischen Gegebenheiten entsprechende und intellektuell redliche Positionen.

Zusammenfassend lässt sich sagen, dass Slenczka den Kanon rein christologisch bestimmt. Damit kehrt er das Verhältnis von Altem und Neuem Testament historisch und hermeneutisch in problematischer Weise um. Er bestimmt das Verhältnis von Altem und Neuem Testament einseitig, allein aus der Perspektive des Neuen Testaments. Für die Frühe Kirche verlief der Prozess aber genau umgekehrt. Vorgegeben war die Schrift, das später von Christen so genannte Alte Testament. Im Lichte *dieser* Schrift deutete die Frühe Kirche die Geschichte Jesu. Von Leben, Tod und Auferstehung Jesu Christi her erschien dann die Schrift in einem neuen Licht. Jesus *erschließt* den Sinn der Schrift, er verwirft sie nicht (Lk 24,13–35). Zwischen Altem und Neuem Testament besteht also eine wechselseitige, keine einseitige Beziehung. Beide Kanonteile sind korrelierend und kontrastierend aufeinander bezogen. Sie bilden eine »kontrastive Einheit«.[39] Die oft gestellte Frage »Warum gehört das Alte Testament zur (christlichen) Bibel?« müsste historisch und hermeneutisch korrekt lauten: »Warum gehört das Neue Testament zur Bibel?« Eine christologisch-inhaltliche *Bestimmung* des Kanons, wie Slenczka sie vornimmt, ist etwas anderes als eine christologische *Lektüre* der Schrift, wie sie von den Kirchenvätern praktiziert wurde. Letztere verwirft nichts von dem, was dem Judentum heilig ist, liest es aber in einem neuen Licht. *Credo in unum Deum*, so beginnt das christliche Glaubensbekenntnis, und das mit gutem Grund. Das Wort »Gott« ist dabei kein leerer Term, sondern ein Wort, dessen Bedeutung in den Erzählungen des Alten Testaments erschlossen wird. Diese Erzählungen sind keineswegs unverständlich. Sie konstituieren eine Sinngeschichte. Nach christlichem Verständnis hebt das Neue Testament diese Sinngeschichte nicht auf, sondern führt sie in die Fülle der in ihr angelegten Gestalt. Die im Alten Testament erzählte und gedeutete Geschichte ist nicht nur historisch interessant, sondern zugleich theologisch relevant. Sie wird nach christlichem Verständnis im Neuen Testament zu Ende erzählt.

---

[38] *Päpstliche Bibelkommission*, Heilige Schrift (s. Anm. 36), 87 (167).
[39] *B. Janowski*, Ein Gott, der straft und tötet? Zwölf Fragen zum Gottesbild des Alten Testaments, Neukirchen-Vluyn 2013, 29.

3. Das Wunder der Verwandlung

In seinem Kommentar zum Johannesevangelium findet Thomas von Aquin im »mystischen« (*mystice*) Verständnis des Weinwunders zu Kana einen Hinweis auf das Verhältnis zwischen Altem und Neuem Testament. Das reine Wasser in den Krügen verweist nach Auskunft des heiligen Thomas auf das Alte Testament. Das Wasser wird von Jesus nicht verworfen, sondern verwandelt. Und zwar wird *alles* Wasser zu Wein verwandelt, nicht nur ein Teil. Damit, so Thomas, werde die Irrlehre der Markioniten und Manichäer widerlegt, die gesagt haben, die sichtbaren Dinge der Welt seien nicht von Gott, sondern vom Teufel geschaffen. Ferner habe Jesus den Wein nicht aus dem Nichts, sondern aus Wasser gemacht, um zu zeigen, »dass er keine gänzlich neue Lehre verkünde und die alte verwerfe, sondern dass er sie vervollständige«.

Zwar wird man mit dem Psalmisten sagen können, dass der Wein des Menschen Herz erfreut (Ps 104,15), zugleich aber wird mit dem Weisheitslehrer des Alten Testaments daran zu erinnern sein, dass zuviel Wein »eine Falle ist für den Toren, ihm Kopfweh, Schimpf und Hohn bereitet, seine Kraft schwächt und viele Wunden schlägt« (Sir 31,25–31). Eine erfahrungshermeneutisch angelegte Theologie sollte nicht vergessen, dass die zentrale Erfahrung des christlichen Glaubens angemessen nicht als Trunkenheit, sondern als *nüchterne* Trunkenheit (*sobria ebrietas*) beschrieben wird. Hätte die am Pfingsttag in Jerusalem versammelte Gemeinde bereits zur dritten Stunde Wein getrunken, hätte man ihren Erfahrungen nicht geglaubt. Deshalb, so sagt Origenes, muss man erst einmal mit der Lektüre des Alten Testaments beginnen. Darin wird das Wort Gottes bezeugt. Erst dann kann man das Neue Testament verstehen, in dem bezeugt wird, dass das Wort Gottes Fleisch geworden ist.

Im Klang des Wortes Gottes

Gesetz, Psalmen und Propheten im Markusevangelium

Thomas Söding

1. Gottes Wort als Grundton biblischer Hermeneutik

Markion[1] meinte nicht nur, das Alte Testament überwinden zu können; er hat auch lediglich eine kleine Auswahl von Schriften akzeptiert, die im lebendigen Prozess der Kanonisierung zum Neuen Testament geworden sind, und diese Schriften um Partien gekürzt, in denen er judaisierende Interpolationen meinte erkennen zu müssen.[2] Dass er Matthäus und Johannes nicht als kanonisch anerkannt hat, ist unter seinen hermeneutischen Auspizien konsequent, wenn es auch seine Außenseiterrolle in der frühen Kirche widerspiegelt. Markus stand für ihn wie für die meisten seiner Zeitgenossen im Schatten des Matthäus. Lukas und die Apostelgeschichte hat Markion in seinem Sinn gereinigt und dabei tief ins Fleisch der Überlieferung geschnitten.[3] Für die Apologeten waren diese Manipulationen ein gefundenes Fressen, um das Alte Testament als Heilige Schrift zu verteidigen und die Echtheit der apostolischen Jesustradition zu unterstreichen. Sie haben allerdings die Frage, welche Bedeutung den jüdisch geprägten Schriften des Urchristentums mit ihren zahlreichen Bezügen auf die Bibel Israels zukommt, im Sinne ihrer *interpretatio Christiana* so beantwortet, dass eher Harmonien als Dissonanzen gehört werden konnten – sofern die schrillen Töne antijüdischer Polemik ausgeblendet wurden.[4]

Adolf von Harnack sieht in Markions Ansinnen einen »Fehler, den die große Kirche mit Recht abgelehnt hat«, urteilt aber, dass sich durch die Reformation mit ihrem Schriftprinzip *sola scriptura* und die historisch-kritische Exegese die Vorzeichen geändert hätten, sodass jetzt vom Protestantismus (den Katholiken hat er offensichtlich wenig zugetraut) die »Großtat« verlangt werden müsse,

---

[1] Die wichtigste Schrift, die Zugang zu seinem Denken eröffnet, ist die Polemik Tertullians: *Adversus Marcionem*.

[2] Zur Geschichte der neutestamentlichen Kanonbildung vgl. *H. von Lips*, Der neutestamentliche Kanon (ZGB), Zürich 2004.

[3] *E. Norelli / A. Cameron*, Markion und der biblische Kanon / Christian Literature and Christian History (HLV 11 / 15), Berlin 2016.

[4] Vgl. *M. Fiedrowicz*, Theologie der Kirchenväter. Grundlagen frühchristlicher Glaubensreflexion, Freiburg i. Br. 2007.

»reinen Tisch« zu machen und das »Alte Testament zu verwerfen«.[5] Harnack
schneidet nicht in den neutestamentlichen Kanon ein, um dessen Erforschung
er sich große Verdienste erworben hat.[6] Aber er macht die Kompatibilität mit
dem modernen Denken zum Kriterium seiner Geltung,[7] scheidet viele der geset-
zesfreundlichen Stimmen in den Evangelien als »unecht« aus, sieht das Beste der
Prophetie im Neuen Testament aufgehoben und erschließt die Psalmen von jener
Innerlichkeit her, die er als typisch christlich erachtet. Auf diese Weise wird das
Alte Testament ins kirchengeschichtliche Archiv überstellt und als rein jüdische
Schrift etikettiert; gleichzeitig wird das Neue Testament auf einige wenige ein-
fache Wahrheiten reduziert, deren theologische Orientierungskraft unabhängig
vom historischen Kontext zu bestimmen sei. Antijudaismus ist ihm schwerlich
vorzuwerfen; die Frage der Relevanz hat er scharf gestellt; sie ist nicht schon
mit dem Hinweis auf den jüdischen Entstehungsraum des Neuen Testaments beantwortet, weil zwischen Genese und Wahrheitswert zu unterscheiden ist. Aber
sie spiegelt die Krise des protestantischen Schriftprinzips, dem die Krise des
katholischen Traditionsprinzips in nichts nachsteht.

Beide Prinzipien kranken daran, dass sie Schrift und Tradition wesentlich
als Quellen betrachten, denen theologische Inhalte zu entnehmen seien. Diese
Blickverengung, die für den Westen seit dem Mittelalter typisch geworden ist,
löst aber die Heilige Schrift aus ihrem genuinen Kontext, der Geschichte des Gottesvolkes, und ihren signifikanten Relationen, die entscheidend theozentrisch
bestimmt sind. Beides zu integrieren, verlangt eine Theologie des Wortes Gottes,
die seine verschiedenen Medien und geschichtlichen Resonanzen so differenziert bestimmt, dass der hermeneutische Stellenwert der Bibel distinkt markiert
und mit anderen Bezeugungsinstanzen vermittelt werden kann.

Eine solche Theologie des Wortes Gottes hat Joseph Ratzinger vorgelegt.[8]
Sie unterscheidet sich von derjenigen des frühen Karl Barth[9] dadurch, dass der
menschliche Faktor als essentiell für die Gottesoffenbarung angesehen wird,
und vom späten Karl Barth[10] dadurch, dass die kirchliche Vermittlung die verschiedenen Beiträge des *sensus fidelium*, der *signa temporum*, der Theologie und
des *magisterium* qualifiziert. Ratzinger orientiert sich an der Sprache des Neuen

---

5   *A. von Harnack*, Marcion. Das Evangelium vom fremden Gott. Eine Monographie zur
Geschichte der Grundlegung der katholischen Kirche, Leipzig 1921, 248f., 254 ([2]1924,
Nachdruck Darmstadt 1985, 217, 222).

6   *A. von Harnack*, Das Neue Testament um das Jahr 200. Theodor Zahn's Geschichte
des neutestamentlichen Kanons (erster Band, erste Hälfte) geprüft, Freiburg i. Br. 1889;
ders., Lehrbuch der Dogmengeschichte, Bd. 2, Leipzig [3]1894.

7   *A. von Harnack*, Das Wesen des Christentums (1899/1900), Leipzig 1929 (Nachdruck Tübingen 2005).

8   *J. Ratzinger*, Wort Gottes. Schrift – Tradition – Amt, Freiburg i. Br. 2005.

9   *K. Barth*, Der Römerbrief (1918/1922), Zürich 1978.

10   *K. Barth*, Die Kirchliche Dogmatik, Bd. 1: Die Lehre vom Wort Gottes. Prolegomena
zur Kirchlichen Dogmatik, Zürich [8]1980 usw.

Testaments und fasst als »Schrift« das sogenannte Alte Testament auf, dem er das Wort Jesu, bezeugt durch die Evangelien, gegenübergestellt sieht, sodass ein kommunikativer Prozess entsteht, der in den Briefen unter den Bedingungen des Osterglaubens im Entstehungsprozess der Kirche reflektiert wird. Man mag kritisieren, dass die Schriftwerdung des Neuen Testaments und die heilsgeschichtliche Bedeutung Israels, das Ratzinger zufolge eine eigene »Sendung« hat,[11] für die Entstehung und Hermeneutik des Alten Testaments unterbelichtet werden. Aber die Theologie des Wortes Gottes ist schrift- und zeitgemäß. Sie lässt fragen, welche Theologie der Bibel selbst eingeschrieben ist, ohne sie mit Gottes Wort gleichzusetzen; sie unterscheidet Medium und Botschaft, um nach ihrem Verhältnis zu fragen; sie erlaubt es, eine Hermeneutik der Bibel beider Testamente von einer Theologie des Wortes Gottes her zu rekonstruieren, die in der Schrift selbst bezeugt ist.

Die kanonische Exegese – wenn sie nicht unhistorisch und harmonisierend wird, sondern die Erinnerung an das Ereignis Jesu in der Erzählung der Evangelien gestaltet findet – erlaubt einen Beitrag zur Weiterführung der Diskussion, der mit genuin neutestamentlichen Perspektiven arbeitet, um auf diese Weise eine Kanon-Theologie *secundum scripturas* zu entwickeln.[12] Sie soll lehren, beim Lesen der Heiligen Schrift das Echo des Wortes Gottes zu hören. Es sind Klangwelten, die sich auftun, weil die Töne immer mitten in der Welt laut werden; es ist keine Monotonie, sondern Polyphonie, die ertönt; es herrschte eine globale Stummheit, wenn es Gottes Wort nicht gäbe, das auf ein menschliches Ohr und eine menschliche Antwort stößt.

2. DAS MARKINISCHE PARADIGMA

Das Markusevangelium gilt heute – anders als früher – als ältestes Evangelium. Deshalb hat es eine hermeneutische Schlüsselbedeutung, auch wenn die Theologie des Gesetzes nicht so ausgeprägt wie bei Matthäus und nicht so aufgeschlossen wie bei Lukas ist.[13] Im Markusevangelium fehlt gleichfalls ein expliziter Hinweis auf das »Gesetz des Mose und die Propheten und die Psalmen« (Lk

---

[11] »Auch wenn die Christen wünschen, dass Israel eines Tages Christus als den Sohn Gottes erkennen möge und dass damit der Spalt sich schließt, der beide noch trennt, so sollen sie doch Gottes Verfügung anerkennen, der Israel offenbar in der ›Zeit der Heiden‹ eine eigene Sendung aufgetragen hat, die die Väter so umschreiben: Sie müssen als die ersten Eigentümer der Heiligen Schrift uns gegenüber bleiben, um gerade so ein Zeugnis vor der Welt aufzurichten« (*J. Ratzinger*, Gesammelte Schriften, Bd. 8,2: Kirche – Zeichen unter den Völkern. Studien zur Ekklesiologie und Ökumene, Freiburg i. Br. 2010, 1130).

[12] Einen Versuch, auf dem hier aufgebaut wird, habe ich vorgelegt in: Einheit der Heiligen Schrift? Zur biblischen Theologie des Kanons (QD 211), Freiburg i. Br. 2008 (2005).

[13] Vgl. *B. Repschinski*, Nicht aufzulösen, sondern zu erfüllen. Das jüdische Gesetz in den synoptischen Jesuserzählungen (FzB 120), Würzburg 2009.

24,44), wie sie nach dem lukanischen Osterevangelium der Auferstandene auf die Verheißungen bezieht, die mit ihm selbst verbunden sind.[14] Aber der Bezug auf das Gesetz, die Psalmen und die Propheten ist konstitutiv.

2.1   In Rufweite der Propheten

Markus geht bis an die Schmerzgrenze der Syntax, um den »Anfang des Evangeliums Jesu Christi«, dem er ein literarisches Denkmal setzt (Mk 1,1), mit der Prophetie Israels zu verbinden (Mk 1,2f.):[15]

> (2) So wie geschrieben steht beim Propheten Jesaja: »Siehe, ich sende meinen Boten vor deinem Angesicht, der deinen Weg bereiten wird. (3) Stimme eines Rufers in der Wüste: Bereitet den Weg des Herrn. Macht gerade seine Straßen«.

Der Blick in die Bibel verrät, dass nicht nur Jesaja Pate gestanden hat (40,3), sondern dass auch Maleachi (3,1) sowie das Buch Exodus (23,20) zum Klingen gebracht werden. Markus fokussiert auf die Wegbereitung für Jesus. Der Ruf des Propheten antwortet auf den Ruf Gottes; beider Wort schallt herüber in die Zeit Jesu und wird dort als Gotteswort gehört, das Jesaja verdankt wird. Die Schriftform des Prophetenwortes ermöglicht seine Vergegenwärtigung im Evangelium und setzt dieses Wort zu dem, »was geschrieben steht«, in eine Beziehung, ohne die es nicht Evangelium wäre. Die Schriftform des Markusevangeliums vergegenwärtigt das Evangelium Jesu Christi im Prozess des verständigen Lesens, auf den der Evangelist ausdrücklich setzt (Mk 13,9). Sie erlaubt es, die Resonanzen einzufangen, die sich im Dialog zwischen Jesaja und Jesus ergeben, die ihrerseits dem Gespräch zwischen Gott und den Menschen eine inspirierte Form geben.

Entscheidend ist, dass der Evangelist mit dem einleitenden Schriftzitat den theologischen Horizont umschreibt, in dem das Evangelium von Anfang an steht. Jesus startet nicht in der Stunde Null der Heilsgeschichte, sondern in jenem Kairos, der durch die Gottesherrschaft geschaffen wird (Mk 1,15). Der Evangelist knüpft ein dichtes Netz an Beziehungen, in denen seiner Auffassung nach Jesus gesehen werden muss, weil er selbst in ihnen gesehen werden wollte.

Nach Mk 1,14f. ist der »Anfang des Evangeliums« damit gegeben, dass Jesus in Galiläa das »Evangelium Gottes« zu verkünden angefangen hat.[16]

Erfüllt ist die Zeit,
nahegekommen ist das Reich Gottes.
Kehrt um
und glaubt an das Evangelium.

---

[14] Vgl. *R. Vorholt*, Das Osterevangelium. Erinnerung und Erzählung (HBS 73), Freiburg i. Br. 2013.

[15] Vgl. *C. Blumenthal*, Gott im Markusevangelium. Wort und Gegenwart Gottes bei Markus (BThSt 144), Neukirchen-Vluyn 2014, 86–104.

[16] Vgl. *C. Rose*, Eine narratologisch-rezeptionsästhetische Untersuchung zu Mk 1,1–15 (WUNT 2/236), Tübingen 2007, 154–163.

Das griechische Perfekt öffnet die Erfahrung der Gegenwart und den Beginn der Zukunft in einer definitiven Vergangenheit. Jesus, der das Evangelium verkündet, verweist auf Gott, der sein Reich immer schon so hat nahekommen lassen, dass jede Gegenwart, die Vergangenheit wird, eine Zukunft birgt, die von der Gegenwart Gottes erfüllt sein wird.[17]

Die Frage nach dem Wann dieser Vergangenheit, also nach dem Dreh- und Angelpunkt jener perfektischen Eschatologie, die den »Anfang« Jesu ausmacht, wird im Markusevangelium nicht distinkt und alternativ, sondern transversal und transzendental beantwortet. Eine *relecture* der Einführung führt von der öffentlichen Verkündigung Jesu (Mk 1,14f.) über die Versuchung in der Wüste (Mk 1,12f.) zuerst zurück zur Taufe im Jordan (Mk 1,9ff.),[18] bei der die Gottesstimme gleichfalls eine definitive Gegenwart mit einer konstitutiven Vergangenheit verbindet (Mk 1,11):

> Du bist mein geliebter Sohn,
> an dir habe ich Gefallen gefunden.

Der Spannungsbogen zwischen dem identifizierenden Präsens, das Ps 2,7, und dem relationalen Aorist, der Jes 42,1 abgelauscht ist, wird von Markus nicht aufgelöst, sondern aufgebaut: Jesus wird eine Liebe offenbart, die der Vater schon entwickelt hat, bevor er ihm seine Gottessohnschaft eröffnet und ihn damit auf den Weg der Verkündigung schickt. Wann dieser Moment war, da seine Liebe entbrannte, wird der Erzähllogik des markinischen *initium* zufolge wiederum nicht in der Biographie Jesu datiert, sondern in den weiten Horizont der Prophetie Israels und die durch sie eröffneten Klangräume gestellt. Johannes der Täufer ist der Stimmführer des prophetischen Chores zur Zeit Jesu. Mit Jesaja (und den anderen stillschweigenden Referenzen bei Maleachi, dem Propheten Elija, und im Exodusbuch, dem Itinerar der Befreiung Israels) wird die Schwelle der Hoffnung dadurch überschritten, dass der Weg hinein in die Geschichte Israels gegangen wird, weil hier die »Stimme des Rufers in der Wüste« ertönt, die nichts an Aktualität verlieren wird. Markus kennt keine explizite Präexistenzchristologie. Aber das Gotteswort, das (für Markus) dem messianischen Kyrios gesagt und vom Propheten gehört und aufgeschrieben worden ist, antizipiert das Gotteswort aus dem offenen Himmel über dem Jordan und bringt den Zusammenhang mit der Sendung Jesu zum Ausdruck, der den theologischen Nerv des gesamten Evangeliums bildet.

Der prophetische Fanfarenstoß zu Beginn verhallt nicht, sondern findet ein starkes Echo im Evangelium. Jesaja wird ein weiteres Mal zitiert, als Protagonist einer Religionskritik, die der Tora-Hermeneutik auf die Sprünge hilft (Mk

---

[17]   Anstöße zur Theologie der Zeit bei *H. Weder*, Gegenwart und Gottesherrschaft. Überlegungen zum Zeitverständnis bei Jesus und im frühen Christentum (BThSt 20), Neukirchen-Vluyn 1993.
[18]   Vgl. die Beiträge in: IKaZ 34,1 (2005): Die Taufe Jesu. Mysterien des Lebens Jesu IV.

7,6). Jesus wird nach Markus im Volk – gut gemeint, aber nicht gut genug – als Prophet gesehen (Mk 6,15; 8,28) und sieht sich selbst als Prophet, freilich unter dem Aspekt der Ablehnung und Verfolgung (Mk 6,4; vgl. 12,1–12), so wie er von der jüdischen Soldateska als gescheiterter Prophet gefoltert werden wird (Mk 14,65). Das gesamte Evangelium ist von einem Netz an Referenzen durchzogen, das sich von der dialektischen Verstockungsaussage (Mk 4,12 – Jes 6,9f.) bis zur Tempelkritik (Mk 11,17 – Jes 56,7; Jer 7,11) und von der Gerichtsankündigung (Mk 4,29 – Joël 4,13) bis zur Vision der Völkerwallfahrt zieht (Mk 4,32 – Ez 17,23). Die Referenzen werden vom Evangelisten meistens nicht ausgewiesen; die prophetischen Töne werden vielmehr in die markinische Sprachmelodie eingespielt – weil sie nicht als fremde Töne, sondern als Phrasen der eigenen Musik betrachtet werden, die Jesus und seine Apostel aber nicht selbst geschrieben, sondern in der Heiligen Schrift gefunden und transponiert haben. Ohne diese Klänge würde das Evangelium stumm; mit ihnen findet es Gehör.

2.2   In der Stimmlage der Psalmen

Jesus hat nach dem Markusevangelium ein inniges Verhältnis zu den Psalmen; er hört in ihnen Gottes Wort; er legt sie aus, indem er sie auf seine Person und Sendung bezieht; er betet aber auch selbst die Psalmen, indem er sich ihre Worte zu eigen macht, in die er sich hineinbegibt, und indem er sie durch sein eigenes Gebet für neue Beter freigibt.

2.2.1   Jesus als Hörer der Psalmen

Das Wort, das Jesus nach dem Markusevangelium aus dem Himmel über dem Jordan hört und ihn auf die Reise seiner prophetischen Evangeliumsverkündigung (Mk 1,11) schickt, ist das »Du« Gottes, das dem geliebten Sohn gilt. In diesem Wort klingt Ps 2,7 an, das »Du«, mit dem Gott den König anredet, da er ihn auf dem Zion eingesetzt hat. Nach Ps 2 ist es dieser König selbst, der sich dankbar und selbstbewusst an jenes Gotteswort erinnert, das die Gottesherrschaft in seine Hände legt. Die alttestamentliche Exegese erkennt heute wieder deutlicher das messianische Potential, das dem Psalm eignet, besonders in seinem Bezug auf David, dessen Sohn nach der überlieferten Prophetie Natans Gottes Sohn ist, mit der Verheißung eines ewigen Königtums (2 Sam 7,13f.). Nach Markus ist dieses Gotteswort Jesus gesagt. Als Hörer des Wortes, das ihm in der Stimmlage des Psalters zu Ohren kommt, beginnt er seinen Dienst.

Dieses Gotteswort im Psalmenwort hören, auf sie gemünzt, die drei von Jesus ausgewählten Jünger, die ihn auf dem Berg der Verklärung[19] zusammen mit Elija und Mose sehen (Mk 9,7):

---

[19]   Vgl. *A. Wypadlo*, Die Verklärung Jesu nach dem Markusevangelium. Studien zu einer christologischen Legitimationserzählung (WUNT 308), Tübingen 2013.

Dies ist mein geliebter Sohn,
auf ihn sollt ihr hören.

Der zweite Satzteil lässt ein Echo von Dtn 18,15 erklingen, die Vorhersage des
Mose, dass Gott aus der Mitte Israels einen Propheten erwecken wird, der wie er
sein wird. Der Pentateuch-Redaktor hat lakonisch notiert, ein solcher Prophet sei
in Israel nicht aufgestanden (Dtn 34,10), während Markus – im urchristlichen
Chor vieler Stimmen – überzeugt ist, Jesus sei dieser verheißene Prophet, weil
Gott ihn als solchen offenbart hat. Die Jünger, die Jesus mit auf den Berg, aber
auch wieder mit in die Mühen der Ebene genommen hat, sollen das Psalmwort
als Gotteswort so hören, wie Jesus es gehört hat, und daraus die Konsequenzen
ziehen. Im Gespräch beim Abstieg vom Berg wird zwar deutlich, dass sie den
Verständnisschlüssel, die Auferstehung des Menschensohnes, noch nicht besit-
zen; aber Jesus führt sie in diesen Kairos der »mit Macht gekommenen Basileia«
(Mk 9,1) hinein, indem er sie auf dem Weg der Nachfolge durch die Krise der
Passion zum Osterfest führt. Was sie gesehen haben, sollen sie nicht vergessen,
sondern verkünden: Jesus steht zwischen Mose und Elija; er steht unter Gottes
Wort. Wer dieses Bild nicht vergisst, kann Jesus in die Zusammenhänge hinein-
stellen, die Jesus selbst hergestellt hat: mit Gott und seinem Volk, mit dem Mes-
siaskönig und der Gottesherrschaft. Das Gotteswort, das der alttestamentliche
Beter, idealiter der messianische Davidssohn auf dem Thron in der Zionsstadt,
hört, bleibt im Neuen Testament das Gotteswort, das nun Jesus hört, weil er, wie
es dem christlichen Grundbekenntnis entspricht, der messianische Gottessohn
ist (vgl. Mk 1,1). Wenn Ps 2 in der Jüngerschaft Jesu gebetet wird, dann in der
Haltung des Hörens mit dem hörenden Jesus: auf das, was Gott den Betern Israels gesagt hat.

Jesus, der nach Markus seinen Anfang macht, nachdem er das Gotteswort im
Echoraum des Psalters gehört hat, wird auch am Ende seines irdischen Weges,
beim Einzug in Jerusalem,[20] mit Psalmworten begrüßt, die das Volk findet, um
Jesus willkommen zu heißen (Mk 11,9f.):

(9) Die vorausgingen und nachfolgten, riefen: *Hosanna, hochgelobt sei, der da kommt
im Namen des Herrn* (Ps 118,25f.). (10) Gelobt sei die kommende Herrschaft unseres
Vaters David. Hosanna *in der Höhe!* (Ps 148,1).

Beide Worte sind bei Markus durch das Hosanna verbunden, das die Bitte an
Gott zum intensivsten Lob Gottes werden lässt, der allein sie erfüllen kann: die
Aufrichtung seiner Herrschaft. Ps 118,[21] der am häufigsten im Neuen Testament
zitierte alttestamentliche Text, gehört zum Pascha-Fest und ist fest mit dem

---

[20] Vgl. *C.-P. März*, »Siehe, dein König kommt zu dir ...« Der »Einzug« in Jerusalem, in:
IKaZ 38 (2009), 5–13.
[21] Vgl. den Kommentar von Erich Zenger in: *F.-L. Hossfeld/E. Zenger*, Psalmen 101–150
(HThKAT), Freiburg i. Br. 2008, 309–336.

Tempel verbunden. Ps 148[22] lässt in seiner hebräischen wie seiner griechischen Form das Halleluja erklingen, wird aber hier als Hosanna-Wort moduliert, um die Höhe Gottes in der Weite der Schöpfung mit der Tiefe des Weges zu verbinden, den Jesus »im Namen des Herrn« auf der *via dolorosa* einschlagen wird. Dass Jesus diesen Worten sein Ohr geliehen hat, wird zwar nicht ausdrücklich gesagt; aber auf seinem Esel reitet er über die Palmzweige und die Kleider, die auf der Straße ausgebreitet werden, sodass auch die Rufe, die ihn umgeben, flehentliche Bitten und hochgemute Lobsprüche, nicht an ihm vorbeigehen. Das Hosanna wird durch das »Kreuzige ihn« nicht dementiert, sondern bleibt als umfassendes Hoffnungswort stehen.[23] Jesus wird es durch seinen Tod und seine Auferstehung so verifizieren, dass sich die Glaubensfrage stellt. Das Jubelwort der Menge, die Gott wegen seiner Huld und Treue lobt, hört Jesus beim Einzug in Jerusalem; so bleibt es in der christlichen Liturgie ein Gotteslob, wo es in der Eucharistiefeier einen herausragenden Ort hat, als Gebet des Volkes Israel. Wenn Ps 118 und Ps 148 in der Jüngerschaft Jesu gebetet werden, dann als Echo auf die Vorfreude Israels auf den Messias und als Ausdruck einer Hoffnung auf Gottes vollendetes Heil, deren Erfüllung noch aussteht.

Jesus hört Ps 118 aber nicht nur, sondern zitiert ihn auch wenig später. Im Anschluss an das Gleichnis von den bösen Winzern (Mk 12,1–12),[24] ein parabolisches Selbstportrait, zitiert er das Ecksteinwort, das wenige Sätze vor dem Hosanna steht (Mk 12,10f.), indem er die »Hohenpriester, die Schriftgelehrten und die Ältesten« (Mk 11,27) fragt:

> Habt ihr nicht gelesen: »*Der Stein, den die Bauleute verwarfen, der ist zum Eckstein geworden. Vom Herrn wurde das vollbracht – und es macht staunen in unseren Augen* (Ps 118,22f.).«

Der Eckstein, der das Haus Gottes orientiert, ist Jesus selbst. Er macht sich nach Markus – in der 1. Person Plural – das Urteil Israels zu eigen; er deutet es, so Markus, neu im Blick auf seinen Tod und seine Auferstehung. Mit dem Ecksteinwort wird deutlich, dass Gottes Tempel nicht abgerissen, sondern neu gebaut wird, so wie der Weinberg nicht – wie in Jesajas Lied – verwüstet, sondern anderen Winzern anvertraut wird, die keine Gewalt gegen Gottes Boten ausüben, sondern ihm den fälligen Pachtzins entrichten. Das Staunen, das zum Glauben führen kann, wird durch das Wort Gottes ausgelöst, das Jesus nicht nur verkündet, sondern als Gottes geliebter Sohn (Mk 12,7) auch verkörpert, bis in seinen Tod und seine Auferstehung hinein. Durch den Bezug auf die Passionsgeschich-

---

[22]   Vgl. den Kommentar von Erich Zenger in *Hossfeld / Zenger*, Psalmen 101–150 (s. Anm. 21), 838–853 (allerdings ohne Hinweis auf die neutestamentliche Rezeption).

[23]   Bei Markus kann dieser Nachweis allerdings nicht explizit, sondern nur implizit geführt werden. Anders steht es bei Matthäus und Lukas, die beide eine Q-Tradition mit einem eschatologischen Hosanna aufnehmen (Mt 23,37ff. par. Lk 13,34f.).

[24]   Vgl. *A. Weihs*, Jesus und das Schicksal der Propheten. Das Winzergleichnis (Mk 12, 1–12) im Horizont des Markusevangeliums (BThSt 61), Neukirchen-Vluyn 2003.

te wird dem Gebet, das in Israels Bibel aufgeschrieben worden ist, sodass es jetzt von allen gelesen werden kann, ein neuer Sinn abgewonnen. Vor der Katastrophe von Golgota weist es auf das gute Ende voraus, das selbst den Mord im Weinberg des Herrn zum Besten wenden wird. Umgekehrt: Das Heilsdrama wird prophetisch dadurch zur Sprache gebracht, dass zitiert wird, was Israel betet.

2.2.2 Jesus als Exeget der Psalmen

Nach dem Markusevangelium rezipiert und rezitiert Jesus nicht nur Psalmworte, sondern interpretiert sie auch. Jesus wird vom Evangelisten als Exeget portraitiert, der den Psalter auslegt, und zwar gerade an der empfindlichsten Stelle, der Frage nach dem Messias (Mk 12,35ff.):[25]

> (35) Wie sagen die Schriftgelehrten, dass der Christus der Davidssohn sei? (36) David selbst sagt im Heiligen Geist: »*Es sprach der Herr zu meinem Herrn: Setze dich mir zur Rechten, bis ich deine Feinde unter deine Füße lege* (Ps 110,1).« David selbst nennt ihn »Herr«, woher ist er dann sein Sohn?

Als Psalmbeter stellt Jesus nach Markus die gängige Erwartung, der Messias sei der Davidssohn, infrage. Er argumentiert klassisch mit dem Literalsinn. Er nimmt Ps 110 beim Wort. Die theologische Begründung ist die Inspiration, die er David, dem überlieferten Autor, attestiert – ganz im Horizont jüdischer Schrifthermeneutik, wie sie charakteristisch durch Flavius Josephus bezeugt wird.[26] David kann dank des Heiligen Geistes einem Gespräch zuhören, das Gott, der Herr, mit seinem, Davids, Herrn führt; nach Markus ist für Jesus dieser Kyrios an dieser Stelle der Messias. Jesus bezieht sich auf die Autorität Davids, weil sie auch den Schriftgelehrten, wie Markus sie portraitiert, unstrittig ist. Wie in Ps 2,7 ist es die 2. Person, die eine besondere Intimität zwischen beiden verrät, zwischen Kyrios und Kyrios. Durch die Erhöhung zur Rechten und die Unterwerfung seiner Feinde, die Gottes und somit auch der Menschen Feinde sind, wird der, dem David sich unterordnet, zu seinem Kyrios; das besagt das Wort, das Gott ihm sagt, sodass David es im Gebet hören und weitersagen kann. Im Kontext des gesamten Evangeliums kann gefolgert werden: Es spricht der Vater zum Sohn, wie es nach der Taufe Jesu geschehen ist und wie es die Auferweckung Jesu geschehen lassen wird. David habe dieses Gespräch im Vorhinein belauscht, sodass Israel mit diesen Gottesworten beten kann, bis heute. In der Forschung wird oft geurteilt, damit werde die Davidssohnschaft Jesu delegitimiert (und deshalb könne die Überlieferung nicht echt sein). Aber Jesus wird ja von Bartimäus direkt vor dem Einzug in Jerusalem als »Sohn Davids« um sein Erbarmen angeru-

---

[25] Vgl. zu neuen methodischen Ansätzen jenseits der alten Unterscheidung von Tradition und Redaktion *J. Schröter*, Jesus und die Anfänge der Christologie. Methodische und exegetische Studien zu den Ursprüngen des christlichen Glaubens (BThSt 47), Neukirchen-Vluyn 2001.

[26] *Contra Apionem* 1,37–41.

fen und erhört (Mk 10,46-52). Die Davidssohnschaft des Messias wird mithin im Markusevangelium nicht dementiert; die Formulierungen des Exegeten Jesus sind offener, als sie oft gedeutet werden. Die Davidssohnschaft Jesu wird neu justiert: im Horizont seiner Gottessohnschaft. Der Wortlaut des Psalms wirft in der Exegese Jesu ein dogmatisches Problem erster Güte auf, das weiter zu diskutieren ist und durch das Evangelium im Sinn der messianischen Gottessohnschaft Jesu beantwortet wird. *Lex orandi - lex credendi:* Was erst später auf eine Formel gebracht wird, ist ein hermeneutisches Prinzip, das dem Markusevangelium mit Jesus eingeschrieben wird.

Folgt man dem Erzählstrom des Evangeliums weiter, so bleibt Ps 110 im Gedächtnis und wird ein Teil des Zeugnisses selbst. Während Mk 12,35ff. ein messianisches Statement Jesu liefert, das sich im Kontext als Selbstdeutung zu erkennen gibt, ist es vor dem Hohenpriester, der ihn fragt, ob er der »Sohn des Hochgelobten« sei, derselbe Ps 110, der, nun aber mit der Menschensohn-Prophetie Daniels verbunden, das Selbstzeugnis Jesu ausmacht, des Märtyrers:

> Du sagst es, und ihr werdet den Menschensohn sitzen sehen *zur Rechten* der Kraft (Ps 110,1) und *kommen mit den Wolken des Himmels* (Dan 7,13).

Jesus verkündet demnach seine Auferstehung als Erhöhung, die seine Parusie begründet. Durch diese Verbindung mit der Prophetie wird der Sinnhorizont des Psalms ins Unendliche ausgedehnt, während andererseits die Vision der Vollendung an Jerusalem zurückgebunden wird, wohin Jesus geht, um seinen Weg des Dienstes konsequent zu Ende zu gehen (Mk 10,32-45). Er hört nach Markus so genau auf das Wort der Psalmen, dass er seinen christologischen und soteriologischen Sinn entdeckt, den er seinem eigenen Zeugnis zugrunde legt. Seine Verkündigung ist Exegese, seine Exegese Verkündigung – gerade dort, wo es um ihn selbst geht, den Christus, den Gott gesandt hat. Die Jünger Jesu deuten die Psalmen so, wie Jesus sie gedeutet hat – in der Gemeinde der Beter Israels und in den Sinnhorizonten, die Jesus geöffnet hat.

2.2.3 Jesus als Beter der Psalmen

Während Markus zeit des öffentlichen Wirkens Jesu (nicht ganz so stark wie Lukas) betont, dass Jesus viel gebetet hat, ohne dass er jedoch Inhalte überliefert hätte (z. B. Mk 1,35-39; 6,46), werden in der Passionsgeschichte Gebete Jesu mitgeteilt. Alle sind entweder direkte Psalmworte oder stark von ihnen inspiriert.

Das Letzte Abendmahl endet mit dem »Lobgesang«, dem Pascha-Hallel der Ps 114/115-118. Sie werden von Markus (14,26) nicht zitiert, aber identifiziert. Unmittelbar zuvor hatte Jesus seiner Hoffnung auf das Reich Gottes Ausdruck gegeben. Durch die Pascha-Psalmen wird sie in die Glaubensgeschichte und die Liturgie Israels eingebunden, ohne die sie nicht gehegt werden kann.

In Getsemani verleiht Jesus seiner seelischen Erschütterung dadurch Ausdruck, dass er Ps 42,6.12 im Munde führt (Mk 14,34), bevor er im Stil der Psalmen sein eigenes Gebet zum »Abba« spricht (Mk 14,36).[27] Er nimmt dieselben drei Jünger mit wie auf den Berg der Verklärung. Ihnen offenbart er sich:

> Er sprach zu ihnen: »*Meine Seele ist zu Tode betrübt* (Ps 42,6.12). Bleibt hier und wacht mit mir!« (Mk 14,34)

Der Skopos des Psalmwortes hat sich freilich verschoben. Fragen die Korachiter, warum sie so betrübt und unruhig sind, da Gott doch ihr Retter ist und Hilfe naht, bringt Jesus seine Bedrängnis zum Ausdruck, seine Todesangst und Einsamkeit, in die ihn gerade sein Vertrauen auf Gott geführt hat. Dass er den Psalm betet, deutet aber an, dass sich ihm der Horizont der Hoffnung nicht verschließen wird, sondern dass er sich über die Grenze des Todes hinausbeten wird.

Freilich bleibt sein Getsemani-Gebet unbeantwortet und offen: Jesus ist bereit, den Weg des Leidens zu gehen, wenn es denn Gottes Wille ist. Aber es bleibt bei seinem Wunsch, dass »der Kelch« an ihm »vorübergehe« (Mk 14,36).[28] Deshalb steht Jesus zwar fest vor dem Hohenpriester. Aber am Kreuz schreit Jesus nach Markus den Klageruf des leidenden Gerechten heraus (Mk 15,34 – Ps 22,2):

> Und zur neunten Stunde rief Jesus mit lauter Stimme: Eloï, Eloï, lema sabachthani, das heißt übersetzt: *Gott, mein Gott, warum hast du mich verlassen?*

Die gesamte Kreuzigungsgeschichte des Markusevangeliums ist von Anspielungen auf den ersten Teil des Psalms, das Klagelied, durchsetzt. Der Text wird rückwärts abgespielt, sodass die Passionserzählung dort endet, wo das Gebet beginnt. Nach Markus hat Jesus sich nicht geirrt, da Gott tatsächlich »den Menschensohn in die Hände der Menschen gegeben« hat (Mk 14,41). Jesus, der als Prophet und Gerechter leidet, findet den besten Ausdruck seines angefochtenen Glaubens im Psalter und steht dadurch seinerseits für alle ein, die unschuldig leiden und keine eigenen Worte finden.

Die Psalmen sind für Markus *vox Christi* - in dem Sinn, dass Jesus selbst sie gebetet hat, und zwar grade dort, wo sich seine Passion mit der Leidensgeschichte Israels überlagert. Alles, was im christlichen Bekenntnis über die Heilsbedeutung des Todes Jesu gesagt wird, bedarf dieser Verifizierung durch die Anteilnahme am Leiden Israels, das mitten im Leiden der Welt stattfindet, aber sich mit den Psalmen vor Gott aussprechen kann. Die Jünger Jesu beten die Psalmen mit dem betenden Jesus. Sie sprechen aber die Worte nicht einfach nur nach, sondern stellen sie in den Kontext, den Jesus durch sein Gebet erschlossen hat: das Pascha seines Todes und seiner Auferstehung.

---

[27]   Vgl. *R. Feldmeier*, Die Krisis des Gottessohnes. Die Gethsemane-Erzählung als Schlüssel der Markuspassion (WUNT 2/21), Tübingen 1987.

[28]   Betont von *J. Ringleben*, Jesus. Ein Versuch zu begreifen, Tübingen 2008.

2.3   Im Hörzentrum der Tora

In einer großen Anzahl von Streitgesprächen, die Jesus nach dem Markusevangelium führt, ragt ein Konsensgespräch heraus: über das »erste Gebot von allen« (Mk 12,28-34).[29] Jesus gibt eine dialektische Antwort, indem er das Hauptgebot Dtn 6,4f. mit dem Liebesgebot Lev 19,18 verbindet. Der Schriftgelehrte stimmt zu – sodass Jesus ihm sagen kann, »nicht weit vom Reich Gottes« zu sein. In der markinischen Erzählung hat die Episode eine doppelte Bedeutung: Einerseits zeigt sie an der Tora, dass eine Verständigung zwischen Jesus und den Schriftgelehrten möglich gewesen wäre und nach wie vor möglich ist. Zweitens orientiert sie auch die Jüngerschaft Jesu an der Tora, so gewiss Markus an die Völkermission denkt (Mk 13,10; 14,9) und Heidenchristen in seinem Auditorium weiß. Das »Höre, Israel« bleibt aktuell (Mk 12,29 – Dtn 6,4). Was im Deuteronomium eine Ermahnung und Ermunterung des Mose ist, wird von Jesus wiederholt und dadurch vergegenwärtigt. Das Koordinatensystem christlicher Ethik wird durch die Einheit von Gottes- und Nächstenliebe strukturiert, die in der Tora vorgegeben ist; von Jesus wird sie, soweit die Quellen sprechen, erstmals in dieser Programmatik verbunden. Er steht damit im breiten Strom einer jüdischen Gesetzestheologie, die – katholisch gesprochen – an einer Hierarchie der Wahrheiten interessiert ist, weil sie die Tora verstehen und erklären, halten und verbreiten will.

Im Markusevangelium sind alle Debatten über die Geltung des Gesetzes, die überliefert sind, auf diesen Fixpunkt ausgerichtet. An keiner Stelle wird das Gesetz abgetan. Jesus wird zwar vorgeworfen, mit seiner Sündenvergebung die Vorrechte Gottes (Mk 2,1-12), mit seiner Berufung von Sündern die Heiligkeit Gottes (Mk 2,13-17), mit seiner Fastenpraxis die Ehre Gottes (Mk 2,18-22) und mit seiner Sabbatarbeit den Tag Gottes (Mk 2,23-3,6) zu diskreditieren. Aber Markus lässt Jesus durchweg so argumentieren, dass gerade sein Bekenntnis zum einen Gott (Mk 2,1-12), sein Setzen auf die heiligmachende Gnade (Mk 2,15-17), sein Wissen um die Fastenzeit des Trauerns (Mk 2,18-22), sein Gespür für die Güte des Sabbats (Mk 2,23-3,6) zum Ausdruck kommen. Die Vorwürfe prallen an ihm ab. Sie wären nur berechtigt, wenn er nicht der von Gott gesandte Menschensohn wäre, der »sein Leben gibt als Lösepreis für viele« (Mk 10,35-45).

Den ausführlichsten Disput liefert Jesus sich nach Markus mit Pharisäern und einigen Schriftgelehrten über Reinheit und Unreinheit[30] (Mk 7,1-23). Hier wird oft ein Bruch mit dem Gesetz gesehen. Das Gegenteil ist der Fall. Der Passus greift zwei – wie es scheint – typische Ausdrucksformen von Gesetzesfrömmigkeit auf, die von Kontrahenten Jesu vertreten werden: erstens das Bestehen

---

29   Vgl. *T. Söding*, Nächstenliebe. Gottes Gebot als Verheißung und Anspruch, Freiburg i. Br. 2015, 97-128.

30   Vgl. *C. Frevel* (Hrsg.), Purity and the Forming of Religious Traditions in the Ancient Mediterranean World and Ancient Judaism (Dynamics in the History of Religions 3), Leiden 2013.

auf rituellen Waschungen von Speisen und Händen, das als »Überlieferung der Alten« eingeklagt wird (Mk 7,1–5), und zweitens die Praxis, dass »Korban« auch dann gesagt, also eine Weihe an den Tempel auch in dem Fall vollzogen werden kann, wenn dadurch die Sorge für die bedürftigen Eltern Schaden nimmt (Mk 7,9–13). Beide Male argumentiert Jesus auf dem Boden der Tora: Er klagt ein, dass »Gottes Gebot« durch »die eigene Überlieferung« der Pharisäer und der (von ihnen beeinflussten) Schriftgelehrten ausgehebelt werde. Erstens argumentiert er mit dem Vorrang des Dekalogs: Die Korban-Praxis muss vor seinem Hintergrund ausgelegt, das Gebot der Elternliebe darf nicht eingeschränkt werden. Hier wendet er ein weit verbreitetes Prinzip jüdischer Tora-Hermeneutik an, dass die Gebote, die vor dem Tanz ums Goldene Kalb erlassen wurden, im Zweifel ein höheres Gewicht als die späteren haben.[31] Zweitens konzentriert er die Reinheit und die Unreinheit auf das Herz des Menschen (Mk 7,15–23) und versteht die Gebote darin ebenso radikal wie der Psalmist, David, der Gott bittet, ihm ein reines Herz zu erschaffen (Ps 51,12), und wie Ezechiel, der von Gott hört, dass sein Geist das Herz des Volkes erneuert (Ez 36,26f.). Die Seligpreisung der Herzensreinen zeigt (Mt 5,8), wie tief dieser Ansatz in der Jesustradition verwurzelt ist; die Herztransplantation, die nach Jeremia zur Stiftung eines neuen Bundes gehört, in dem das Gesetz zur inneren Stimme des erneuerten Menschen und des erneuerten Gottesvolkes selbst wird (Jer 31,31–34), zeigt, wie tief Jesus seinerseits in einer Theologie der Tora verwurzelt ist, die prophetisch interpretiert und sapiential konkretisiert wird.

Im Markusevangelium erklärt sich daraus, dass Jesus die Konzession des Mose an die »Hartherzigkeit«, die zur Entlassung einer Ehefrau führt, durch den Hinweis mit der Genesis auf den ursprünglichen Willen des Schöpfers relativiert, der die lebenslange Treue von Mann und Frau entspricht (Mk 10,1–12).[32] Im selben Rahmen erklärt sich, weshalb Jesus den Reichen, der ihn fragt, was er tun müsse, das ewige Leben zu erlangen, auf die Gebote des allein guten Gottes verweist, die er mit der zweiten Dekalogtafel paradigmatisch vor Augen führt, bevor er ihn – leider vergeblich – in die Nachfolge ruft (Mk 10,17–22). Umgekehrt gewinnt Jesus im Streitgespräch mit den Sadduzäern aus der Tora, die von der Gottesoffenbarung im brennenden Dornbusch erzählt, die Hoffnung auf die Auferstehung der Toten. Weil der Gott Abrahams, Isaaks und Jakobs kein Gott von Toten, sondern von Lebendigen ist, wird er dort genau als dieser Gott angerufen (Mk 12,18–27).

---

[31]   Der Dekalog ragt noch einmal besonders heraus; vgl. *K. Berger*, Die Gesetzesauslegung Jesu, Bd. 1: Markus und Parallelen (WMANT 40), Neukirchen-Vluyn 1972, 258–361, 396–507.

[32]   Vgl. *T. Söding*, In favorem fidei. Die Ehe und das Verbot der Ehescheidung in der Verkündigung Jesu, in: M. Graulich / M. Seidnader (Hrsg.), Zwischen Jesu Wort und Norm. Kirchliches Handeln angesichts von Scheidung und Wiederheirat (QD 264) Freiburg i. Br. 2014, 48–81.

Die Tora ist Wegweiser ins Reich der Freiheit. Sie ist νόμος, Gottes Gesetz, weil sie von ihm institutionalisiert worden ist; sie setzt und schafft Recht. Deshalb wird sie im Horizont der Gottesherrschaft nicht aufgehoben, sondern neu interpretiert. Mehr noch: Sie zeichnet selbst diesen Horizont vor, weil sie ein Zeugnis des einen Gottes ist, dessen Evangelium Jesus verkündet (Mk 1,15).

3. GOTTES WORT IM MUNDE JESU

Nach dem Markusevangelium ist für Jesus der Bezug auf das Gesetz, die Psalmen und die Propheten konstitutiv. Es ist nicht nur so, dass er als Jude sich gar nicht anders als in dem Sprachraum, den die Bibel Israels aufschließt, ausdrücken könnte. Es ist vielmehr so, dass er nach Markus (wie den anderen Evangelisten) die entscheidenden Themen und Formen, Voraussetzungen und Wirkungen, Einsichten und Aufschlüsse seiner Verkündigung der Bibel Israels entnimmt, von der Gottesherrschaft bis zur Auferstehung, von der Gottessohnschaft bis zur Nachfolge, von der Gottes- und Nächstenliebe bis zur Ehe, von der Reinheit des Herzens bis zur Vergebung der Sünden. Die Begründung liefert die Christologie. Die Schriftbezüge sind nicht ornamental, sondern argumentativ. Die Aufmerksamkeit für die intertextuellen Dialoge, die durch die Zitate angestoßen werden, zeigen theologische Verflechtungen, die desto deutlicher werden, je mehr der Bibeltext nicht als schriftliches Dokument einer fernen Vergangenheit, sondern als Zeugnis einer lebendigen Gegenwart erscheint, in die Jesus mit seinen Jüngern gehört. Die Deutungen der Schrift, die von Jesus und mit Bezug auf ihn von Markus überliefert werden, haben unverkennbar eine christologische Perspektive, die ihrerseits durch die Reich-Gottes-Erwartung geöffnet wird, also theozentrisch orientiert ist. Deshalb werden harte Interpretationskonflikte tradiert. Sie wären aber nicht so hart, wenn Tora, Psalmen und Propheten obsolet wären. So wie es einen christologisch bestimmten Standpunkt gibt, von dem aus das Alte Testament gelesen wird, so ist andererseits das Neue Testament im Alten verankert. Ohne die Bibel Israels hinge das Evangelium in der Luft.

Diese Relationalität ist theologisch begründet, weil Gott mit sich selbst identisch ist. Sie erstreckt sich nicht auf die allgemeinen Weisheiten einer natürlichen Theologie, die Paulus auf dem Areopag mit Aratos abrufen kann,[33] sondern auf die konkreten Offenbarungen seines Willens, die in den Erfahrungsraum des Gottesvolkes eingedrungen sind und durch die Heilige Schrift bezeugt werden. Die theologische Begründung erfasst auch die Christologie. Gott geht den menschlichen Weg der Offenbarung. Diese Menschlichkeit ist wiederum nicht abstrakt, sondern konkret. Sie zeigt sich bei Jesus elementar in seinem Jude-Sein. Es ist keine Eierschale, die er abstreifen würde, sondern ein Lebenselixier, ohne das er weder atmen noch hoffen würde. Das Menschsein Jesu ist ein christologisches

---

33 Apg 17,28; vgl. Aratos, *Phainomena* 5.

Thema erster Güte. Es verbindet Christologie und Ekklesiologie; es vernetzt Israel und die Kirche. Markus ist der erste, der diese Zusammenhänge in einer Biographie Jesu rekonstruiert hat. Deshalb gäbe und gibt es das Evangelium nicht ohne Gesetz, Psalmen und Prophetie. Wer sie nicht an ihrem ursprünglichen Ort, dem Alten Testament und seinen Wegweisern in die Geschichte Israels, aufsuchen kann, verfehlt auch das Evangelium, so wie umgekehrt die Verkündigung Jesu dem, was geschrieben steht, einen neuen Sinn abgewinnt.

Zur Geschichte Jesu, die theologisch essentiell und deshalb in Form eines Evangeliums erzählt wird, gehört der Bezug auf die Schrift. Die Gebete Jesu, die Exegesen Jesu, die Prophetie Jesu, die Tora-Hermeneutik Jesu für unhistorisch und deshalb theologisch obsolet zu erklären, besteht kein historischer und damit auch kein theologischer Grund. Die historische Forschung kann die *interpretatio Christiana*, die den Evangelien zufolge im Kern auf Jesus selbst zurückgeht, als solche kenntlich, jedoch nicht obsolet machen. Sie ist aber seit alter Zeit, von Jesus angebahnt, keine Auslöschung des ursprünglichen – oder literalen – Sinns, sondern die Wahrnehmung seines Charakters als Zeugnis für Gottes lebendiges Wort, »das kraftvoll und schärfer ist als jedes zweischneidige Schwert« (Hebr 4,12). Ohne den Bezug auf Jesus gäbe es kein Altes Testament als ersten Teil der christlichen Bibel. Ohne den Bezug auf die »heilige Schriften«, denen gemäß Jesus nach 1 Kor 15,3–5 gestorben und auferstanden ist, gäbe es keine Verkündigung Jesu und keine christliche Theologie, keine Liturgie, keine Kirche.

Paulus als Hermeneut der ΓΡΑΦΗ

Oda Wischmeyer

1. Fragestellung und Begriffsklärungen

(1) Bei der Thematik der Tagung zur »Hermeneutik des Alten Testaments« geht es nicht so sehr um historische und philologische Sachverhalte, sondern eher um Zuschreibungen und Deutungen, anders gesagt: eher um Hermeneutik als um Exegese. Was wir in der Debatte um die Thesen des Kollegen Notger Slenczka zur Stellung des Alten Testaments im Zusammenhang der christlichen Bibel verhandeln, hat weiterhin in erheblichem Maße mit Terminologie und mit theologischer Urteilsbildung zu tun und mit dem Kampf um die Deutungshoheit über theologisch und historisch ebenso grundlegende wie komplexe und kontroverse Begriffe wie Israel, Judentum, Christentum, Bibel, Bibelhermeneutik, Altes und Neues Testament, Christus, »Schrift« – um nur die wichtigsten jener Begriffe zu nennen, die in der großen Auseinandersetzung über Slenczkas Position im Zentrum stehen.[1] Kombattanten gehören vor allem der Alttestamentlichen Wissenschaft und der Systematischen Theologie an. Als Neutestamentlerin mit einer historisch-exegetischen Agenda stellt sich mir daher zunächst eine methodische Grundfrage: Was kann die Neutestamentliche Wissenschaft zu dem Thema »Hermeneutik des Alten Testaments« beitragen?

Nimmt man das Thema beim Wort, muss die erste Antwort lauten: nichts, denn für die neutestamentlichen Schriftsteller und ihre Texte gab es »das *Alte* Testament« noch nicht, da es auch »das *Neue* Testament« noch nicht gab. Die ersten »Christianer« – ich benutze hier den Begriff, mit dem die Christus-bekennenden Gemeinden und ihre Mitglieder nach Apg 11,26 in Antiochia genannt wurden –, die selbst als Autoren tätig wurden, lasen und zitierten die γραφή, die »*Schrift*«, oder die »heilige Schrift«,[2] d. h. die Bibel Israels, in Gestalt ihrer griechischen Version, der Septuaginta.[3] Das »*Alte Testament*« dagegen gibt es erst und nur im Zusammenhang mit dem »Neuen Testament«, d. h. als erstes Buch der zweiteiligen christlichen Bibel. Historisch gesehen befinden wir uns bei den

---

[1]   Vgl. z. B. *E. Gräb-Schmidt / R. Preul* (Hrsg.), Das Alte Testament in der Theologie (MJTh 25), Leipzig 2013. Darin: *J. Schröter*, Das Alte Testament im Urchristentum, 49–81. Weiter: *F. Hartenstein*, Zur Bedeutung des Alten Testaments für die christliche Kirche. Eine Auseinandersetzung mit den Thesen von Notger Slenczka, in: ThLZ 140 (2015), 738–751.

[2]   Bei Paulus nur Röm 1,2 (»heilige Schriften«).

[3]   Auf die mögliche Benutzung anderer Übersetzungen kann ich an dieser Stelle nicht eingehen.

Fragen zu »Altem und Neuem Testament« also von vornherein im Bereich der christlichen Kanongeschichte und damit bei der Alten Kirchengeschichte. Wie wir alle wissen, ist die Septuaginta, die kanonische Büchersammlung des griechischsprachigen Judentums,[4] als »Altes Testament«[5] in der Verbindung mit dem »Neuen Testament«,[6] der Zusammenstellung frühchristlicher, als apostolisch geltender Schriften, auf uns gekommen. Als kanonische Sammlung des ersten Teils der christlichen Bibel ist das »Alte Testament« in der Alten Kirche beheimatet.[7] Die Sammlung diente der Verlesung in den Gemeinden, wurde von den Kirchenschriftstellern kommentiert und war die Grundlage der Masse altkirchlicher Predigten und theologischer Werke seit Justin und vor allem seit Origenes.

Die Antwort auf die Frage, die hinter unserer Tagung steht, ob nämlich die christlichen Kirchen diesen Umgang mit dem ersten Teil ihrer kanonischen Schriftensammlung beibehalten oder aber modifizieren sollen oder wollen, wird daher auch letztlich nicht von der wissenschaftlichen Theologie bzw. von der Universitätstheologie, auch nicht von der Judaistik *entschieden*, sondern liegt bei den Kirchen und nur bei den Kirchen, denn die zweiteilige christliche Bibel ist das Buch der Kirchen.[8] Was die Universitätstheologie in ihren unterschiedlichen Disziplinen diskutiert, ist die Frage, wie die jeweiligen Kirchen zu ihrer Bibel kamen, wie sie ihre »Bibel« definiert haben – das ist die kirchengeschichtliche Kanonfrage – und welchen Gebrauch sie von diesem Schriftencorpus machen – das ist die Frage der Praktischen Theologie. Daneben steht die Thematik der *Schrift – scriptura –* als einer der Grundlagen oder sogar *der* Grundlage christlichen Glaubens – das ist die systematische Frage nach der »Bibel als Quelle und Norm christlichen Glaubens« und Lebens.[9] Zu diesen Debatten kann die Neutestamentliche Wissenschaft als historisch-exegetische Wissenschaft nichts Eigenes beitragen. Wohl aber stellt sie – gemeinsam mit der Alttestamentlichen

---

4   Damit hängt unter Umständen das Ende des Gebrauchs der Septuaginta im Judentum nach dem 2. Jüdischen Krieg zusammen. Vgl. kritisch dazu *L. J. Greenspoon*, Art. Septuagint, in: J. J. Collins / D. C. Harlow (Hrsg.), The Eerdmans Dictionary of Early Judaism, Grand Rapids, Mich. 2010 (im Folgenden: EDEJ), 1217–1220, hier 1219.

5   Die Bezeichnung zuerst bei Melito von Sardes um ca. 180 n. Chr. (Euseb, *h. e.* 4,26,14).

6   Die Bezeichnung zuerst in einer antimontanistischen »Schrift gegen die Häretiker« um ca. 190 n. Chr. (Euseb, *h. e.* 5,16,3). Vgl. *L. Alexander*, Art. Neues Testament, in: LBH (2013), 410f.

7   *H. von Campenhausen*, Die Entstehung der christlichen Bibel, Tübingen 1968 (Nachdruck 2003, mit einem Nachwort von C. Markschies).

8   Dementsprechend sollten auch die Reaktionen auf die Auseinandersetzung um den Status des christlichen Alten Testaments im Gefüge der christlichen Kirchen und der christlichen Theologie vonseiten der Wissenschaft vom antiken Judentum und von jüdischen Institutionen nicht als Sachvoten, sondern als kommentierende Äußerungen jüdischer Glaubensüberzeugung und Geschichtsdeutung gelesen und diskutiert werden. Der Tanach, seine Stellung und seine Auslegung sind von der Diskussion nicht betroffen.

9   *W. Härle*, Dogmatik, Berlin ⁴2012, 111–139 (»Die Bibel als Quelle und Norm des christlichen Glaubens«).

Wissenschaft – mit den ihr zugehörigen Mitteln der Textbewahrung, Texter-
schließung und Textinterpretation die Grundlagen für die genannten Diskurse
zur Verfügung.

(2) Auf der Basis dieser Klarstellungen möchte ich im Sinne der allgemeinen
theologischen Urteilsfindung vorab sechs Punkte zum Thema zu bedenken geben.[10] *Erstens* noch einmal: wenn wir die Frage nach der Hermeneutik des »Alten
Testaments« stellen und diese Fragestellung ernst nehmen, bewegen wir uns
grundsätzlich im Bereich der zweiteiligen christlichen Bibel und der christlichen Theologie. Es geht dann weder um die Interpretation des Tanach noch der
Septuaginta als der beiden – von der Sprache und vom Umfang her deutlich
verschiedenen – kanonischen Sammlungen des antiken Israel und – im Falle
des Tanach – auch des gegenwärtigen Judentums, sondern eben um die Interpretation des »Alten Testaments« als des ersten Teils des Kanons der christlichen
Kirchen.

Wenn die zweiteilige Bibel das Buch der Kirchen ist, gilt *zweitens*, sofern
man nicht die gute wissenschaftliche Praxis differenzierender Wirklichkeitsbe-
schreibung vernachlässigen will: Die Frage nach der Hermeneutik des Alten Testaments lässt sich nicht unabhängig von den konfessionell geprägten Versionen
des »Alten Testaments« erörtern. Das »Alte Testament« der Alten Kirche war
die Septuaginta, die bis heute das »Alte Testament« der griechisch-orthodoxen
Kirche und in der lateinischen Gestalt der Vulgata das Alte Testament der katholischen Kirche ist. Damit schloss und schließt die katholische Kirche – wie auch

---

10   Vgl. einführend *Härle*, Dogmatik (s. Anm. 9), 124–127 (»Die Anwendbarkeit der Begründung der Schriftautorität auf das Alte Testament«). Härles Unterscheidung zwischen
hebräischer bzw. jüdischer Bibel einerseits und dem »Alten Testament« andererseits
(124f.) ist ebenso klar wie hilfreich. Analoges gilt für seinen Hinweis darauf, dass Jesus
Christus »für das Judentum [...] nicht den Charakter der letztgültigen Selbstoffenbarung
Gottes« hat (125), was impliziert, dass sich »die Autorität der ›jüdischen Bibel‹ [...] ebenfalls vom Gehalt der Schrift her, d. h. von der in ihr bezeugten Gottesoffenbarung begründen« lässt, d. h. ohne Christus (126). Dieser Differenzpunkt ist entscheidend und darf
vonseiten der christlichen Theologie nicht verwischt werden. Aus der christlichen Perspektive dagegen »wird die Gottesoffenbarung in Jesus Christus [...] zur letztgültigen [...]
Offenbarung, und zwar auch im Hinblick auf seine Stellung zum Offenbarungszeugnis
Israels. Eben damit wird die ›jüdische Bibel‹ für die Christen zum Alten Testament und
damit zu einem *Teil* ihrer Heiligen Schrift« (126). Im christlichen Kontext ist daher der Begriff der hebräischen oder jüdischen Bibel »als *ihre* Bezeichnung für das Alte Testament«
ein »Übergriff« (125 Anm. 17). Wichtig ist schließlich der folgende Hinweis: »Die christozentrische Begründung der Autorität des Alten Testaments schließt aus christlicher Sicht
die christozentrische Kritik des Alten Testaments ein. Dasselbe gilt [...] auch für das Neue
Testament« (127). Härle äußert sich auch kritisch zu E. Zengers Sprachgebrauch vom
»Ersten Testament«, der nur im Zusammenhang mit dem Neuen als Zweitem Testament
sinnvoll wäre – wobei die Nachordnung des ersten als des überholten Testaments bestehen bliebe (125 Anm. 17).

die orthodoxen Kirchen – an die jüdisch-hellenistische Version der »Schrift« Israels an, wie sie auch die ersten christlichen Schriftsteller verwendeten. Diese Anknüpfung schafft eine besonders enge Beziehung zwischen dem, was wir »Altes« und »Neues« Testament nennen. Die protestantischen Kirchen dagegen beziehen sich auf den hebräischen Kanon des Tanach,[11] in Diskontinuität zu den ersten christlichen Schriftstellern – und das heißt aus der Kanonperspektive: des Neuen Testaments, aber in Kontinuität zum vorhellenistischen antiken Judentum und zum Judentum nach 70, spätestens nach 136 n. Chr. Dieser Unterschied ist hermeneutisch bedeutend, müssen doch die protestantischerseits so genannten alttestamentlichen Apokryphen in der orthodoxen und katholischen Theologie in ein hermeneutisches Gesamtkonzept des »Alten Testaments« einbezogen werden.

Drittens steht im Gesamtgefüge wissenschaftlicher Theologie mindestens im protestantischen Verständnis die *philologisch-historische* Perspektive auf »die Bibel«, d. h. die zweiteilige christliche Bibel, wie sie in den Kirchen aller Konfessionen benutzt wird, *neben*, nicht unter der *systematisch-dogmatischen* Perspektive der »Schrift« als einem der großen Grund-Prinzipien der Reformation.[12] Zu dieser historischen Perspektive aber gehören in einer nicht unkomplexen und jedenfalls spannungsreichen Weise einerseits die historischen Kontexte der Einzelschriften und der Corpora sowie ihre jeweilige Entstehungsgeschichte, andererseits die religionsgeschichtliche Dimension der Texte. Diese Perspektiven können mindestens in der protestantischen Theologie nicht hinter der dogmatischen Perspektive einer Lehre von der Heiligen Schrift zurückstehen. Als Teildisziplin der Theologie bearbeitet die Neutestamentliche Wissenschaft vor allem die kanonischen Texte, die im »Neuen Testament« zusammengestellt sind.[13] Sie interpretiert die neutestamentlichen Texte aber nicht als Offenbarungsurkunden.[14]

Viertens: wenn sich Theologen und speziell Vertreter der protestantischen Dogmatik, zu deren zentralen Themen »die Schrift« (*scriptura*) in der Gestalt beider Testamente als Quelle der Offenbarung gehört, *kritisch* zum Thema »Schrift als Offenbarungsquelle« bzw. zum *solus Christus und sola scriptura* in Bezug auf das »Alte Testament« äußern wollen,[15] können und müssen sie das tun. Die theo-

---

[11]   Siehe *E. Ulrich*, The Jewish Scriptures: Texts, Versions, Canons, in: EDEJ (s. Anm. 4), 97–120; *L. T. Stuckenbruck*, Apocrypha and Pseudepigrapha, a. a. O., 143–162. Vgl. auch die Artikel des Lemmas »Hebraica veritas« in: LBH (2013), 239–242 (J. A. Loader, W. Wischmeyer, U. H. J. Körtner, G. Stemberger).

[12]   Dazu *Härle*, Dogmatik (s. Anm. 9), 35f.

[13]   Andere nicht kanonisch basierte Konzepte reichen von *Early Christianity* bis zu *rewritten Bible* (neutestamentliche Texte als Teilliteratur des vielgestaltigen frühkaiserzeitlichen Judentums).

[14]   Dasselbe gilt für die Alttestamentliche Wissenschaft.

[15]   Zur Schriftauslegung und zu *solus Christus* bzw. »was Christum treibet« als hermeneutischen Regeln vgl. *Härle*, Dogmatik (s. Anm. 9), 137–139.

logische Systematik ist mindestens aus protestantischer Sicht kein Organ der Kirche, sondern eine wissenschaftliche Veranstaltung auf der Basis des christlichen Glaubens, deren Diskussionen, Thesen und mögliche Ergebnisse von den Kirchen angenommen, modifiziert oder abgelehnt werden können. Dieser Umstand ermöglicht die Freiheit, die mindestens die protestantische Theologie immer für sich in Anspruch nimmt: eine Freiheit der Gedanken, der Diskussionen und der Urteilsbildung, und zwar gerade an schwierigen Punkten.[16] Damit gilt aber auch umgekehrt, dass die Kirchen die Thesen der Systematik, die sich im reformatorischen Sinn den Kirchen in theologischer Verantwortung verpflichtet fühlt und als Korrektiv kirchlicher Lehre versteht – Stichwort: Wächteramt –, ablehnen können.[17]

Der *fünfte* Punkt unterstreicht die Überlegungen von Punkt drei und vier. Weder die »Schrift« noch die zweiteilige Bibel Alten und Neuen Testaments ist Gegenstand eines christlichen Glaubensbekenntnisses. Die Bibel steht in der Alten Kirche als gleichwertige Größe neben, nicht über oder unter dem Bekenntnis. Die Reformation hat nicht einmal den Umfang der »Bibel« in den Bekenntnisschriften festgeschrieben.

Schließlich gilt *sechstens*, dass die christlichen Theologien als Universitätsfächer der Wahrheitssuche verpflichtet sind und dass Auseinandersetzungen im Rahmen der Universitätstheologie weder primär moralisch noch kirchlich-magistral, sondern primär argumentativ geführt werden.

2.   DER UMGANG DES PAULUS MIT DER SCHRIFT

Ich kehre nun zu der Frage, was die Neutestamentliche Wissenschaft zu dem Thema »Hermeneutik des Alten Testaments«[18] *avant la lettre* beitragen könne, zurück. Mein Vortrag gilt Paulus, einem der großen Benutzer der γραφή aus der Anfangszeit der frühchristlichen Literatur.[19] Was tat Paulus mit der γραφή?

(1) Fangen wir mit *Lukas* an, dem ersten Biographen des Paulus. Lukas entwirft in der Apostelgeschichte das Bild des schriftinterpretierenden Heidenapostels – dies Bild gehört also bereits zur frühen Paulus-Rezeption. Bei Lukas geht es

---

[16]   *J. Galsworthy*, Der Patrizier, Berlin 1926, lässt den Protagonisten während einer Debatte über die mögliche Zensur des Alten Testaments sagen: »Besser, daß darum gestritten wird, als daß es nicht der Mühe wert ist, darum zu streiten« (45).

[17]   In Härles Dogmatik vermisst man eine Diskussion dieser Fragestellung. Härle bindet die Dogmatik in sehr differenzierter Weise an den Glauben des Dogmatikers, ohne aber auf die Kirche einzugehen (*Härle*, Dogmatik [s. Anm. 9], 19–21).

[18]   Vgl. dazu einführend *D.-A. Koch*, Art. Altes Testament II. Neutestamentlich, in: LBH (2013), 13f.

[19]   Er steht neben Jesus und den Evangelisten und der Apostelgeschichte einerseits, dem Hebräerbrief andererseits und dem Apokalyptiker Johannes dritterseits.

nun nicht um paulinische Brieftheologie, sondern um die paulinische Predigt-
tätigkeit. In der ersten großen Synagogalpredigt im pisidischen Antiochia (Apg
13,13–41), die Lukas als λόγος παρακλήσεως, als »Wort der Ermahnung/des
Trostes«, bezeichnet, betätigt sich Paulus – nach lukanischer Darstellung – als
gewandter und eindrucksvoller Schrifthermeneut, der die Geschichte Israels
zunächst überwiegend in eigenen Worten paraphrasiert und dabei dann auch
prophetische Worte (re)zitiert. Wie Gregory E. Sterling gezeigt hat, besteht die
paulinische Predigt aus drei Teilen: Auf die »Story of Israel« (V. 16–25) folgt die
Proklamation des »Gospel as the Fulfillment of Scripture« (V. 27ff.); die Rede
schließt mit »Pauline Conclusions« (V. 38ff.).[20] Das rhetorisch effektvolle Ende
bildet das Zitat aus Hab 1,5.

Soweit das Bild, das Lukas von der Tätigkeit des Paulus gibt. Wie stand es
aber historisch mit der γραφή in den *Gottesdiensten* der von Paulus gegründeten
Gemeinden?[21] Spielte sie dieselbe zentrale Rolle wie in den synagogalen Gottesdiensten, sodass christliche Schriftauslegung von vornherein ebenso notwendig
wie selbstverständlich gewesen wäre? Hier fehlt uns das Wissen. Wir wissen
nicht, wie wir uns diese Gottesdienste vorstellen sollen und welche Rolle in diesen Versammlungen die Verlesung und Interpretation der γραφή spielte. *Sicher*
wissen wir nur, dass die *Briefe des Paulus* in den Gemeindeversammlungen
verlesen wurden (2 Kor 7,8 u. ö.). Weiter wissen wir, dass in den gottesdienstlichen Versammlungen Lieder, Psalmen und Hymnen gesungen (1 Kor 14,26) und
Gebete sowie glossolalische Rede, Interpretation der Zungenrede und Prophe-
zeiung vorgetragen wurden (1 Kor 12–14). Daneben erwähnt Paulus Lehre und
Offenbarung (1 Kor 14,26). Über die Art der Lehre wissen wir nichts.[22] Explizite Hinweise auf Schriftlesung und Auslegung der Schrift vermissen wir hier.
Erst in 1 Tim 4,13 ist von *Vorlesen*, Lehren und Ermahnen die Rede, sodass wir
Schriftlesung und Schriftauslegung als Elemente des Gemeindegottesdienstes
erschließen können.[23] Es mag Zufall sein, dass ältere Belege fehlen. Wir können
aber nicht mit Sicherheit sagen, dass Schriftlesung und -auslegung – in Form

---

[20]   *G. E. Sterling*, »Do you understand what you are reading?« The Understanding of the
LXX in Luke-Acts, in: J. Frey u. a. (Hrsg.), Die Apostelgeschichte im Kontext antiker und
frühchristlicher Historiographie (BZNW 162), Berlin 2009, 101–118, hier 103ff.

[21]   Dazu *D. Zeller*, Der erste Brief an die Korinther (KEK 5), Göttingen 2010, 381f. Zeller
ist sehr vorsichtig mit Aussagen über den Gottesdienst. Lit.: *L. T. Johnson*, Religious Expe-
rience in Earliest Christianity, Minneapolis 1998; *P. Wick*, Die urchristlichen Gottesdienste. Entstehung und Entwicklung im Rahmen der frühjüdischen Tempel-, Synagogen- und
Hausfrömmigkeit (BWANT 150), Stuttgart 2002, 168–243 zu Paulus.

[22]   Gal 1,12 geht es einfach um Weitergabe, hier des Evangeliums.

[23]   *Wick*, Gottesdienste (s. Anm. 21), 221, entnimmt Röm 15,4; 1 Kor 10,11 und 2 Kor
3,4–18, dass in den Hausversammlungen »die heiligen Schriften gelesen und interpretiert« werden. Das mag sein, steht aber nicht in den Texten. Nicht auszuschließen ist, dass
die Mehrzahl der Mitglieder der Hausgemeinden den Synagogengemeinden so verbunden
waren, dass sie weiterhin die γραφή dort hören und lesen konnten.

der Homilie – tatsächlich zu den Gottesdiensten der paulinischen Gemeinden
gehörten.

Lukas entwirft sehr unterschiedliche Szenarien: Paulus predigt in Antiochia
in der Synagoge unter Bezug auf die Schrift, in Lystra und Athen spricht er in
der Öffentlichkeit, ohne die γραφή zu erwähnen.[24] Er spricht auf Gemeindeversammlungen[25] und vor den verschiedensten politischen Würdenträgern. Hat er
auch in den Christus-gläubigen gottesdienstlichen Versammlungen »die Schrift
ausgelegt«? Oder nur in seinen Synagogalvorträgen? Ist Apg 28,23f. ein syna-
gogales Szenario oder das Abbild paulinischer Gemeindeversammlungen? Dort
heißt es von den Juden in Rom:

> [...] viele kamen zu ihm in die Herberge, denen er auseinandersetzte und bezeugte
> das Reich Gottes, indem er sie zu überzeugen versuchte [von seiner Botschaft] von
> Jesus von dem Gesetz des Mose und den Propheten her.

Wir mögen uns vorstellen, dass Lukas hier von der Realität in den frühchristlichen Gemeindeversammlungen ausgeht, aber sicherer ist es, sich auf die Briefe
des Paulus zu stützen, die sich so häufig auf die »Schrift« beziehen, dass wir bei
seiner Hörer- bzw. Leserschaft jedenfalls gute Schriftkenntnisse voraussetzen
dürfen, seien sie in der Synagoge, im Gemeindegottesdienst, in der Unterweisung oder in der Lektüre erworben.

(2) Bleiben wir also bei den *Briefen* des Paulus und fragen zunächst: Wie ver-
teilen sich die Schriftbezüge auf die Briefe? Der folgende Umstand wird nicht
immer bedacht: In drei der sieben unumstritten als paulinisch geltenden Briefe –
im 1. Thessalonicher-, Philipper- und Philemonbrief – findet sich kein expliziter
Hinweis auf die Schrift.[26] Nähmen wir den nicht unumstrittenen Kolosserbrief[27]

---

[24]   Apg 14,15–17; 17.

[25]   Apg 20,1–12.17–38.

[26]   Unbewusste – rein sprachliche – oder auch bewusste, aber nicht explizierte Anspielungen auf Wendungen der γραφή finden sich in allen Paulusbriefen. Vgl. die sorgfältige Analyse für das Jesajabuch bei *F. Wilk*, Die Bedeutung des Jesajabuches für Paulus
(FRLANT 179), Göttingen 1998. Bei Wilks Analyse geht allerdings der Unterschied zwischen bloßer Allusion und argumentativ, autoritativ oder interpretierend eingesetztem Zitat verloren. Hier ist *D.-A. Koch*, Die Schrift als Zeuge des Evangeliums. Untersuchungen
zur Verwendung und zum Verständnis der Schrift bei Paulus (BHTh 69), Tübingen 1986,
11–20, differenzierter. Koch gibt dann eine »Liste der Zitate in den Briefen des Paulus«
mit Referenztexten. Koch unterscheidet Zitate »mit eindeutiger Einleitungsformulierung«
(21), »im Kontext bereits ausdrücklich angeführte Zitate« (22), »durch nachträgliche Interpretation hervorgehobene Zitate« (22), »mit dem Kontext inkongruente Zitate« (23) –
hier ist wohl an die polemische Verwendung im brieflichen Kontext gedacht –, »Zitate
mit stilistischer Differenz zum Kontext« (23), »lediglich indirekt markierte Zitate« (23),
»völlig ungekennzeichnete Zitate« (23). Die erste Gruppe ist mit 66 von 89 Nummern die
umfangreichste. In der Auflistung bei Koch begegnen der 1. Thessalonicher-, Philipper-
und Philemonbrief nicht.

hinzu, kämen wir sogar auf ein Verhältnis von vier zu vier. In seinen großen und theologisch gewichtigen Gemeindebriefen – dem 1. und 2. Korintherbrief, dem Galater- und Römerbrief – setzt sich der Apostel dagegen vielfach und ausführlich mit der γραφή auseinander. Hier schreibt Paulus als Interpret der γραφή. Dieser Umstand ist kaum überraschend und entspricht dem Paulus-Bild, das sich aus der Rekonstruktion seiner Biographie ergibt: Der zum Pharisäer ausgebildete Diasporajude Paulus schöpft zeitlebens aus der Septuaginta als dem zentralen Referenzwerk seines theologischen Denkens. Sehen wir also auf die vier großen *Gemeindebriefe*, dann gehört Schriftbenutzung bzw. -auslegung zu den Wesensmerkmalen paulinischer brieflicher Argumentation. Denken wir aber an die drei vorher genannten Schreiben, ändert sich das Bild. Paulus kann ebenso in seinem wohl frühesten Gemeindebrief – dem 1. Thessalonicherbrief – wie auch in seinen wahrscheinlich spätesten, eher persönlich gefärbten Schreiben – im Philemon- und Philipperbrief – auf Schriftauslegung ganz verzichten. Schriftauslegung und -interpretation gehören also offenbar nicht konstitutiv oder mindestens nicht notwendig zur paulinischen brieflichen Argumentation und Paränese.

Zusammengefasst: Unser Wissen von der institutionellen Verankerung der γραφή bei Paulus und seinen unterschiedlichen Auditorien ist lediglich sekundär. Wir können uns weder ein deutliches Bild von der Rolle der Schrift in den paulinischen Gemeindeversammlungen und von dem Horizont der Gemeindeglieder machen noch von der Art, wie und in welchem Umfang Paulus in seinen öffentlichen Vorträgen auf die Schrift Bezug nahm. Was uns zur Verfügung steht, sind nur seine Briefe. Ich werde daher im Folgenden fragen: Wann und wie verwendet und interpretiert Paulus in seinen Briefen die Schrift? In welchen brieflichen Situationen wird Schriftinterpretation nötig und möglich? Und: Welche Schrifthermeneutik entwirft er?[28]

Die Paulus-Forschung ist mit dem Thema »Paulus und die Schrift« in jüngerer Zeit stark befasst.[29] Ich kann hier nur auf zwei besonders wichtige Beiträge hinweisen, auf die sich meine Analyse häufig bezieht. Die große Monographie von Dietrich-Alex Koch, »Die Schrift als Zeuge des Evangeliums« von 1986, führt in die paulinische Textgrundlage und seine Zitiertechnik ein,[30] um sich dann »der

---

[27]   Anders als im Epheserbrief fehlen auch im Kolosserbrief Hinweise auf die γραφή.

[28]   Ich frage im Folgenden nicht nach der Schrift-*Theologie* (theologische Interpretation der Schrift) des Paulus, die von seiner Schrift-*Hermeneutik* (Umgang mit der Schrift) zu unterscheiden ist. Dazu sehr ausführlich: *N. T. Wright*, Reading Paul, Thinking Scripture. »Atonement« as a Special Study, in: ders., Pauline Perspectives, London 2013, 356–378.

[29]   Außer den bereits genannten Studien vgl. *C. D. Stanley*, Paul and the Language of Scripture (MSSNTS 69), Cambridge 1992; *S. E. Porter / C. D. Stanley* (Hrsg.), As It Is Written. Studying Paul's Use of Scripture (SBLSymS 50), Atlanta 2008. Einführend *F. Wilk*, Schriftbezüge im Werk des Paulus, in: F. W. Horn (Hrsg.), Paulus Handbuch, Tübingen 2013, 479–490 (Lit.). Ganz knapp: *J. Frey*, Die religiöse Prägung. Weisheit, Apokalyptik, Schriftauslegung, a. a. O., 59–66.

Verwendung der Schrift«[31] und schließlich »dem Schriftverständnis« des Paulus zuzuwenden.[32] Dies Kapitel hat zwei umfangreiche Teile. In einem ersten Durchgang stellt Koch die paulinischen Zitate in den Kontext der »zeitgenössische(n) Schriftexegese«[33] und behandelt Allegorie, Typologie sowie Midraschstrukturen und Pescher-Kommentierungen bei Paulus. In einem zweiten Durchgang stellt er »das Verständnis der Schrift« unter den Stichworten »literarische Funktion, thematische Zuordnung und zeitliches Verständnis der Schriftzitate« dar.[34] Abschließend erläutert Koch *sein* Verständnis der Schrift bei Paulus: »Die Schrift als Zeuge des Evangeliums«.[35] Kochs Darstellung ist im Grundsatz unüberholt. Exegeten wie Florian Wilk haben in philologischer Hinsicht weitergearbeitet, besonders was die Rekonstruktion der Textvorlagen im Zusammenhang der Septuagintaforschung betrifft. Mit seiner Studie »Die Bedeutung des Jesajabuches für Paulus«[36] hat Wilk den Versuch unternommen, nicht nur den argumentativen Umgang des Paulus mit Jesajazitaten darzustellen, sondern auch sein theologisches Verständnis dieses Buches zu rekonstruieren. Daraus ergeben sich interessante Fragen: Wieweit nimmt Paulus nicht nur die »Schrift« als ganze wahr, sondern denkt sich in *ein* Buch, eben das Jesajabuch, hinein? Dieser Frage kann ich hier nicht nachgehen.

3. DIE ΓΡΑΦΗ: BEZEICHNUNGEN UND BEDEUTUNG

(1) Beginnen wir mit der nächstliegenden Frage: Wie bezeichnet Paulus die γραφή?[37] Zunächst überrascht die semantische Vielfalt. Neben γραφή[38] finden wir ἐντολή[39] bzw. einmal ἐντολαί[40] (»Gebote Gottes«) und νόμος[41] bzw. das Ge-

---

[30] *Koch*, Schrift (s. Anm. 26), 11–101.

[31] *Koch*, Schrift (s. Anm. 26), 102–198.

[32] *Koch*, Schrift (s. Anm. 26), 199–321.

[33] *Koch*, Schrift (s. Anm. 26), 199–256.

[34] *Koch*, Schrift (s. Anm. 26), 257–321.

[35] *Koch*, Schrift (s. Anm. 26), 322–353.

[36] *Wilk*, Bedeutung des Jesajabuches (s. Anm. 26).

[37] Die maßgeblichen neutestamentlichen Arbeiten zum Thema von D.-A. Koch und F. Wilk haben diese Basisfrage übersprungen. Wir kommen aber gerade bei den Bezeichnungen für die »Schrift« dem besonders nahe, was den Schriftgebrauch des Paulus auszeichnet. Ich stelle diesen Punkt daher hier ausführlicher dar. Zum Thema auch *F. Wilk*, »Die Schriften« bei Markus und Paulus, in: O. Wischmeyer/D. C. Sim/I. J. Elmer (Hrsg.), Paul and Mark. Comparative Essays, Bd. 1: Two Authors at the Beginnings of Christianity (BZNW 198), Berlin 2014, 189–215 (vgl. die Bibliographie, dort auch weitere Beiträge zum Thema von F. Wilk).

[38] Röm 1,2; 4,3; 9,17; 10,11; 11,2; 15,4; 1 Kor 15,3.4; Gal 3,8.22; 4,30.

[39] Röm 7,8.9.10.11.12.13; 13,9.

[40] 1 Kor 7,19 (das Halten der Gebote Gottes).

[41] Sehr oft. Die Wendungen »im Gesetz steht geschrieben« u. Ä. führe ich hier nicht auf.

setz des Mose[42] und »das Gesetz und die Propheten«[43] sowie λόγος bzw. Wort Gottes als Äquivalent von γραφή.[44] Wichtiger sind die verbalen Formulierungen. Neben dem sehr häufigen γέγραπται, »wie geschrieben steht«,[45] begegnen φησίν[46] und λέγει,[47] entweder formelhaft ohne Subjekt im Sinne von »es heißt« oder aber mit verschiedenen Subjekten und Adressaten: das Gesetz sagt,[48] die Schrift sagt,[49] die Schrift sagt zu Pharao,[50] die Schrift sagt von Elija,[51] die Gerechtigkeit spricht,[52] Mose sagt,[53] Jesaja sagt,[54] Jesaja wagt zu sagen,[55] Jesaja ruft über Israel,[56] Jesaja sagt voraus,[57] David sagt,[58] David preist die Menschen selig.[59] Ein Spitzensatz ist Gal 3,8: Die Schrift »vorverkündigte dem Abraham« (προευηγγελίσατο).[60] Hier ist das Evangelium des Paulus in einen Genesistext vorverlegt. Die Basis bildet die Überzeugung: Gott spricht, genauer: Es ist immer Gott, der spricht. Gott spricht zu Mose,[61] Gott spricht durch Hosea,[62] der Kyrios sagt.[63] Einmal benutzt Paulus die Wendung »Mose schreibt«.[64] Eine Anwendung

---

Wichtig für unser Thema vor allem: Röm 3,19 (was das Gesetz *sagt*, sagt es denen unter dem Gesetz); 3,21 (*bezeugt* vom Gesetz und den Propheten); 4,13 (denn kam nicht durch das Gesetz die Verheißung an Abraham?); 7,7 (wenn nicht das Gesetz *gesagt* hätte: du sollst nicht begehren); 7,14 (wir wissen, dass das Gesetz geistlich ist); 10,5 (*Mose schreibt* über die Gerechtigkeit aus dem Gesetz: beachte die Differenz zwischen »Mose« und »Gesetz«); Gal 3,24 (sodass das Gesetz unser παιδαγωγός geworden ist auf Christus hin: Gesetz als strenger Lehrmeister); 5,14 (das ganze Gesetz ist in einem Satz/Wort erfüllt, in dem »liebe deinen Nächsten wie dich selbst«).

42   1 Kor 9,9.
43   Röm 1,2 und 3,21.
44   Singular oder Plural, mit oder ohne θεοῦ.
45   1 Kor 1,19.31; 2,9; 3,19; 4,6; 10,7; 14,21; 15,45.54; 2 Kor 4,13; 8,15; 9,9; Gal 3,10.13; 4,22.27; Röm 1,17; 2,24; 3,4.10; 4,17.23; 8,36; 9,13.33; 10,15; 11,18.26; 12,19; 14,11; 15,3.4.9.21.
46   1 Kor 6,16.
47   Röm 4,3.6.9 (λέγομεν); 7,7; 9,15.17.25; 10,6.8.11.16.18.19.20.21; 11,2.4.9; 12,19; 14,11; 15,10.12; 1 Kor 9,8.10; 11,34; 2 Kor 6,2; Gal 3,16; 4,30.
48   Röm 7,7.
49   Gal 4,30.
50   Röm 9,17.
51   Röm 11,2.
52   Röm 10,6.
53   Röm 10,19.
54   Röm 10,16; 15,20.
55   Röm 10,20.
56   Röm 9,27.
57   Röm 9,29.
58   Röm 11,9.
59   Röm 4,6.
60   Bezug auf Gen 12,3.
61   Röm 9,15.
62   Röm 9,25.
63   2 Kor 6,17f.

dieses Satzes findet sich in 2 Kor 3,15: »Wenn Mose vorgelesen wird«. Ausführlicher sind die analogen Wendungen »im Gesetz des Mose steht geschrieben«[65] bzw. »im Gesetz steht geschrieben«[66] sowie das logische Oxymoron »das Wort, das geschrieben steht« – eine besonders aussagekräftige Formulierung.[67]

Wichtig sind die Textpassagen Röm 9 und 10, wo sich die Bezugnahme auf die Schrift häuft und die unterschiedlichen Nuancen des paulinischen Schriftgebrauchs deutlich werden. Ausgangspunkt ist die Klarstellung in Röm 9,6: »Nicht aber so, dass das Wort Gottes hinfällig geworden ist«. Gemeint ist die Verheißung an Israel (ἐπαγγελίαι, V. 4).[68] In dem folgenden, auf Differenzierung beruhenden Schriftbeweis verwendet Paulus nebeneinander die Wendungen ἐρρέθη mit nachfolgendem Genesiszitat (»es wurde zu Rebekka gesagt«, V. 12[69]) und begründend καθὼς γέγραπται mit nachfolgendem Maleachizitat (»wie geschrieben steht«, V. 13[70]). Dabei behandelt er das Maleachizitat als Schriftbegründung für das Genesiszitat, das er als Gottesrede einführt. Im weiteren Verlauf seiner Argumentation in Röm 9–11, in der Paulus nachweisen will, dass Gott ganz (πᾶς) Israel retten wird, zitiert Paulus weiter so, dass er die Schrift gleichsam mit ihr selbst und mit Israel in einem Dialog hält. Einmal spricht Gott zu Mose (9,15), dann spricht die Schrift zu Pharao (V. 17). Gott spricht durch Hosea (V. 25), Jesaja ruft aus über Israel (V. 26) und hat »vorhergesagt« (V. 29). Der erste Abschnitt der Argumentation schließt mit dem knappen »wie geschrieben steht« (V. 33 mit Bezug auf Jes 28,16). Es folgt die lange Passage in Röm 10 und 11, in der verschiedene Schriftzitate in *der* Weise in eine eigene Diatribe des Paulus verarbeitet werden, dass ein Gespräch zwischen der Schrift, Paulus und den Adressaten entsteht: »Mose schreibt«, »die Gerechtigkeit aus dem Glauben spricht«, »was sagt sie?«, »denn die Schrift spricht«, »wie geschrieben steht«, »denn Jesaja spricht«, »als erster spricht Mose«, »Jesaja aber wagt zu sagen«, »zu Israel aber spricht er« (Jesaja). »Elija spricht«, »aber was sagt ihm die göttliche Antwort«?[71] Paulus springt hier von 1 Kön 19,10 zu 19,18 LXX, um das Gespräch zwischen Gott und Elija auf den Punkt zu bringen.

---

[64]   Röm 10,5.
[65]   1 Kor 9,9.
[66]   1 Kor 14,21.
[67]   1 Kor 15,54.
[68]   Zu den Verheißungen vgl. *Koch,* Schrift (s. Anm. 26), 309–312.
[69]   Es folgt Gen 25,23 LXX.
[70]   Es folgt Mal 1,2f. LXX.
[71]   Χρηματισμός, »Gottesspruch«, Hapax legomenon im Neuen Testament. Χρησμός, »Orakelspruch«, wird von Philo für Toraworte verwendet (*Mos.* 2,188). Vgl dazu *F. Siegert,* Homerinterpretation – Tora-Unterweisung – Bibelauslegung. Vom Ursprung der patristischen Hermeneutik, in: E. A. Livingstone (Hrsg.), Papers Presented to the Eleventh International Conference on Patristic Studies Held in Oxford 1991, Bd. 2: Biblica et apocrypha, Orientalia, ascetica (StPatr 25), Leuven 1993, 159–171.

Aus dem Gesagten wird deutlich, dass für Paulus kein Unterschied zwischen Gottes Rede und der »Schrift« besteht. Auch die Schrift im engeren Sinn, d. h. die Mosetora, sowie die Prophetenbücher und das Psalmenbuch, sind für ihn stets lebendiges Wort Gottes, wobei er Mose und Jesaja und Hosea als Autoritäten, nicht als Autoren nennt. Ein formal verstandenes »Schriftlichkeitsprinzip« kennt Paulus nicht.[72] Die »Schrift« ist stets Werkzeug der Rede Gottes. Da stets Gott spricht, hängen alle Schrifttexte zusammen und können zueinander in Beziehung gesetzt werden. Sie bilden gleichsam einen einzigen Sprech-Text Gottes.

An einigen Stellen interpretiert Paulus die Schrift bereits durch die Wahl seiner Einführungswendungen. Hier kommen wir schon der Frage nach seinem Schriftverständnis nahe. Es handelt sich um die Interpretamente von Verheißung und Erfüllung, die Paulus in 1 Kor 15,54 (Erfüllung),[73] Röm 1,2 (Vor-Verheißung) und Röm 9,9 (Verheißung) verwendet. Hinzu kommen die prophetisch grundierten Wendungen von Gal 3,8: »Die Schrift hat es vorausgesehen«, und Röm 9,29: »Jesaja hat vorhergesagt«.[74] Paulus benutzt aber nicht nur die Konstruktion der Prophetie, sondern auch die der Heilsgeschichte,[75] und zwar in seiner Argumentation in Gal 3,6–4,20.[76] Er spricht hier vom »nachträglichen Gegebensein« des Gesetzes (Gal 3,17.19) gegenüber der viel früheren Abrahamsverheißung bzw. dem Bund, διαθήκη (Gal 3,17).[77] Damit konstruiert er das heilsgeschichtliche Prä des Abraham-Bundes vor der Mosetora.

(2) Kürzer fasse ich mich bei dem zweiten Aspekt: Was *bedeutet* »die Schrift« für Paulus? Zunächst ist sie sein exklusiver Referenztext für *das* Thema und *die* Aufgabe, die seine Existenz bestimmen: das Evangelium von Jesus Christus und die Verkündigung dieses Evangeliums (Röm 1,1–7). Wie ist das Verhältnis von Evangelium und Schrift? Das Evangelium ist zwar Verkündigung des neuen Bundes (2 Kor 3,6) und schafft eine neue Existenz (2 Kor 5,17; Gal 6,15), es ist aber nicht in dem Sinn neu, dass es aus dem Nichts käme, sondern es kommt von dem Gott, der immer war und der zu Israel gesprochen hat. Israel ist Hüter der Worte Gottes: Den Juden »ist anvertraut, was Gott geredet hat« (ἐπιστεύθησαν τὰ λόγια τοῦ θεοῦ, Röm 3,2). Die Schrift garantiert die Verankerung der Ver-

---

[72]   Aber 1 Kor 4,6. Dazu s. u.

[73]   Ins Ethische gewendet Röm 13,8; Gal 5,14.

[74]   Zum *pro* bei Paulus: *E.-M. Becker*, Die Konstruktion von »Geschichte«. Paulus und Markus im Vergleich, in: Wischmeyer / Sim / Elmer, Paul and Mark (s. Anm. 37), 393–422, hier 410.

[75]   *J. Frey / S. Krauter / H. Lichtenberger* (Hrsg.), Heil und Geschichte. Die Geschichtsbezogenheit des Heils und das Problem der Heilsgeschichte in der biblischen Tradition und in der theologischen Deutung (WUNT 248), Tübingen 2009.

[76]   Zum Thema: *O. Wischmeyer*, Konzepte von Zeit bei Paulus und im Markusevangelium, in: Wischmeyer / Sim / Elmer, Paul and Mark (s. Anm. 37), 361–392.

[77]   Dass Bund und Gesetz bei Paulus nicht gegeneinander, sondern nebeneinander stehen, zeigt Röm 9,4f.

kündigung des Paulus in Gottes Reden zu und seinem Handeln an Israel. Die Verkündigung des Paulus erfolgt in Übereinstimmung mit der Schrift als dem Medium, in dem Gottes Wort an Israel aufgehoben ist. Diese Übereinstimmung kann unterschiedliche Gesichter tragen: die schon genannte Erfüllung von Verheißungen und Vorhersagen des göttlichen Handelns an Israel und die Heiden, die sachliche Übereinstimmung im Ethos (Gal 5,14 und Röm 13,8–10) oder die Überbietung des früheren Gotteshandelns durch sein gegenwärtiges Handeln (Gal 3 und 4; 2 Kor 3 und 4) bei Wahrung der Kontinuität des Handelnden: Gott ist unwandelbar (Röm 3,3f.; 9,6).

(3) An diesem Punkt müssen wir nach dem *Verhältnis von »Schrift« und »Gesetz«* fragen, auch wenn wir uns damit auf ein exegetisch diffiziles Gebiet begeben.[78] Im Zusammenhang der Hermeneutik der γραφή bei Paulus nehme ich nur das sachliche Verhältnis zwischen dem Oberbegriff Schrift/γραφή als ganzer und dem Teilbegriff Tora/νόμος als 1. bis 5. Mose in den Blick, nicht aber die theologische Deutung, die Paulus in seinem Diskurs um die δικαιοσύνη (»Gerechtigkeit«)[79] dem Gesetz als dem Gegenbegriff zu πίστις (»Glaube«) gibt und die er prägnant in das Syntagma ἔργα τοῦ νόμου (»Werke des Gesetzes«) fassen kann. Im δικαιοσύνη-Diskurs geht es um die Befolgung der Gebote des Gesetzes als *Lebensform*.[80] Dieser in seiner exegetischen und theologischen Deutung umstrittene Diskurs setzt aber eines voraus, das uns hier interessieren muss, nämlich dass das »Gesetz des Mose« Teil der γραφή ist, als solches Autorität hat und von Paulus argumentativ eingesetzt wird.[81] Das ist besonders signifikant in argumentativen Zusammenhängen wie Gal 3,10–14, wo Paulus mit dem Verweis auf die Schriftstellen Dtn 27,26 (»Verflucht sei jeder, der nicht bleibt bei allem, das im Buch des Gesetzes [ἐν τῷ βιβλίῳ τοῦ νόμου] geschrieben ist, dass er es tue«), Hab 2,4 und Lev 18,5 LXX seine These von der Glaubensgerechtigkeit, die nicht aus dem *Tun* des Gesetzes kommt, autoritativ stützt. Paulus erklärt und stützt also seine theologische Beurteilung des »Gesetzes« als Lebensform mit dem hermeneutischen Verweis auf das Gesetz als Gottesrede. Dass das Gesetz Mose gegeben wurde und Mose der Schreiber der Tora war, ist dabei für Paulus einerseits selbstverständlich,[82] andererseits bezieht er sich eher selten auf Mo-

---

[78] Vgl. einführend *M. Meiser*, Das Verhältnis zur Tora, in: Horn, Paulus Handbuch (s. Anm. 29), 444–449. Meiser gibt eine differenzierte Einführung in den Forschungsstand seit 1989. Allerdings macht er nicht den Unterschied zwischen Tora/νόμος als der textlichen Größe des Pentateuch und dem »Gesetz« als einer theologisch qualifizierten Größe bei Paulus deutlich.

[79] Vgl. den Römer- und Galaterbrief, aber auch prägnant Phil 3,6.9.

[80] Paradigmatisch Gal 3,10 und Röm 10,5: Mose schreibt von der Gerechtigkeit, die aus dem [scil. der Befolgung des] Gesetz[es] kommt. Hierhin gehört auch die Maxime von Röm 3,19: »Wir wissen aber, dass das Gesetz das, was es sagt, denen ›im Gesetz‹ sagt«.

[81] Z. B. 1 Kor 9,8.9; 14,21.34

[82] 1 Kor 9,9.

se.[83] Das Gesetz ist als *Gottesrede* ἅγιος und πνευματικός, »heilig« und »geistlich« (Röm 7,12.14), und als solche ist auch die ἐντολή, das »Gebot«, »heilig und gerecht und gut« (Röm 7,12).[84] Als Teil der in der γραφή niedergelegten Gottesrede ist das Gesetz geistlich. Paulus entwickelt also nicht die Antithese von νόμος und πνεῦμα, von »Gesetz« und »Geist«, sondern spricht von dem geistlichen – d. h. christologischen – Umgang mit den Geboten des νόμος.

Prägnant formuliert: Νόμος meint technisch gesehen den Pentateuch.[85] Νόμος ist damit ein Teil der γραφή, und zwar jener Teil, den Paulus nicht nur am häufigsten zitiert, sondern mit dem er sich auch besonders auseinandersetzt, wenn es um die anwendungsbezogene Dimension des Gesetzes geht. Das unterscheidet den νόμος von den Propheten, die Paulus stets zustimmend in seiner Argumentation heranzieht.[86] Namentlich beruft sich Paulus einmal auf Hosea (Röm 9,25), fünfmal auf Jesaja,[87] zweimal auf David.[88] Insgesamt ist seine Textauswahl sehr begrenzt und selektiv. Dietrich-Alex Koch weist darauf hin, dass Paulus damit zwar nicht aus dem Judentum herausfällt, wohl aber mit seiner Konzentration auf Jesaja und die Psalmen doch sehr eigenständig ist.[89] Wir finden bei Paulus also keinesfalls ein formal vollständiges Schriftprinzip, das auf der hermeneutischen Prämisse, alle γραφή sei gleichwertig im Sinne von gleich verpflichtend, basiert. Paulus wählt nicht nur aus, sondern gewichtet.[90]

(4) Das bringt uns zu der Frage: Wie *verwendet* Paulus die Schrift?[91] Grundsätzlich gilt zweierlei. Erstens: Paulus legt die Schrift nicht aus, sondern er benutzt sie. Und zweitens: Paulus entwickelt seine Verkündigung nicht aus der γραφή, sondern kann umgekehrt die Verkündigung auf die γραφή stützen. Er liest die γραφή nicht um ihrer selbst willen. Anders als Philo von Alexandria ist Paulus also kein Exeget und kein Kommentator, d. h. ihm liegt nicht an der Interpretation der Schrift um der Erklärung der Schrift willen, sei es in allegorischem,

---

83   Röm 5,14; 9,15; 10,5.19; 1 Kor 9,9; 10,2; 2 Kor 3,7.13.15.

84   Vgl. Röm 1,2: heilige Schriften.

85   Das gilt auch für Röm 9,4: »[...] die Israeliten, denen die Sohnschaft gehört und die Herrlichkeit und die Bundesschlüsse (διαθῆκαι) und die Gesetzgebung (νομοθεσία) und der Gottesdienst und die Verheißungen, denen die Väter angehören [...].«

86   »Die Propheten« nur Röm 1,2 und 3,21 formelhaft. Paulus beruft sich aber häufig auf Jesaja (vgl. *Wilk*, Bedeutung des Jesajabuches [s. Anm. 26]). Im Übrigen zitiert er die Propheten einfach unter γέγραπται. Vgl. zu den Schriftzitaten und Allusionen die Tabellen bei *Wilk*, »Schriften« (s. Anm. 37), 216–220.

87   Röm 9,27.29, 10,16.20; 15,12.

88   Röm 4,6 (Ps 31,1f. LXX) und 11,9 (Ps 68,23f. LXX).

89   *Koch*, Schrift (s. Anm. 26), 47. F. Wilk weist nach, dass auch der Verfasser des Markusevangeliums sich neben der Tora vor allem auf die Psalmen und Jesaja bezieht (vgl. die Tabelle bei *Wilk*, »Schriften« [s. Anm. 37], 192).

90   Zu der These »Das Gesetz ist von Engeln verordnet durch die Hand eines Vermittlers« (Gal 3,19) s. u.

91   Vgl. außer der bereits genannten Literatur auch: *Wilk*, Schriftbezüge (s. Anm. 29).

ethischem oder speziell-exegetischem Zusammenhang.[92] Seine Briefe gelten stets der Situation der Adressaten, wie er sie sieht, und seiner eigenen, auf die Gemeinden und auf seine eigene Person bezogenen brieflichen Argumentation. Daher ist er auch nicht an einer literarischen Anknüpfung an oder Weiterführung von biblischen Gattungen, Narrativen oder theologischen Themen[93] im Sinne der *rewritten Bible* interessiert. Seine Beziehung zur »Schrift« ist nicht die des Weiterschreibens, sondern die der argumentativen und paränetischen Benutzung, sie ist streng funktional. Er zitiert oder alludiert sie zur Unterstützung, zur Bestätigung, auch zur autoritativen Durchsetzung seiner jeweiligen eigenen Absicht. Dabei kann »Schrift-Bezug« durchaus als polemisch-aggressives Argument eingesetzt werden.[94] Ihre Autorität verliert die Schrift für Paulus auch dann nicht, wenn er ihre Geltung für die »Zeit des Evangeliums« infrage stellt oder neu interpretiert.[95] Das impliziert die zweite Abgrenzung: Paulus ist kein Schrifttheologe – wie der Verfasser des Hebräerbriefes. Er entwickelt seine Argumentation aus dem εὐαγγέλιον, dem »Evangelium«, nicht aus der γραφή.

Besondere Anlässe für Schriftzitate hat Florian Wilk zusammengestellt: die »Herrschaft der Sünde [...] und des Todes«, Christologie, »Glaubens- und Gottesgerechtigkeit«, »Apostolat des Paulus«, Israel, das Gesetz, das Schicksal der Gemeinden und »Aspekte christlicher Lebensführung«.[96] An vielen wichtigen Punkten seiner eigenen Theologie *post resurrectionem Christi* hält Paulus also die Übereinstimmung mit der »Schrift« für wichtig.

---

[92]   Vgl. zuletzt *D. T. Runia*, Art. Philon von Alexandria, in: RAC Lfg. 231 (2015), 605–627, Stuttgart 2015. Vgl. auch *G. E. Sterling*, Art. Philo, in: EDEJ (s. Anm. 4), 1063–1070; *M. Niehoff*, Art. Allegorical Commentary, a. a. O., 1070–1072; dies., Art. Philo, Exposition of the Law, a. a. O., 1074–1076. Dort Bibliographie zu Philos Schrifthermeneutik.

[93]   Z. B. Themen weisheitlicher Theologie oder prophetischer Eschatologie. Er hat seine *eigene* Weisheitstheologie und vor allem seine eigene Eschatologie. Anders *Wright*, Reading Paul (s. Anm. 28). Kritisch zu Wright: *O. Wischmeyer*, N. T. Wright's Biblical Hermeneutics. Considered from a German Exegetical Perspective, in: C. Heilig/J. H. Hewitt/ M. F. Bird (Hrsg.), God and the Faithfulness of Paul. A Critical Examination of the Pauline Theology of N. T. Wright (WUNT 2/403), Tübingen 2016, 73–101.

[94]   Zu den Möglichkeiten literarisch-argumentativer Verwendung von Zitaten vgl. *Koch*, Schrift (s. Anm. 26), 258–273. Polemisch: besonders Gal 4,21; 5,14f.

[95]   Dazu s. u.

[96]   *Wilk*, Schriftbezüge (s. Anm. 29), 484f. *Koch*, Schrift (s. Anm. 26), spitzt stärker zu: Christologie, Gerechtigkeit Gottes und Gesetz, Israel, Paränese (285–302). Auf S. 299f. fasst er zusammen: »Im Gesamtvergleich zeigt sich, daß die Schriftverwendung des Paulus dort besonders dicht ist, wo er sich theologisch in direkten Widerspruch zur bisherigen (und d. h. im wesentlichen: jüdischen) Schriftauslegung begibt und dieser seine eigene Schriftinterpretation entgegenstellt«. Das gilt besonders für »die Themenbereiche des Gesetzes und der Erwählung Israels« (300). – Im vorliegenden Beitrag kann dies Thema nicht weiterverfolgt werden, da es zu der δικαιοσύνη-Diskussion gehört.

(5) Schließlich muss geklärt werden, in welchen *thematischen Kontexten* »die Schrift« im Gesamtgefüge der theologischen Themen des Paulus steht. *Wir könnten hier ein hermeneutisches Viereck der Offenbarungsmodi zeichnen: Gottesrede – Schrift – Evangelium – Geist.* Diese vier Größen werden durch *ein* theologisches Grunddatum zusammengehalten: *Gott spricht.* Daher gilt sowohl für die ganze γραφή wie auch für ihren zentralen Teil, den νόμος, dass die Schrift niedergelegtes Gotteswort ist. Gott hat zu den Vätern, zu Abraham und zu Mose gesprochen, er hat zu den Propheten und durch die Propheten gesprochen und durch die Propheten sein Evangelium (Röm 1,2) vor-angekündigt, das nun von Paulus »nicht nur im Wort, sondern auch in der Kraft und in dem heiligen Geist« verkündet wird (1 Thess 1,5). Gegenstand der Offenbarung ist Gottes »Sohn Jesus Christus [...], der geboren ist aus dem Geschlecht David nach dem Fleisch und erhöht ist zum Sohn Gottes in Kraft nach dem Geist der Heiligung aus der Auferstehung von den Toten« (Röm 1,3f.). Die Gottesrede ist, soweit sie an die Väter und die Propheten erging, in der Schrift niedergelegt. Zum gegenwärtigen Zeitpunkt aber, d. h. zur Zeit des Paulus,[97] wird die endgültige Gottesrede, das Evangelium von Jesus Christus, vom Apostel mündlich verkündet. Sie ist nicht Produkt des Schriftstudiums, auch nicht verschriftlicht, sondern Gabe des Geistes.

4. SCHRIFTHERMENEUTIK UND GEISTHERMENEUTIK

(1) Um einen Weg zu der argumentativ verschränkten und kleinteiligen Schrifthermeneutik des Paulus zu finden, wähle ich den Ausgangspunkt bei der *hermeneutischen Terminologie*: ἑρμηνεία, τύπος, ἀλληγορεῖν. Ἑρμηνεία, »Auslegung« oder »Übersetzung«, und ἑρμηνευτής, »Interpret«, begegnen im Neuen Testament ausschließlich bei Paulus, und zwar in der Abhandlung über die Charismen in 1 Kor 12–14, d. h. fokussiert auf die Auslegung oder Übersetzung der sogenannten Zungenrede.[98] Das Verb ἑρμηνεύειν im allgemeineren Sinne von »übersetzen« finden wir viermal in den neutestamentlichen Texten. Nur einmal, in Lk 24,27, begegnet διερμηνεύειν in seiner speziell hermeneutischen Bedeutung: »Und er begann von Mose und allen Propheten ihnen *auszulegen*, was in allen Schriften über ihn gesagt war«.[99] Hier haben wir das, was wir christologischen Schriftbeweis nennen und was Paulus in 1 Kor 10,4[100] und Gal 3,16[101] mit großer Selbstverständlichkeit anwendet, ohne das Verb zu benutzen. Christus

---

[97]   *Wischmeyer*, Konzepte von Zeit (s. Anm. 76), 371–375.

[98]   1 Kor 12,10; 14,26.28. Dazu *N. Treu*, Das Sprachverständnis des Paulus im Rahmen des antiken Sprachdiskurses (Diss., Friedrich-Alexander-Universität Erlangen-Nürnberg, 2016) (NET 26), Tübingen 2017 (im Druck).

[99]   Διερμηνεύειν als »übersetzen«: Apg 9,36; 1 Kor 12,30; 14,5.13.27.

[100]   »Der Felsen war Christus«. Zu den Voraussetzungen der Allegorie in der Exegese Philos vgl. *Zeller*, Korinther (s. Anm. 21), 328. Zeller ist gegenüber einer Christologie, die den »Logos schon im Alten Testament« findet (Apologeten), zu Recht skeptisch. Dass aber

ist Abrahams Erbe und als solcher in Gen 13,15; 17,8 und 24,7 genannt. Und Christus war beim Exodus der Israeliten geistlich anwesend. An diesen Stellen scheint etwas von der sogenannten hohen Christologie des Paulus auf, die die kosmisch-pneumatische Präexistenz Christi statuiert, wie sie explizit in Phil 2,6-8 formuliert ist: Christus war gottgleich und nahm (erst zu einem bestimmten Zeitpunkt) menschliche Gestalt an.[102] Vorher war er in pneumatischer Gestalt anwesend. Anders gesagt: Es gibt eine Zeit vor der Christusoffenbarung, aber keine Zeit ohne Christus.

Paulus kann diese spekulative Christologie *typologisch*[103] einführen wie in 1 Kor 10,11, wo er Strafen über Israel typologisch deutet:»Dies geschah ihnen [den Israeliten] als ein Vorbild (τυπικῶς), geschrieben aber wurde es *uns* zur Mahnung, zu denen das Ende der Zeiten gekommen ist«. Typologie ist hier ein hermeneutisches Instrument der *Applikation*. Applikation als Herstellung einer – meist moralischen oder lehrhaften,[104] auf jeden Fall aber aktualisierenden – Beziehung zwischen zwei Texten übt Paulus besonders in 1 Kor 9,9.10.[105] Hier deutet er Dtn 25,4 so:»Sorgt sich Gott etwa um Ochsen, oder spricht er überall um unsertwillen (δι' ἡμᾶς)? Um unsertwillen nämlich steht geschrieben: Auf Hoffnung hin soll der pflügen, der pflügt, und der drischt, soll in der Hoffnung dreschen, dass er sein Teil empfangen wird«.[106]

Das Verb ἀλληγορεῖν[107] verwendet Paulus einmal: Gal 4,24 im Zusammenhang der Frage nach der Interpretation der Abrahamsverheißung. Das wichtige Thema»Wer ist Kind oder Sohn Abrahams?«greift Paulus später noch einmal in Röm 9 auf. In Gal 4,24 setzt er das Verb im korrekten hermeneutischen Sinn als »Erhebung eines geänderten Bedeutungsgehaltes«.[108] In Gal 4,21-31 unterzieht Paulus Gen 15 und 21 – Hagar gebiert Ismael und Sara gebiert Isaak – einer allegorischen Interpretation, indem er die Frauen als»zwei Bundesschlüsse«

---

die Präexistenz Christi, die hier im »war« zum Ausdruck kommt, für Paulus gegeben war, lässt sich nur schwer bestreiten.

[101] Abrahams Nachkomme ist Christus.

[102] Vgl. Gal 4,4. Zu dem frühchristlichen Motiv von der »Erfüllung der Zeit« vgl. *R. N. Longenecker*, Galatians (WBC 41), Dallas, Tex. 1990, 170.

[103] Vgl. 1 Kor 10,6:»Dies ist zum τύπος für uns geschehen«; Röm 5,14:»Adam ist der τύπος dessen, der kommen soll«. Vgl. *Koch*, Schrift (s. Anm. 26), 216-221.

[104] So Röm 15,4. Vgl. *F. Wilk*,»Zu unserer Belehrung geschrieben ...« (Röm 15,4). Die Septuaginta als »Lehrbuch« für Paulus, in: W. Kraus/S. Kreuzer (Hrsg.), Die Septuaginta. Text, Wirkung, Rezeption (WUNT 325), Tübingen 2014, 560-579.

[105] Auch Röm 4,23f.

[106] Unbekanntes Zitat, vgl. *Koch*, Schrift (s. Anm. 26), 41f., anders *Zeller*, Korinther (s. Anm. 21), 306 mit Anm. 166: Zeller will ἐγράφη zurück auf die Deuteronomium-Stelle beziehen, sodass 1 Kor 9,10b paulinisch ist.

[107] Neutestamentliches Hapax legomenon.

[108] *J. Ulrich*, Art. Allegorie/Allegorese III. Kirchengeschichtlich, in: LBH (2013), 6f., hier 6.

interpretiert.[109] Allegorische Interpretation dieser Art finden wir öfter bei Paulus.[110] Paulus steht dabei einerseits im Zusammenhang der alexandrinischen Allegorese,[111] andererseits eröffnet er neben physischer, ethischer und mystischer Dimension einen weiteren Übertragungsbereich für Texte der γραφή: die Heilsgeschichte.

Wir müssen hier nicht wiederholen, dass und wie Paulus die exegetischen Regeln der Midraschim und der Pescharim beherrscht und anwendet und wie benachbart diese Praktiken den hellenistischen hermeneutischen Regeln sind.[112] Carol Bakhos definiert Midrasch folgendermaßen: »›Midrash‹ refers to a form and method of scriptural interpretation«, die vornehmlich rabbinisch sind.[113] Bakhos unterscheidet zwischen exegetischen und homiletischen Midraschim. Beide Spielarten entstanden »out of an attempt to understand laconic or obscure biblical verses, to make biblical ordinances relevant to the contemporary Jewish community, to teach moral lessons, and to maintain the Jewish metanarrative that shaped and continues to sustain the Jewish people«.[114]

Pescher wird ähnlich wie Midrasch verwendet. Shani Berrin Tzoref definiert: »The Hebrew term *pesher* [...] means ›interpretation‹ and is used to denote both a particular kind of contemporizing biblical interpretation found in some of the Dead Sea Scrolls, and a type of Qumran composition that is comprised of such exegesis«.[115] Wir haben gesehen, dass Paulus Gegenwartsdeutung auf der Basis der γραφή treiben kann. Das deutlichste Beispiel ist Gal 4, wo er, wie erwähnt, das Verb ἀλληγορεῖν verwendet. Wichtig ist, dass Paulus nicht nur das Mittel hellenistischer Allegorese, sondern eben auch die Regeln (vor)rabbinischer Exegese und Homiletik anwenden kann. Die griechischen und hebräischen Begriffe und Interpretationsformen liegen nahe beieinander. Sein Ziel ist aber wieder nicht die Erklärung oder Aktualisierung der Schrift, sondern die Bestätigung des Evangeliums.

Zusammenfassend lässt sich sagen: Paulus kennt und verwendet griechische und frühjüdische hermeneutische Methoden bei seiner Interpretation der γραφή, die auf die Unterstützung seines Evangeliums zielt.[116]

---

[109]   Siehe dazu *O. Wischmeyer*, Philippi und Jerusalem. Sind Phil 3,20 und Gal 4,24–26 politische oder ethische Texte?, in: ThZ 69 (2013), 298–319.

[110]   *Koch*, Schrift (s. Anm. 26), 202–216: 1 Kor 9,9; Gal 4,21–31; 1 Kor 10,1–13.

[111]   Vgl. *F. Siegert*, Art. Allegorie/Allegorese V. Judaistik, in: LBH (2013), 7f. Siegert spricht von pergamenisch-alexandrinischer Exegese.

[112]   *Koch*, Schrift (s. Anm. 26), 224–227.

[113]   *C. Bakhos*, Art. Midrash, Midrashim, in: EDEJ (s. Anm. 4), 944–949 (Lit.).

[114]   *Bakhos*, Midrash (s. Anm. 113), 945.

[115]   *S. Berrin Tzoref*, Art. Pesharim, in: EDEJ (s. Anm. 4), 1050–1055, hier 1050. Vgl. *Koch*, Schrift (s. Anm. 26), 227–230.

[116]   Vgl. *Koch*, Schrift (s. Anm. 26), 230–232, betont neben der Ähnlichkeit hermeneutischer Regeln (»grundsätzlich jüdisch-hellenistische Provenienz«, 230) auch die jeweiligen Unterschiede und paulinischen Eigenarten.

(2) Ich komme nun zu den beiden hermeneutisch grundlegenden *Texten* und beginne mit *Gal 3*, wo Paulus im Zusammenhang der Bestätigung der paulinischen Glaubenspredigt (ἀκοὴ τῆς πίστεως) durch die γραφή den Gegensatz von διαθήκη und νόμος, von »Bund« und »Gesetz«, entwickelt. Wir befinden uns in dem schon erwähnten Gerechtigkeitsdiskurs. Ich gehe auch hier nur auf den hermeneutischen Aspekt des Textes ein. Paulus will seine Botschaft von der Gerechtigkeit, die aus dem Glauben kommt, durch die Schrift bestätigen (Gal 3,8) und setzt dazu die Autorität von Schriftzitaten aus Gen 15,6 und 12,3 u.a. ein (Gal 3,6.8): Abraham ist aus Glauben gerecht geworden, und dasselbe wird für seine Erben zutreffen. In Gal 3,14–18 spitzt Paulus diese These auf Christus zu: »Die Segnung Abrahams geschieht durch Jesus Christus« (V.14.16). Diese Verheißung bezeichnet Paulus in Gal 3,17 als Testament oder Bund (διαθήκη). Sie sei an Abraham vierhundertdreißig Jahre, bevor das Gesetz erlassen wurde, ergangen (Gal 3,17). Die weitere Konstruktion eines heilsgeschichtlichen Zeitplans können wir nicht verfolgen, da Paulus hier – wie schon erwähnt – vom νόμος als einer theologischen Größe schreibt. Für unser Thema ist zweierlei wichtig, *erstens* dass Paulus trotz seiner heilsgeschichtlichen Konstruktion eines inversiven Heilsplans den νόμος nicht abwertet, da es nur *einen* Gotteswillen und einen Heilsplan gibt, zu dem das Gesetz gehört. Daher kann er in Gal 3,22 wieder von der γραφή sprechen: »Aber eingeschlossen hat *die Schrift* alles unter die Sünde«. *Zweitens* führt Paulus hier bereits den Begriff διαθήκη in die hermeneutische Thematik ein.

Die Differenzierung von Abrahamsverheißung und Mosegesetz – denn darum geht es hier letztlich – vermag uns exegetisch sicher nicht zu überzeugen. Für Paulus ist sie plausibel, da er nie von einem Schriftprinzip oder gar einem Autorenkonzept her denkt, sondern stets von der Gottesrede: Gott hat zuerst zu Abraham im Modus der Verheißung bzw. des Bundes, der διαθήκη, gesprochen, erst später dann zu Mose im Modus des νόμος, des Gesetzes. Die διαθήκη als die ursprüngliche Gottesrede hat Bestand. Beides ist in der γραφή – dem Pentateuch – niedergelegt. Daher wird auch der νόμος des Mose nicht abgewertet, sondern als Gottesrede zwischen der früheren διαθήκη Abrahams und dem εὐαγγέλιον des Paulus heilsgeschichtlich eingeordnet.

(3) Der Begriff der διαθήκη wird im 2.Korintherbrief hermeneutisch ausgearbeitet. Der wichtigste Gedanke des Paulus zur Schrifthermeneutik ist die Unterscheidung zwischen παλαιὰ und καινὴ διαθήκη, »altem« und »neuem Bund«, in *2Kor 3,1–4,6*. In diesem Text steht der Bundesbegriff im Mittelpunkt. Paulus diskutiert mit Hilfe der Antithese von γράμμα und πνεῦμα, von »Buchstabe« und »Geist«, die Frage nach der Autorisierung seiner Offenbarung im Gegenüber zur γραφή und vertieft sein Konzept des hermeneutischen Vierecks, indem er die Rolle des *Geistes* betont. Die These, die Paulus verteidigt, ist:

Denn der Buchstabe tötet, der Geist aber macht lebendig. (2 Kor 3,6)

Seine Argumentation beruht auf der in einer bestimmten Hinsicht negativen Bewertung der Moseoffenbarung auf dem Sinai nach Ex 34. Mose – ich paraphrasiere 2 Kor 3,4–18 – habe die Gesetzestafeln empfangen, aber das Gesetz habe sich als eine tötende Kraft erwiesen, weil die Israeliten das Gesetz nicht erfüllen konnten.[117] Γράμμα übersetzen wir am besten mit »buchstäbliches Verständnis« oder »buchstäbliche Anwendung«. Damit sind wir wieder in dem paulinischen Gerechtigkeitsdiskurs von der Anwendung des Gesetzes. Dem Begriffspaar von »Buchstaben (γράμμα) in Stein« und »Tod« auf der Seite der Offenbarung an Mose korrespondiert antithetisch das Begriffspaar von »Geist (πνεῦμα) (in den Herzen der Gemeinde)« und »Leben«,[118] also nicht ein neues Schriftwerk, das die Mosetafeln, die *pars pro toto* für die Tora stehen, überbieten könnte. Das erste Begriffspaar interpretiert Paulus als »Dienst des alten Bundes« (mit Mose), das zweite als »Dienst des neuen Bundes« (καινὴ διαθήκη), geknüpft an seine eigene Person: Er selbst ist es, der diesen Dienst ausführt.[119] Die Antithese Alt – Neu bezieht sich nicht auf zwei unterschiedliche Schriftencorpora – sodass den Mosetafeln und damit letzten Endes so etwas wie dem »Alten Testament« nun etwa das »Neue Testament« gegenüber stände[120] –, sondern ist heilsgeschichtlich im Sinne der Christusverkündigung zu verstehen. Es geht auch nicht um einen personalen Gegensatz zwischen Mose und Christus, sondern zwischen Mose und Paulus. Christus steht über diesen Gegensätzen.

In diesem Textzusammenhang erfindet Paulus gleichsam nebenbei die *Hermeneutik der Schrift* neu als *Hermeneutik des Geistes*. Die »Verlesung des Mose« bei den Juden (3,15f.) – hier wechselt Paulus von den Gesetzestafeln der Vergangenheit zur synagogalen Toralektüre seiner Gegenwart –, also vor allem der Pentateuch, wird den Juden *dann* Gottes volle Offenbarung bringen – und das heißt: sie zu Christus-Bekennern machen – wenn »sie sich zum Herrn bekehren«[121] und den Geist empfangen. Das impliziert zweierlei: Die γραφή kann nur vom Christusbekenntnis und vom Geistempfang her in ihrer eigentlichen Intention verstanden werden. Und andererseits: Vom Christusbekenntnis her verstanden, *ist sie aber selbst* bereits Christusverkündigung. Von hierher braucht Paulus kein »Neues Testament« im Sinne eines neuen Schriftencorpus.

---

117 Dieser Gedanke wird hier nicht weiter ausgeführt. Vgl. dazu Röm 1–8.

118 Paulus fügt noch »Verurteilung« auf der Seite des Mosegesetzes hinzu, korrespondierend dazu »Gerechtigkeit« für seinen eigenen Dienst der Verkündigung.

119 In 2 Kor 3,1–3 ist diese Interpretation schon angelegt: Die Korinther sind der Brief des Paulus an die Welt. Das im Einzelnen nicht stimmige Bild zeigt aber ganz deutlich die Parallele zwischen Mose und Paulus bzw. den Gesetzestafeln (aus Stein) und (den Herzen) der Gemeinde. So wie »das Gesetz« die Offenbarung durch Mose leitete, leitet »der Geist« nun die Offenbarung, die im Evangelium des Paulus erstrahlt.

120 Unabhängig von dem Anachronismus ist eine Beobachtung wichtig. Paulus denkt hier nicht an seine Briefe, sondern an die (mündliche) Evangeliumsverkündigung, die im Geist geschieht.

121 Ex 34,34. Hier hat Paulus den Septuagintawortlaut (γράμμα) gänzlich verändert.

Paulus spielt in diesem Zusammenhang noch mit einer weiteren doppelten Antithese: verhüllen – aufdecken und Verstockung – Freiheit. Was für Paulus das eigentliche hermeneutische Kriterium ist, bringt er in die Sentenz, die die These von 2 Kor 3,6 aufgreift und vertieft:

> Der Herr aber ist der Geist. Wo aber der Geist des Herrn ist, [da ist] Freiheit. (2 Kor 3,17)

Der Vordersatz: »Der Herr ist der Geist« kommentiert V. 16, wo Paulus Ex 34,34 aufgreift: »Sobald sich aber jemand zum Herrn bekehrt, wird die Decke [des Mose] weggezogen [von dem ›alten Bund‹]«. Paulus interpretiert den »Herrn« aus dem Zitat in 2 Kor 3,16 als »Geist«, d. h. der »neue Bund« des Geistes bringt Freiheit gegenüber der Buchstabenlektüre des Gesetzes. Aber Paulus scheint hier noch weitergedacht zu haben: Im neuen Bund gibt es *direkte* Offenbarung als Spiegelung der Herrlichkeit Christi. Damit rückt die »Schrift« endgültig in die zweite Reihe, ohne aber ihren Offenbarungscharakter und ihre Dignität als Gottesrede einzubüßen.[122]

Zusammenfassend lässt sich 2 Kor 3 Folgendes entnehmen: Paulus denkt *Offenbarung* nicht von dem verschriftlichen Text oder der kanonischen Buchsammlung der γραφή her, die ausgelegt werden muss. Vielmehr denkt und argumentiert er vom Geist her:

> Nur das will ich von euch wissen: Habt ihr den Geist aus den Werken des Gesetzes empfangen oder aus der Predigt des Glaubens? (Gal 3,2)

Medium der Offenbarung Gottes seit dem Kommen Christi ist der Geist, der sich in der Predigt den Glaubenden mitteilt. Diese Geist-Hermeneutik eröffnet die Möglichkeit souveräner *Textbenutzung* und Textinterpretation ebenso wie den *Verzicht* auf Textbenutzung.

(4) Ich stelle die Ergebnisse meiner Untersuchung zu »Paulus als Interpret der γραφή« in drei Thesen dar, die jeweils die Spannung in der Konzeption des Paulus abbilden:

Erstens: Die »Schrift« in Gestalt der Septuaginta[123] ist für Paulus die Basis seiner Argumentation, sowohl theologisch als auch ethnisch-kulturell. »Die Schrift« ist Gottesrede an Israel. Paulus verwendet keine anderen Bücher oder Autoritäten, wie es beispielsweise Philo tut, wobei seine Auswahl von Septuaginta-Quelltexten deutlich selektiv ist.[124] Paulus ist ohne die γραφή und ihre

---

122 Röm 3,2; 9,4–6.

123 Zu abweichenden Textvorlagen vgl. *Koch*, Schrift (s. Anm. 26), 48–88. Bemerkenswert ist die Tatsache, dass Paulus den Septuagintatext zitiert, ohne den Umfang der Bücher des Tanach zu überschreiten. Zitate aus Sirach und Sapientia fehlen (»Die Zitate des Paulus beschränken sich auf diejenigen Bücher, die nach 70 n. Chr. vom pharisäisch-rabbinischen Judentum endgültig als kanonisch anerkannt wurden«, 47).

124 Dazu *Koch*, Schrift (s. Anm. 26), 47 f.: »Die deutliche Bevorzugung einiger Schriften

umfassende Autorität nicht denkbar. Andererseits gilt: Paulus hat in drei seiner Briefe (Phil, Phlm, 1 Thess) keinmal die Schrift zitiert. Er *kann* sein Evangelium auch ohne Schriftbezug darlegen.

Zweitens: Paulus sieht seine Evangeliumsbotschaft vollständig im Einklang mit »der Schrift«, die sich im Kommen Christi »erfüllt«. Andererseits gilt: Das Kommen Christi überbietet »die Schrift«. Diese »Überbietung« oder »Überholung« kann unterschiedlich dargestellt werden, als Vorwegnahme, Kontinuität, Identität oder eben Überbietung.

Drittens: Auf dem Evangelium beruht seine Einschätzung der Septuaginta als Teil des alten Bundes (παλαιὰ διαθήκη) »im Buchstaben«, dem der neue Bund (καινὴ διαθήκη) »im Geist« gegenübersteht. Dieser eigene hermeneutische Grundgedanke des Paulus ist aber *nicht* die theoretische Basis der späteren zweiteiligen christlichen Bibel Alten und Neuen Testaments, obgleich die Diktion der Kirchenschriftsteller[125] auf Paulus zurückgreift, sondern die Basis für die Evangeliumspredigt, die nicht aus der Schrift, sondern aus dem Geist kommt und die den Anbruch der neuen Schöpfung und des neuen Bundes ansagt. *In dem hermeneutischen Viereck des Paulus (Gottesrede – Schrift – Evangelium – Geist) hat nicht ein Neues Testament, sondern das Evangelium seinen Platz.* An ein »Neues Testament« als Pendant zur »Schrift« und als zweites und eigentliches Referenzwerk der »Christianer« hat Paulus nicht gedacht.

5. LEISTET DIE PAULUSEXEGESE EINEN BEITRAG ZUR FRAGE NACH DEM STATUS DES ALTEN TESTAMENTS IN DER ZWEITEILIGEN CHRISTLICHEN BIBEL?

Folgen wir Hans von Campenhausen, werden wir diese Frage grundsätzlich bejahen müssen. Von Campenhausen schreibt in der Einleitung zu seinem großen Werk »Die Entstehung der christlichen Bibel« von 1968:

> Schon die paulinischen Worte über die alte Schrift und der Gebrauch, den er von ihr macht, sind von großem prinzipiellen Gewicht, und auch das, was Justin und Irenäus, Tertullian und Origenes über ihren Kanon jeweils zu sagen haben, beruht durchaus auf einer »ernsthaften dogmatischen Denkarbeit«.[126]

(Jes, Ps, Gen, Dtn, XII) entspricht zeitgenössischer jüdischer Zitier- und Auslegungspraxis« (ebd.). Allerdings registriert Koch »eine weitere Reduktion« (ebd.) mit der fehlenden Bezugnahme auf die Geschichtsbücher.

[125] S. Anm. 6 und 7.

[126] *Von Campenhausen*, Entstehung der christlichen Bibel (s. Anm. 7), 2, mit Bezug auf Theodor Zahn.

Seine abschließenden Thesen zum Thema »Paulus und das Alte Testament« lauten:

> Paulus hat die Voraussetzungen geschaffen, unter denen es möglich wurde, die alte Schrift zu übernehmen und neben das »Alte« in deutlicher Unterscheidung ein »Neues« Testament zu stellen. Tatsächlich hat die christliche Bibel eine paulinische oder doch von Paulus inaugurierte Konzeption der Heilsgeschichte zu ihrer bleibenden Voraussetzung und ist insofern ohne Paulus nicht denkbar.[127]

Diese Einschätzung von Campenhausens verdankt sich dem Blick des Patristikers, der von dem Vorhandensein der Bibel »Alten« und »Neuen« Testaments ausgeht und ihre Entstehungsgeschichte rekonstruiert. Dafür bietet sich die Begrifflichkeit des 2. Korintherbriefes als Ausgangspunkt an. Aus der Sicht der Neutestamentlichen Wissenschaft verschieben sich aber die Akzente. Blickt man nämlich nicht rückwärts von der zweiteiligen christlichen Bibel der beiden Testamente auf die Gemeindebriefe des Paulus, sondern vorwärts von der γραφή auf ihre Benutzung durch den Pharisäer und Apostel Jesu Christi *Paulus*, zeichnet sich gerade kein »Neues« und damit eben auch kein »Altes« Testament ab. Auf ein »Neues Testament« zielen seine Briefe nicht. Die »Schrift« in Gestalt der Septuaginta ist vorhanden, und sie ist und bleibt Gottesrede und braucht keine schriftliche »zweite« Gottesrede. Die Gottesrede des jetzigen Zeitpunktes, des νῦν καιρός, ist *mündlich* und *geistlich*, d. h. geistgewirkt: das Evangelium, das Paulus verkündigt. Wir finden bei Paulus nicht die Intention, die γραφή aufzugeben, da sie das gegenwärtige Heil vor-ansagt. Ebenso wenig finden wir die Intention, eine neue γραφή zu schreiben, da solche neue γραφή nicht notwendig ist. Die Begrifflichkeit von altem und neuem Bund bezieht sich, wie erläutert, nicht auf verschiedene Schriftencorpora. Das bedeutet *erstens*, dass Paulus ohne »Neues Testament« auskommt, da er selbst Träger des Evangeliums ist, *zweitens*, dass er auch ohne »die Schrift« argumentieren kann, diese aber niemals aufgibt, da sie für immer Gottesrede ist. Auf die Frage nach der Bedeutung des Alten Testaments für die christlichen Kirchen wäre die Antwort des Paulus: »Die Schrift« bleibt, da sie auf das Evangelium verweist. Eine zweite, gleichsam »christliche« Schrift ist überflüssig, denn »der *Geist* steht uns in unserer Schwachheit bei« (Röm 8,26).[128]

Plausibler ist der Hinweis von Campenhausens auf die Heilsgeschichte als Grundlage der zweiteiligen Bibel der Kirche.[129] Wie sollen wir das paulinische Konzept von Heilsgeschichte verstehen? Heilsgeschichte im Sinne des Paulus ist Teil der Christologie oder, wenn wir theologisch-systematisch denken, Teil von

---

127 *Von Campenhausen*, Entstehung der christlichen Bibel (s. Anm. 7), 46.
128 Die Frage muss gestattet sein: Hätte Paulus zur Erbauung die Evangelien gelesen bzw. lesen wollen?
129 Dazu: *F. Avemarie*, Heilsgeschichte und Lebensgeschichte bei Paulus, in: Frey / Krauter / Lichtenberger, Heil und Geschichte (s. Anm. 75), 357–383.

Gottes Heilshandeln an den Menschen. Dies beginnt nicht erst mit der Mensch-
werdung Christi, sondern ist von Anbeginn der Welt an wirksam und war und
bleibt auch dann vornehmlich auf Israel bezogen, wenn in Christus als dem
neuen Adam (Röm 5) die ganze Menschheit einbezogen wird (Röm 9–11), ohne
dass Israel und seine Geschichte aufgegeben werden. Diese theologische Überzeugung stellt tatsächlich die Grundlage der späteren zweiteiligen Bibel der Alten Kirche dar – allerdings findet sich eine eigene heilsgeschichtliche Theologie
auch in den synoptischen Evangelien.[130]

Schließlich will ich noch einmal die Rolle der Evangeliumsoffenbarung als
eines Wortgeschehens im Rahmen der eschatologischen Situation, die durch die
Freiheit des Geistes gekennzeichnet ist, betonen. Weder die γραφή noch eine
neue Schrift sind in der »Jetztzeit« (ὁ νῦν καιρός) entscheidend. Mit dem Anbruch
der καινὴ κτίσις, der »neuen Schöpfung«, ist die Berufung auf die Schrift eigentlich überflüssig geworden, jedenfalls kann sie entfallen. Andererseits kämpft
Paulus mit den transrationalen Geistesgaben und kann gegenüber den Korin-
thern auf »das, was geschrieben steht«, verweisen.[131] Es sind dieselben Korinther, die er als »geistlichen Brief« des Evangeliums bezeichnet.[132] *Die Spannung
zwischen Schrift und Geist löst Paulus nicht auf. Beide* Größen gehören *bleibend* zu
dem hermeneutischen Viereck von *Gottesrede – Schrift – Evangelium – Geist.* Es
gibt keine glatte Lösung, kein Votieren »für oder gegen die Schrift«. Paulus lebt
im νῦν καιρός, der καινὴ διαθήκη. Was er tut, ist *Interpretation der Schrift* von seinem Evangelium her, und zwar *Interpretation der* γραφή *als der* παλαιὰ διαθήκη,
die aber nicht aufhört, Gottes und damit bereits auch Christi Wort zu sein.

---

[130]   Dazu: *R. Deines*, Das Erkennen von Gottes Handeln in der Geschichte bei Matthäus,
in: Frey/Krauter/Lichtenberger, Heil und Geschichte (s. Anm. 75), 403–441.
[131]   1 Kor 4,6. Zum Text vgl. *Zeller*, Korinther (s. Anm. 21), 180f. Dort Diskussion der
Literatur. Ich verstehe den Vers mit *A. Lindemann*, Der Erste Korintherbrief (HNT 9,1),
Tübingen 2000, 102, als Verweis auf die Schriftzitate von 1 Kor 3,19f.
[132]   2 Kor 3,3.

DAS ALTE TESTAMENT IN DER ALTEN KIRCHE

Volker Henning Drecoll

Für die Zeit der Alten Kirche ist das Alte Testament die Septuaginta.[1] Die Bedeutung, die die Septuaginta im Neuen Testament hat, behält sie auch in den Jahrhunderten der Alten Kirche bei. Ohne Septuaginta ist weder die Entstehung und Entwicklung christlicher Theologie denkbar noch die des christlichen Gottesdienstes und der Kirche als Institution. Das ist in den vergangenen Jahrzehnten in verschiedenen Debatten der Forschung besonders deutlich geworden.

1. UNIVERSALITÄT UND VIELFÄLTIGE AUSDEUTUNG

Für die Frage, wie konnte das Christusereignis gedeutet und verkündigt werden, griff das frühe Christentum wie selbstverständlich auf die Schriften zurück, die im Judentum besondere Autorität innehatten.[2] Die Septuaginta selbst zeigt – trotz der engen Orientierung an dem hebräischen Wortlaut und damit verbundenen sprachlichen Eigenheiten – eine weitreichende Inkulturation des Judentums in die hellenistische Welt.[3] Judentum ist in dieser Zeit ein komplexes Gebilde aus Diaspora mit großen Zentren in Alexandria und anderen Städten und einer mehr oder weniger bewusst jüdischen Bevölkerung in einem instabilen Territorium in

---

[1]   Erst nach und nach ist der exakte Umfang des Kanons verbindlicher Schriften fixiert worden. Das gilt auch für die Septuaginta. Dabei hat sich im späten 2. und dann im 3. Jahrhundert im Christentum eine andere Textgruppe etabliert als im zunehmend rabbinisch geprägten Judentum. Diese Normierungen sind für das 1. und frühe 2. Jahrhundert allerdings noch nicht vorauszusetzen, vgl. *D. Stökl Ben Ezra*, Qumran. Die Texte vom Toten Meer und das antike Judentum (Jüdische Studien 3), Tübingen 2016, 177–182.

[2]   Vgl. *J. Lust*, Septuagint and Messianism, in: H. Graf Reventlow (Hrsg.), Theologische Probleme der Septuaginta und der hellenistischen Hermeneutik (VWGTh 11), Gütersloh 1997, 26–45, hier 26f.

[3]   Hierfür ist allerdings nicht eine gleichsam sekundär hinzutretende Hellenisierung anzunehmen (wie *M. Harl*, La langue de la Septante, in: G. Dorival / M. Harl / O. Munnich (Hrsg.), La Bible grecque des Septante. Du judaïsme hellénistique au christianisme ancien [ICA], Paris 1988, 223–266, hier 254f., zu Recht betont), sondern eine vielgestaltige und über Jahrhunderte sich erstreckende Entwicklung und Verbindung mit Vorstellungen, Gedanken, Verhaltens- und Mentalitätsmustern der jeweiligen Kultur.

Palästina, das nach und nach immer stärker unter den Einfluss der Römer geriet, bis es als Provinz direkt dem Imperium Romanum einverleibt wurde.[4] Schon vor 50 Jahren konnte Martin Hengel nachweisen, dass keineswegs nur in der Diaspora, sondern auch in Palästina selbst eine tiefe kulturelle und geistige Amalgamation stattgefunden hat.[5] Judentum und Hellenismus sind für das 1. Jahrhundert v. Chr. nicht auseinanderdividierbar. Man kann also keineswegs einen griechischen von einem jüdischen Geist unterscheiden.[6] Hellenistisches Judentum kann nicht so verstanden werden, dass eine relativ klare Gruppenidentität nachträglich ein hellenistisches Gepräge oder Äußeres angenommen hat, das sich von der Substanz, dem eigentlichen Kern ablösen ließe. Genauso gut könnte man von einem jüdischen Hellenentum sprechen oder von einem griechisch-jüdischen »Geist«. Konstruktionen, die auf eine Abwehr des Hellenismus setzen und ein vermeintlich nicht-hellenistisches Judentum einfordern, entstehen zwar in dieser Zeit, sind aber nicht nur in sich tief zerstritten,[7] sondern im Grunde auch nachträglich gebildete Konstruktionen, für die sich überlegen ließe, ob sie nicht mit dem Konzept der aus dem Frühmittelalter bekannten Ethnizität beschrieben werden könnten[8] – Ethnizität wird dabei verstanden als gesuchte, *ex post* konstruierte Gruppenidentität, für die Normen und gemeinsame Geschichte als spezifischer Identitätsmarker postuliert werden (s. dazu weiter unten 3.). An dem weitgehend hellenistischen Charakter des Judentums dieser Zeit ändern diese Entwicklungen zunächst nichts, zumal die Grenzen des Judentums keineswegs scharf zu ziehen sind.[9] Unterschiedliche Formen der Toraobservanz standen nebeneinander, jüdische Riten und Bräuche wurden in unterschiedlicher Weise praktiziert, Gebote wie Sabbatruhe oder Speisegebote in sehr verschiedener Weise interpretiert. Menschen, die sich dem Judentum verbunden fühlten oder es attraktiv fanden, von einer jüdischen Mutter abstammten oder aus Familien kamen, in denen es jüdische Anteile gab oder in denen sich umgekehrt die Observanz jüdischer Riten reduziert oder verloren hatte, standen nebeneinander und gehörten in unterschiedlicher Weise dazu. Selbst die Beschneidung ist als

---

[4]   Vgl. dazu *P. Schäfer*, Geschichte der Juden in der Antike. Die Juden Palästinas von Alexander dem Großen bis zur arabischen Eroberung, Tübingen ²2010, 97–144.

[5]   Vgl. hierzu *M. Hengel*, Judentum und Hellenismus. Studien zu ihrer Begegnung unter besonderer Berücksichtigung Palästinas bis zur Mitte des 2. Jh. v. Chr. (WUNT 10), Tübingen 1969, 192f.

[6]   Noch unbefangen einen »griechischen Geist« skizzieren konnte *H. Jonas*, Gnosis und spätantiker Geist, Bd. 1: Die mythologische Gnosis, Göttingen ³1964, 141, doch versuchte er zugleich, die Geschichte des Christentums gerade nicht als Übernahme gleichsam fremden Materials zu zeichnen, vgl. 81f.

[7]   Vgl. *Hengel*, Judentum und Hellenismus (s. Anm. 5), 458f.

[8]   Vgl. *W. D. Hauschild/ V. H. Drecoll*, Lehrbuch der Kirchen- und Dogmengeschichte, Bd. 1: Alte Kirche und Mittelalter, Gütersloh ⁵2016, 540.

[9]   Vgl. dazu *S. J. D. Cohen*, Crossing the Boundary and Becoming a Jew, in: HTR 82 (1989), 13–33; *B. Wander*, Gottesfürchtige und Sympathisanten. Studien zum heidnischen Umfeld von Diasporasynagogen (WUNT 104), Tübingen 1998.

klarer Identitätsmarker des Judentums in dieser Zeit nicht geeignet. Man hat mit sehr großen, grauen Rändern zu rechnen, mit religiösem Desinteresse ebenso wie mit der Behauptung, die eigene Lebensweise sei die authentisch jüdische.

Keineswegs ist diese spezifische Mélange des hellenistischen Judentums auf die Kulturgeschichte und die Lebensform beschränkt. Sie ist auch ein geistig sehr fruchtbares Milieu gewesen, sowohl im Hinblick auf Weltdeutung als auch im Hinblick auf religiöse Vorstellungen. Monotheismus, so ein wichtiges Ergebnis der religionsgeschichtlichen Forschung der letzten Jahrzehnte, ist dabei eine vergleichsweise ungenaue Kategorie, die sich nur aus dem Vergleich mit einem Polytheismus, in dem mehrere Gottheiten nebeneinander verehrt werden, noch rechtfertigen lässt.[10] Die explizite Behauptung, nur den einen wahren Gott zu verehren, geht im Judentum dieser Zeit einher mit unterschiedlichen Vorstellungen, wie dieser eine, wahre Gott die Welt geschaffen hat, lenkt, richtet. Zugleich findet sich eine Pluralität von Verehrung, die Engel oder erhöhte Figuren ebenso miteinbezieht wie präexistente Größen.[11] In apokalyptischen Vorstellungswelten ist die Vorstellung eines von Gott eingesetzten universalen Herrschers zuhause. In kosmologischen Spekulationen werden unter anderem die Weisheit, die Herrlichkeit oder der Name Gottes personalisiert und verselbständigt. Beide Vorstellungskomplexe konnten auch miteinander verbunden werden.[12] Zwar sind diese hypostasierten Größen durchweg dem einen, wahren Gott zugeordnet, doch liegen hier Vorstellungswelten vor, an die die Deutung des Christusgeschehens gut anknüpfen konnte.[13] Zusammen mit den Vorstellungen vom Geist Gottes als einer in heiligen Menschen wirkenden Kraft sind auch Anlagen trinitarischer Strukturen greifbar.[14] Diese Strukturen sind nicht so sehr aus den rabbinischen Quellen zu erheben, sondern aus Apokryphen und aus (zum Teil später überarbeiteten) Texten. Verschiedenen methodischen Unsicherheiten und Fragezeichen zum Trotz kann man festhalten, dass Binnendifferenzierungen und Funktionszuschreibungen des Göttlichen zunehmen und sich von hier aus wichtige Kontinuitäten zu christlichen Deutungsmustern ergeben, wie sie im Neuen Testament und zeitgleich entstandenen Schriften (die man später zum Teil als »Apostolische Väter« zusammenstellte) begegnen. Die Septuaginta wird dabei selbst zur Reflexionsfläche entsprechender Deutungen, etwa wenn das Ne-

---

[10]   Vgl. *G. Ahn*, Art. Monotheismus und Polytheismus I. Religionswissenschaftlich, RGG⁴ 5 (2002), 1457–1459, hier 1458.

[11]   Vgl. *L. W. Hurtado*, How on Earth Did Jesus Become a God? Historical Questions about Earliest Devotion to Jesus, Grand Rapids, Mich. 2005, 119–122.

[12]   Vgl. *M. Hengel*, Jesus als messianischer Lehrer der Weisheit und die Anfänge der Christologie, in: M. Hengel / A. M. Schwemer, Der messianische Anspruch Jesu und die Anfänge der Christologie. Vier Studien, Tübingen 2001, 81–131, hier 116–120.

[13]   Vgl. *J. Dochhorn*, Zu den religionsgeschichtlichen Voraussetzungen trinitarischer Gottesvorstellungen im frühen Christentum und in der Religion Israels, in: V. H. Drecoll (Hrsg.), Trinität (Themen der Theologie 2), Tübingen 2011, 11–79, hier 32–53.

[14]   Vgl. *Dochhorn*, Voraussetzungen (s. Anm. 13), 64f.

beneinander von κύριος und κύριος, »Herr« und »Herr«, in Ps 109,1 LXX zum Anknüpfungspunkt entsprechender Deutungen wird.[15] In philosophischer Hinsicht hebt besonders Philo das Wirken des göttlichen Logos und seiner Sophia hervor. Die Abgrenzung biblischer Texte von den sogenannten Apokrypha ist in der Zeit des 1./2. Jahrhunderts n. Chr. für das Alte Testament noch sehr flexibel, das Neue Testament ist als autoritatives Textcorpus noch gar nicht etabliert (dies geschieht im Hinblick auf die vier Evangelien, den größten Teil des Corpus Paulinum und einige weitere Texte erst Ende des 2. Jahrhunderts).[16] Aus alledem ergibt sich vor allem eines: Ohne das Alte Testament in diesem jüdisch-hellenistischen Umfeld, ohne die Ausdeutung der Heilsverheißungen an Israel auf eine universale Perspektive, ohne die Vorstellungen einer Zionswallfahrt als Wallfahrt der Heiden und aller Völker zum Zion sowie des stellvertretenden Leidens des Gottesknechtes als einem Inbegriff gottgemäßen Verhaltens und ohne die Ausweitung apokalyptischer Tendenzen auf die Gesamtwelt (etwa greifbar im Menschensohnbegriff)[17] sind auch die ältesten Deutungen des Christusgeschehens (Paulus und bei ihm greifbare ältere Traditionen wie der sogenannte Philipperhymnus[18]) nicht verständlich. Das Alte Testament in seiner griechischen Form ist die zentrale Voraussetzung für die Christologie und die Trinitätslehre. Dass man über Christus denken muss »wie über Gott«,[19] ist nur aufgrund des Alten Testaments möglich.

2.   DIE ANGEBLICHE »ABLEHNUNG DES ALTEN TESTAMENTS« DURCH MARKION, GNOSIS, MANICHÄISMUS

2.1   Markion

In der Debatte um Markion sind für das Alte Testament besonders die sogenannten Antithesen wichtig. Dabei ist unklar, ob Markion wirklich ein Werk

---

[15]   Vgl. *M. Hengel*, »Setze dich zu meiner Rechten!«, in: ders., Kleine Schriften, Bd. 4: Studien zur Christologie, hrsg. von C.-J. Thornton, Tübingen 2006, 281–367, hier 363–367.

[16]   Vgl. *C. Markschies*, Haupteinleitung, in: C. Markschies/J. Schröter (Hrsg.), Antike christliche Apokryphen in deutscher Übersetzung, Bd. 1,1: Evangelien und Verwandtes, Tübingen 2012, 1–183, hier 34–66.

[17]   Die vielfältigen universalistischen Tendenzen in den jüngeren Teilen des Alten Testaments und ihre Deutungen in der Septuaginta sind keineswegs nur unter dem Stichwort »Messianismus« zu fassen (dazu vgl. *M. Harl*, La Septante aux abords de l'ère chrétienne. Sa place dans le Nouveau Testament, in: Dorival/Harl/Munnich, La Bible grecque [s. Anm. 3], 269–288, hier 282–288), vgl. *Hengel*, Jesus als messianischer Lehrer (s. Anm. 12), 121. Insbesondere die Eschatologie dürfte hier einen prägenden Bezugsrahmen darstellen, vgl. *J. Schaper*, Der Septuaginta-Psalter als Dokument jüdischer Eschatologie, in: M. Hengel/A. M. Schwemer (Hrsg.), Die Septuaginta zwischen Judentum und Christentum, Tübingen 1994, 38–61, hier 59.

[18]   Vgl. *Hurtado*, Jesus (s. Anm. 11), 88–107.

[19]   2 Clem 1,1 (SUC 2, 238,2f. Wengst).

mit diesem Titel verfasst hat. Unklar ist sodann, ob es sich dabei um eine Art Einleitung oder Begleittext zur Bibel Markions handelt.[20] Auch sind der Wortlaut und die Intention des Evangeliums, das Markion seiner Theologie zugrundegelegt hat, jüngst neu in die Diskussion geraten.[21] Dabei ist besonders fraglich, ob Markion bereits vorhandene Evangelien oder deren Vorläufertexte verarbeitet hat. Sogar die These, dass Markion die Gattung Evangelien geradezu erfunden habe, wird erneut vertreten.[22] Allerdings würden sich daraus erhebliche Probleme für die Verbreitung von Evangelienhandschriften im 2. Jahrhundert und für die Textkritik ergeben.[23] Auch die damit zusammenhängende Frage, wie sich zu dieser literaturgeschichtlichen Hypothese der theologische Ansatz Markions verhält, ist nur ungenügend geklärt. Jedenfalls ergibt sich aus dieser Diskussion eine erneute Debatte über Ursprung und Eigenart der vier Evangelien sowie für die Mechanismen, durch die diese Texte als Kernbestand eines Neuen Testaments neben das Alte Testament gestellt wurden. Für das Alte Testament stellt sich dann weiterhin die Frage, welche Rolle das Alte Testament für Markions Theologie spielte. Hier ist eigentlich schon seit Harnack klar, dass für Markion das Alte Testament keineswegs bedeutungslos war,[24] im Gegenteil könnte man sagen: Erst das Alte Testament lässt die Eigenart der Gottesoffenbarung in Christus denn auch wirklich hervortreten, insbesondere das Neuartige daran. Besonders Hinweise auf den Zorn Gottes und seine Gerechtigkeit könnten zeigen, dass Tertullians Referat über die Zwei-Götter-Lehre ein häresiologisches Konstrukt ist,[25] das zwar enorm Karriere gemacht hat, letztlich aber Markion nicht trifft. Markion könnte insbesondere zwischen der Offenbarungsart im Alten Testament und in Christus unterschieden haben und betont haben, dass Gott sich nun anders, in neuer Weise zeigt, sich gleichsam jetzt festgelegt hat auf die Liebe, die er in seinem Sohn offenbart hat.[26] Im Vergleich mit gnostischen Texten erscheint Markions Theologie dann als besonders biblisch fundierte Theologie, wobei bib-

---

[20] Vgl. *W. Löhr*, Art. Markion, in: RAC 24 (2010), 147–173, hier 150.

[21] Vgl. dazu den Überblick bei *J. BeDuhn*, New Studies of Marcion's Evangelion, in: ZAC 21 (2017), 8–24.

[22] So *M. Vinzent*, Marcion and the Dating of the Synoptic Gospels (StPatr Supplements 2), Leuven 2014.

[23] Vgl. *U. Schmid*, Das marcionitische Evangelium und die (Text-)Überlieferung der Evangelien. Eine Auseinandersetzung mit dem Entwurf von Matthias Klinghardt, in: ZAC 21 (2017), 90–109.

[24] Vgl. *A. von Harnack*, Marcion. Das Evangelium vom fremden Gott. Eine Monographie zur Geschichte der Grundlegung der katholischen Kirche. Neue Studien zu Marcion, Leipzig ²1924 (Nachdruck Darmstadt 1960), 93f.

[25] Vgl. *J. Lieu*, Marcion and the Making of a Heretic. God and Scripture in the Second Century, New York 2015.

[26] Vgl. *B. Aland*, Sünde und Erlösung bei Marcion und die Konsequenz für die sog. beiden Götter Marcions, in: G. May / K. Greschat (Hrsg.), Marcion und seine kirchengeschichtliche Wirkung. Vorträge der Internationalen Fachkonferenz zu Marcion, gehalten vom 15.–18. August 2001 in Mainz (TU 150), Berlin 2002, 147–157, hier 156.

lisch heißt: auch alttestamentlich geprägt. Die Zuordnung von Altem Testament und Christusoffenbarung ist zwar anders geartet als bei Justin, doch scheidet das Alte Testament keineswegs schlichtweg aus, sondern ist auch für das Verständnis des Christusereignisses nach wie vor zentral. Insofern kann Markion auch nicht als Kardinalzeuge dafür bemüht werden, dass es immer schon Formen des Christentums gegeben habe, die vom Neuen Testament aus das Alte Testament »abgelehnt« hätten. Natürlich lässt sich einwenden, dass für Markion das Verhältnis von Altem Testament und Christusereignis aus Gegensätzen besteht, aber solche Gegensätze finden sich als Hinweis auf Überbietung und Neuorientierung in vielen Texten (nicht nur bei Paulus). Wenn der in Christus offenbarte Gott eine »Übergipfelung« dessen ist, was im Alten Testament über Gott deutlich wurde, müsste das analog auch für das Alte Testament in Markions Deutung gelten. Erst eine genauere Analyse der Darstellung Markions durch Tertullian in dessen monumentalem Werk *Adversus Marcionem*, für das bis heute ein umfassender Kommentar fehlt, könnte hier zu weiterer Klärung beitragen.[27]

2.2   Gnosis

Als Kandidat für eine christliche Theologie, die das Alte Testament aussondert oder pauschal ablehnt, kommt auch die Gnosis nicht infrage. Denn entweder beruht die Entstehung der Gnosis unter anderem auch auf einer Verarbeitung und Neuinterpretation alttestamentlicher Texte wie Gen 1–3 und Gen 6[28] und wäre dann insbesondere für die Entwicklung der allegorischen Exegese wichtig, oder die Entstehung der Gnosis hat insgesamt deutlich weniger mit dem Alten Testament zu tun als bisher angenommen. Dann wäre das Alte Testament aber insbesondere für die Entfaltung gnostischer Spekulationen sekundär in Gebrauch genommen worden. Dass man sich gnostischerseits mit dem Alten Testament beschäftigt hat, zeigt insbesondere Ptolemäus' *Epistula ad Floram*. Dabei ist in der jüngeren Diskussion erneut infrage gestellt worden, inwiefern dieser Brief bereits eine Trennung zwischen Demiurg und Soter, Schöpfer und Heiland aufruft – oder ob nicht beide Größen eine Art Handlungseinheit bilden (analog zu dem, was sich aus Herakleons Fragmenten erheben lässt).[29] Jedenfalls zeigt der Brief eine intensive Befassung und positive Umdeutung alttestamentlicher Be-

---

[27]   Demgegenüber dürfte ein Rückgriff auf *Harnack*, Marcion (s. Anm. 24), eher die Theologie Harnacks klären als für den historischen Befund hilfreich sein, vgl. *W. Kinzig*, Ein Ketzer und sein Konstrukteur. Harnacks Marcion, in: May/Greschat, Marcion (s. Anm. 26), 253–274, hier 271.

[28]   Dafür könnte man etwa auf *J. Lahe*, Gnosis und Judentum. Alttestamentliche und jüdische Motive in der gnostischen Literatur und das Ursprungsproblem der Gnosis (NHMS 75), Leiden 2012, verweisen.

[29]   Vgl. *C. Markschies*, Individuality in Some Gnostic Authors. With a Few Remarks on the Interpretation of Ptolemaeus, Epistula ad Floram, in: ZAC 15 (2011), 411–430, in Auseinandersetzung mit *H. Schmid*, Ist der Soter in Ptolemäus' Epistula ad Floram der Demiurg? Zu einer These von Christoph Markschies, in: ZAC 15 (2011), 249–271.

züge, die zwar zum Teil von einem bestimmten Verständnis neutestamentlicher Texte (besonders des Johannesevangeliums) geprägt ist, aber nicht einfach das Alte Testament ablehnt.

Dass die Gnosis sich sehr intensiv mit alttestamentlichen Texten befasst hat, zeigen dann insbesondere Texte, die sich als *counter-exegesis* beschreiben ließen. Insbesondere Texte wie die »Hypostase der Archonten«, aber auch die Gottesnamen bei den Ophiten und die Jaldabaoth-Figur im Apocryphon Johannis stellen massive Verarbeitungen des Alten Testaments dar. Diese Bezüge lassen sich nicht vorschnell als Abwertung des Alten Testaments einer »großkirchlichen« positiven Rezeption gegenüberstellen, sondern ähneln im methodischen Vorgehen, insbesondere in der Allegorisierung und Ausdeutung im Hinblick auf die göttliche Seins- und Handlungsebene durchaus dem, was auch an anderer Stelle im frühen Christentum geschieht.[30] Die neuere Diskussion über die Verortung der Nag-Hammadi-Codices im pachomianischen Mönchtum des 5. Jahrhunderts (sogenannte Oslo-Schule[31]) würde hierzu noch weitere Fragen aufwerfen, da alttestamentliche Texte insbesondere im frühen Mönchtum eine große Rolle gespielt zu haben scheinen. (Dazu fehlen allerdings bisher noch einschlägige Forschungen.)

2.3 Manichäismus

Ein kurzer Blick auf den Manichäismus ändert an diesem Bild nur wenig. Auch hier ist in der jüngeren Forschung deutlich geworden, dass Manichäer zwar davon ausgingen, dass das Alte Testament das Gesetz in unerträglicher Weise entstellt,[32] dass dies aber seinerseits intensive exegetische Arbeit voraussetzt, die sich dann auch in etlichen allegorischen Umdeutungen alttestamentlicher Bezüge auf die manichäische Erzählstruktur niederschlägt. Da der Manichäismus in weiten Teilen des Imperium Romanum als christliche Kirche auftritt, spielt die Diskussion um die Bibel eine starke Rolle – und hierbei tauchen zwar auch die antignostischen häresiologischen Stereotype auf, denen zufolge die Manichäer das Alte Testament ablehnen, doch dürfte dies den Befund nur einseitig aus antimanichäischer Perspektive beschreiben. Manichäer wie Adimantus[33] und Faustus haben sich intensiv mit dem Alten Testament befasst und es auf ihre Weise gedeutet.[34] Augustin fühlt sich jedenfalls veranlasst, gegen die Manichäer die

---

[30]   Vgl. hierzu *A. Busch*, Characterising Gnostic Scriptural Interpretation, in: ZAC 21 (2017), 243–271.

[31]   Paradigmatisch sei hier genannt: *H. Lundhaug/L. Jennott*, The Monastic Origins of the Nag Hammadi Codices (STAC 97), Tübingen 2015.

[32]   Vgl. *V.H. Drecoll/M. Kudella*, Augustin und der Manichäismus, Tübingen 2011, 45f.

[33]   Vgl. dazu *J.A. van den Berg*, Biblical Argument in Manichaean Missionary Practice. The Case of Adimantus and Augustine (NHMS 70), Leiden 2010.

[34]   Vgl. *J. BeDuhn*, Augustine's Manichaean Dilemma, Bd. 2: Making a »Catholic« Self, 388–401 C.E., Philadelphia 2013, 177–186.

Genesis neu, nicht allegorisch, sondern *ad litteram* auszulegen.[35] Genesis- und Paulusauslegung sind für ihn eng mit dem Manichäismus verbunden und müssen daher durch eigene exegetische Arbeit den Manichäern gleichsam aus den Händen gewunden werden. Das setzt voraus, dass gerade auch die Genesis – genauso wie Paulus – ein lohnender Gegenstand der Auseinandersetzung mit dem Manichäismus war.

3.   Die Geburt des Judentums aus dem Geist des Christentums

Die Überschrift dieses Abschnittes enthält die prominent von Peter Schäfer vorgetragene These, dass die Formation insbesondere des rabbinischen Judentums, das dann über Jahrhunderte hinweg die Selbstzuschreibung von Identität im Judentum geprägt hat, in Wechselwirkung mit dem Christentum erfolgt ist.[36] Das bestreitet eine Sicht, der zufolge das alttestamentliche Erbe einlinig auf die im rabbinischen Judentum enthaltene Form von Frömmigkeit und Theologie zuläuft. Wichtigster Grund dafür ist die Einsicht in den pluriformen Charakter des antiken und spätantiken Judentums, in dem sich sowohl von der Frömmigkeit her als auch von der Theologie her auch solche Strömungen und Positionen finden, die später als »unorthodox« ausgeschieden wurden. Dies betrifft theologisch insbesondere die Frage nach den Binnendifferenzierungen im Gottesbegriff (also besonders binitarische oder trinitarische Tendenzen, s. o. 1.),[37] von der Frömmigkeit her betrifft es insbesondere Fragen der Halacha, der Lebenspraxis und der sichtbaren Grenzen von Judentum. Für das 1. und 2. Jahrhundert, aber auch noch für lange Zeit danach wird man hier mit einer sehr großen Pluriformität zu rechnen haben, die die Grenzen zwischen Judentum und Christentum in vieler Hinsicht auch wieder verwischt. Daniel Boyarin hat dies durch den Begriff der *border lines* zu verdeutlichen gesucht: Indem Justin in seinem *Dialogus cum Tryphone* das Judentum als falsche Deutung des Alten Testaments hingestellt hat, spricht er dem Judentum Möglichkeiten binitarischer oder trinitarischer Rede ab. Gerade darin steht er der Ausgrenzung solcher Ansätze (besonders der Logostheologie) durch die Rabbinen verblüffend nahe.[38] Legt man

---

[35]   Vgl. *Drecoll/Kudella*, Augustin und der Manichäismus (s. Anm. 32), 119–122.

[36]   Vgl. *P. Schäfer*, Die Geburt des Judentums aus dem Geist des Christentums. Fünf Vorlesungen zur Entstehung des rabbinischen Judentums (Tria Corda 6) Tübingen 2010; damit lässt sich z. B. die Beschreibung von *G. Stemberger*, Das klassische Judentum. Kultur und Geschichte der rabbinischen Zeit, München ²2009, vergleichen.

[37]   Am Beispiel des Metatron hat dies vorgeführt *P. Schäfer*, Anziehung und Abstoßung. Juden und Christen in den ersten Jahrhunderten ihrer Begegnung (Lucas-Preis 2014), Tübingen 2015.

[38]   Vgl. *D. Boyarin*, Abgrenzungen. Die Aufspaltung des Judäo-Christentums (ANTZ 10), Berlin 2009, 93.

diese Strategien der »Vereindeutlichung« dessen, was Judentum sein soll, nicht zugrunde, ergeben sich vielleicht Gesichtspunkte, an denen manche jüdische Strömungen christlichen Vorstellungen viel näherstehen als anderen jüdischen Strömungen, und umgekehrt könnte auch die Differenz im Christentum so groß sein, dass man dann, wenn man nach Merkmalen der Zusammengehörigkeit und der Abgrenzung sucht, viel eher Juden und Christen gegen andere Christen oder auch Juden und Christen gegen andere Juden zusammenstellen könnte. Boyarin spricht daher lieber von einem Judäo-Christentum.[39] Die Grenzen sind also keineswegs einfach zu bestimmen. Zwischen Philo und der Gemeinde von Qumran (die im palästinischen Judentum der Zeit doch eher als Außenseiterposition zu gelten hat) ergeben sich beträchtliche Unterschiede. Betrachtet man den weitgehend hellenistisch geprägten Charakter des Judentums, wird man die Hebraisierung des Judentums als eine sekundäre Konzentration auf einen Traditions- und Kulturstrang ansehen müssen, der für das entstehende Christentum keineswegs einfach schon eine vorauszusetzende Folie darstellt, sondern der sich parallel zum frühen Christentum entwickelt.[40] Zwar gibt es liturgisch relativ eindeutige Grenzmarker wie Taufe und Beschneidung, aber man wird mit einem wesentlich größeren Spektrum von Selbstzuschreibungen religiöser Identität (und entsprechenden Praktiken der Verehrung[41]) zu rechnen haben, das sich nicht in erster Linie an kultischen Initiationsriten orientiert und vielfach auch eklektisch aufgestellt ist. Hinzu kommt, dass Christentum (und analog auch Judentum) auch mal »probiert« worden ist, Menschen also Sympathien für christliche oder jüdische Rituale, Gottesdienste und Texte entwickelten, sich aber nach einer Zeit auch wieder davon verabschiedeten[42] oder sich innerhalb von Judentum/Christentum neu orientierten.

Eine solche Sicht auf das antike Judentum wird dem Quellenbefund jedenfalls deutlich besser gerecht als die Annahme einer relativ gefestigten jüdischen Identität, von der sich das Christentum gleichsam als Abspaltung entfernt hätte. Für das Alte Testament bedeutet dies: Die stark auf die Halacha ausgerichtete Verarbeitung des Alten Testaments, wie sie uns im Talmud entgegentritt, ist nur eine Linie des antiken Judentums, die dann auch den hebräischen Text des Alten Testaments wieder in den Vordergrund gestellt und die Septuaginta in ihrer Bedeutung zurückgedrängt hat.[43] Das Alte Testament ist nicht einfach das Erbe eines solchermaßen fixierten Judentums, sondern stellt den gemeinsamen Bezugspunkt für die unterschiedlichsten Entwürfe christlicher und jüdischer

---

[39]   Vgl. *Boyarin*, Abgrenzungen (s. Anm. 38), 56f.

[40]   Vgl. *Schäfer*, Geburt (s. Anm. 36); *Boyarin*, Abgrenzungen (s. Anm. 38), 220–225.

[41]   Die Überlegungen von *Hurtado*, Jesus (s. Anm. 11), sind analog auf das zeitgenössische Judentum anzuwenden.

[42]   Belegt ist dies etwa bei Plinius, *ep.* 10,96 (OCT, 338,26–339,5 Mynors).

[43]   Vgl. *M. Tilly*, Einführung in die Septuaginta (Einführung Theologie), Darmstadt 2005, 114f.

Theologie dar.[44] Wenn Christen das Alte Testament in unterschiedlicher Weise auf ihre Frömmigkeit und Theologie beziehen, tun sie das nicht im Sinne einer nachträgliche Usurpation eines Heiligen Textes, der eigentlich einer anderen Religion (oder gar einem »Volk«) zugehört, sondern als Bearbeitung des eigenen kulturellen und literarischen Erbes.

4. DER GOTTESDIENSTLICHE GEBRAUCH DES ALTEN TESTAMENTS

Der hohen Bedeutung des Alten Testaments in seiner griechischen Form für das Neue Testament und die Theologie des frühen Christentums entspricht seine Bedeutung im Gottesdienst. Lesungen aus den Schriften dürften von der Frühzeit an zentral zum christlichen Gottesdienst gehört haben. Dabei dürfte es sich sowohl um Lesungen aus den Propheten als auch um solche aus der Tora und den Weisheitsbüchern gehandelt haben.[45] Die Evangelienlesungen haben erst deutlich später (evtl. im 3. Jahrhundert?) die Lesungen aus dem Alten Testament an den Rand gedrängt. Als Gebetbuch des frühen Christentums wie als Gebetbuch des Judentums dieser Zeit ist der Psalter anzusprechen,[46] der aber nicht ausschließlich als für die Gebetssprache ergiebige Sammlung benutzt wurde, sondern auch als eigenständige Lesung eingesetzt und ausgelegt wurde.[47] Die liturgischen Bezüge auf das Alte Testament dürften als eine der zentralen Wurzeln für die Liturgie anzusprechen sein, etwa in der Aufnahme hebräischer Worte und Formeln wie Amen, Halleluja oder Hosianna.[48]

Zugleich erweisen sich die Texte des Alten Testaments als auslegungsbedürftig und auslegungsfähig. Das Alte Testament hat entscheidenden Anteil an

---

[44]   Dementsprechend ist die Einordnung von Septuagintahandschriften als »jüdisch« oder »christlich« oft auch problematisch. Aus der Tatsache, dass die Schreibung des Tetragramms mit althebräischen Buchstaben oder in hebräischer Quadratschrift eine Eigentümlichkeit jüdischer Schreiber gewesen zu sein scheint, lässt sich keineswegs schließen, dass alle Handschriften, die dies nicht tun, »christlich« sind, vgl. *F. Siegert*, Zwischen hebräischer Bibel und Altem Testament. Eine Einführung in die Septuaginta (MJSt 9), Münster 2001, 95. Zu der Wiedergabe der Gottesnamen in der Septuaginta vgl. a. a. O., 202-207.

[45]   Vgl. *J. C. Salzmann*, Lehren und Ermahnen. Zur Geschichte des christlichen Wortgottesdienstes in den ersten drei Jahrhunderten (WUNT 2/59), Tübingen 1994, 246f., zu den Nachrichten bei Justin.

[46]   Vgl. *Siegert*, Bibel (s. Anm. 44), 322f.

[47]   Besonders gut dokumentiert ist dies bei Augustin, vgl. *M. Margoni-Kögler*, Art. Lectio, in: AugL 3 (2010), 914-922, hier 915, und die Einzelnachweise bei ders., Die Perikopen im Gottesdienst bei Augustinus. Ein Beitrag zur Erforschung der liturgischen Schriftlesung in der frühen Kirche (VKCLK 29), Wien 2010, 145-149, 210-212, 243-247.

[48]   Vgl. *M. Jonas*, Mikroliturgie. Liturgische Kleinformeln im frühen Christentum (STAC 98), Tübingen 2015, 29-31, 142-145, 226f.

der Entstehung von Predigt. Die Begründer der neutestamentlichen Exegese, Origenes und Hippolyt, haben insbesondere auch alttestamentliche Texte ausgelegt, wobei ihre Auslegungen eine große Nähe zur gottesdienstlichen Verkündigung aufweisen (so gehört der Danielkommentar Hippolyts wohl in einen schulischen Kontext, weist aber auch homilieartige Züge auf[49]). In der Folge entsteht Exegese als kirchliche Funktion, als Auslegung autoritativer Schriften durch Amtsinhaber (Bischöfe oder – seltener und im Osten – Presbyter) und in der Regel im Zusammenhang mit gottesdienstlichem Geschehen. Dass dabei die längst etablierten Methoden der Philologie und Kommentierung angewandt wurden, wird wiederum besonders bei Origenes deutlich, von dessen Psalmenhomilien erst jüngst wieder (eigentlich durch Zufall) umfangreiche griechische Teile gefunden wurden.[50] Von Hippolyt bis Basilius dem Großen, von Ambrosius über Augustin bis Gregor dem Großen sind alttestamentliche Texte prägend für die Frömmigkeitssprache, für Gebet und Liturgie, für Predigt und Seelsorge. Denker wie Augustin durchsetzen ihre Sprache mehr und mehr mit biblischen Zitaten, wobei die alttestamentlichen Zitate mit ihrer auffallenden Bildlichkeit eine hohe Bedeutung einnehmen.[51] Die Septuaginta hat hier eine nachhaltige Wirkung entfaltet, was sich nicht zuletzt daran zeigt, dass sie flächendeckend auch die jeweiligen Sprachgrenzen übersprungen hat und entsprechend ins Lateinische, Äthiopische, Koptische, Kirchenslawische, Armenische usw. eingegangen ist.[52] Es gibt keine Form des antiken Christentums, in dem man etwa die Übersetzung des Alten Testaments als nicht so entscheidend hintangestellt hätte. Dafür waren diese Texte schon aufgrund ihrer gottesdienstlichen Verwendung viel zu wichtig. Die inhaltlichen Bezugnahmen betrafen dabei auch nicht nur einzelne Teile des Alten Testaments (auch wenn bestimmte Textstellen sicher besonders attraktiv waren und weiter ausgedeutet wurden, etwa die Schöpfungsgeschichte, der Exodus, die Hiobgeschichte, Daniel, die sogenannten messianischen Verkündigungen der Propheten, Spr 8), vielmehr lassen gerade die exegetischen Bemühungen deutlich das Ziel erkennen, das Alte Testament in seiner Breite zur Kenntnis zu nehmen.

---

[49] Vgl. *K. Bracht*, Hippolyts Schrift in Danielem. Kommunikative Strategien eines frühchristlichen Kommentars (STAC 85), Tübingen 2014, 386.
[50] Vgl. *L. Perrone*, Origenes alt und neu. Die Psalmenhomilien in der neuentdeckten Münchner Handschrift, in: ZAC 17 (2013), 193–214.
[51] Noch nicht ersetzt ist hier die mittlerweile etwas veraltete Arbeit von *G. N. Knauer*, Psalmenzitate in Augustins Konfessionen, Göttingen 1955.
[52] Vgl. *Tilly*, Septuaginta (s. Anm. 43), 98f.

5. DIE BEDEUTUNG DES ALTEN TESTAMENTS FÜR DIE
ENTSTEHUNG UND ENTWICKLUNG CHRISTLICHER EXEGESE
UND THEOLOGIE

Dass das Alte Testament für die Entstehung der Theologie als einer reflektierten
Beschreibung des christlichen Glaubens wesentlich gewesen ist, erhellt schon,
wenn man bedenkt, wie die wissenschaftliche Exegese entstanden ist. Es sind
insbesondere Hippolyt und Origenes gewesen, die ihre Predigt- und Lehrertä-
tigkeit dazu genutzt haben, um bereits etablierte philologische Kommentartech-
niken nun eben auch auf biblische Texte anzuwenden.[53] Insbesondere alttestamentliche Texte spielen dabei eine große Rolle: Bei Hippolyt ist es insbesondere
der Danielkommentar,[54] bei Origenes die Auslegung von Genesis, Hohelied und
Jeremia, aber auch der Psalmen, die hierfür einschlägig sind. Erneut zeigt sich
hierbei, dass die Septuaginta als der eigentlich kanonische Bezugstext bearbeitet
wird. Origenes entwickelt zwar ein ausgesprochenes Interesse am hebräischen
Text, doch zeigt gerade die Hexapla, dass Origenes den hebräischen Text als einen Text neben den Septuagintaversionen benutzt (und nicht den griechischen
vom hebräischen Text aus in seiner Bedeutung relativiert).[55] In diesen frühen
exegetischen Bemühungen gilt das Alte Testament als ein inspirierter Text. Be-
gründungszusammenhänge, die allererst erklären müssen, wieso dieser Text
nun überhaupt verwendet werden soll, finden sich nicht; die Behauptung heilsgeschichtlicher Kontinuität und die Voraussetzung, dass der im Alten Testament
genannte Schöpfergott mit Gott-Vater identisch ist, werden methodisch entfaltet. Insbesondere die allegorische Exegese des Origenes sieht in dem Text des
Alten Testaments ein vom Heiligen Geist gezielt als pädagogisches Instrument
entworfenes Zeichenensemble, das den einzelnen Gläubigen Schritt für Schritt
und seinen Fähigkeiten gemäß zum immer tieferen Verständnis des christlichen
Glaubens führt.[56]

Das Alte Testament spielt dann auch im trinitarischen Streit eine vermutlich
zentrale Rolle: Texte wie Gen 1 und Spr 8 dürften für Arius der entscheidende
exegetische Hintergrund seiner Bemühung gewesen sein, eine bewusste Setzung
des Sohnes durch den Vater (unterschieden von dem Rest der Schöpfung) zu formulieren und einer emanativen oder substanzhaften Gleichheit mit dem Vater

---

[53]   Grundlegend ist die Arbeit von *B. Neuschäfer*, Origenes als Philologe, 2 Bde. (SBA
18,1–2), Basel 1987. Vgl. *C. Markschies*, Kaiserzeitliche christliche Theologie und ihre
Institutionen. Prolegomena zu einer Geschichte der antiken christlichen Theologie, Tübingen 2007, 107.
[54]   Vgl. *Bracht*, Hippolyts Schrift (s. Anm. 49), 380–383.
[55]   Vgl. *O. Munnich*, Le texte de la Septante, in: Dorival / Harl / Munnich, La Bible grecque (s. Anm. 3), 129–200, hier 162–166.
[56]   Vgl. *Neuschäfer*, Origenes als Philologie (s. Anm. 53), 281–283; *M. Harl*, Origène et la
fonction révélatrice du Verbe incarné (PatSor 2), Paris 1958, 96f., 180f., 276f.

entgegenzustellen.[57] In dem sich daraus ergebenden, sich vielfältig weiterentwickelnden Streit, der deutlich über die Anliegen des Arius hinausragt und ihn um mehrere Jahrzehnte überlebt, spielt das Alte Testament eine zentrale Rolle. Insofern lässt sich der Trinitarische Streit als ein Streit um die richtige Schriftauslegung, und das heißt insbesondere auch die richtige Auslegung der Septuaginta, verstehen.[58] Die sich hieran anschließende Debatte, welche Bedeutung die Allegorese hat, bezieht sich denn auch in erster Linie (wenn auch nicht ausschließlich) auf das Alte Testament. Die Entwicklung der antiochenischen und alexandrinischen Exegese unterscheiden sich in ihrer Annahme einer durchgehenden, übertragenen Bedeutungsebene, die hinter bzw. über dem buchstäblichen Sinn anzunehmen ist.[59] Während die Vertreter der antiochenischen Exegese diesen Sinn nur aus der komplexen Verknüpfung mit anderen Bibelstellen erheben, sucht die alexandrinische Exegese diesen aufgrund von textimmanenten Hinweisen der einzelnen Bibelstellen zu erheben. Einerseits geschieht die Allegorese also keineswegs willkürlich, andererseits nimmt auch die antiochenische Exegese einen tieferen Sinn des Bibeltextes an, der den Gläubigen zu immer tieferer Einsicht führt (und der sich allerdings nur aus der genauen Beobachtung des gesamten Bibeltextes nach und nach ergibt). Natürlich ist die Gegenüberstellung von antiochenischer und alexandrinischer Exegese als solche nur ein Stereotyp, das sich nicht einlinig mit den namensgebenden Orten verbinden lässt. Auch ist mit etlichen Mischformen und Überschneidungen zu rechnen. Die Typisierung zeigt aber auch, dass beide Formen der Exegese bestimmte Linien der Methodik des Origenes fortsetzen und dabei sich insbesondere mit dem Alten Testament beschäftigen.

Die besondere Bedeutung des Alten Testaments für die altkirchliche Exegese erhellt schließlich auch aus der Debatte zwischen Augustin und Hieronymus über die Bedeutung der Septuaginta.[60] Während Hieronymus, insbesondere durch die Übersetzungsarbeit an den Psalmen, zu der Überzeugung gekommen war, dass die *hebraica veritas* als verbindliche Grundlage des Bibeltextes anzusehen ist,[61] befürwortete Augustin zwar eine exegetische Beschäftigung mit dem hebräischen Text, sah es aber zugleich als richtig an, dass nach wie vor die Septuaginta (und die darauf basierenden lateinischen Übersetzungen) im Gottesdienst und in der christlichen Theologie als Grundlage fungierten. Augustins Argumentation geht nicht davon aus, dass der hebräische Text als der ursprünglichere nun eben auch

---

57   Vgl. *R. Williams*, Arius. Heresy and Tradition, London 1987, 107–109.
58   Vgl. *V. H. Drecoll*, Exegese als Grundlage der Theologie in der Alten Kirche und im Mittelalter, in: F. Nüssel (Hrsg.), Schriftauslegung (Themen der Theologie 8), Tübingen 2014, 105–140, hier 115–118.
59   Vgl. *C. Schäublin*, Untersuchungen zu Methode und Herkunft der antiochenischen Exegese (Theoph. 23), Köln 1974, 156–170.
60   Vgl. zum Streit zwischen Augustin und Hieronymus die grundlegende Arbeit von *A. Fürst*, Augustins Briefwechsel mit Hieronymus (JbAC.E 29), Münster 1999, bes. 139–145.
61   Vgl. *Fürst*, Briefwechsel (s. Anm. 60), 102–106.

die höchste Autorität hat, sondern er geht von dem allgemein in den christlichen Kirchen akzeptierten Septuagintatext aus. Aus humanistischer Perspektive hat die Argumentation des Hieronymus viel für sich, sie entspricht direkt dem Bemühen, zu den Quellen zurückzukehren. In der Spätantike und im frühen Mittelalter hat sich Hieronymus jedoch kaum durchgesetzt. Die Vulgatalesarten im Alten Testament, die auf die Benutzung des Hebräischen zurückgehen, sind erst nach und nach in den Bibelhandschriften rezipiert worden, zumeist in Mischformen mit den älteren Vetus-Latina-Varianten. Für den Psalter blieb es jahrhundertelang bei dem Nebeneinander der Septuaginta-basierten und der am hebräischen Text orientierten Vulgataversion. So sehr Augustins Argumentation, etwa sein Hinweis auf mangelnde Sprachkenntnisse und daher zu geringe Überprüfbarkeit von exegetischen Argumenten, die auf dem hebräischem Text beruhen, oder sein Hinweis auf die Inspiriertheit der Septuagintaübersetzer, eine moderne historisch-kritische Sicht befremden mögen, im historischen Kontext seiner Zeit hat Augustin sehr deutlich den Anspruch formuliert, dass der alttestamentliche Text, der für die Autoren des Neuen Testaments und der altkirchlichen Theologie immer der verbindliche war, eben der Septuagintatext war.[62] Insofern bemüht sich die augustinische Position auch, die Grundlage der bisherigen liturgischen und theologischen Entwicklungen beizubehalten und um die Berücksichtigung der philologisch basierten Beschäftigung mit dem hebräischen Text zu ergänzen. Dies blieb in West und Ost für die folgenden Jahrhunderte weitgehend allgemeiner Usus.

6.   AUSWERTENDE ÜBERLEGUNGEN

Die Benutzung der Septuaginta durch die Alte Kirche ist so breit und tief in der Geschichte des frühen Christentums verankert, dass deutlich wird: Es handelt sich nicht um eine Randfrage, die man so oder so diskutieren kann, sondern um eine Kernfrage christlicher Identität.[63] Der historische Befund klärt natürlich noch nicht, dass es sich auch theologisch um einen legitimen Zugriff handelt. Daher die Frage: Lag die Alte Kirche in ihrem Zugriff auf die Septuaginta falsch? Dazu zwei Überlegungen:

(1) Das Alte Testament als geschlossener Kanon ist dem Christentum keineswegs vorgegeben,[64] sondern bildet sich erst nach und nach - parallel im Christentum und im Judentum, mit unterschiedlichem Ergebnis, sowohl im Hinblick

---

[62]   Vgl. *C. Markschies*, Hieronymus und die »Hebraica Veritas«. Ein Beitrag zur Archäologie des protestantischen Schriftverständnisses?, in: Hengel/Schwemer, Septuaginta (s. Anm. 17), 131–181, hier 166–168.

[63]   Vgl. *M. Witte*, Jesus Christus im Alten Testament. Eine biblisch-theologische Skizze (SEThV 4), Münster 2013, 18.

[64]   Vgl. *Siegert*, Bibel (s. Anm. 44), 62.

auf den Textumfang als auch im Hinblick auf die zu bevorzugende Textsprache und Textgestalt.[65] Eine Sicht, die das hebräische Alte Testament, wie man es heute in der Biblia Hebraica Stuttgartensia nachlesen kann, als das Dokument eines einheitlichen Judentums im 1. Jahrhundert v. Chr. ansieht und dann das Christentum als eine dieses Erbe nachträglich hellenisierende Abspaltung davon versteht, geht an dem Forschungsstand deutlich vorbei.

(2) Das Alte Testament in der Form der Septuaginta gehört zu den Geburtsbedingungen des Christentums. Will man das Alte Testament in seiner Autorität relativieren, trifft dies Paulus ebenso wie die anderen neutestamentlichen Schriften. Das Christusgeschehen nicht auf dem Hintergrund des Alten Testaments zu interpretieren, bedeutet, dass man auch Paulus und die Evangelien nicht länger als autoritative Grundlage der Deutung des Christusgeschehens annehmen kann. Mit der Relativierung des Alten Testaments fällt zugleich das Neue als Grundlage der Theologie dahin.

Beide Überlegungen machen deutlich: Die Frage nach der autoritativen Geltung des Alten Testaments ist eine Frage nach der Geltung des Schriftprinzips. Dabei ist es jetzt noch nicht einmal erforderlich, das Schriftprinzip im reformatorischen Sinn als letzte, unhintergehbare Grundlage christlicher Theologie zu formulieren, die sich gegen die Unfehlbarkeit der lehramtlichen Autorität von Papst und Konzilien einsetzen lässt, und auf die einhellig und klar bezeugten Kerninhalte der biblischen Botschaft zu beziehen, wie Luther es getan hat.[66] Es reicht völlig aus, die Schrift als Grundlage der Theologie in dem Sinne zu verstehen, dass eine Theologie jedenfalls den Grundaussagen der Schrift nicht widersprechen darf (wie es für eine römisch-katholisch geprägte Theologie ebenfalls selbstverständlich ist). Ob man die Schrift in diesem Sinn als Grundlage der Theologie zur Disposition stellen möchte, ist eine theologische Frage. Sie ruft die Frage auf: Was sollte sonst den Referenzrahmen der Theologie bilden? Eine allgemeine Anthropologie bzw. eine Religionsphilosophie? Für das Alte Testament lässt sich analog fragen: Mit welchen Mitteln sollten die ersten Christen denn sonst das Christusgeschehen deuten, wenn nicht mit der Septuaginta?

Der Blick auf die Alte Kirche zeigt: Der aus der Septuaginta gewonnene Referenzrahmen verändert sich durch den Bezug auf das Christusgeschehen. Es ist also keineswegs so, dass das Christusgeschehen einfach nur ein bereits vorher bestehendes Konglomerat von Vorstellungen und Ideen bestätigt hätte. Das Neue, das man in dem Christusgeschehen sah, ist nur in der Art und Weise verständlich geworden, dass das Alte neu gedeutet, umgedeutet, anders aufgeschlüsselt, radikalisiert und zugespitzt, auch relativiert wurde. Damit zeigt sich

---

[65]   Keineswegs bildet dabei der (proto)masoretische Text auch immer die ältere Textstufe ab, vgl. exemplarisch *U. Rüsen-Weinhold*, Der Septuaginta-Psalter in seinen verschiedenen Textformen zur Zeit des Neuen Testaments, in: E. Zenger (Hrsg.), Septuaginta-Psalter. Sprachliche und theologische Aspekte (HBS 32), Freiburg i. Br. 2001, 61–87, hier 82.

[66]   Vgl. M. Luther, *De servo arbitrio* (WA 18, 606,24–29).

aber nur etwas, das in der Rezeption von Texten und darin fixierten Vorstellungen und Verehrungsmodi immer geschieht. Diese Einnistung und gleichzeitige Transformation gehört zu allen Formen von historischen Deutungs- und Verstehensprozessen, und dabei werden Entstehungsbedingungen und Kontexte von Texten, ihre *relecture* in Redaktionen und Sammlungen ebenso Gegenstand der jeweiligen Fachwissenschaften wie die weitere Rezeption und Verarbeitung. Und so entpuppt sich die Frage nach der Geltung des Alten Testaments letztlich als die Frage nach der Bedeutung des Historischen für die christliche Theologie. Kann eine christliche Theologie ohne die Beachtung des historischen, eigentlich geradezu kontingenten Kontextes des Christusgeschehens auskommen? In der Alten Kirche konnte man gerade deswegen so direkt auf die Septuaginta zurückgreifen, weil den Autoren klar war, dass der historische Kontext des Christusgeschehens, Ort und Zeit von Inkarnation, Kreuzigung und Auferstehung, von Gott so gewollt waren. Dem liegt eine theologische Grundentscheidung zugrunde, die das Historische des Christusgeschehens sehr ernst nimmt. Und das gilt sogar für Markion oder die Gnosis. Somit beantwortet der Blick auf die Alte Kirche die Frage, ob man an dem historischen Referenzrahmen der Septuaginta für die Deutung des Christusgeschehens vorbeigehen kann, eindeutig – mit Nein.

Nisi scripturae dederimus principem locum

Zur Hermeneutik des Alten Testaments bei Martin Luther und im Zeitalter der Reformation[1]

Markus Wriedt

1. Einführung

Martin Luther hat die Schriften des Alten Testaments als unverzichtbaren Bestandteil des christlichen Kanons lebenslänglich intensiv konsultiert und ausgelegt. Sie waren ihm gleichermaßen lebendige Illustration des Wirkens Gottes unter den Bedingungen des Gesetzes, wie bleibende Verheißung sowohl des Schicksals Israels wie auch der in Christus geschehenen Erfüllung der messianischen Weissagungen. Seine Hermeneutik geht darum zwingend von den am Neuen Testament gewonnenen Einsichten einer auf Leiden, Sterben und Auferstehung Jesu Christi zielenden Verheißung der die Grenzen des Lebens überwindenden Versöhnung des Sünders mit dem barmherzigen Gott aus. Zugleich unterwirft er das typologische Deutungsschema der hermeneutischen Spannung von Gesetz und Evangelium.

Zur exegetischen Durchführung sei auf folgende Grundsätze hingewiesen:[2] Luther übernimmt die Formen und Methoden der spätmittelalterlichen, sich in ihren Ursprüngen bis in die Väterzeit zurückbeziehende Allegorese. Er ordnet im Kontext seiner biblisch und an Augustin erprobten Hermeneutik den vierfachen Schriftsinn in den dualen Antagonismus von Fleisch und Geist (Paulus) bzw. Geist und Buchstabe (Augustin) ein. Topographisch ergänzt er das flächige, mithin horizontale Verfahren des vierfachen Schriftsinns durch ein vertikales Verfahren der dualen Spannung zwischen Gott und Mensch, Himmel und Erde, Fleisch und Geist oder Buchstabe und Geist. Dadurch erhält die zu bloßer Aufzählung von Interpretationsversatzstücken verkommene Exegese des

[1] Für die wie immer rasche, effektive und darum unverzichtbare Hilfe bei der Erstellung der notwendigen Literaturbelege danke ich meiner Hilfskraft Annalena Stich, Frankfurt am Main.

[2] Vgl. dazu *M. Wriedt*, Allegoria nomen Zion speculam significat. Zion-Deutungen im Mittelalter und deren Rezeption im Werk Martin Luthers, in: T. Pilger/M. Witte (Hrsg.), Zion. Symbol des Lebens in Judentum und Christentum (SKI 4), Leipzig 2013, 167–188.

Spätmittelalters einen neuen Zug, eine weitere Dimension, welche zur früheren Mehrdimensionalität zurückführt. Es lässt sich zeigen, dass Luthers Ansatz einer existentialen Erweiterung des vierfachen Schriftsinnes[3] im Spätmittelalter sowohl bei Frömmigkeitstheologen wie Johannes von Staupitz[4] als auch bei biblisch interessierten Humanisten,[5] etwa Faber Stapulensis, Anleihen macht bzw. unterstützende Deutungen finden kann. Dennoch bleibt Luther insofern von diesen Formen der Verwendung des vierfachen Schriftsinnes getrennt, als er konsequent den zweifachen literalen Schriftsinn favorisiert und diesen aufgespalten in *sensus literalis historicus vel propheticus* anwendet. So erhält die tropologische Deutung ihren Wert bereits im ersten Schriftsinn und wird von der philologisch-historischen Exegese nicht länger getrennt.

In prägnanter Weise hatte Luther bereits 1519 in den *Assertio omnium articulorum Martini Lutheri per Bullam Leonis X. novissimam damnatorum*[6] die Grundlagen seiner Schrifthermeneutik skizziert: Die Schrift legt sich selbst aus und bedarf keiner interpretierenden Autoritäten. Die verkündigende Praxis der Apostel und aller weiteren christlichen Theologen fußt auf einer gründlichen Schriftauslegung des Alten Testaments. Vielmehr dient sie selbst als Kriterium der Rechtmäßigkeit der Auslegungen der Väter.[7] Um keine falschen Geister in die Auslegung eingreifen zu lassen, ist es erforderlich, alle auslegenden Schriften beiseitezulegen und sich allein und ausschließlich auf den Schriftwortlaut zu konzentrieren. Mit den aus der klassischen Rhetorik stammenden, in Superlative gewendeten Adjektiven erläutert Luther in diesem Kontext seinen Grundsatz von der sich selbst auslegenden Schrift.[8]

Diese Haltung findet Luther auch illustrierend bei den Kirchenvätern Augustin, Hilarius und Bernhard von Clairvaux.[9] Wo die exklusive Autorität der

---

[3]   Vgl. dazu *G. Ebeling*, Evangelische Evangelienauslegung. Eine Untersuchung zu Luthers Hermeneutik, Tübingen 1942 (³1991), und *A. Beutel*, In dem Anfang war das Wort. Studien zu Luthers Sprachverständnis, Tübingen 1991, sowie ders., Die Formierung neuzeitlicher Schriftauslegung und ihre Bedeutung für die Kirchengeschichte, in: F. Nüssel (Hrsg.), Schriftauslegung (Themen der Theologie 8), Tübingen 2014, 141–177.

[4]   *M. Wriedt*, Gnade und Erwählung. Eine Untersuchung zu Johann von Staupitz und Martin Luther, Wiesbaden 1991.

[5]   *H. Junghans*, Der junge Luther und die Humanisten, Göttingen 1985.

[6]   WA 7, 94–151; eine Übersetzung von S. Rolf jetzt in: Martin Luther. Lateinisch-deutsche Studienausgabe, Bd. 1: Der Mensch vor Gott, hrsg. und eingeleitet von W. Härle, Leipzig 2006, 71–217.

[7]   *Me prorsus nullius quantumlibet sancti patris autoritate cogi velle, nisi quatenus iudicio divinae scripturae fuerit probatus* (WA 7, 96).

[8]   *Oportet enim scriptura iudice hic sentenliam ferre, quodfieri non potest, nisi scripturae dederimus principem locum, in omnibus quae tribuuntur patribus. Hoc est, ut sit ipsa per sese certissima, facillima, apertissima, sui ipsius interpres omnium omnia probans, iudicans et illuminans* [...] (WA 7, 97).

[9]   Zur Autorität der Kirchenväter im Werk Luthers siehe *M. Wriedt* u. a. (Hrsg.), Auctori-

Schrift nivelliert oder angepasst wird, verdreht der Ausleger den eigentlichen Schriftsinn.

Dieser Grundsatz wird ergänzt durch die Weiterentwicklung der paulinisch-augustinischen Unterscheidung von Geist und Buchstabe zu der Differenz von Gesetz und Evangelium.[10] Basierend auf der philologisch fundierten Auslegung des *sensus literalis* wird die Bedeutung oder der Sinn des Schriftwortes in der Spannung zwischen dem die Sünde aufzeigenden Gesetz und die Vergebung dieser Sünde verheißenden Evangelium entfaltet.[11] Sie gilt gleichermaßen für Schriftbelege des Alten wie des Neuen Testaments.

Darum entfaltet Martin Luther in der Vorrede zum Alten Testament von 1523[12] seine Auslegungsgrundsätze. Er wendet sich zunächst gegen jene theologische Haltung, die dem Alten Testament keinerlei Bedeutung mehr zubilligt, weil es als das jüdische Gesetz überholt und in Christus aufgehoben sei. Demgegenüber betont er die bleibende Bedeutung der Schriften des alten Bundes.[13] Der zunächst bei dem allein auf die Schrift zielenden Argumentationsgang Luthers unerwartete Traditionserweis bezeugt freilich nicht dessen rechtmäßige Auffassung, sondern verweist vielmehr auf eine ungebrochene, biblisch begründete Auslegungspraxis von Anbeginn an. Sie ist in der Schrift grundgelegt und wird wahrheitsgetreu von der sich an ihrem Urteil messenden kirchlichen Auslegungstradition fortgesetzt.

Das Alte Testament erweist sich dabei als Grundlage der späteren Heilsbotschaft des Neuen: »was ist das Neue Testament anders als eine öffentliche Predigt und Verkündigung der Sprüche, im Alten Testament gegeben und durch Christus erfüllet?«[14] Entsprechend hoch ist das Alte Testament zu achten.[15]

---

tas Patrum. Beiträge zur Rezeption der Kirchenväter im 15. und 16. Jahrhundert, 2 Bde., Mainz 1993–1997.

[10] Zur Entwicklung dieses Grundsatzes siehe B. *Lohse*, Evangelium in der Geschichte, Bd. 2: Studien zur Theologie der Kirchenväter und zu ihrer Rezeption in der Reformation, aus Anlaß des 70. Geburtstages des Autors hrsg. von G. Borger, C. Dahlgrün, O. H. Pesch und M. Wriedt, Göttingen 1997, 231–253.

[11] Zu Gesetz und Evangelium vgl. A. *Peters*, Handbuch Systematischer Theologie, Bd. 2: Gesetz und Evangelium, Gütersloh 1994.

[12] WA DB 8, 10–30.

[13] WA DB 8, 10: »Damit lehren sie uns doch, die Schrift des Alten Testaments nicht zu verachten, sondern mit allem Fleiß zu lesen, weil sie selbst das Neue Testament durchs Alte Testament so mächtig begründen und beweisen und sich darauf berufen.«

[14] WA DB 8, 10.

[15] WA DB 8, 12: »Darum laß dein Meinen und Empfinden fahren und erachte diese Schrift als das allerhöchste, edelste Heiligtum, als die allerreichste Fundgrube, die nimmermehr genug ausgeschöpft werden kann, auf daß du die göttliche Weisheit finden mögest, welche Gott hier so einfältig und schlicht vorlegt, daß er allen Hochmut dämpfe. Hier wirst du die Windeln und die Krippe finden, da Christus drinnen liegt, dahin auch der Engel die Hirten weiset.«

Es ist in der hermeneutischen Spannung von Gesetz und Evangelium auszulegen und unterwirft sich dabei den gleichen Regeln wie die Auslegung des Neuen Testaments. Seine literarische Gattung darf freilich nicht darüber hinwegtäuschen, dass es zahlreiche als Evangelium zu deutende Passagen enthält.

> So wisse nun, daß dies Buch ein Gesetzbuch ist, das da lehret, was man tun und lassen soll, und daneben anzeiget Beispiele und Geschichten, wie solche Gesetze gehalten oder übertreten sind, gleichwie das Neue Testament ein Evangelium oder Gnadenbuch ist und lehret, woher mans nehmen soll, daß das Gesetz erfüllet werde. Aber gleichwie im Neuen Testament neben der Gnadenlehre auch viele andere Lehren gegeben werden, die da Gesetz und Gebot sind, das Fleisch zu regieren, sintemal in diesem Leben der Geist nicht vollkommen wird, noch eitel Gnade regieren kann, so sind auch im Alten Testament neben den Gesetzen etliche Verheißungen und Gnadensprüche, womit die heiligen Väter und Propheten unter dem Gesetz im Glauben Christi, wie wir, erhalten worden sind. Doch wie es des Neuen Testaments eigentliche Hauptlehre ist, Gnade und Friede durch Vergebung der Sünden in Christus zu verkündigen, so ist es des Alten Testaments eigentliche Hauptlehre, Gesetze lehren und Sünde anzeigen und Gutes fordern. Solches wisse im Alten Testament zu erwarten.[16]

An den fünf Büchern Mose erläutert Luther seinen Interpretationsansatz, der die Bedeutung des Gesetzes im alten Bund als Verheißung der Gesetzeserfüllung im neuen Bund verstehen lässt. So dient auch das mosaische Gesetz dem Aufweis der Sünde.[17] Diese Funktion des Gesetzes bleibt, bis die Erlösung in Christus erwirkt wird.[18] Unter Verweis auf Dtn 18,15 sieht Luther diese Christusverheißung bereits explizit an Mose gerichtet.

Dies gilt auch für alle weiteren Bücher des Alten Testamentes:

> Was sind aber nun die andern Bücher der Propheten und der Geschichtserzählungen? Antwort: Nichts anderes, als was Mose ist. Denn sie treiben allesamt des Mose Amt und wehren den falschen Propheten, daß sie das Volk nicht auf die Werke hinführen, sondern in dem rechten Amt des Mose und der Erkenntnis des Gesetzes bleiben lassen. Und wachen eifrig darüber, daß sie durch das rechte Verständnis des

---

[16]   WA DB 8, 12.

[17]   WA DB 8, 20: »Aufs dritte ist das die rechte Absicht des Mose, daß er durchs Gesetz die Sünde offenbare und alle Vermessenheit menschlichen Vermögens zuschanden mache.«

[18]   WA DB 8, 25: »Darum, wo nun Christus kommt, da höret das Gesetz auf, sonderlich das levitische, welches (auch das) zur Sünde macht, da sonst von Natur keine Sünde ist, wie gesagt ist. Ebenso hören auch die Zehn Gebote auf; nicht so, daß man sie nicht halten noch erfüllen sollte, sondern des Mose Amt hört bei ihnen auf, daß es nicht mehr durch die Zehn Gebote die Sünde stark macht und die Sünde nicht mehr des Todes Stachel ist. Denn durch Christus ist die Sünde vergeben, Gott versöhnt und das Herz hat angefangen, dem Gesetz hold zu sein, daß es des Mose Amt nicht mehr strafen und zu Sünden machen kann, als hätte es die Gebote nicht gehalten und wäre des Todes schuldig, wie es vor der Gnade tat und ehe denn Christus da war.«

Gesetzes die Menschen (im Bewußtsein) ihrer eigenen Untüchtigkeit halten und auf Christus hinweisen, wie Mose tut.[19]

Die Vorrede fokussiert die gesamte Auslegung des Alten Testaments christologisch:

> Wenn du willst richtig und sicher deuten, so nimm Christus vor dich; denn das ist der Mann, dem das alles und ganz und gar gilt. So mache nun aus dem Hohepriester Aaron niemand als Christus allein, wie es der Hebräerbrief tut (5,4f.), welcher fast allein genug ist, alle Bildsprache des Mose zu deuten. So ists auch sicher, daß Christus selbst das Opfer ist, ja auch der Altar, der sich selbst mit seinem eigenen Blut geopfert hat, wie es derselbe Brief auch meldet (9,26, 28; 10,10ff.; 13,10ff.). Wie nun der levitische Hohepriester durch solch Opfer nur die selbst gemachten Sünden wegnahm, die von Natur nicht Sünde waren, so hat unser Hohepriester Christus durch sein Selbstopfer und Blut die rechte Sünde, die von Natur Sünde ist, weggenommen, und ist einmal durch den Vorhang zu Gott gegangen, daß er uns versöhne. So deute alles, was vom Hohepriester geschrieben ist, auf Christus persönlich und sonst auf niemand. Aber des Hohepriesters Söhne, die mit dem täglichen Opfer umgehen, sollst du auf uns Christen deuten, die wir vor unserm Vater Christus, der im Himmel sitzt, hier auf Erden mit dem Leibe wohnen und (noch) nicht hindurch sind (und) bei ihm, außer auf geistliche Weise mit dem Glauben. Derselben Amt, wie sie schlachten und opfern, bedeutet nichts anderes als das Evangelium predigen, durch welches der alte Mensch getötet und Gott geopfert, durchs Feuer der Liebe, im heiligen Geist, verbrannt und verzehrt wird, welches gar wohl riecht vor Gott, das ist: es macht ein gut, rein, sicher Gewissen vor Gott. Diese Deutung trifft Paulus Röm. 12,1, da er lehret, wie wir unsre Leiber Gott zum lebendigen, heiligen, angenehmen Opfer opfern sollen. Welches wir (wie gesagt ist) durch stetige Übung des Evangeliums tun, sowohl mit Predigen und Glauben. Das sei für dieses Mal genug zur kurzen Anleitung, Christus und das Evangelium im Alten Testament zu suchen.[20]

2. ASPEKTE EINER HERMENEUTIK DES ALTEN TESTAMENTS IM WERK MARTIN LUTHERS

Luther legt das Alte Testament im Fokus seiner Behauptung einer »Mitte der Schrift« als Beleg, Illustration, Verheißung und Schlüssel zur evangelischen Botschaft des Neuen Testaments aus. Gleichermaßen impliziert das die bleibende Bedeutung der alttestamentlichen Schriften wie auch deren Umdeutung im Licht der Botschaft des gnädigen Gottes. Die Bedeutung des Alten Testaments erschließt sich daher nur im Licht der Botschaft des Neuen. Umgekehrt dient die

---

[19] WA DB 8, 28.
[20] WA DB 8, 28–30.

Verheißung des neuen Bundes in den Schriften des Alten Testaments als Schlüssel und Erkenntnisprinzip in den Zeugnissen des Neuen Testaments. Das soll im Folgenden an einigen exemplarischen Textausrissen aus dem Werk Martin Luthers verdeutlicht werden.

2.1 Das Alte Testament als Schriftbeleg und Illustration

Häufig und zum Teil in einander durchaus widersprüchlich erscheinenden Weisen wird das alttestamentliche Zeugnis illustrierend und belegend zur Exegese des Neuen Testaments herangezogen. Dieser Belegstellenexegese haftet durchaus zuweilen ein willkürliches Moment an, insofern Luther Schriftstellen immer wieder neu und im Modus der Analogiebeziehung an die neutestamentlichen Texte heranzieht. So verwendet Luther etwa den Verweis auf Ps 119 als Ausweis der schon in den Zeiten des alten Bundes vorhandenen Überzeugung von der Klarheit der Schrift in seinem Streit mit Erasmus gegen dessen Auslegungspraxis:

> Und was wird im ganzen Alten Testament, besonders in dem bekannten Ps. 119 häufiger zum Lobe der heiligen Schrift gesagt, als daß sie das sicherste und hellste Licht ist? So nämlich rühmt er ihre Klarheit (Ps. 119,105): »Dein Wort ist meines Fußes Leuchte und ein Licht auf meinem Wege.« Nicht sagt er: Die Leuchte für meine Füße ist nur dein Geist, wenn er auch diesem seine Aufgabe zuteilt und sagt (Ps. 143,10): »Dein guter Geist führe mich auf ebener Bahn.« So wird die Schrift wegen ihrer unbedingten Zuverlässigkeit als Weg und Pfad bezeichnet.[21]

Ähnlich verfährt er in seiner politischen Stellungnahme für das militärische Vorgehen gegen das vordringende Heer des osmanischen Reiches:

> Hierbei muß man denn auch die Sprüche und Exempel der Schrift anführen, da Gott sich vernehmen läßt, wie ihm rechte Reue oder Besserung wohlgefällt, sofern sie im Glauben und Vertrauen auf sein Wort geschieht, wie im Alten Testament die derer zu Ninive (Jona 3,10), der Könige David (2. Sam. 12,13), Ahab (1. Kön. 21,27 bis 29), Manasse (2. Chron. 33,12f.) und dergleichen, im Neuen die des Petrus (Mark. 14,72 u. Par.), des Schächers (Luk. 23,40–43), des Zöllners im Evangelium (Luk. 18,13f.) und so fortan.[22]

---

[21] WA 18, 654: *Et quid in universo veteri testamento maxime uno illo Psalmo 118 (119) dicitur in laude scripturae frequentius, quam ipsam esse lucem certissimam et evidentissimam? sic enim celebrat ille claritatem eius: Lucerna pedibus meis verbum tuum et lumen semitis meis. Non ait: Lucerna pedibus meis solum spiritus tuus, licet et huic tribuat suum officium dicens: Spiritus tuus bonus deducet me in terra recta. Ita et via et semita dicitur, nimirum a nimia certitudine.*

[22] WA 30 II, 118; vgl. dazu auch *M. Wriedt*, »Die Sicht des Anderen«. Luthers Verständnis des »Türken« als »Zuchtrute Gottes« und »Geißel der Endzeit«, in: LuJ 77 (2010), 107–127.

Diese Grundstruktur der Argumentation für den Erhalt des Gewaltmonopols in staatlicher Hand und damit die Aufrechterhaltung öffentlicher Ordnung findet sich erneut in Luthers Obrigkeitsschrift:

> Auf diese Weise haben alle Heiligen das Schwert von Anfang der Welt an geführt: Adam mit seinen Nachkommen. So führte es Abraham, als er Lot, seines Bruders Sohn, errettete und die vier Könige schlug (1. Mose 14,14f.), obwohl er doch ganz und gar ein evangelischer Mann war. So schlug Samuel, der heilige Prophet, den König Agag (1. Sam. 15,33) und Elia die Propheten Baals (1. Kön. 18,40). So haben das Schwert geführt Mose, Josua, die Kinder Israel, Simson, David und alle Könige und Fürsten im Alten Testament, ebenso Daniel und seine Gesellen Hananja, Asarja und Mischaël zu Babylon, ebenso Joseph in Ägypten und so fortan.[23]

Hier schimmert bereits auch die Spannung von Gesetz und Evangelium durch, welche die bloße Illustrations- und Belegfunktion der Verwendung alttestamentlicher Verweise zugunsten der Verkündigung der frohen Botschaft erweitert.

Die offenkundig immer wiederkehrende Kritik, Christen können getrost auf das Alte Testament verzichten und seien allein auf die Auslegung der Schriften des neuen Bundes angewiesen, weist Luther zurück und überschreitet damit deutlich die Grenzen einer eingeschränkten Lektüre der Schriften des alten Bundes. Sie haben ihre kanonische Bedeutung in vielfältiger Hinsicht, auf die weiter unten noch näher einzugehen ist:

> Wenn aber jemand einwenden wollte, das Alte Testament sei aufgehoben und gelte nicht mehr, darum könne man den Christen solche Beispiele nicht vorführen, da antworte ich: das ist nicht so. Denn Paulus sagt 1. Kor. 10,3f.:»Sie haben alle einerlei geistliche Speise gegessen und haben alle einerlei geistlichen Trank getrunken; sie tranken aber von dem geistlichen Fels, der mitfolgte, welcher war Christus«; das heißt: sie haben ebendenselben Geist und Glauben an Christus gehabt, den wir haben, und sind ebensowohl Christen gewesen wie wir. Darum, worin sie recht getan haben, darin tun alle Christen recht, von Anfang der Welt bis ans Ende. Denn Zeit und äußerlicher Wandel macht unter den Christen keinen Unterschied. Auch ists nicht wahr, daß das Alte Testament so aufgehoben sei, daß man es nicht halten müsse oder Unrecht täte, wer es allzumal hielte (wie Hieronymus und viele mehr geirrt haben), sondern es ist so aufgehoben, daß frei ist, es zu halten oder zu lassen und nicht mehr notwendig, es bei Verlust der Seligkeit zu halten, wie es dazumal war.[24]

Auch in seiner 1530 wiederholten Aufforderung einer frei zugänglichen Bildung für die Menschen betont er in besonderer Weise die Ausbildung zukünftiger Schriftausleger und verwendet dafür die alttestamentliche Begründung des Priesteramts für den Stamm Levi. Freilich transformiert Luther hier auch das

---

[23] WA 11, 255.
[24] WA 11, 255f.

Verständnis des Priesteramtes. Es geht nicht mehr um das blutige Opfer, sondern um die Predigt des Wortes Gottes:

> Im Alten Testament, auf daß sein Predigtamt nicht unterginge, erwählte er und nahm das ganze Geschlecht Levi, nämlich den zwölften Teil des ganzen Volks Israel, und gab ihnen den Zehnten vom ganzen Volk, darüber hinaus die ersten Früchte, allerlei Opfer, eigene Städte, Vorstädte, Äcker, Wiesen, Vieh und was dazu gehört. Im Neuen Testament siehe zu, wie reichlich vorzeiten Kaiser, Könige, Fürsten und Herren zu solchem Amt gegeben haben, was jetzt die Stifte und Klöster innehaben und damit Könige und Fürsten übertreffen. Er wird und kann die, welche ihm treulich dienen, nicht verlassen, er hat es zu sehr versprochen und gesagt Hebr. 13,5: »Ich will dich nicht verlassen noch versäumen.«[25]

Mit größter Selbstverständlichkeit zieht er die Traditionslinie von den Priestern des alten Bundes aus bis zu den gewählten und ordinierten Geistlichen der reformatorischen Kirche. Die ambulatorische Praxis der Apostel und ihrer Nachfolger dient ihm dazu, die Aufgabe der Bischöfe vor allem im Amt der Visitation zu erkennen:[26]

> Ein wie göttlich, heilsam Werk es sei, die Pfarren und christlichen Gemeinden durch verständige, geschickte Leute zu besuchen, zeigen uns sowohl das Neue wie das Alte Testament genugsam an. So lesen wir, daß Petrus im jüdischen Lande umherzog (Apg. 9,32); Paulus und Barnabas durchzogen auch aufs neue alle Orte, da sie gepredigt hatten (Apg. 15,36). Und in allen Briefen bezeugt er, wie er Sorgfalt trägt für alle Gemeinden und Pfarren. Er schreibt Briefe, sendet seine Jünger, kommt auch selber, gleichwie auch die Apostel, Apg. 8,14, als sie hörten, wie Samaria das Wort angenommen hätte, Petrus und Johannes zu ihnen sandten. Und im Alten Testament lesen wir auch, wie Samuel jetzt zu Rama, jetzt zu Nob, jetzt zu Gilgal (1. Sam. 7,16f.), und so fortan umherzog, nicht aus Freude am Reisen, sondern aus Liebe und Amtspflicht, dazu um der Notdurft des Volkes willen; wie denn auch Elias und Elisa taten, wie wir in den Büchern der Könige lesen. Dieses Werk hat auch Christus selbst aufs fleißigste vor allen getan; so daß er auch deswegen nicht einen Ort behielt auf Erden, da er sein Haupt hinlegte, der sein eigen wäre. Er fing das auch schon im Mutterleibe an, als er mit seiner Mutter über das Gebirge ging und Johannes besuchte. – Diesem Exempel sind auch die alten Väter, die heiligen Bischöfe, vorzeiten mit Fleiß nachgefolgt, wie auch noch viel davon in päpstlichen Gesetzen gefunden wird. Denn aus dieser Aufgabe sind ursprünglich die Bischöfe und Erzbischöfe hergekommen, je nachdem einem jeglichen befohlen ward, viel oder wenig zu besuchen und zu visitieren. Denn eigentlich ist ein Bischof ein Aufseher und Visitator, und ein Erzbischof der, welcher über diese Aufseher und Visitatoren (gesetzt) ist. Und zwar deshalb, weil ein jeglicher Pfarrer seine Pfarrkinder besuchen, sie warten und beaufsichtigen

---

[25]   WA 30 II, 548f.
[26]   Vgl. dazu *M. Brecht* (Hrsg.), Luther und das Bischofsamt, Stuttgart 1990.

soll, wie man da lehrt und lebt. Und der Erzbischof soll solche Bischöfe besuchen, sie warten und beaufsichtigen, wie dieselben lehren; bis daß zuletzt solch ein Amt eine solche weltliche, prächtige Herrschaft geworden ist, da die Bischöfe sich zu Fürsten und Herren gemacht und solch Besuchsamt etwa einem Propst, Vikar oder Dechant befohlen haben. Und hernach, da Pröbste und Dechanten und Domherrn auch faule Junker geworden, wurde solches den Offizialen befohlen, welche die Leute mit Vorladungen in Geldsachen plagten und niemand besuchten.[27]

Der alttestamentliche Verweis dient gleichermaßen als Kontinuitätserweis und Beleg der richtigen Auslegung wie als kritischer Maßstab der inkriminierten Amtspraxis in Luthers Gegenwart.

Auch für die Ausgestaltung kirchlicher Praxis kann auf Belege aus dem Alten Testament hingewiesen werden, wie etwa die von Luther hoch geschätzte Verkündigungsaufgabe der Musik:

> Daß geistliche Lieder singen gut und Gott angenehm sei, meine ich, sei keinem Christen verborgen, dieweil jedermann nicht allein das Beispiel der Propheten und Könige im Alten Testament (die mit Singen und Klingen, mit Dichten und allerlei Saitenspiel Gott gelobt haben), sondern solcher Brauch, besonders mit Psalmen, ist auch der Christenheit allgemein von Anfang an kund. Ja Paulus setzt auch solches 1. Kor. 14 ein und gebietet Kol. 3,16, von Herzen dem Herrn geistliche Lieder und Psalmen zu singen, auf daß dadurch Gottes Wort und christliche Lehre auf allerlei Weise gefördert und geübt werden.[28]

2.2 Der Unterschied vom Alten zum Neuen Testament in der Spannung von Gesetz und Evangelium

Dennoch nivelliert Luther die Differenz von Altem und Neuem Testament in keiner Weise. Jenseits der hermeneutischen Unterscheidung von Gesetz und Evangelium, die sich durch die gesamte Heilige Schrift hindurch hält, sieht er auch die grundlegende Differenz von altem und neuem Bund aufrecht.

> Das Neue Testament besteht recht eigentlich aus Verheißungen und Ermahnungen, so wie das Alte Testament recht eigentlich aus Gesetzen und Drohungen besteht. Denn im Neuen Testament wird das Evangelium gepredigt, was nichts anderes als eine Verkündigung ist, in welcher der Geist und die Gnade zur Vergebung der Sünden angeboten werden, die durch Christus den Gekreuzigten für uns erlangt ist, und zwar ganz umsonst und allein auf Grund der Barmherzigkeit Gottes des Vaters, welche sie uns schenkt, die wir unwürdig sind und die Verdammnis eher verdienten als irgend etwas anderes. Darauf folgen Ermahnungen, welche diejenigen, die bereits gerechtfertigt sind und die Barmherzigkeit erlangt haben, aufrufen, daß sie tüchtig

---

[27] WA 26, 195f.
[28] WA 35, 474.

seien in den Früchten der geschenkten Gerechtigkeit des Geistes, die Liebe üben in guten Werken und standhaft das Kreuz und alle anderen Drangsale der Welt ertragen. Das ist die Summe des ganzen Neuen Testaments.[29]

Obwohl Luther durchaus eine kritische Kanonbetrachtung für geboten erachtet, wendet er sich im Zuge der Auseinandersetzung mit radikalreformerischen und spiritualistischen Kräften gegen eine willkürliche Reduktion des verbindlichen Schriftenbestandes:

> Darum ist aufs erste zu wissen, daß der Wahn abzutun ist, daß es vier Evangelien und nur vier Evangelisten gebe, und ganz zu verwerfen, daß etliche des Neuen Testaments Bücher in Gesetz-, Geschichts-, prophetische und Weisheitsbücher teilen und damit glauben, ich weiß nicht wie, das Neue dem Alten Testament gleichzumachen. Sondern es ist daran festzuhalten: gleichwie das Alte Testament ein Buch ist, darinnen Gottes Gesetz und Gebot, daneben die Geschichten sowohl derer, welche dieselben gehalten, wie derer, die sie nicht gehalten haben, geschrieben sind, so ist das Neue Testament ein Buch, darinnen das Evangelium und Gottes Verheißung, daneben auch die Geschichte beider, derer, die dran glauben und die nicht glauben, geschrieben sind. So daß man gewiß sei, daß es nur ein Evangelium gebe, gleich wie nur ein Buch des Neuen Testaments und nur einen Glauben und nur einen Gott, der da (die Seligkeit) verheißet.[30]

Die Einheit der Schrift ist durch ihre inhaltliche Mitte, der Botschaft von dem sich dem Sünder gnädig zuwendenden Gott, gegeben und darf durch willkürliche Operationen am Bestand nicht gefährdet werden.

In der Vorlesung über den Hebräerbrief 1517/18 betont er die Notwendigkeit philologischer Genauigkeit bei der Auslegung und sieht auch trotz der Homonymie wichtige Unterschiede aufleuchten:

> [zu Hebr 9,14:] »Wieviel mehr wird das Blut Christi unser Gewissen reinigen.« Wie verschieden die Art der Reinheit im Alten und Neuen Testament ist, beschreibt der Apostel hervorragend und leitet es in Gegensatzpaaren ab. Denn die Reinheit des alten Gesetzes bezog sich auf das Fleisch, das Gewand oder das Gefäß, die neue liegt im Gewissen, im Herzen oder im Geiste. Die Unreinheit des alten Gesetzes zieht sich zu,

---

[29]   WA 18, 692f.: *Novum testamentum proprie constat promissionibus et exhortationibus, sicut Vetus proprie constat legibus et minis. Nam in novo testamento praedicatur Euangelion, quod est aliud nihil, quam sermo, quo offertur spiritus et gratia in remissionem peccatorum per Christum crucifixum pro nobis impetratam, idque totum gratis solaque misericordia Dei patris, nobis indignis et damnationem merentibus potius quam aliquid aliud, favente. Deinde exhortationes sequuntur, quae iam iustificatos et misericordiam consecutos excitent, ut strenui sint in fructibus donatae iustitiae et spiritus charitatemque exerceant bonis operibus fortiterque ferant crucem et omnes alias tribulationes mundi. Haec est summa totius novi testamenti.*

[30]   WA DB 6, 2.

wer mit Toten und Unreinen in Berührung kommt, die des neuen kommt von toten Werken oder Sünden. Die (Reinheit) des alten (Gesetzes) (führte dazu), den Geschöpfen oder Begierden, die des neuen, dem lebendigen Gott zu dienen.[31]

Freilich ist diese Unterscheidung von altem und neuem Bund alles andere als statisch. Luther greift für ihre weitere Interpretation auf die mystische Differenz von »innen und außen« zurück.[32] Der äußerliche Gehorsam gegen das Gebot Gottes reicht nicht zur Erfüllung von Gottes Forderung, es sei denn der innerliche Impetus komme hinzu:

> Daraus merke selber, wie weit es voneinander (entfernt) ist, das erste Gebot nur mit äußerlichen Werken und es mit innerlichem Vertrauen erfüllen. Denn dieses macht rechte, lebendige Gotteskinder, jenes macht nur ärgere Abgötterei und die schädlichsten Heuchler, die auf Erden sind. Sie verführen unzählig viele Leute mit ihrem großen Schein zu ihrer Weise und lassen sie doch ohne Glauben bleiben und so, jämmerlich verführt, in dem äußerlichen Geplärre und Gespenste stecken. Von denen sagt Christus (Matth. 24,23): »Hütet euch, wenn sie euch sagen werden: siehe, hier oder da ist Christus«, ebenso Joh. 4,21: »Ich sage dir, daß die Zeit wird kommen, da ihr weder auf diesem Berge noch zu Jerusalem werdet Gott anbeten, denn geistliche Anbeter sucht der Vater.« Diese und dergleichen Sprüche haben mich bewegt und sollen jedermann bewegen, das große Gepränge mit Bullen, Siegeln, Fahnen, Ablaß zu verwerfen, womit das arme Volk zum Kirchenbauen, Geben, Stiften, Beten geführt wird, während doch vom Glauben ganz geschwiegen, ja er ganz niedergedrückt wird. Denn dieweil er unter den Werken keinen Unterschied macht, so kann neben ihm nicht irgendein Werk vor dem anderen mit so großem Aufblasen und Treiben bestehen. Denn er will allein Gottesdienst sein und diesen Namen und diese Ehre keinem andern Werk lassen, außer soviel wie er ihm (davon) mitteilt, was er tut, sofern das Werk in und aus ihm geschieht. Dieser Unfug ist im Alten Testament vorgebildet, da die Juden den Tempel verließen und an anderen Orten, in den grünen Lustgärten und auf den Bergen opferten. Ebenso tun diese auch. Alle Werke sind sie emsig zu tun, aber dies Hauptwerk des Glaubens achten sie nimmer.[33]

Auch wenn sich Luther einer strengen Zuweisung des Gesetzes auf die Schriften des alten Bundes und der evangelischen Verheißung auf die Schriften des neuen Bundes verweigert, gibt es Passagen in seinem Werk, die eine solche Statik vermuten lassen:

---

[31] WA 57, 207: *Quanto magis sanguis Christi emundat conscientiam nostram. Diversam munditiam novi et veteris testamenti pulchre describit et per antitheses deducit. Nam munditia veteris legis erat in carne, veste vel vase, nova est in conscientia, corde seu mente, immunditia veteris contrahitur a tactibus mortui vel immundi, nove ab operibus mortuis sive peccatis, veteris ad serviendum creaturis seu desideriis, novae ad serviendum Deo viventi.*

[32] Vgl. dazu ausführlicher *K.-H. Zur Mühlen*, Nos extra nos. Luthers Theologie zwischen Mystik und Scholastik (BHTh 46), Tübingen 1972.

[33] WA 6, 212.

> Denn das alte Testament, durch Mose gegeben, war nicht eine Verheißung der Vergebung der Sünden oder der ewigen Güter, sondern der zeitlichen, nämlich des Landes Kanaan, wodurch niemand geistlich erneuert wurde, die himmlische Erbschaft anzutreten.[34]

Sehr scharf scheint Luther hier die Heilsbedeutung der alttestamentlichen Gesetzesvorschriften zu leugnen. Das erklärt sich aus dem Kontext, in dem Luther sodann die paulinische Adam-Christus-Parallele auslegt. Der Fluch des Gesetzes muss systematisch getrennt werden von der Verheißung des Evangeliums. Dadurch entsteht zunächst eine vordergründige Trennung, die allerdings im übergreifenden Bogen des barmherzigen Gotteswillens zur paradoxen Einheit geführt wird.

Darauf konzentriert sich Luther durchgängig in den sogenannten reformatorischen Hauptschriften des Jahres 1520. So heißt es in der Freiheitsschrift:

> Wie geht es aber zu, daß der Glaube allein fromm machen und ohne alle Werke so überschwenglichen Reichtum geben kann, obwohl uns doch in der Schrift so viele Gesetze, Gebote, Werke, Stände und Weisen vorgeschrieben sind? Hier ist fleißig zu merken und ja mit Ernst zu behalten, daß allein der Glaube ohne alle Werke fromm, frei und selig machet, wie wir hernach mehr hören werden, und ist zu wissen, daß die ganze heilige Schrift in zweierlei Wort geteilet wird, welche sind: Gebote oder Gesetze Gottes und Verheißungen oder Zusagen. Die Gebote lehren und schreiben uns mancherlei gute Werke vor, aber damit sind sie noch nicht geschehen. Sie weisen wohl, sie helfen aber nicht, lehren, was man tun soll, geben aber keine Stärke dazu. Darum sind sie nur dazu geordnet, daß der Mensch darinnen sein Unvermögen zu dem Guten sehe und an sich selbst verzweifeln lerne. Und darum heißen sie auch das alte Testament und gehören alle ins Alte Testament. Wie das Gebot: »Du sollst nicht böse Begierde haben« beweist, daß wir allesamt Sünder sind und kein Mensch ohne böse Begierde zu sein vermag, er tue, was er will. Daraus lernet er an sich selbst verzagen und anderswo Hilfe zu suchen, daß er ohne böse Begierde sei und so das Gebot durch einen andern erfülle, was er aus sich selbst nicht vermag. Ebenso sind auch alle andern Gebote uns (zu erfüllen) unmöglich.[35]

Dass sich diese Unterscheidung gegenüber der formalen Zuordnung widerständig verhält, wird aus dem nächsten Absatz erkennbar:

> Wenn nun der Mensch aus den Geboten sein Unvermögen gelernet und empfunden hat, daß ihm nun angst wird, wie er dem Gebot Genüge tue (sintemal das Gebot erfüllet werden muß oder er muß verdammt sein), so ist er recht gedemütigt und in seinen Augen zunichte geworden, findet nichts an sich, damit er könne fromm werden. Dann

---

[34]   WA 6, 515: *Vetus enim testamentum, per Mosen datum, erat promissio non remissionis peccatorum seu aeternarum rerum, sed temporalium, nempe terrae Canaan, per quam nemo renovabatur spiritu ad haereditatem coelestem capessendam.*
[35]   WA 7, 23f.

kommt das andere Wort, die göttliche Verheißung und Zusagung, und spricht: Willst du alle Gebote erfüllen, deine böse Begierde und Sünde los werden, wie die Gebote erzwingen und fordern, siehe da, glaube an Christus, in welchem ich dir alle Gnade, Gerechtigkeit, Frieden und Freiheit zusage. Glaubst du, so hast du, glaubst du nicht, so hast du nicht. Denn was dir mit allen Werken der Gebote unmöglich ist, deren viele sind und von denen doch keines nütze sein kann, das wird dir durch den Glauben leicht und kurz. Denn ich habe in Kürze alle Dinge in den Glauben gestellet, daß, wer ihn hat, soll alle Dinge haben und selig sein; wer ihn nicht hat, soll nichts haben. So geben die Zusagungen Gottes, was die Gebote fordern, und vollbringen, was die Gebote befehlen, auf daß es alles Gottes eigen sei: Gebot und Erfüllung. Er befiehlt allein, er erfüllet auch allein. Darum sind die Zusagungen Gottes Wort des neuen Testaments und gehören auch ins Neue Testament.[36]

Die hermeneutische Scheidung von Gesetz und Evangelium ist für Luther der entscheidende Unterschied zu den ihn seit den frühen zwanziger Jahren bedrängenden radikalreformerischen Ansätzen evangelischer Bibelauslegung, die in seinen Augen die Reformation gefährden.

So tut hier Doktor Karlstadt auch. Nachdem er solches von seinen Propheten gelernt und von Natur einen wunderlichen Kopf hat, der immer was Besonderes sucht, das vorher niemand wisse, fähret er zu und will hier mit den Worten des Paulus auch so Würfel spielen und Allegorien machen, wie er im Alten Testament gewöhnet ist.[37]

Karlstadt ist in seiner Hermeneutik bei Augustins Scheidung von Geist und Buchstaben stehen geblieben und hat sich der von Luther betonten hermeneutischen Dynamik verschlossen. Seine Auslegung tendiert zum radikalen Fundamentalismus, den Luther später als »Schwärmerei« abtun wird.[38]

Im Kontext der Auseinandersetzung mit der evangelischen Bewegung von Wittenberg erfährt Luthers Unterscheidung von Gesetz und Evangelium eine entscheidende Präzisierung, die eine feste Zuordnung bestimmter Textpassagen zu einer der beiden Größen verhindert. Damit scheiden sich dann freilich auch die Wege zwischen Luther und seinen ehemaligen Mitstreitern. Man wird allerdings nicht zu weit gehen, wenn man behauptet, dass die Differenz zu Karlstadt für Luther besonders schmerzhaft ist. Der spätere Streit mit Zwingli über das Verständnis der Realpräsenz Christi im Abendmahl wird unter anderem auch darum so scharf ausgefochten, weil Luther in dem Zürcher Reformator einen Adepten der verworfenen Ansichten seines früheren Fakultätskollegen Andreas Bodenstein erkennt.[39]

---

[36] WA 7, 24.
[37] WA 18, 179.
[38] *B. Lohse*, Luther und der Radikalismus, in: LuJ 44 (1977), 7–27.
[39] *E. Grözinger*, Luther und Zwingli. Die Kritik an der mittelalterlichen Lehre von der Messe als Wurzel des Abendmahlsstreites, Zürich 1980.

An diesem Streit wird allerdings auch wieder sichtbar, dass alle Scheidungen der weiteren Entwicklung des reformatorischen Aufbruchs ihren Kern und ihr wesentliches Fundament in der Frage einer methodisch begründeten Hermeneutik der Heiligen Schrift erfahren. Nicht die Sachaussage »an sich«, sondern der hermeneutische Weg ihrer Schriftbegründung markiert nach Luthers Überzeugung die Grenzen der Zusammenarbeit.

2.3   Das Alte Testament als Schlüssel zum Neuen

Neben die hermeneutische Unterscheidung von Gesetz und Evangelium tritt für Luther die typologische Ausdeutung des Alten Testaments als dem Schlüssel zur Botschaft des Evangeliums:

> Darum scheinet es auch, als habe Paulus in diesem Brief einmal die ganze christliche und evangelische Lehre in die Kürze fassen und einen Zugang zum ganzen Alten Testament bereiten wollen. Denn wer diesen Brief recht im Herzen hat, der hat ohne Zweifel des Alten Testaments Licht und Kraft bei sich. Darum lasse ihn ein jeglicher Christ sich vertraut und in steter Übung sein.[40]

Aus der hermeneutischen Überzeugung von der verweisenden Funktion des Alten Testaments folgt allerdings das systematische Problem der bleibenden Bedeutung des Gesetzes. Luther zufolge bindet das Gesetz Mose die Heiden nicht, sondern allein die Juden:

> Das Gesetz Mose gehet die Juden an. Es bindet uns von vornherein nicht. Denn das Gesetz ist allein dem Volk Israel gegeben, und Israel hat es für sich und seine Nachkommen angenommen, und die Heiden sind hier ausgeschlossen. Trotzdem haben die Heiden auch etliche Gesetze mit den Juden gemeinsam, wie z. B. daß ein Gott sei, daß man niemand beleidige, daß man nicht ehebreche noch stehle und dergleichen andere mehr. Aber das alles ist ihnen von Natur ins Herz geschrieben und sie habens nicht vom Himmel herab gehört wie die Juden. Darum gehet dieser ganze Text die Heiden nichts an. Das sage ich um der Schwärmergeister willen. Denn ihr sehet und höret, wie sie den Mose lesen. Sie zitieren ihn vielfach und bringen vor, wie Mose das Volk mit Geboten regiert habe, wollen klug sein, wollen etwas Weiteres wissen, als in dem Evangelium inbegriffen ist, achten den Glauben für klein, bringen etwas Neues auf, rühmen sich und geben vor, es stehe im Alten Testament, wollen nach dem Buchstaben des Gesetzes Mose das Volk regieren, als ob mans vorher nie gelesen habe. Das wollen wir aber nicht zugestehen. Ich wollte eher mein Leben lang nicht mehr predigen, ehe ich Mose wieder einlassen und Christus uns aus dem Herzen reißen lassen wollte. Wir wollen Mose nicht mehr als einen Regenten oder Gesetzgeber haben, ja Gott will es auch selber nicht haben. Mose ist ein Mittler und ein Gesetzgeber des jüdischen Volks allein gewesen, denen hat er das Gesetz gegeben. Man muß also den Rottengeistern das Maul stopfen, die da sagen: So spricht Mose, da stehets im

---

[40]   WA DB 7, 26.

Mose geschrieben und dergleichen. So sprich du: Mose gehet uns nichts an. Wenn ich Mose in einem Gebot annehme, so muß ich den ganzen Mose annehmen. Also würde daraus folgen: wenn ich Mose zum Meister und Gesetzgeber annehme, so müßte ich mich beschneiden lassen, die Kleider nach jüdischer Weise waschen und so essen und trinken, mich kleiden und solches Wesen alles halten, wie den Juden im Gesetz geboten war. So wollen wir Mose nicht halten noch annehmen. Mose ist tot. Sein Regiment ist aus gewesen, da Christus kam. Er dienet nicht weiter (als bis) hierher.[41]

Die akzentuierte Betonung des »Ende des Gesetzes« und der in Christus angebrochenen Heilszeit des erfüllten Gesetzes provoziert eine lebenslange Auseinandersetzung Luthers um die Frage der bleibenden Bedeutung des Gesetzes.[42] Im Sinne eines buchstabengetreuen Gehorsams gegen die Weisungen des alten Bundes ist die Gesetzesforderung des Alten Testaments für Luther erledigt. Im Blick auf den bleibenden Auftrag des Gesetzes, den Sünder seiner Gesetzesbrüche zu überführen, bleibt das Gesetz des alten Bundes allerdings in geistlicher Hinsicht bestehen, nämlich in der hermeneutischen Gegenüberstellung zum Neuen Testament und seiner Verheißung der Gnade des barmherzigen Gottes. Mithin ist das Alte Testament nur so rechtmäßig zu gebrauchen, wenn es im Licht der christologisch zentrierten Verheißung des neuen Bundes gelesen wird: »Man muß das Alte Testament auch halten.«[43] Und Luther fährt in dieser Auslegungsanweisung in kritischer Distanz zu den radikalreformerischen Kräften, die seines Erachtens zu wenig zwischen Gesetz und Evangelium unterscheiden und stattdessen die Differenz von Geist und Buchstaben im augustinischen Sinne bevorzugen, fort und erklärt:

> Und so wird das Alte Testament recht verstanden: wenn man die schönen Sprüche von Christus aus den Propheten behält und die schönen Beispiele wohl erfasset und merket, und wenn wir die Gesetze nach unserm Wohlgefallen brauchen und dieselben uns nütze machen.[44]

Freilich beschränkt er seine Gegnerschaft nicht auf die ihm seit Beginn der zwanziger Jahre erwachsenen Gegner. Auch die römische Kirche hat sich ihrer falschen Schriftauslegung wegen zum Gegner des Evangeliums und seiner befreienden Verheißung gemacht.

> Aber siehe zu, wie feine, zarte, fromme Kinder wir sind! Auf daß wir nicht in der Schrift zu studieren und Christus allda zu lernen brauchten, halten wir das ganze

---

[41]   WA 24, 6.
[42]   Zu Agricola siehe *J. Rogge*, Johann Agricolas Lutherverständnis unter besonderer Berücksichtigung des Antinomismus, Berlin 1960. Außerdem neuerlich *T. J. Wengert*, Gesetz und Buße. Philipp Melanchthons erster Streit mit Johannes Agricola, in: G. Frank (Hrsg.), Der Theologe Melanchthon, Stuttgart 2000, 375–392.
[43]   WA 24, 12.
[44]   WA 24, 15.

Alte Testament für nichts, als das nun zu Ende sei und nichts mehr gelte; obwohl es doch allein den Namen hat, daß es »heilige Schrift« heißt, und Evangelium eigentlich nicht »Schrift«, sondern »mündlich Wort« sein sollte, das die Schrift vortrüge, wie Christus und die Apostel getan haben. Darum hat auch Christus selbst nichts geschrieben, sondern nur geredet, und seine Lehre nicht »Schrift«, sondern »Evangelium«, das ist: eine »gute Botschaft« oder »Verkündigung« genannt, das nicht mit der Feder, sondern mit dem Munde betrieben werden sollte. So sind wir schnell bereit und machen aus dem Evangelium ein Gesetzbuch, eine Gebotslehre, aus Christus einen Mose, aus dem Helfer nur einen Lehrer. Was sollte nicht Gott über solch dummes, verkehrtes Volk verhängen? Es ist billig, daß er uns in des Papstes Lehre und Menschenlügen hat kommen lassen, weil wir seine Schrift fahren ließen, und anstatt heiliger Schrift eines lügenhaftigen Narren und bösen Betrügers Dekretalen lernen mußten. O wollte Gott, daß bei den Christen doch das lautere Evangelium bekannt wäre, und diese meine Arbeit nur möglichst bald nutzlos und überflüssig würde, so wäre gewiß Hoffnung, daß auch die heilige Schrift in ihrer Würdigkeit wieder hervorkäme. Das sei zur Vorrede und zum Unterricht aufs kürzeste genug gesagt, in der Auslegung wollen wir mehr davon reden.[45]

Mit scharfer Polemik wendet sich Luther bereits 1521 gegen alle, die das Alte Testament in fehlleitender Weise auslegen. Dazu zählen gleichermaßen die sogenannten »Schwärmer« als auch die römischen Theologen der Kurie wie auch schließlich die Juden:

Das meinet nun hier die zarte Mutter dieses Samens, da sie sagt, er habe Israel aufgeholfen laut seiner Versprechung, zu Abraham getan, ihm und allem seinen Samen: da sah sie wohl, daß die Zusagung in ihr erfüllt war. Darum sagt sie, es sei nun erfüllt und er habe aufgeholfen, seinem Worte aus lauter Gedenken an seine Barmherzigkeit genug getan. Hier sehen wir den Grund des Evangeliums, warum alle Lehre und Predigt darinnen auf den Glauben Christi und in den Schoß Abrahams treiben. Denn es ist sonst kein Rat noch Hilfe, wo dieser Glaube nicht ist, darinnen der gesegnete Same ergriffen werde. Und fürwahr, es hängt die ganze Bibel in diesem Eidspruch Gottes, denn es ist in der Bibel alles um Christus zu tun. Weiter sehen wir, daß alle Väter im alten Testament mit allen heiligen Propheten eben den Glauben und das Evangelium gehabt haben, das wir haben, wie Paulus 1. Kor. 10,1ff. sagt. Denn in diesem Eidspruch Gottes und Schoß Abrahams sind sie alle mit festem Glauben geblieben und so behalten worden, nur daß sie an den zukünftigen und versprochenen Samen geglaubt haben, wir an den erschienenen und dargegebenen glauben. Es ist aber alles eine Wahrheit des Zusagens, ebenso auch ein Glaube, ein Geist, ein Christus, ein Herr, heute wie zu jener Zeit und in Ewigkeit, wie Paulus Hebr. 13,8 sagt. – Daß aber hernach den Juden das Gesetz gegeben wurde, ist dieser Zusagung nicht gemäß und darum geschehen, daß sie durch das Licht des Gesetzes ihre verdammte

---

[45]   WA 10 I,1, 17.

Natur desto besser erkennten und nach diesem zugesagten Samen des Segens desto hitziger und begehrlicher verlangen sollten. Darinnen haben sie einen Vorteil vor den Heiden aller Welt gehabt. Aber sie haben den Vorteil umgekehrt und einen Nachteil daraus gemacht und sich vorgenommen, das Gesetz durch sich selbst zu erfüllen und nicht ihre (des Segens) bedürftige Verdammung dadurch zu erkennen.[46]

Das Alte Testament ist in seiner bleibenden Bedeutung nicht zu unterschätzen, gerät doch mit dessen Missachtung auch die Auslegung des Neuen Testaments in eine unangemessene Schieflage. Darum betont Luther in seinem Messentwurf von 1526 ausdrücklich die bleibende Bedeutung alttestamentlicher Leseanteile.[47] Er geht so weit, dass er das Buch Genesis, das er in seinen letzten zehn Jahren in einer ungewöhnlich ausführlichen Vorlesung traktierte, zum Schlüssel der gesamten Bibelauslegung erklärt.

> Das erste Kapitel im ersten Buch Mose begreift die ganze Schrift in sich. Darum ists von den Alten wohl bedacht, daß keiner dasselbe vor dem dreißigsten Jahr lesen durfte. Denn es hat viele Geheimnisse in sich, welche die Ungelernten nicht wahrnehmen können; auch hat sie niemand jemals gemerkt, viel weniger verstanden.[48]

Diese hermeneutische Grundhaltung bewährt sich auch im konkreten Fall. In seiner Schrift gegen die Türken von 1529 zieht Luther Parallelen der missverstandenen Auslegung des Alten Testaments zu dessen Aufnahme in den Koran.[49]

> »[...] denn er [scil. Mohammed und der Koran] bekennt sich ja zu den vier Evangelien und Mose samt den Propheten. Sollte man denn gegen die Türken streiten, so müßte man ebensogut oder viel mehr gegen den Papst streiten. Antwort: Ich kanns nicht leugnen, der Türke hält die vier Evangelien für göttlich und recht sowohl wie die Propheten, rühmt auch Christus und seine Mutter sehr. Aber er glaubt gleichwohl, daß sein Mohammed über Christus sei und daß Christus kein Gott sei; wie oben gesagt ist. (Das ist so) wie wir Christen das Alte Testament auch als göttliche Schrift anerkennen; aber, nun es erfüllt ist und, wie Petrus Apg. 15,10 sagt, es ohne Gnade Gottes zu schwer ist, wirds doch durchs Evangelium aufgehoben, daß (es) uns nicht mehr bindet. Ebenso verfährt der Mohammed mit dem Evangelium. Er gibt vor, es sei auch wohl recht, aber es habe längst ausgedient, sei auch zu schwer zu halten, nämlich in den Stücken, wo Christus lehrt, daß man alles um seinetwillen verlassen und Gott aus ganzem Herzen lieben soll, und dergleichen mehr (Matth. 19,29; 22,37). Deshalb habe Gott ein anderes neues Gesetz geben müssen, das nicht so schwer sei und das die Welt halten könne, und dieses Gesetz sei der Koran. Wenn aber jemand fragt: warum er keine Wunderzeichen tue, solch neues Gesetz zu bestätigen, sagt

---

[46]   WA 7, 599f.
[47]   *W. Herbst*, Evangelischer Gottesdienst. Quellen zu seiner Geschichte, Göttingen 1992.
[48]   WA TR 1, 208.
[49]   Vgl. *J. Ehmann*, Luther, Türken und Islam. Eine Untersuchung zum Türken- und Islambild Martin Luthers (1515–1546), Gütersloh ²2008.

er: es sei nicht nötig und umsonst, denn es haben doch die Menschen vorher viel Wunderzeichen gehabt, als des Mose Gesetz und das Evangelium aufkamen, und sie glaubten doch nicht. Deshalb müsse sein Koran nicht durch vergebliche Wunderzeichen bestätigt werden, sondern mit dem Schwert, welches besseren Nachdruck hat als die Wunderzeichen. Und so ists auch gegangen und geht noch so, daß bei den Türken anstatt der Wunderzeichen das Schwert alle Dinge ausrichtet. – Umgekehrt ist der Papst nicht viel frömmer und sieht dem Mohammed über die Maßen ähnlich, denn er lobt mit dem Munde auch die Evangelien und die ganze heilige Schrift. Aber er meint, daß viele Stücke drinnen zu schwer und unmöglich seien, und (zwar) eben dieselben wie die Türken und der Mohammed meinen, wie die in Matth. Kap. 5. Deshalb deutet er sie um und macht »evangelische Räte« draus, die niemand zu halten schuldig sei, außer welche es gelüstet; wie denn Paris samt andern Universitäten, Stiften und Klöstern solches bisher unverschämt gelehrt haben. Deshalb regiert er auch nicht mit dem Evangelium oder Gottes Wort, sondern hat auch ein neues Gesetz und einen Koran gemacht, nämlich sein kanonisches Recht und betreibt das mit dem Bann gleichwie der Türke seinen Koran mit dem Schwert, welches doch allein das Wort Gottes ist und heißen soll, Eph. 6,17. Wo er kann, gebraucht er nichtsdestoweniger auch das weltliche Schwert oder ruft ja zum wenigsten dasselbe an und hetzt und reizt andere dazu auf. Ich bin dessen guter Zuversicht: wo der Papst das weltliche Schwert so mächtig führen könnte wie der Türke, es sollte am guten Willen vielleicht weniger als bei dem Türken mangeln, wie sie es denn oft versucht haben. – Und Gott drückt auch auf sie alle beide mit gleicher Plage und schlägt sie mit Blindheit, daß es ihnen geht wie Paulus Röm. 1,28 von dem schändlichen Laster der stummen Sünden sagt, daß Gott sie in verkehrten Sinn dahingibt, weil sie Gottes Wort verkehren. Denn so blind und unsinnig sind beide, Papsttum und Türkei, daß sie beide die stummen Sünden als ein ehrlich, löblich Ding unverschämt treiben.[50]

Die Analogie zwischen Papst und Türken führt für Luther zu konkreten Handlungsanweisungen.[51] Auf den Vorwurf, er würde den militärischen Widerstand gegen die vorrückenden Osmanen nicht hinreichend akzentuierten, betont Luther sein Amt als Schriftausleger und verweist auf die seit dem Mittelalter übliche Kompetenzaufteilung der Zwei-Schwerter-Lehre:[52]

So hat Christus das Schwert des Mundes, nicht das Faustschwert. Das Wort Gottes ist sein Schwert, mit dem er die ganze Welt straft. – Warum nimmt er dann das Faustschwert? Wie kommt es, daß er hier gegen die Priester des Tempels so hart und unfreundlich handelt und mit der Faust dreingreift und sich dessen annimmt, was sonst der weltlichen Obrigkeit gebührte? Darauf soll man so antworten: Das Alte Testament ist noch nicht abgeschafft. Der Herr steht zwischen dem Alten und dem Neu-

---

50   WA 30 II, 140ff.
51   Vgl. *Wriedt*, »Die Sicht des Anderen« (s. Anm. 22).
52   Vgl. *V. Manthey*, Zwei-Schwerter – Zwei Reiche. Martin Luthers Zwei-Reiche-Lehre vor ihrem spätmittelalterlichen Hintergrund, Tübingen 2005.

en Testament, zwischen dem, was Mose im Volk Israel gestiftet hatte, und dem, was Christus nach seinem Tode durch seinen heiligen Geist und durch die Predigt des Evangeliums einrichten sollte. Christus hält das Gesetz in vielen Stücken: er läßt sich beschneiden, läßt im Tempel opfern, geht alle Jahre dreimal zum Fest nach Jerusalem wie andere Leute, denn das hat Gott im Alten Testament geboten. Ebenso gebietet er den Aussätzigen, daß sie sich den Priestern nach dem Gesetz zeigen sollen. - Das ist alles das Gesetz des Mose und gehört nicht zum Neuen Testament. Umgekehrt läßt er am Sabbat die Ähren ausraufen (Matth. 12,1ff.), heilt den Kranken am Sabbat (Joh. 5,16) und sagt:»Des Menschen Sohn ist ein Herr auch über den Sabbat« (Matth. 12,8). Hier handelt der Herr nicht wie ein Schüler des Mose, sondern als einer, der unter dem Neuen Testament ist, in welchem das Gesetz des Mose aufgehoben sein und ein geistliches Regiment durch die Predigt des Evangeliums in der ganzen Welt eingerichtet werden sollte. - Diese Tat hier tut der, der sich unter das Gesetz gestellt hat, und zeigt damit an, daß er ein Herr sei, der beide Regimente in seiner Hand habe: lehren und mit der Tat strafen. Nach dem Gesetz des Mose greift er die Sache hier mit der Faust und mit der Tat an. Er hat den Tempel reinigen wollen, weil die Herrschaft des Mose noch bestand.[53]

Die politische Ethik wie die konkrete Handlungsanweisung Luthers resultieren aus seiner Schriftauslegung in der Spannung von Gesetz und Evangelium. Im Fokus dieser Spannung kann es dann freilich auch zur Umdeutung des Alten Testaments kommen. Luther zeigt diese Form biblisch-ganzheitlicher, intertextueller Exegese - im Unterschied zu der seit der Aufklärung mit normativem Anspruch betriebenen historisch-kritischen Auslegungsform - am Beispiel der Auslegung der prophetischen Bücher:

> Ein Prophet aber soll eigentlich der sein, der von Jesus Christus predigt. Obwohl viele Propheten im Alten Testament von zukünftigen Dingen geweissagt haben, so sind sie doch darum eigentlich gekommen und von Gott geschickt worden, daß sie Christus verkündigen sollten. Welche nun an Christus glauben, die sind alle Propheten, denn sie haben das rechte Hauptstück, das die Propheten haben sollen, ob sie gleich nicht alle die Gabe der Weissagung haben. Denn wie wir durch den Glauben des Herrn Christus Brüder, Könige und Priester sind, so sind wir auch durch Christus alle Propheten. Denn wir können alle sagen, was zur Seligkeit und Gottes Ehre und christlichem Leben gehört, dazu auch von den zukünftigen Dingen, so viel uns zu wissen not ist, wie daß der Jüngste Tag kommen werde und wir von den Toten auferstehen werden. Dazu verstehen wir auch die ganze Schrift.[54]

Luthers Auslegung des Alten Testaments wird vollzogen in der Spannung von Gesetz und Evangelium als konkrete Deutung seiner Zeit. Sie ist alles andere als zeitlos und universal. Luther predigt gleichsam *hic et nunc*. Insofern verfehlt

---

[53]   WA 46, 732f.
[54]   WA 14, 29.

gleichermaßen eine Lutherapologetik, die seine Schriften im 21. Jahrhundert für in ihrer Gänze unverzichtbar zum Erbe der evangelischen Theologie erklärt, das Ziel, wie eine selektive Lutherlektüre, die zwischen zeitgemäßen und unzeitgemäßen und darum zu eliminierenden Texten unterscheidet.[55]

3.   AUSBLICK UND GEGENWARTSANWENDUNG

Damit ist ein zweigeteiltes Fazit der Überlegungen zu ziehen:

Zum einen ist die bleibende Bedeutung des Alten Testaments für die biblische Auslegung im Werk Martin Luthers zu erheben. Das Alte Testament ist Schlüssel zur Botschaft des Evangeliums, es repräsentiert das fordernde Gesetz und illustriert das Leben jener Menschen, die sich an diesem Gesetz orientieren. Dies alles ist für die evangelische Schriftauslegung Luthers schlechterdings unverzichtbar.

Zum Zweiten ist danach zu fragen, in welcher Weise diese Position in der Berufung auf Luther in der gegenwärtigen evangelischen Theologie einzunehmen, zu verändern oder transformieren, oder auch zu verwerfen ist. Diese Frage impliziert generell die Problematik der Inanspruchnahme Luthers für die zeitgemäße Verkündigung und ihre wissenschaftlich-theologische Reflexion. Darauf kann an dieser Stelle nur holzschnittartig verwiesen werden: Die Berufung auf Leben und Werk Martin Luthers gehört zu den fraglosen Identitätsmarkern evangelischen Christentums in institutioneller wie auch in privat-persönlicher Ausformung. Freilich ist das dabei bemühte Lutherbild zumeist von zeitgenössischen, im Zuge der fast ein halbes Jahrtausend währenden konfessionellen Erinnerungskultur gewachsenen und es transformierenden Inanspruchnahmen geprägt. Auch wenn eine Wiederherstellung der Person Luthers, »wie er einstmals gewesen war«, und seiner zeitlos gültigen Botschaft kaum mehr möglich sein wird, ist die Frage nach seiner bleibenden Bedeutung insbesondere bei markanten Erinnerungsdaten wie dem 31. Oktober 2017 geboten. Wissenschaftlich wurde und wird dazu viel geschrieben. Als Problem ist dabei in den letz-

---

[55]   Vgl. dazu die Auseinandersetzung um Luthers Judenschriften. Siehe den Überblick bei *T. Kaufmann*, Luthers »Judenschriften«, Stuttgart 2014, sowie die jüngste Kontroverse zwischen Volker Leppin und Dorothea Wendebourg: *D. Wendebourg*, Ein Lehrer, der Unterscheidung verlangt. Martin Luthers Haltung zu den Juden im Zusammenhang seiner Theologie, in: ThLZ 140 (2015), 1034–1059; siehe weiterhin dies., Angst vor religiösen Gegensätzen. Die EKD zieht falsche Schlüsse aus Martin Luthers Antijudaismus, http://www.zeitzeichen.net/religion-kirche/luther-und-die-juden/ (27.11.2016); *W. Rannenberg*, Streit über die Konsequenzen aus Luthers Judenhass, https://www.evangelisch.de/inhalte/136299/11-07-2016/luther-judenhass-theologen-diskutieren-ueber-das-verhaeltnis-zwischen-juden-und-christen (27.11.2016); *H. Genthe*, Reformation unbeschwert feiern? Streit um den Umgang mit Luthers judenfeindlichen Schriften, http://unsere.ekhn. de/detail-unsere-home/news reformation-unbeschwert-feiern.html (27.11.2016).

ten Jahren der konfessionelle »Sehepunkt« (Chaldenius) sichtbar geworden, der
das erkenntnisleitende Interesse einer Beschäftigung mit der reformatorischen
Theologie belastet. Gilt es doch in Zeiten volkskirchlicher Erosion, einer post-
modernen Grundstimmung des Zeitalters und einer zur Beliebigkeit neigenden
Pluralität religiöser Sinnangebote mit Luther einen Fels in der Brandung multi-
kultureller Vielfalt und Strömungen mit gewaltiger Sogwirkung zu markieren.
Diese Grundhaltung führt zu Akzentuierungen, die anachronistisch sind und
das Werk Luthers in seiner bleibenden Bedeutung einschränken. Dies umso
mehr, wenn aus der Perspektive heutigen historischen Bewusstseins Luther als
Initiator von Ereignissen benannt wird, die weit jenseits seines Vorstellungsver-
mögens lagen.[56] Dieser anachronistische Ansatz manifestiert sich freilich auch
in umgekehrter Richtung, wenn Luther für Entwicklungen der Moderne geprie-
sen wird, die ebenfalls außerhalb seines Imaginationshorizontes lagen.

Zu fragen ist darum vielmehr, wie die gegenwärtige Schriftauslegung mit
dem Erbe der alttestamentlichen Schriften umgeht und dies in die evangelische
Evangelienauslegung des 21. Jahrhunderts implementiert. Luther kann dabei
kaum mehr als ein historisch zu wertender Kronzeuge einer Auslegungstradition sein, die er begründet haben mag, die sich allerdings auch inzwischen 500
Jahre von dem Ursprungsgeschehen entfernt hat. Exemplarisch hat das Karl-Wil-
helm Niebuhr in seinem Beitrag »Schriftauslegung in der Begegnung mit dem
Evangelium« getan.[57] Im Kontext einer historisch belegten Entstehungsgeschichte der Testamente erläutert er die ausdrückliche Verankerung eigener theologischer bzw. religiöser Aussagen frühchristlicher Autoren in den Schriften Israels
als Proprium des Neuen Testaments, das bei seiner Auslegung im Auge behalten
werden muss.[58] Dieses Verfahren scheint in Jesu Predigt präfiguriert worden
zu sein. Mit anderen Worten: Die Schrift (scil. das Alte Testament) hat für die
urchristlichen Glaubensüberzeugungen fundamentale Bedeutung.[59] Das impliziert eine Sichtweise der alttestamentlichen Überlieferung im Lichte des Neuen
und damit eine Auslegung, die von der spätisraelitischen und sich später als
jüdisch verstehenden Schriftinterpretation signifikant unterschieden ist. Dies
gilt auch vor dem Hintergrund neuerer Forschungen, die trotz unterschiedlicher Überlieferungs- und Auslegungstraditionen eine Typisierung frühjüdischer
Schriftauslegung erkennbar machen, die von gravierender Bedeutung für die
Schriftauslegung des frühen Christentums war. Trotz vergleichbarer hermeneutischer Ansätze bilden sich im Fokus der jeweiligen Messias-Deutung unterschiedliche Auslegungstraditionen heraus, die je länger je mehr unvereinbar

---

[56] In bedenklicher Weise durchgeführt bei *B. S. Gregory*, The Un-Intended Reformation.
How a Religious Revolution Secularized Society, Cambridge, Mass. 2012.
[57] *K.-W. Niebuhr*, Schriftauslegung in der Begegnung mit dem Evangelium, in: Nüssel,
Schriftauslegung (s. Anm. 3), 43–103.
[58] *Niebuhr*, Schriftauslegung (s. Anm. 57), 60.
[59] *Niebuhr*, Schriftauslegung (s. Anm. 57), 63.

voneinander geschieden sind. Jeglicher Versuch einer auf Konsens der Aussagen zielenden Konvergenz im interreligiösen Gespräch zwischen Juden und Christen ist daher als unangemessen zurückzuweisen. Das auch um der authentischen Wertschätzung und des Respekts andersgläubiger Gesprächspartner willen.

Das freilich lässt es angeraten erscheinen, die bleibende Bedeutung der alttestamentlichen Schriften in beiden bzw. allen drei monotheistischen Religionen zu betonen und hermeneutisch zu berücksichtigen. Die unterschiedlichen Ausformungen frommen Lebenswandels und einer diesen reflektierenden Theologie stehen dem nicht entgegen. Die Zukunft des interreligiösen Gesprächs liegt darum dort, wo diese Differenz in aller Klarheit wahrgenommen und als zu den Legitimationsgründen der jeweiligen Auslegungstradition zugehörig erkannt und berücksichtigt wird. Der in diesen begründete jeweilige Wahrheitsanspruch muss freilich die wechselseitige, respektvolle Annahme des Anderen als eines Anderen nicht belasten. Das geschieht erst dort, wo historische Entwicklungen, die möglicherweise unter grotesker Verzeichnung der Bedeutung der heiligen Schrift zu entsetzlichen Grausamkeiten und Verbrechen geführt haben, in der Fortsetzung dieses Unrechts als für die Auslegungstradition charakteristisch behauptet werden.[60] Die unberechtigte Inanspruchnahme der Schrift für menschenverachtendes, grausames Handeln kann nicht dadurch wiedergutgemacht werden, dass man sie zum Ausgangspunkt der Wiedergutmachung heranzieht. Theodor W. Adorno hat in diesem Zusammenhang auf die Gefahr eines sekundären Antisemitismus hingewiesen.[61] Damit ist freilich nicht allein die modifizierte Judenfeindschaft nach der Shoa gemeint, die im Interesse einer Schuld- oder Erinnerungsabwehr weiterhin manifest ist. Vielmehr handelt es sich hierbei auch um Formen einer besonders akzentuierten Judenfreundschaft, eines Philosemitismus, der eine positionierte Auseinandersetzung mit dem Judentum aufgrund einiger hypertropher Ausformungen politischer Korrektheit in der Gegenwart nicht zulässt. Beide Einstellungen eignen sich denkbar schlecht für eine christlich gebotene, evangeliumsgemäße Auslegung der Schriften des alten Bundes. Dazu mag man getrost auf Luthers exegetische Grundannahmen verweisen, und insbesondere auch von denen her seine Ausfälligkeiten in den sogenannten Judenschriften kritisieren.

---

[60] Vgl. die Auseinandersetzung um das Gewaltpotential monotheistischer Religionen etwa bei *J. Assmann*, Monotheismus und die Sprache der Gewalt, Wien 2006; ders., Exodus. Die Revolution der Alten Welt, München 2015, sowie jüngstens ders., Totale Religion. Ursprünge und Formen puritanischer Verschärfung, Wien 2016, und *A. Angenendt*, Toleranz und Gewalt. Das Christentum zwischen Bibel und Schwert, Münster 2006.

[61] *T. W. Adorno*, Bekämpfung des Antisemitismus heute, in: Das Argument 29 (1964), 88–104.

HÄNDELS AUFERSTEHUNG

Die affirmative Genealogie des Christentums und das Alte Testament

Jörg Lauster

Am späten Vormittag des 21. Augusts 1741 erhielt der nach einem schweren Schlaganfall gelähmte und todkranke Georg Friedrich Händel Post. Händel fing an zu lesen – und geriet in Begeisterung, die ihm das Leben rettet. Der Librettist Charles Jennens hatte ihm einen Entwurf zukommen lassen, der Passagen des Alten und Neuen Testaments zu einer großen Komposition zusammenfasste. Das »Tröstet, tröstet« in Jes 40 wird ebenso wie die Weissagungen auf die Geburtsgeschichte Jesu bezogen, die Gottesknechtslieder und Ps 22 auf Jesu Kreuzestod, und schließlich Hiob 19, »Ich weiß, dass mein Erlöser lebt«, auf die Auferstehung Jesu in der Darstellung von 1 Kor 15. Aus Jennens Textkompilation und Händels Musik ist »Der Messias« geworden, eines der bedeutendsten Werke der abendländischen Musikgeschichte. Stefan Zweig hat die Ereignisse mit der Freiheit des Dichters als »Händels Auferstehung« beschrieben und sie umstandslos zu den Sternstunden der Menschheit gezählt.[1] Das alles ist bekannt, zumal unter Alttestamentlerinnen und Alttestamentlern, und wer auf Händel verweist, darf darum nur ein müdes Lächeln erwarten. Schöne Musik, aber theologisch falsch. Im Folgenden soll es jedoch darum gehen, dass Charles Jennens mit seiner Textkompilation und Georg Friedrich Händel mit seiner Musik die Bedeutung des Alten Testaments für das Christentum genial getroffen haben.

Man übersieht leicht und gerne, dass Charles Jennens mit seinem Libretto weit mehr im Sinn hatte als nur die Wiederholung des alten Weissagungsbeweises. Er griff in eine Debatte ein, die im England des 18. Jahrhunderts energisch und vor einer breiten Öffentlichkeit geführt wurde. Seine Textkompilation ist eine groß angelegte Apologie gegen den damals populären Deismus.[2] Der Deismus war seinem Selbstverständnis nach eine Erneuerungsanstrengung des Christentums unter den Vorzeichen rationalistischer Philosophie. Vermeintlich Widervernünftiges wurde religionshistorisch als eine nun überwundene Ent-

---

1 Vgl. *S. Zweig*, Georg Friedrich Händels Auferstehung, in: ders., Sternstunden der Menschheit, Frankfurt a. M. ⁵⁶2015, 66–89.

2 *R. Smith*, Handel's Oratories and Eighteenth-Century Thought, Cambridge 1995, 145–156; zur Religiosität von Charles Jennens vgl. dies., Charles Jennens. The Man behind Handel's Messiah, London 2012, 13–20.

wicklungsstufe diagnostiziert und darum als unnötiger Ballast ausgesondert. Daraus entstand das Bild eines Gottes, der die Welt geschaffen, sie vernünftig geordnet und die Menschen mit den Prinzipien einer Moral ausgestattet hatte, darüber hinaus aber nicht weiter in den Lauf der Welt und die Geschicke der Menschen eingriff. Gott gleicht mehr einem letzten Prinzip als einem personalen Gegenüber, und die späteren Debatten um die Personalität Gottes nehmen hier ihren Anfang. Gegen diese rationalistische Verkürzung des Gottesbegriffs richtet sich die Textgrundlage des »Messias«. Jennens literarisch und theologisch kreativer Einsatz des Weissagungsbeweises diente im Gegensatz zu dessen Verwendung in der Antike nicht allein dem grundsätzlichen Wahrheitserweis des Christentums, sondern vor allem der Hervorhebung der charakteristischen Züge des christlichen Gottesbildes. In der Anordnung der Texte begegnet Gott als ein konkret fassbares, personales Gegenüber, das nicht nur in die Geschichte eingreift, sondern in ihr einen Plan zur Erlösung von Mensch und Welt verfolgt. Gott selbst macht diesen Plan den Menschen zugänglich, ohne dabei freilich ganz sein Geheimnis preiszugeben. Diese Offenbarung setzt im Alten Testament ein und vollendet sich in der Erscheinung Jesu Christi. Die These von Charles Jennens und seinen theologischen Gewährsmännern ist darum die: Um diesen Prozess zu erkennen, ist das Alte Testament theologisch für das Christentum notwendig. 222 Jahre nach dem »Messias« schreibt Paul Tillich: »Ohne das Alte Testament fällt das Christentum in die Unreife der universalen Religionsgeschichte zurück«.[3] Es gibt eine lange Argumentationslinie, die von der Antike über Händels »Messias«, die Geschichtstheologie Paul Tillichs und viele andere Stationen bis in die Gegenwart verläuft. Ihr Hauptanliegen ist es, im Alten Testament den schriftlichen Niederschlag eines Prozesses göttlicher Selbsterschließung zu sehen, der für das Christentum bleibende Relevanz hat. Um es wieder in der Sprache klassischer Dogmatik zu sagen: Das Alte Testament ist Teil einer Offenbarungsgeschichte, in die auch wir uns im Gefolge der christlichen Tradition einstellen. In dieser geschichtstheologischen Perspektive ist das Alte Testament eine unerlässliche Quelle des christlichen Selbstverständnisses.[4]

1.   BEGRÜNDUNGSNÖTE. THEOLOGISCHE SCHWIERIGKEITEN MIT DEM ALTEN TESTAMENT

Eine kurze Standortbestimmung mag zu Beginn hilfreich sein. Systematisieren heißt immer auch Elementarisieren. Argumentationslogisch gibt es meines Er-

---

3   *P. Tillich*, Systematische Theologie, Bd. 3, Berlin ⁴1987, 416.

4   Mein herzlicher Dank gilt hier meinen alttestamentlichen Kolleginnen und Kollegen, von denen ich in den letzten beiden Jahren in Lehrveranstaltungen und Gesprächen sehr viel gelernt habe: Christoph Levin in München, Christl Maier und Mareike Schmied in Marburg.

achtens überhaupt nur zwei Linien, die Bedeutung des Alten Testaments für das Christentum theologisch zu begründen. Neben dem geschichtstheologischen Ansatz ist das prominenteste Alternativmodell das der Selbstaffirmation der Bedeutung des Alten Testaments in einem Akt des Glaubens. Es ist die Traditionslinie der Wort-Gottes-Theologien. Dieses innere Aufleuchten christlicher Wahrheitsgewissheit ist ein Wortereignis, es leuchtet auf, es stellt sich ein und besteht aus einer sprachlichen Vergegenwärtigung Christi. Von dort aus fällt dann das Licht auf die theologische Bedeutung des Alten Testaments. Die sprachliche Dimension und der Faktor des Sich-Einstellens sind zwei wichtige Aspekte im Aufbau religiöser Erfahrung, das sieht diese Traditionslinie durchaus richtig.

Sie hat aber auch eine deutliche Schwäche. Sie operiert ganz und gar ungeschichtlich. Dieses Wortgeschehen stellt sich unabhängig vom Realitätsbezug der Texte ein. Die biblische Erzählkomposition wird der Person zum Befreiungserlebnis, der es verkündigt wird und die daran glaubt. Aus der Geschichte ist kein Wahrheitserweis zu führen, der geschieht allein in der Selbstbeglaubigung des Wortes. Damit bleibt offen, zu was eine historische Lesart der Bibel theologisch eigentlich gut sein soll. Gerhard Ebeling hat dies 1950 in seinem programmatischen ZThK-Aufsatz über die Bedeutung der historischen Kritik für den Protestantismus klar herausgearbeitet. Theologisch dient sie allein der »Ablehnung aller vorfindlichen Sicherungen«[5] des Glaubens. Diese Haltung hat in der deutschsprachigen Exegese bis heute ebenso viele wie prominente Anhänger und Anhängerinnen gefunden – ein, wie ich finde, rätselhafter Befund. Es ist meines Erachtens das größte Wunder der neueren Theologiegeschichte, dass zwei von sechs Disziplinen der akademischen Theologie einen immensen Aufwand an historischer Gelehrsamkeit und philologischem Scharfsinn betreiben, der wissenschaftlich bewundernswert, aber theologisch letztlich irrelevant ist. Es ist beeindruckend, gleichzeitig Julius Wellhausen und Karl Barth zu Freunden haben zu können. Diese Kombination hat in der deutschsprachigen alttestamentlichen Theologie dennoch Tradition. Emanuel Hirsch merkte schon in den Zwanzigerjahren bissig zu Bultmann an, dieser habe sich Karl Barth nur deshalb an den Hals geworfen, um so seinem eigenen historischen Skeptizismus in der Exegese zu entfliehen. Bultmann antwortete in gleicher Freundlichkeit, Hirschs Versuch einer geschichtstheologischen Glaubensbegründung sei erstens unmöglich und zweitens sentimental.[6]

Die Begründung einer theologischen Bedeutung des Alten Testaments ist delikat. Von daher besitzt der Lösungsansatz, den der Neuprotestantismus im Anschluss an Schleiermacher verfolgt, ein hohes Maß an Attraktivität. Notger

---

5   *G. Ebeling*, Die Bedeutung der historisch-kritischen Methode für die protestantische Theologie, in: ZThK 47 (1950), 1–46, hier 44.

6   Vgl. grundlegend zur Debatte *R. Bultmann*, Zur Frage der Christologie (1927), in: ders., Glauben und Verstehen, Bd. 1, Tübingen ⁹1993, 85–113 (zum Vorwurf der Sentimentalität: 97).

Slenczka bewegt sich mit seinen Argumenten auf einer fest etablierten neu-protestantischen Argumentationslinie, die er um kluge Aspekte anreichert.[7] Darüber hysterisch mit vermeintlich politischer Korrektheit und mit zu Stereo-typen abgesunkenen Phrasen des christlich-jüdischen Dialogs herzufallen, ist offensichtlich leicht. Lautstärke ersetzt aber nicht die Überzeugungskraft von Argumenten. Es ist das Verdienst Slenczkas, mit seinen Beiträgen an eine ge-schichtstheologische und hermeneutische Frage von Rang erinnert und einen Antwortversuch auf der Linie des Neuprotestantismus gewagt zu haben.

Religion ist Schleiermacher zufolge ihrem Wesen nach Ausdruck eines inneren Selbst- und Weltverhältnisses. Die für das Christentum maßgebliche Ausdrucksform dieses inneren Erlebens ist das, was die neutestamentlichen Schriften als Erlösungsbewusstsein formulieren. Für eine moderne Reformu-lierung des Schriftprinzips ist das eine entscheidende Weichenstellung. Die normative Aufladung verabschiedet Schleiermacher vollständig – meines Er-achtens vollkommen zu Recht. *Sola scriptura* kann nicht heißen, in der Bibel nach zum Glauben verpflichtenden Lehren und Moralvorstellungen zu suchen. Eine theologische Orientierung an der Bibel ist allein zu begründen, weil die Texte eine religionsproduktive Kraft haben. Sie stellen Haltungen, Denkmuster, Vorstellungen, Ideen bereit, um das je eigene religiöse Erleben zu artikulieren. Es scheint jedoch angebracht, den Einfluss des kulturellen und religiösen Tra-ditionszusammenhanges höher zu veranschlagen, als Schleiermachers hehrer Begriff religiöser Subjektivität dies tut. Unser eigenes religiöses Selbst- und Welterleben ist immer schon maßgeblich präfiguriert von unserer kulturellen und religiösen Herkunft mitsamt deren Artikulationsmöglichkeiten. Wir sind selbst Teil einer religiösen Entwicklungsgeschichte. Es ist ein alter Streit, der sich hier wiederholt. Zur eigenen Standortbestimmung ist wenigstens dies zu sagen: Wenn es darum geht, wie Religion in unserem Bewusstsein funktioniert, bleibt Schleiermacher ein wichtiger Referenzautor. In der Frage des Aufbaus re-ligiöser Inhalte kommt im Folgenden jedoch stärker die geschichtstheologische Tradition zum Zuge. Auch sie ist ein Kind des Neuprotestantismus und verläuft auf einer Linie, die bei Hegel ihren Ausgang nimmt und auf je unterschiedliche Weise Ernst Troeltsch, Paul Tillich und auch Wolfhart Pannenberg geprägt hat. Die Ausgangsthese ist, um es noch einmal zu wiederholen, die: Wir stehen inner-halb des Christentums in einer Traditionslinie, die ihre wesentlichen Prägekräf-te daraus empfängt, wie im Alten Testament das Erleben göttlicher Wirklichkeit artikuliert wird. Die Ausdrucksmittel, die wir im Kontext des Christentums wäh-len, um auszudrücken, wie wir uns selbst, unser Sein in der Welt und die Welt religiös erleben, ist ohne das Alte Testament nicht zu verstehen.

---

[7]   Vgl. *N. Slenczka*, Die Kirche und das Alte Testament, in: E. Gräb-Schmidt/ R. Preul (Hrsg.), Das Alte Testament in der Theologie (MJTh 25), Leipzig 2013, 83–119. Eine Re-konstruktion der sich daran anschließenden Debatte ist hier nicht intendiert.

2. PRÄGEKRAFT. ZUR THEOLOGISCHEN BEDEUTUNG ALTTESTAMENTLICHER VORSTELLUNGEN

Das gilt in diesem umfassenden Sinne für eine beachtliche Breite christlicher Weltauffassungen. Die christlichen Wesensbestimmungen, wer und was Gott ist, sind ohne den alttestamentlichen Hintergrund unverständlich, ebenso die Art seines Erscheinens in Menschengestalt in dieser Welt. Die Vorstellung, dass die Geschichte einem Plan folgt und ein Ziel hat, ist alttestamentlich, ebenso die Idee der Schöpfung, die für den an sich unfassbaren Gesamtzusammenhang des Universums und der Natur eine sinnvolle Ordnung annimmt. Das wir in unserer Lebensführung einem unbedingten Anspruch begegnen, der uns beides vor Augen führt, die höhere Bestimmung und das ständige Scheitern an ihr, sind die beiden Grundsäulen christlicher Anthropologie. Das soziale Medium einer Gemeinschaft, die sich in ritueller Vergegenwärtigung des höheren Sinns ihres Durchgangs durch die Geschichte vergewissert, präfiguriert das Selbstverständnis der christlichen Gemeinschaft. Der Durchbruch der Einsicht, dass die Kraft göttlicher Verheißung einen nachtodlichen Erfüllungsmodus verlangt sowie die inhaltliche Bestimmung, dass sich dies als ein universales Friedensreich realisieren wird, prägen die christliche Jenseitshoffnung. Das alles sind essentielle Grundhaltungen des Christentums, die man allein aus dem Neuen Testament so nicht erheben kann. In einer rustikalen Kanontheorie könnte man zugespitzt sagen: Die antike Zusammenführung der beiden Testamente bedeutet einerseits eine zentrale Kanalisierung und Fokussierung alttestamentlicher Gehalte durch das Neue Testament, andererseits aber auch die selbstverständliche Anerkennung basaler Überzeugungen, die offensichtlich im Neuen Testament gar nicht mehr eigens thematisiert werden müssen. Der christliche Kanon ist die Anerkennung dieses Traditionszusammenhanges. Die alttestamentliche Vorstellungswelt begründet grundlegende Themen christlicher Lebenserfahrung und stellt darum für deren begriffliche Durchdringung wichtige Ideen bereit. Sie ist der für uns verifizierbare entscheidende Anfangsimpuls. Eine Systematische Theologie oder eine Dogmatik im Geist des Christentums ist darum ohne den alttestamentlichen Anfang nicht durchführbar.

Dass dem so ist, heißt aber noch nicht, dass dies auch richtigerweise so ist. Faktizität garantiert nicht Geltung. Mit Blick auf die aktuelle Diskussion verschiebt sich daher die Fragestellung. Dass das Alte Testament Geltung für die christliche Theologie hat, ist meines Erachtens kaum infrage zu stellen. Warum aber und mit welchem Recht? Hier kommt nun der geschichtstheologische Ansatzpunkt zum Tragen. Dogmatik ist die begriffliche Verständigung über basale Gehalte unseres religiösen Welt- und Selbstverhältnisses. Die christlichen Gehalte sind uns zugekommen in einem langen Überlieferungsprozess. Nur aus dessen Durchsicht lassen sich die implizierten Geltungsansprüche ermitteln. Die Dogmatik wendet hier ein Verfahren an, das Hans Joas als affirmative Genealogie bezeichnet hat[8] – ein, wie ich finde, außerordentlich fruchtbares methodologisches Konzept, um Einsichten der Geschichtstheologie heute fruchtbar zu machen. Es geht darum, zu klären, wo die uns prägenden Ideen herkommen und warum wir uns an sie gebunden fühlen. Dogmatik ist darum immer auch christliche Ideengeschichte in affirmativer Absicht. Im Alten Testament finden wir die wichtigen Initialzündungen dieser Ideengeschichte.

Am auffälligsten ist dies im heutigen Verständnis von Gott. Wer verstehen will, warum wir heute im Christentum den Grund unseres Daseins als eine Person verehren, der muss mit dem Alten Testament anfangen. Ich folge hier den einschlägigen Veröffentlichungen von Friedhelm Hartenstein zur Sache. Gott wird ein Angesicht und ein Name zugesprochen, um seinen soziomorph gefassten Präsenzmodus zur Darstellung zu bringen.[9] Das schließt ein, dass Gott als ein Gegenüber erlebt wird, das zu den Menschen und zu dem die Menschen in Beziehung treten. In diesem Beziehungsgefüge werden Gott die Prädikate Liebe, Gerechtigkeit, Eifer und Zorn zugeschrieben. Sie qualifizieren die Gotteserfahrung affektiv als eine Inanspruchnahme einerseits, aber auch als ein Aufgehobensein andererseits, als ein geordnetes und verlässliches Wirken, dem jedoch zugleich ein »unauslotbares Mehr«[10] innewohnt. Theologisch interessant im Sinne der affirmativen Genealogie wird dies alles, wenn man darin die Repräsentation von Gotteserfahrungen sieht. Das Netz von Gottesbildern verarbeitet Erfahrungen in einem Prozess sprachlicher Symbolisierung und speist sie in einen Überlieferungsprozess ein, der die Artikulationsformen weitergibt, an anderen Erfahrungen bewährt und gegebenenfalls auch korrigiert.

Das Konzept des Bundes ist ein interessantes Beispiel. In ihm verdichten sich zentrale Aspekte des alttestamentlichen Gottesverständnisses. Entgegen der biblischen Narration, die den Bundesschluss an den Anfang der Geschichte Gottes mit seinem Volk zurückverlegt, scheint in der gegenwärtigen Exegese Einigkeit über das vorexilische Bundesschweigen zu bestehen. Es macht wenig Sinn, wenn ich als Hobbyalttestamentler Ihnen nun Ihre eigenen Thesen referiere, die in ihrer Komplexität und auch in ihrer Strittigkeit kaum zu überschauen sind. Was den Systematiker daran interessiert, ist die sich durchziehende rote Linie. In seiner größten Krise gewinnt der Begriff des Bundes, der offensichtlich als Bezeichnung politischer Vasallenverhältnisse aus der altorientalischen Umwelt übertragen wurde, in Israel Plausibilität zur Beschreibung des Gottesverhältnisses – ein klassischer Fall von Kulturadaption, die durch eine Transferleistung entscheidend die Artikulationsmöglichkeiten religiöser Erfahrung begünstigt. Inhaltlich betont der Begriff zunächst eine Selbstverpflichtung Got-

---

[8] Vgl. *H. Joas*, Die Sakralität der Person. Eine neue Genealogie der Menschenrechte, Berlin 2011, 147–203 (hier besonders: 187–195).

[9] Vgl. *F. Hartenstein*, Personalität Gottes im Alten Testament, in: W. Härle/R. Preul (Hrsg.), Personalität Gottes (MJTh 19), Leipzig 2007, 27–30.

[10] *Hartenstein*, Personalität (s. Anm. 9), 35.

tes, bindet diese aber als religiöse Innovation an eine »bewusste Entscheidung«, das Konzept basiert auf »Bekenntnis und Gehorsam«.[11] Damit ist eine religiöse Möglichkeit gegeben, den Untergang nicht etwa als Bedeutungslosigkeit des eigenen Gottes zu verstehen, sondern als notwendige Folge eigener Schuld.[12] An dieser Vorstellung orientieren sich die großen Geschichtsbearbeitungen des Alten Testaments, so unterschiedlich sie in ihrer Durchführung auch sein mögen und entweder deuteronomistisch stärker den Verpflichtungscharakter oder priesterschriftlich den Verheißungscharakter hervorheben. Auffallend ist die Gesamttendenz, den Bund immer stärker »an Gottes Verheißung und nicht am Gehorsam der Menschen«[13] festzumachen. Dies mündet in Jer 31 dann in die Spitzenformulierung eines »bedingungslosen neuen Bundes«[14] ein. Der Bund mag ein exilisches und darum spätes theologisches Konstrukt sein, vom Himmel kann er nicht gefallen sein. Es muss vorexilische Impulse gegeben haben, die es überhaupt erst plausibel machten, in der Krise an der Gotteskonzeption festzuhalten und sie im Sinne des Bundesbegriffs neu zu füllen.

In der Geschichte des Jhwh-Glaubens liegt daher eine sich fortführende Verarbeitung von Erfahrungen göttlicher Gegenwart in der Welt, die über die jeweilige vorauslaufende Stufe hinausdrängt und die Vorstellung eines Gottes freisetzt, der das Personalitätskonzept christlicher Gotteskonzeption mitsamt den oben ausgeführten Wesensaussagen bis heute prägt. Wenn die Religionsgeschichte den Aufstieg Jhwhs vom Wettergott einer kleinen Gruppe altorientalischer Ziegenhirten zum universalen König der Völker nachverfolgt, dann muss man in geschichtstheologischer Perspektive dazu sagen: *tua res agitur.* Es ist die Genese unserer eigenen Gottesvorstellung, die sich hier in der Geschichte Bahn bricht. Dass Israel dabei neben vielem anderen möglicherweise Anleihen bei der monolatrisch konzipierten Mardukverehrung in Babylon nimmt oder das Auftreten des Perserkönigs Kyros theologisch überhöht, kann nur den stören, der glaubt, Religion falle immerfort senkrecht von oben auf die Erde. Schon Ernst Troeltsch konnte dazu ruhig und entspannt anmerken, der israelitische Monotheismus sei aus »praktischer Schicksalsdeutung«[15] entstanden. Kulturadaption ist in der religiösen Erfahrungsverarbeitung unerlässlich.

Die Linie führt weiter. Die Christologie des Neuen Testaments ist die fortgesetzte Verarbeitung alttestamentlicher Gotteserfahrung. Die ersten Christen haben sich nicht einfach die Sprache und die Vorstellungen des Alten Testa-

---

[11]   *C. Levin*, Die Entstehung der Bundestheologie im Alten Testament, in: ders., Gesammelte Studien zum Alten Testament, Bd. 2: Verheißung und Rechtfertigung, Berlin 2013, 242–259, hier 254.

[12]   Vgl. *Levin*, Entstehung (s. Anm. 11), 257f. mit Verweis auf Lothar Perlitt.

[13]   *J. Jeremias*, Theologie des Alten Testaments, Göttingen 2015, 303.

[14]   *Levin*, Entstehung (s. Anm. 11), 258; vgl. auch *Jeremias*, Theologie (s. Anm. 13), 408.

[15]   *E. Troeltsch*, Glaube und Ethos der hebräischen Propheten, in: ders., Gesammelte Schriften, Bd. 4: Aufsätze zur Geistesgeschichte und Religionssoziologie, Tübingen 1925, 34–65, hier 40.

ments ausgeliehen, das wäre eine Unterbestimmung des Zusammenhangs. Sie beschreiben vielmehr das Auftreten Jesu Christi als innere Erfüllung und Vollendung dessen, was sie bisher als Gotteserfahrung erahnt und geglaubt haben. Das geschieht mit überraschenden Brüchen, aber doch so, dass sich eine Kontinuitätslinie erkennbar durchzieht. Das Alte Testament kennt keine Christologie, aber es wird im Neuen Testament christologisch weitergeschrieben als Spezifizierung, als personale und soteriologische Zuspitzung alttestamentlicher Artikulationen der Präsenz Gottes in der Welt.

3.   FIKTION UND FORTSCHREIBUNG ALS THEOLOGISCHE REFLEXION

Die Geltungskraft biblischer Ausdrucksformen hängt im Wesentlichen daran, sie als Verarbeitungen religiöser Erfahrungen plausibel zu machen. Sie sind Antworten und Reaktionen auf eine Wirklichkeit, die hinter den Texten liegt. Dieser erfahrungstheologische Ansatz scheint aber gerade an den Beobachtungen der Exegese zu zerschellen. Das macht einige enzyklopädische Notizen zum Gesamtgefüge der Theologie erforderlich.

Die Textkompositionen geben ein hohes Maß an literarischer Konstruktion zu erkennen. Das ist ein großer Unterschied zum heilsgeschichtlichen Modell alter Prägung, aber auch zum Konzept Gerhard von Rads. Der Optimismus seines Urteils, man könne den Texten noch ablesen, wie der »Glaube Geschichtliches apperzipiere«,[16] findet in den heutigen Rekonstruktionsversuchen keinen Widerhall. Wenn die Texte nach heutiger Auffassung in langen Fortschreibungsprozessen an den Schreibtischen theologischer Schulen entstanden sind, scheint das offensichtlich dagegen zu sprechen, sie als expressive Verarbeitung religiöser Erfahrung zu begreifen. Das Problem stellt sich allerdings nur dann, wenn man religiöse Erfahrung allein als eine unmittelbare Erfahrung begreift und zudem mit einem sehr einseitigen Verständnis von literarischer Produktion arbeitet, der Fiktionalität und Wirklichkeitsverarbeitung naiv gegeneinanderstellt. Fiktionalität ist hoffnungslos unterbestimmt, wenn man sie auf bloße Erfindungen reduziert. In diesem Sinne ist kein Roman fiktiv, Fiktionalität ist vielmehr ein probates Mittel literarischer Wirklichkeitsverarbeitung. Das gilt allzumal für Erfahrungen, die ihrem Wesen nach dazu tendieren, an sich Undarstellbares zum Thema zu haben. Hier kann man getrost die Wege weiter beschreiten, die unter dem Stichwort »Wahrheit des Mythos«[17] diesen Aspekt religiöser Ausdrucksformen beleuchten. Hier bietet die exegetische Literatur selbst eine Reihe von Anhaltspunkten, um zu einer theologisch produktiven Theorie von religiöser

---

[16]   *G. von Rad*, Theologie des Alten Testaments, Bd. 1, München ⁹1987, 121.
[17]   Vgl. *K. Hübner*, Die Wahrheit des Mythos, München 1985.

Fiktionalität und Narration zu gelangen.[18] Deren Leistungskraft steht jedenfalls außer Frage. Auch Dogmatiker müssen neidlos anerkennen, dass eine Erzählung wie Ex 3 ein enormes religionsproduktives Potential hat. An seine narrative »Strahlkraft«[19] reicht kein noch so schöner Traktat über das Wesen der Offenbarung heran.

Ein weiteres Problem sind, wie bereits angedeutet, die Überlieferungsträger. Diese scheinen sich immer mehr in anonyme Textfortschreibungen aufzulösen. Es erstaunt, dass beispielsweise der Jahwist Gerhard von Rads auffallende Übereinstimmungen mit der Lebensform eines Heidelberger Professors hatte, während heute die Überlieferungsträger als Mitwirkende eines Sonderforschungsbereiches erscheinen. Es steht zu befürchten, dass die gegenwärtigen Einsichten in hundert Jahren ähnlich befremden. Heute sind diese Verschiebungen besonders gravierend im Bild der Prophetie. Von der Person zum Text lautet das Motto. Bernhard Duhms genialischer Prophet, der unmittelbar von dem Göttlichen erfasst und ergriffen wird, löst sich in Luft auf, die Redaktoren, einstmals die Parias der Textproduktion, sind heute die Könige der Theologie. Die Fortschreibungen sind über Jahrhunderte aktualisierende Auslegungen und Neuinterpretationen der Prophetenworte. Schriftwerdung und Schriftauslegung sind nicht zu trennen.[20]

Was die neuere Exegese zu dem Phänomen der Tradentenprophetie zutage fördert, ist für eine Theorie der religiösen Erfahrung aufschlussreicher, als die Exegetinnen und Exegeten möglicherweise selbst vermuten. Die Einsichten destruieren ein einseitiges Eindruck-Ausdrucks-Modell. Was sich klassisch dogmatisch als Offenbarungsgeschichte bezeichnen lässt, ist ein weit komplexerer Vorgang. Die prophetische Fortschreibung setzt ein in einem Inzentiv, einer wie auch immer zu denkenden Ausgangssituation einer religiösen Deutungsleistung, die prägt. Das ist das bleibende Recht, nach den Prophetengestalten zurückzufragen. Das Inzentiv muss so stark gewesen sein, dass sich die gesamte Fortschreibungstradition erstens unter diesen Namen gestellt hat, zweitens überhaupt an einer Fortschreibung interessiert war und drittens daraus die Energie dauerhafter Reaktualisierungen beziehen konnte. Offenbarung ist somit kein punktuelles Ereignis einer Gottesbegegnung, sondern ein Prozess fortwährender Verarbeitung, Interpretation und Bewältigung der jeweiligen Lebenswirklichkeit im Lichte religiöser Traditionen. Die Vorstellung der Tradentenprophetie hilft, Religion zu entsupranaturalisieren und zu entdramatisieren. Religion

---

[18] Vgl. z. B. *F. Hartenstein*, Die Anfänge JHWHs und die »Sehnsucht nach dem Ursprung«. Eine geschichtshermeneutische Problemanzeige, in: BThZ 30 (2013), 167–169.

[19] *J. Assmann*, Exodus. Die Revolution der Alten Welt, München 2015, 96.

[20] Vgl. *J. C. Gertz*, Schriftauslegung in alttestamentlicher Perspektive, in: F. Nüssel (Hrsg.), Schriftauslegung (Themen der Theologie 8), Tübingen 2014, 9–41; zum gewandelten Prophetenverständnis: *K. Schmid*, Klassische und nachklassische Deutungen der alttestamentlichen Prophetie, in: ZNThG 3 (1996), 225–250; vgl. *R. G. Kratz*, Kleine Schriften, Bd. 2: Prophetenstudien, Tübingen 2011.

muss nicht in ekstatischen Ereignissen gründen, sie kann sich auch in der Ruhe und Unaufgeregtheit einer diskursiven Lebensorientierung vollziehen, die eine Theologie mitsamt zugehörigen literarischen Großkompositionen freisetzt. Im Gespräch zwischen exegetischer und systematischer Theologie gibt es noch einige Schätze für die Religionstheorie zu heben.

Von daher sind auch die gegenwärtigen Überlegungen und Entwürfe zu einer Theologie des Alten Testaments für die Systematische Theologie höchst aufschlussreich. Man findet im Alten Testament einen Prozess einsetzender theologischer Reflexion. Dessen Rekonstruktion hilft, die skizzierten religiösen Anfangsimpulse christlicher Ideen in ihrem religionsgeschichtlichen Kontext besser zu verstehen. Das ist dann auch ein Beitrag zur notwendigen Unterscheidung der Geister. Versteht man beispielsweise die Genese der Ritual- und Speisegesetze, dann versteht man auch, warum sie im Christentum keine Geltung haben. An der Debatte um die Bedeutung des Alten Testaments ist unbestreitbar dies wahr, dass nicht alle alttestamentlichen Motive gleichermaßen Eingang in die christliche Lebensdeutung gefunden haben.

In ihrer eigenen Entfaltung christlicher Gehalte ist die Systematische Theologie auf diese exegetische Erhellung angewiesen, sie kann dabei aber nicht stehen bleiben. Das ist das Missverständnis aller biblischen Theologien. Der Prozess geht weiter, das Wesen des Dogmas ist seine Geschichte, nicht sein Anfang. Bereits zeitgleich mit der Entstehung des Kanons ist der christlichen Theologie mit der antiken Philosophie ein wichtiger Referenzrahmen hinzugewachsen, der zur Entfaltung des christlichen Selbstgefühls einen wesentlichen Beitrag leistet.

Die Debatte um die Möglichkeit einer Theologie des Alten Testaments lenkt den Blick freilich noch einmal in eine andere Richtung, aus unserer Sicht zurück an den Anfang. Ist eine solche affirmative Genealogie am Ende überhaupt durchführbar? Wellhausens großes Ignoramus steht im Raum. Dass die alttestamentlichen Ideen in pragmatischer Perspektive als religiöse Sinnstiftungen funktionieren, ist historisch unstrittig. Sie tun dies sogar so erfolgreich, dass aus ihnen gleich zwei Religionen hervorgegangen sind. Aber schon diese Doppelung wirft die Frage nach den Geltungsansprüchen auf, die moderne Religionskritik verschärft dies dann noch einmal. Das sind übrigens die religionsphilosophischen Tücken der Spätdatierung. Könnten nicht die aus der Krisenbewältigung hervorgegangenen Vorstellungen Illusionen und Projektionen sein? So weit muss man gar nicht gehen. Jan Assmann beschreibt in seinem Exodus-Buch mit Begeisterung und Faszination entscheidende Aspekte der uns hier interessierenden Religionsgeschichte, er beurteilt sie aber am Ende aus seiner Perspektive als eine grandiose Assimilationsleistung. Der religiöse Wahrheitswert bleibt offen.

Es mag darum verständlich erscheinen, dass sich Teile der Exegese in das Schneckenhaus der historisch-philologischen Deskription zurückziehen. Das hat etwas sehr Redliches an sich. Die Ansprüche sind in jedem Fall bescheidener geworden. Dem eigenen religiösen Standpunkt haftet am Ende immer etwas Uneinholbares an, das sollte wissenschaftliche Theologie nicht nur anerkennen, sondern auch reflexiv bearbeiten. Das ist auch der Grund, warum etwa der Liberale Richard Rothe in seiner Geschichtstheologie im 19. Jahrhundert den Begriff der Manifestation um den der Inspiration ergänzt hat, das erklärt, warum Wolfhart Pannenberg im 20. Jahrhundert in seinem Spätwerk in dem Programm Offenbarung und Geschichte eine kleine Tür zur Wort-Gottes-Theologie aufgemacht hat.[21] Bescheidenheit heißt aber nicht Kapitulation. Das Verfahren affirmativer Genealogie versucht sich immerhin am Aufweis eines nachvollziehbaren Begründungsgangs: Für den eigenen religiösen Standpunkt gibt es plausible Gründe. Das Alte Testament gehört dazu. Händel hatte Recht.

---

[21] *W. Pannenberg*, Systematische Theologie, Bd. 1, Göttingen 1988, 251–281 (mit Hinweisen und Erläuterungen zu Rothe: 246–248).

Rezeptionshermeneutik und Schriftprinzip

Bemerkungen zu einem ambivalenten Verhältnis[1]

Notger Slenczka

In Röm 10,6 zitiert Paulus als Beleg für die Gerechtigkeit des Glaubens Dtn 30,11–14 und erläutert während des Zitats diese Passage: »Sprich nicht in deinem Herzen: wer wird in den Himmel hinaufsteigen« – und er erläutert: – »das heißt: um Christus herabzuholen; oder wer wird hinabsteigen in die Tiefe?« – und er erläutert: – »das heißt: um Christus von den Toten aufzuerwecken. Sondern was sagt sie [nämlich die Gerechtigkeit aus dem Glauben]? Nahe ist dir das Wort, in deinem Mund und in deinem Herzen.« Und der erläutert wieder: »Das ist das Wort des Glaubens, das wir verkündigen.«

In den Kommentierungen[2] spielt diese hermeneutisch höchst bedeutsame Passage nur eine Nebenrolle; ihre Bedeutung wird leider von der unmittelbar

---

[1]   Die Hauptthesen dieses Beitrags erscheinen in zusammenfassender Form in einem Band zum Alten Testament im Frühjahr 2017 (*N. Slenczka*, Vom Alten Testament und vom Neuen. Beiträge zur Neuvermessung ihres Verhältnisses, Leipzig 2017, 233–249).

[2]   Ich darf mich auf einige Beispiele beschränken: Vgl. bes. die gründliche Analyse im Kontext der rabbinischen und weisheitlichen Auslegung von Dtn 30 bei *R. Liebers*, Das Gesetz als Evangelium. Untersuchungen zur Gesetzeskritik des Paulus, Zürich 1989, 157–181; Liebers weist auch darauf hin, dass dieser Passage in der Kommentierung selten das ihr zukommende Gewicht beigemessen wird (157). Aus der älteren Exegese *E. Käsemann*, An die Römer, Tübingen ⁴1980, 274f.; *H. Hübner*, Das Gesetz bei Paulus. Ein Beitrag zum Werden der paulinischen Theologie, Göttingen ²1980, der der Entwicklung der paulinischen Gesetzestheologie zwischen dem Galater- und dem Römerbrief nachgeht, geht eigentümlicherweise auf Röm 10,6ff. überhaupt nicht ein; dasselbe gilt für *L. Gaston*, Paul and the Torah, Vancouver 1987, hier nur 206 Anm. 57. *E. Lohse*, Der Brief an die Römer (KEK 4), Göttingen 2003, sieht wie Käsemann (a. a. O.) die Verhältnisse so, dass die V. 5ff. einen Schriftbeweis für die These des V. 4 bieten; Paulus konzentriere seine Auslegung von Dtn 30, die in »jüdischer Auslegungtradition [...] auf das Wort der Thora gedeutet« worden sei, »auf das Christus-Bekenntnis als die Mitte der Schrift« (294) – dabei ist nicht gesehen, dass Paulus mit Röm 10,4 genau das hermeneutische Prinzip formuliert, das diese Auslegung des Alten Testaments erlaubt. *U. Schnelle*, Paulus. Leben und Denken, Berlin ³2013, 372f., trennt wie viele andere (etwa: *K. Haacker*, der Brief des Paulus an die Römer [ThHK 6], Leipzig 1999, 208–210) die Auslegung von Röm 10,5–13 von dem Satz in V. 4 und stellt ebenfalls fest, dass Paulus einen ursprünglich auf das Gesetz bezogenen

vorausgehenden, seit der Reformationszeit in ihrem Sinn strittigen Feststellung des Paulus, dass Christus das τέλος, das »Ende« oder »Ziel« des Gesetzes sei, überschattet – was ein Fehler ist, denn es wird sich gleich zeigen, dass die eben zitierten Verse für das Verständnis eben dieser Stelle entscheidend sind.

Paulus interpretiert nämlich die das Deuteronomium abschließende Mahnung zur Tora christologisch bzw., präziser, im Sinne der paulinischen Soteriologie. Er nimmt den Text, der im Deuteronomium auf das Tun des Gesetzes abzielt (Dtn 30,11), als Zeugnis für die Gerechtigkeit aus Glauben in Anspruch; das bedeutet: er isoliert Dtn 30,12–14 von V. 11, in dem das »Wort« (hebr. דבר, LXX: ῥῆμα) als מצוה / ἐντολή (»Gebot«) interpretiert wird, bzw., wieder genauer: er liest die in V. 11 genannte מצוה / ἐντολή von V. 14 her als »Wort«, und dieses »Wort« erlaubt ihm die Identifikation mit Christus: Mit dem »Wort« ist nicht, wie im Deuteronomium, das Gesetz gemeint, sondern es ist Christus, der dem Herzen nahe und im Mund des Verkündigers ist. Während das Gesetz *getan* werden will, wie er im Satz zuvor im Anschluss an Lev 18 sagt, stellt sich Christus ein und ist so dem Herzen nahe.

Ganz ohne Zweifel: Das ist keine Exegese des einem Historiker zugänglichen Sinnes von Dtn 30, nichtsdestotrotz aber ein genialer Text. Denn es handelt sich, so scheint mir, um eine bewusste Relektüre der Vermahnung zum Gesetz. Paulus übersetzt das im voranstehenden Vers Röm 10,4 gebotene theologische Prinzip – Christus ist das τέλος des Gesetzes – in eine hermeneutische Anweisung: Weil Christus das τέλος des Gesetzes ist, ist das, was die Tora vom Gesetz sagt, auf Christus zu beziehen; und diese in dem berühmten V. 4 projektierte christusbezügliche Relektüre des alttestamentlichen Textes nimmt Paulus dann eben mit den zitierten Versen vor: Was vom Gesetz gesagt wird, gilt von Christus als dem wahren Wort (1 Kor 1,18).

Paulus unterläuft hier kein exegetischer Fehler, sondern er geht bewusst und reflektiert mit den alttestamentlichen Texten so um, dass er sie unter der

---

Text auf den Glauben an Christus beziehe – dass Röm 10,4 den Schlüssel und die Lizenz für diese Auslegung bietet, sieht auch er nicht; ähnlich *U. Wilckens*, Der Brief an die Römer, Bd. 2 (EKK 6,2), Zürich / Neukirchen-Vluyn ³1993, 221–226, hier 224f. *J. D. G. Dunn*, The Theology of Paul the Apostle, London ²2003, 640f., betrachtet die Aufnahme von Dtn 30 als Indiz dafür, dass Paulus hier den Anspruch erhebe, den ursprünglichen Sinn des Gesetzes zur Geltung zu bringen – auch hier ist die Verbindung zu Röm 10,4 nicht gesehen. Ausgezeichnet *P. von der Osten-Sacken*, Die Heiligkeit der Tora. Studien zum Gesetz bei Paulus, München 1989, 33–40, der auf die christologische Interpretation des Gesetzes durch Paulus hinweist: 38–40; *M. Wolter*, Christus – Ende des Gesetzes, in: F.-W. Horn (Hrsg.), Paulus Handbuch, Tübingen 2013, 362–365. In *O. Wischmeyer* (Hrsg.), Paulus. Leben – Umwelt – Werk – Briefe, Tübingen ²2012, wird in dem thematisch einschlägigen Abschnitt (44–55) Röm 10,6f. nicht einmal genannt. Mit der hier gebotenen Interpretation kommt überein: *E. Johnson*, Romans 9–11, in: D. M. Hay / E. Johnson (Hrsg.), Pauline Theology, Bd. 3, Minneapolis 1995, 211–239, hier 228f.: »That Paul's exegesis explains what he means by saying [...] ›Christ [is] the end of the law ...‹ in 10:4 can be seen in the fact that each element of that claim is addressed and expanded in 10:5–12« (228).

Vorgabe liest, dass das Gesetz auf Christus abzielt. Genau dies betrachtet er als den eigentlichen Sinn der alttestamentlichen Zeugnisse, den nur derjenige verfehlt, dem gemäß 2 Kor 3,12–16 die Decke, die vor dem Herzen hängt, nicht weggezogen ist.

1. Die christologische Lektüre und ihr Problem

Diese konsequente Lektüre des Alten Testaments unter dem Vorzeichen einer christologischen Hermeneutik ist wesentlich nicht nur für Paulus, sondern für den Umgang aller neutestamentlichen Autoren mit den alttestamentlichen Schriften. Damit ist also ein für die folgende Kirchengeschichte wegweisender, wirkungsgeschichtlich entscheidender Ausgangspunkt des christlichen Umgangs mit dem Alten Testament in Erinnerung gerufen, der nun aber in die sehr schlichte, aber immer wieder vorgetragene[3] Auskunft, dass sich nicht nur Jesus, sondern auch seine Jünger und alle neutestamentlichen Autoren auf das Alte Testament berufen, eine Problemanzeige einfügt: Dieser Umgang mit dem Alten Testament ist, gemessen an jedem denkbaren dem Historiker zugänglichen Sinn des Textes,[4] willkürlich und im Verhältnis zum Umgang des seinerzeitgenössischen und des gegenwärtigen Judentums mit denselben Texten mindestens problematisch.[5]

Wie soll man mit dieser Differenz zwischen der christlichen Inanspruchnahme der alttestamentlichen Texte einerseits und ihrem dem Historiker sich er-

---

[3] Ich nenne nur eine Stellungnahme aus dem Zusammenhang der Debatte um meinen Text zur Kanonizität des Alten Testaments: *A. Deeg*, Die zwei-eine Bibel. Der Dialog der Testamente und die offene christliche Identität, in: Zeitzeichen 17,7 (2015), 42–44, hier 44.

[4] Dass ich hier keine Lanze für eine naive Vorstellung von einer Normativität des historischen Ursprungssinns breche, müsste eigentlich schon aus den hermeneutischen Überlegungen meines ersten, ungewollt aufsehenerregenden Beitrags zum Thema: *N. Slenczka*, Die Kirche und das Alte Testament, in: E. Gräb-Schmidt/R. Preul (Hrsg.), Das Alte Testament in der Theologie (MJTh 25), Leipzig 2013, 83–119, zusammenfassend 92–95, deutlich geworden sein. Es müsste aber auch unstrittig sein, dass klassisch die Vorstellung einer Kanonizität von Texten an einem ursprünglichen Sinn der Texte orientiert ist, der nach den Grundsätzen einer westlichen akademischen Exegese ohne Einbeziehung des historischen Textsinnes und seiner methodisch zu erhebenden Wandlungen nicht zu gewinnen ist. Insofern geht es nicht um die These, dass der historische Sinn der Texte ihr eigentlicher Sinn sei, sondern um das Identifizieren eines Problems, vor dem eine christologische Rezeption (die klassisch der Meinung ist, dass der christologische Sinn der ursprünglich in den Texten gemeinte ist) angesichts des nicht überspringbaren historischen Sinnes der Texte steht. Dazu unten S. 155–160.

[5] Im Blick auf die Exegese von Dtn 30 durch Paulus wäre neben der rabbinischen Deutung des Textes auf das Gesetz und den Gesetzesgehorsam hin die Deutung auf die Weisheit in Bar 3,29ff. zu nennen, vgl. auch *Liebers*, Gesetz (s. Anm. 2).

schließenden ursprünglichen Sinn andererseits umgehen? Diese Frage ist uralt und stellt sich – für das Alte wie für das Neue Testament – seit Beginn des historischen Umgangs mit diesen Quellen.[6] Und wie soll man mit der Pluralität der Bezugnahmen auf die Texte in der auch intern jeweils vielfältigen jüdischen und christlichen Interpretation umgehen? Diese Frage stellt sich mit Bezug auf die Auseinandersetzung um den Sinn des Alten Testaments seit Paulus. Allerdings hat sich diese Situation seit den 60er Jahren des 20. Jahrhunderts dadurch gewandelt, dass die gegenwärtige Kirche im christlich-jüdischen Dialog einerseits und im Abgleich mit dem im historischen Zugriff auf die Texte sich erschließenden Sinn faktisch darauf verzichtet, die alttestamentlichen Texte als Zeugnis für das Evangelium von Jesus Christus in Anspruch zu nehmen.[7] Das schlägt sich einerseits in kirchlichen oder amtskirchennahen Verlautbarungen nieder – ich zitiere als das jüngste mir bekannte Beispiel die Bestimmung des Zentrums der beiden Testamente, die der Ratsvorsitzende der EKD, Heinrich Bedford-Strohm, in der Vorrede zur revidierten Fassung der Lutherbibel vornimmt:

> Im ersten Teil der Bibel, dem Alten Testament, steht die Geschichte Gottes mit seinem Volk Israel im Mittelpunkt. Von dieser Geschichte wird erzählt, die Botschaft der Propheten wird verkündigt, und in den Psalmen hören wir Klage und Lob der Lieder und Gebete. Im zweiten Hauptteil, dem Neuen Testament, geht es um Jesus Christus. Die vier Evangelien erzählen von seinem Wirken, seinem Leiden, Sterben und Auferstehen. Die Botschaft von ihm wird durch die ersten Christen verbreitet. Davon erfahren wir besonders durch die Apostelgeschichte und die Briefe des Paulus und anderer Apostel.[8]

Das Alte und das Neue Testament haben nach dieser Zusammenfassung jeweils unterschiedliche Gegenstände, und die Botschaft von Jesus Christus ist Gegenstand des Neuen, offenbar aber nicht des Alten Testaments. Damit ist aber eben das Evangelium von Jesus Christus, das der Grund der kanonischen Geltung der biblischen Schriften ist, nicht Gegenstand der Verkündigung des Alten Testaments. Der Wandel im Verständnis der alttestamentlichen Schriften wird noch deutlicher, wenn man die der Jubiläumsausgabe als Beigabe angefügte Darstellung der Vorreden Luthers zur Bibel hinzuzieht; hier wird ausdrücklich festge-

---

[6]   Vgl. hier jetzt nur: *H.-J. Kraus*, Geschichte der historisch-kritischen Erforschung des Alten Testaments, Neukirchen-Vluyn [4]1988; *J. Lauster*, Prinzip und Methode. Die Transformation des protestantischen Schriftprinzips durch die historische Kritik von Schleiermacher bis zur Gegenwart, Tübingen 2004. Vgl. die beiden wegweisenden kurzen Aufsätze: *W. Pannenberg*, Die Krise des Schriftprinzips, in: ders., Grundfragen systematischer Theologie, Göttingen [3]1979, 11–21, und: *F. Wagner*, Zwischen Autoritätsanspruch und Krise des Schriftprinzips, in: ders., Zur gegenwärtigen Lage des Protestantismus, Gütersloh [2]1995, 68–88.

[7]   Ausführlich vgl. *Slenczka*, Testament (s. Anm. 1), 160–194.

[8]   *H. Bedford-Strohm*, Vorwort zur Bibel. Lutherübersetzung 2017 (o. S.); vgl. dazu *Slenczka*, Testament (s. Anm. 1), 176ff.

halten, dass die christologische Lektüre der alttestamentlichen Schriften, die für Luther selbstverständlich und für seine Theologie »grundlegend« gewesen sei, heute »nicht unproblematisch« sei:

> Aus heutiger Sicht erscheint dieses Verständnis des Alten Testament von Christus her und auf das neutestamentliche Heilsgeschehen hin als nicht unproblematisch. Die moderne Wissenschaft erschließt die biblischen Schriften von ihren eigenen historischen Entstehungszusammenhängen her. Nicht zuletzt hat auch das Bewusstsein, dass das christliche Alte Testament die Heilige Schrift des Judentums ist, in der zweiten Hälfte des 20. Jahrhunderts dazu geführt, es zunächst in seiner eigenständigen Bedeutung wahrzunehmen. Doch zu Luthers Zeiten war ein direktes christologisches Verständnis noch gut möglich. Für seine Theologie war es sogar grundlegend.[9]

Aus dieser Situation zieht faktisch die Vorrede Bedford-Strohms die Konsequenz: Das Alte Testament hat Gott und sein Volk, und nur das Neue Testament Jesus Christus zum Gegenstand.

In den Entwürfen zu einer biblischen oder alttestamentlichen Theologie schlägt sich dieser Wandel des Verständnisses entweder in Positionen nieder, die die alttestamentlichen Schriften ausdrücklich nicht christologisch lesen und die neutestamentlichen Schriften und ihre Christologie unter der hermeneutischen Vorgabe des so verstandenen Alten Testaments lesen – dafür steht beispielsweise der Ansatz Frank Crüsemanns.[10] Oder aber es wird der Versuch unternommen, eine christologische Lektüre der alttestamentlichen Schriften zu begründen, die sich mit dem historisch feststellbaren Sinn der Texte bzw. der jüdischen Lesart vermitteln lässt. Dafür stehen auf der einen Seite Positionen, die von der faktischen Rezeption alttestamentlicher Figuren im Neuen Testament bzw. in der nachfolgenden Tradition ausgehen und unter anderem das Modell der Typologie aufnehmend von einer »Christustransparenz« des Alten Testaments sprechen.[11] Auf der anderen Seite wiederum steht der traditionsgeschichtliche Ansatz einer biblischen Theologie Tübinger Zuschnitts bzw. eines *canonical approach* im Gefolge Brevard S. Childs', in dem der normativen Zusammenstellung der alt- und neutestamentlichen Schriften zum Kanon und der synchronen Interpretation

---

[9]   Luthers Vorreden zur Bibel, in: Bibel. Lutherübersetzung 2017, Sonderseiten 34f., hier 35.

[10]   Vgl. *F. Crüsemann*, Das Alte Testament als Wahrheitsraum des Neuen. Die neue Sicht der christlichen Bibel, Gütersloh 2011; *B. Klappert*, Israel – Messias – Kirche. Kriterien einer nicht-antijudaistischen Christologie, in: ders., Miterben der Verheißung, Neukirchen-Vluyn 1999, 322–347; *P. von der Osten-Sacken*, Zum Umgang mit der Schrift, in: ders., Grundzüge einer Theologie im christlich-jüdischen Gespräch, München 1982, 198–217; *K. Wengst*, Neues Testament und dreieiniger Gott, in: ders., Christsein mit Tora und Evangelium. Beiträge zum Umbau christlicher Theologie im Angesicht Israels, Stuttgart 2014, 77–96, hier 77.

[11]   *M. Witte*, Jesus Christus im Spiegel des Alten Testaments, in: J. Schröter (Hrsg.), Jesus Christus, Tübingen 2014, 14–70.

der Texte der systematische Vorrang vor der diachronen Ermittlung des Sinnes der Texteinheiten gegeben wird und damit die alttestamentlichen Texte der kirchlichen Leseperspektive unterstellt werden.[12] Während solche Deutungen ursprünglich zu einer Privilegierung der christlichen Lesart der Texte tendieren und – so ausdrücklich etwa Hartmut Gese – von nur einem »Ausgang« des traditionsgeschichtlichen Prozesses, der die Texte zur Einheit verbindet, ausgehen, schlagen andere Positionen mit unterschiedlicher Begründung einen mehrfachen Ausgang des alttestamentlichen Traditionsprozesses vor, in dem jeweils, so etwa Klaus Koch, unterschiedliche Traditionskomplexe, die das Alte Testament bietet, als hermeneutischer Schlüssel gewählt werden.[13] Entsprechend fasste Rolf Rendtorff die christliche und die jüdische Deutung des Alten Testaments als jeweils gleichberechtigte Interpretationen einer beiden vorausliegenden religionsgeschichtlichen Tradition – womit eben die jüdische Exegese nicht etwa in einem unproblematischeren Verhältnis zu den alttestamentlichen Texten steht, sondern ebenso wie in der christlichen Inanspruchnahme eine perspektivische Rezeption von Texten vollzieht, die zu beiden Religionsgemeinschaften in gleichem Abstand stehen.[14]

Damit stellt sich eben die weitergehende Frage, ob es denn überhaupt zutreffend ist, dass der im historischen Umgang zugängliche Sinn der Texte der maßgebliche ist. Diese Frage stellt sich schon darum, weil der Traditions- und Redaktionsprozess der Texte ebenso wie die redaktionsgeschichtlichen Einheiten des Alten Testaments bis hin zur kanonischen Zusammenstellung jeweils Relektüren zugrundeliegender Texte oder Traditionen in neuen Kontexten und Textumfeldern darstellen, erkennbar spätestens daran, dass teilweise identische traditionsgeschichtliche Vorstufen, die in unterschiedlichen späteren Kontexten rezipiert werden, je einen unterschiedlichen Sinn gewinnen – ein Vergleich von Ps 139 und Am 9,2–4 oder eben auch die Relektüre von Dtn 30 in Bar 3,29ff. sind hier hochinstruktiv: In einem jeweils anderen Kontext gewinnt ein Text einen anderen, im genannten Beispiel gegensätzlichen Sinn.

Diese Beachtung der Deutungsperspektive ist – nach meinem Eindruck erstmals von Klaus Koch[15] – in Verbindung gebracht worden mit einer Rezep-

---

[12]   Dazu *N. Slenczka*, Das Verhältnis des Alten und des Neuen Testaments, in: ders., Der Tod Gottes und das Leben des Menschen, Göttingen 2003, 90–109, hier 92–97; vgl. jetzt ders., Testament (s. Anm. 1), 66–76.

[13]   *K. Koch*, Der doppelte Ausgang des Alten Testaments in Judentum und Christentum, in: JBTh 6 (1991), 215–242, bes. 226ff.

[14]   *R. Rendtorff*, Zur Bedeutung des Kanons für eine Theologie des Alten Testaments, in: H.-G. Geyer (Hrsg.), »Wenn nicht jetzt, wann dann?«, Neukirchen-Vluyn 1983, 3–11. Ich habe dies Modell der Verhältnisbestimmung übrigens früher selbst vertreten, vgl. *Slenczka*, Verhältnis (s. Anm. 12), 106f.

[15]   *K. Koch*, Rezeptionsgeschichte als notwendige Voraussetzung einer biblischen Theologie – oder: Protestantische Verlegenheiten angesichts der Geschichtlichkeit des Kanons,

tions- bzw. Intertextualitätshermeneutik,[16] die seit den 90er Jahren sowohl in der allgemeinen theologischen Hermeneutik[17] wie in der alttestamentlichen Verhältnisbestimmung von Altem und Neuem Testament bzw. von christlicher und jüdischer Lesart der Texte aufgenommen wurde. Hier ergibt sich zum einen eine Deutungsmöglichkeit für das vielschichtige Phänomen der Schriftlichkeit des Traditionsprozesses,[18] und es ergibt sich andererseits eine Möglichkeit, den jüdischen und den christlichen Umgang mit dem Alten Testament in ein nichtexklusives Verhältnis zu setzen.

Hier setze ich ein und frage im Folgenden nach den Grundlagen einer solchen Hermeneutik der Intertextualität (2.). Angesichts des unbestreitbaren Überzeugungspotentials einer solchen Intertextualitätshermeneutik frage ich dann nach den Grundlagen des reformatorischen Umgangs mit den biblischen Texten (3.); und ich versuche schließlich zu formulieren, in welchem Sinne sich eine »schwache« Form der Intertextualitätshermeneutik einerseits und das reformatorische Schriftprinzip andererseits verbinden (4.). Damit wird sich zeigen, was es bedeuten würde, dass das Alte Testament kanonisch ist.

Ich setze dabei vorgreifend voraus, dass eine Hermeneutik der Intertextualität mit einer Rezeptionshermeneutik ungeachtet des unterschiedlichen wissenschaftsgeschichtlichen Orts dadurch eine gemeinsame Grundlage teilt, dass beiderseits programmatisch auf die Annahme eines internen Sinnes des jeweiligen Textes verzichtet wird und der Text seinen Sinn im Zusammenspiel anderer Texte bzw. im Spiel mit dem Leser gewinnt. Das Verhältnis von Leser und Text ist im Rahmen einer Rezeptionshermeneutik bereits zwischen Wolfgang Iser einerseits und Hans Robert Jauß andererseits von unterschiedlicher Radikalität, was die konstitutive Funktion des Lesers angeht; eine Hermeneutik der Intertextualität geht dadurch über eine Rezeptionshermeneutik hinaus, als hier nicht nur der Autor, sondern im Grunde auch der Leser »stirbt«, wie Roland Barthes sagt: Es gibt beide nur als Vermittlungspunkt von Textinterferenzen. Das ist nun darzustellen.

---

in: H.H. Schmid/J. Mehlhausen (Hrsg.), Sola scriptura. Das reformatorische Schriftprinzip in der säkularen Welt, Gütersloh 1991, 143–155.

[16]   Vgl. dazu *Slenczka*, Testament (s. Anm. 1), 120–123.

[17]   *U. Körtner*, Theologie des Wortes Gottes, Göttingen 2001, 296ff., 320–328, bes. 327, und 330–339; *Lauster*, Prinzip und Methode (s. Anm. 6), 422–439; *K. Huizing*, Homo legens, Berlin 1996.

[18]   Vgl. dazu die Beiträge in: *M. Bauks* (Hrsg.), Between Text and Text. The Hermeneutics of Intertextuality in Ancient Cultures and Their Afterlife in Medieval and Modern Times, Göttingen 2013.

2. DER SINN EINER REZIPIENTENORIENTIERTEN HERMENEUTIK

Zunächst ein Zitat von Julia Kristeva:

> Jeder Text ist konstruiert als ein Mosaik von Zitaten; jeder Text ist die Aufnahme und Verwandlung eines anderen.[19]

Dieses Zitat und das damit angedeutete Konzept ist vieldeutig, und es wird im Rahmen der biblischen Exegese, gerade in den Positionen, die mit Hilfe dieses Konzeptes eine Rechtfertigung des christlichen Umgangs mit dem Alten Testament anstreben, in sehr unterschiedlicher Weise rezipiert.[20]

2.1 Die Einordnung des Ansatzes einer Intertextualitätshermeneutik als traditions- oder redaktionsgeschichtlicher Methodenschritt

In der zünftigen biblischen Exegese und in manchen Entwürfen zur Hermeneutik des Alten Testaments wird das hermeneutische Prinzip der Intertextualität einerseits aufgenommen als eine Art Modifikation der traditionsgeschichtlichen Methode, eine etwas erweiterte Form der Identifikation von Einflüssen anderer Texte auf den zur Interpretation anstehenden oder Anspielungen eines Textes auf ein Textumfeld – so etwa bei Richard Hays.[21] Es handelt sich dann um einen Zugriff auf die Hermeneutik der Intertextualität als historischen Methodenschritt; es geht darum, der Text- und Traditionsrezeption durch den jeweiligen Autor einen Namen zu geben – und in dieser Weise wird die Hermeneutik der Intertextualität in vielen Fachgebieten, die die Analyse von Texten unterschiedlicher Provenienz zur Aufgabe haben, aufgegriffen.[22] Eine so verfahrende Rezep-

---

[19] *J. Kristeva*, Word, Dialogue and Novel, in: T. Moi (Hrsg.), The Kristeva Reader, New York 1986, 34–61, hier 37: »Any text is constructed as a mosaic of quotations; any text is the absorption and transformation of another.« Vgl. zum Hintergrund des Folgenden die übrigen Beiträge in diesem Band, ferner: *K. Oliver* (Hrsg.), The Portable Kristeva, New York 1997.

[20] Vgl. die Beiträge in: *Bauks*, Text (s. Anm. 18), bes. *S. Alkier*, Reading the Canon Intertextually. The Decentralization of Meaning, 288–302, hier 293–298 und 200–302 zum Kanon; *S. Holthuis*, Intertextualität. Aspekte einer rezeptionsorientierten Konzeption, Tübingen 1993, 30ff.; *S. Gehrig*, Leserlenkung und Grenzen der Interpretation. Ein Beitrag zur Rezeptionsästhetik am Beispiel des Ezechielbuches, Stuttgart 2013, bes. 27–50. Vgl. bes. auch die Beiträge in: *G. Aichele* u.a. (Hrsg.), Intertextuality and the Bible, Semeia 69/70 (1995), und: *H. Utzschneider*, Text – Leser – Autor. Bestandsaufnahme und Prolegomena zu einer Theorie der Exegese, in: BZ 43 (1999), 224–238.

[21] *R. B. Hays*, The Conversion of the Imagination. Paul as Interpreter of Israel's Scripture, Grand Rapids, Mich. 2005, vgl. ders., Echoes of Scripture in the Letters of Paul, New Haven 1989.

[22] Etwa: *N. A. Slater* (Hrsg.), Intertextualität in der griechisch-römischen Komödie, Stuttgart 1993; viele Beiträge in dem bereits genannten Band von *Bauks*, Text (s. Anm. 18); einige der Beiträge in: *R. B. Hays / S. Alkier / L. A. Huizenga* (Hrsg.), Reading the Bible

tion der Methode unterscheidet sich von den im Folgenden dargestellten genau dadurch, dass sie weiterhin von einem normativen Sinn des Textes ausgeht und die Frage nach intertextuellen Referenzen als Weg zur Erhebung dieses Sinnes verwendet: Ungebrochen bleibt die Frage nach dem ursprünglichen intertextuellen Horizont, der den Textsinn normiert.

Oder das Konzept der Intertextualität wird gefasst als eine Art Lizenz zur kanonischen Deutung von Einzeltexten, die im Zusammenhang anderer, auch späterer Texte ihren Sinn erhalten, sodass der Sinn der Einzeltexte nicht im Rückgang auf die möglichst erste Textgestalt zu erheben ist, sondern im Nachvollzug des Prozesses der Relektüre – ein bis heute wirksames Modell ist die von Rad'sche Theologie des Alten Testaments oder die biblische Theologie Tübinger Zuschnitts; Stefan Alkier[23] nimmt das Paradigma der Intertextualität gegenwärtig in dieser Weise auf, aber eben auch Bernd Janowski.[24] Das bedeutet weitergehend, dass der jeweilige Text oder die jeweilige Quelle nicht zu lesen ist als isolierter Sinnträger; aber auch nicht im Kontext der Sinninterferenzen, die sich in der Entstehungszeit bzw. -situation der Texte ergeben; vielmehr gewinnt der Text seinen Sinn im Zusammenklang mit den anderen Büchern des Alten Testaments und den vielfältigen Interferenzen und Harmonien; und dabei ergeben sich dann durchaus interessante Modelle der Verhältnisbestimmung von Altem und Neuem Testament.[25]

Allerdings: Das Konzept einer intertextuellen Hermeneutik ist auch damit domestiziert, es geht, wenn es so in Anspruch genommen wird, grundsätzlich

---

Intertextually, Waco, Tex. 2009; *D. N. Fewell*, Reading between Texts. Intertextuality and the Hebrew Bible, Louisville, Ky. 1992.

[23] *S. Alkier*, Die Bibel im Dialog der Schriften und das Problem der Verstockung in Mk 4. Intertextualität im Rahmen einer kategorialen Semiotik biblischer Texte, in: S. Alkier/ R. B. Hays (Hrsg.), Die Bibel im Dialog der Schriften, Tübingen 2005, 1–22; ders., Intertextualität. Annäherungen an ein texttheoretisches Paradigma, in: D. Sänger (Hrsg.), Heiligkeit und Herrschaft. Intertextuelle Studien zu Heiligkeitsvorstellungen und zu Psalm 110, Neukirchen-Vluyn 2003, 1–26.

[24] *B. Janowski*, Die kontrastive Einheit der Schrift. Zur Hermeneutik des biblischen Kanons, in: ders., Die Welt als Schöpfung. Beiträge zur Theologie des Alten Testaments, Neukirchen-Vluyn 2008, 323–342, hier 332–337; ders., »Verstehst du auch, was du liest?« Reflexionen auf die Leserichtung der christlichen Bibel, in: ders., Beiträge zur Theologie des Alten Testaments, Bd. 3: Der Gott des Lebens, Neukirchen-Vluyn 2003, 351–389.

[25] *M. Pfister*, Konzepte der Intertextualität, in: U. Broich/ M. Pfister (Hrsg.), Intertextualität, Tübingen 1985, 1–30; *M. Schneider*, Texte – Intertexte – Schrift. Perspektiven intertextueller Bibellektüre, in: C. Strecker (Hrsg.), Kontexte der Schrift, Bd. 2, Stuttgart 2005, 361–376; ders., Gottes Gegenwart in der Schrift. Intertextuelle Lektüren zur Geschichte Gottes in 1 Kor, Tübingen 2010; *S. Moyise*, Intertextuality and Biblical Studies. A Review, in: VeEc 23 (2002), 418–431. Vgl. die bereits genannte frühe Bezugnahme auf das Modell einer Rezeptions- bzw. Intertextualitätshermeneutik in der Frage der Deutung des Alten Testaments bei: *Koch*, Rezeptionsgeschichte (s. Anm. 15). Vgl. die in Anm. 22 genannten Texte.

darum, intertextuelle Referenzen wahrzunehmen, um den vorgegebenen und relativ feststehenden Sinn eines vorliegenden Textes zu erheben. Die intertextuellen Referenzen werden dann herangezogen, um die Botschaft des Textes oder gar des Autors zu identifizieren – denn der Referenzrahmen und damit der Sinn des Textes ist nicht beliebig, sondern normiert – sei es durch die Umgebungstexte der Entstehungssituation, sei es durch das kanonische Textumfeld.

2.2 Sinngeneration in der Rezeption – der Text ohne »eigenen« Sinn

Das ist als eine etwas erweiterte traditionsgeschichtliche Methode schön und gut – aber das ist, dieser Einwand ist nicht neu,[26] nicht der Sinn des Begriffes Intertextualität, wie er in der Gruppe um Julia Kristeva und um die Zeitschrift »Tel Quel« seit den 60er Jahren entwickelt wurde. Vielmehr geht es hier gerade darum, die Prävalenz des Verständnisses von Worten und Texten als eineindeutiges Kommunikationsmittel zwischen Sender und Empfänger und damit ein eineindeutiges Konzept des Sinnes eines Wortes oder Textes zu durchbrechen. Wie ein Wort seinen Sinn im Kontext eines Satzes und dieser im strukturierten Zusammenhang eines Textes gewinnt, so haben ein Text und seine Worte ihren Sinn nicht in sich, sondern gewinnen ihn im Universum weiterer Texte. Der »Tod des Autors« ist die Aufmerksamkeit auf diese Unbestimmtheit des Sinnes im Schreiben. Schreiben, so Barthes, ist eigentlich Lesen, die Sinngeneration erfolgt im Lesen.[27]

Das bedeutet aber in der Konsequenz, dass damit der Vorgang des Lesens nicht die *Folge* der Textproduktion ist – ein Text wird geschrieben, und dann beginnt ein Leser zu lesen. Vielmehr ist der Vorgang des Lesens die Weise der Textproduktion, und dies in doppelter Hinsicht: Zunächst ist der Autor ein Leser. Der Autor spricht im Text nicht sein originelles Innerstes aus, sondern er selbst und sein Inneres, wenn man davon sprechen will, ist gebildet durch ein Feld von Texten; der produzierte Text ist in diesem Sinne ein Schnittpunkt von Texten, die Genese des Textsinns verdankt sich einem Leseprozess. Die Produktion ist Rezeption. Und es gilt umgekehrt: Die Rezeption, das Lesen des Textes durch einen gegenwärtigen Leser ist ebenfalls ein Produktionsvorgang, und zwar auch dann, wenn er sich nicht in einem neuen Text niederschlägt. Das ist der Punkt, der nicht erfasst ist, wenn die Hermeneutik der Intertextualität als eine Art Traditions- oder Redaktionsgeschichte mit neuem Namen und damit als Methode der Identifizierung »des« Textsinnes aufgefasst wird: Denn auch für den Empfänger, den Leser, erscheint der Text in einem Textumfeld und gewinnt in ihm und nur in ihm einen Sinn. Der Autor einerseits und sein Text, und der Leser anderer-

---

[26] *T. R. Hatina*, Intertextuality and Historical Criticism in New Testament Studies, in: BibInt 7 (1999), 28–43; vgl. auch: *Moyise*, Intertextuality (s. Anm. 25). Vgl. zur Darstellung der Diskussion: *Holthuis*, Intertextualität (s. Anm. 20), bes. 12–36, hier 31f.

[27] *R. Barthes*, Der Tod des Autors, in: ders., Kritische Essays, Bd. 4: Das Rauschen der Sprache, Frankfurt a. M. ⁴2005, 57–63.

seits und sein Text, sind Schnittpunkte von Textkommunikationen und Interferenzen von Texten, die den Sinn eines Textes zu einer bestimmten Zeit an einem bestimmten Ort determinieren, ihn aber – und das ist das Entscheidende – nicht abschließend festlegen. Die Grundthese einer intertextuellen Texttheorie ist also: Der Text ist ein Lesen, und es gibt keinen Sinn eines Textes vor dem Lesen. Damit ist deutlich, dass dieses Konzept eine Nähe zu einer Rezeptionshermeneutik hat. Die Frage nach einem »ursprünglichen Sinn« eines Textes oder nach der »Autorintention« als Ziel eines Verstehensprozesses ist sinnlos; das ist der Sinn der schon genannten Barthes'schen Formel vom »Tod des Autors«.[28]

2.3 Die leere Frage nach dem »Sinn des Textes«
Damit ist aber auch deutlich, dass dieses Intertextualitätsparadigma nicht ernst genommen ist, wenn es aufgenommen wird, um den faktischen christlichen Umgang mit Texten zu rechtfertigen. Es ist schön und gut, wenn die Zusammenstellung von Texten zu einem Kanon oder die christliche Rezeption des Alten Testaments oder die Kombination von Texten an einem Sonntag mit dem Label »Intertextualität« etikettiert werden und man auf die synchron-dialogische, wechselseitige Erschließung der Texte aufmerksam macht.[29] Aber eine solche limitierende Kontextualisierung muss sich doch den Einwand gefallen lassen, dass es sich sowohl bei der Begrenzung des Kanonischen als Referenzraum der biblischen Texte wie bei der Auswahl der Perikopen eines Sonntags und der jeweiligen Texte gerade nicht um eine kontextualisierende Erschließung als vielmehr um eine herrschaftsförmige Limitation der Kontextualität und des Lesens handelt, eine Aufmerksamkeitslenkung, die zunächst einmal mehr Möglichkeiten und Referenzen ausschließt als sie eröffnet.[30] Es ist im Sinne eines recht verstandenen Intertextualitätsparadigmas subkomplex, zu behaupten, dass die Gemeinde eine Sonntagsperikope im wechselseitigen Erschließungsgefüge der weiteren sonntäglichen Lesungen liest.[31] Das stimmt schon rein phänomenologisch nicht, denn ich höre die gottesdienstlichen Lesungen zugleich im Zusammenhang meiner dem Gottesdienst vorausgegangenen Lektüre der Frankfurter

---

[28] *Barthes*, Tod (s. Anm. 27), 63.
[29] *A. Deeg*, Predigt und Derascha. Homiletische Textlektüre im Dialog mit dem Judentum, Göttingen 2011, 78ff.; dazu *M. Morgenstern*, Halachische Schriftauslegung. Auf der Suche nach einer jüdischen »Mitte der Schrift«, in: ZThK 103 (2006), 26–48, hier 37–41.
[30] Dazu nur: *G. Aichele*, The Control of Biblical Meaning. Canon as Semiotic Mechanism, Harrisburg, Pa. 2001. Vgl. ders., Intertextuality and the Bible (s. Anm. 20).
[31] Wie etwa A. Deeg und H. Theißen, dieser unter Einbeziehung des Zusammenhangs zum Kirchenjahr, das tun: *A. Deeg*, Gehört wird – Homiletische und liturgische Gesichtspunkte für eine Reform der Lese- und Predigtperikopen, in: EKD/UEK/VELKD (Hrsg.), Auf dem Weg zur Perikopenrevision. Dokumentation einer wissenschaftlichen Fachtagung, Hannover 2010, 77–94; *H. Theißen*, Von neuem Wein und bösen Winzern. Zur impliziten Hermeneutik des Erprobungsmodells der Perikopenrevision (etc.), in: TVELKD 174 (2016). Beides übrigens sehr schöne Texte!

am Sonntag, des Krimis, den ich gerade lese und der Arbeiten zur Hermeneutik, die ich in der Woche zuvor gelesen habe. Dass ausgerechnet die paar Lesungen des Sonntags, oder dass die kanonischen Texte der zweiteiligen Bibel der wechselseitig dialogische Erschließungskontext der Einzelperikopen sind, ist kein Modell der Intertextualität, sondern eine bestenfalls realitätsblinde, schlimmstenfalls herrschaftsförmige, jedenfalls aber begründungsbedürftige Limitation der Intertextualität.[32] Das ursprüngliche Programm einer Pragmatik der Intertextualität ist gerade die Gegeninstanz normativer Kontextvorgaben und kann zur Rechtfertigung solcher faktischer Normierungen des Lesens nur *per nefas* in Anspruch genommen werden.

Genau um dieses Begrenzen der Vielfalt und um den Gewinn von Eindeutigkeit geht es unter dem Begriff des Kanonischen. Das Kanonische – die definite Menge an biblischen Büchern, aber auch die Fixierung der Liturgie und der Lesungen im Gottesdienst – fügt die biblischen Texte in einen normativen textuellen Referenzrahmen ein, setzt also keine Pluralität frei, sondern kastriert sie. Die explizite oder implizite Anwendung des Labels der Intertextualität auf diese Art der Sinngenese ist wenig mehr als ein modischer Etikettenschwindel. Unter dem Titel der Intertextualität geht es nämlich eigentlich um die Pluralität von Sinn in der Pluralität sinnstiftender Kontexte. Das Kanonische ist die Gegeninstanz dieser Pluralität. Das schließt nicht aus, dass sich unter der Voraussetzung einer begrenzenden Rezeption einer Intertextualitätshermeneutik durchaus, gerade im Vergleich mit autor- oder textorientierten hermeneutischen Ansätzen, ein Pluralitätsgewinn ergibt, der es erlaubt, zwei kanonische Kontexte einander scheinbar spannungsfrei zuzuordnen. Diese Rezeption des Intertextualitätsmodells bleibt aber orientiert an der Frage nach dem »normativen« oder »kanonischen« Textumfeld und damit im Rahmen einer pluralisierenden Intertextualitätshermeneutik doch wieder geleitet von der Frage nach »dem« legitimen Textsinn, der nicht in das Belieben vielfältiger Rezeptionsgewohnheiten und freier Kontextbildung überführt werden darf.

2.4 Die bleibende Frage nach den Grenzen legitimer Interpretation

Nun und im folgenden Abschnitt nehme ich einen Perspektivwechsel vor und springe dem Anliegen, das sich im Interesse am normativen Sinn ausspricht, bei und gehe ihm nach. Denn jedenfalls die protestantische Theologie unterhält einerseits eine Sympathie für die pluralisierenden Folgen der eben nur angedeuteten poststrukturalistischen Hermeneutiken, ist aber doch bei näherem Hinsehen immer mindestens ebenso sehr und zuweilen ängstlich daran interessiert, den eröffneten Möglichkeiten Grenzen zu ziehen. Dieses Anliegen ist in der protestantischen Theologie natürlich aus dem Widerspruch zur vorreformatorischen Theorie vom mehrfachen Schriftsinn erwachsen, die von den Reformato-

---

32   Vgl. wieder nur die in Anm. 30 genannten Veröffentlichungen von G. Aichele.

ren – fälschlich[33] – als Modell der rein subjektiven Willkür im Umgang mit dem biblischen Text verstanden wurde. Das Insistieren der Reformatoren auf dem Literalsinn im Widerspruch gegen einen geistlichen Sinn der Schrift ist so, wie die Reformatoren sich ihre Gegner zurechtlegten, ein früher Widerspruch gegen eine Rezeptionshermeneutik.[34] Dieses Anliegen erbt sich dort fort, wo sich gegenwärtige Rezipienten einer rezeptionsorientierten Hermeneutik um eine Begrenzung der Sinnpluralität des Textes bemühen. So trägt ein Text von Michael Moxter den bezeichnenden Titel »Schrift als Grund und Grenze der Interpretation«[35] – und ihm geht es ebenso sehr um den Text als Instanz der Limitation der kriterienlosen Vielfalt der sinnstiftenden Kontexte wie um die Eröffnung eines pluralen Horizonts von Lesemöglichkeiten. Dasselbe gilt für die unterschiedlichen Versuche der Aufnahme der Anliegen einer Rezeptionshermeneutik bei Jörg Lauster, bei Ulrich Körtner und bei Klaas Huizing, um nur diese zu nennen; den Halt in der scheinbaren Beliebigkeit des Sinnes in der Vielfalt der Rezeptionskontexte bietet immer Umberto Ecos Insistieren auf der *intentio operis* und sein Verweis darauf, dass es wenig erfolgversprechend ist, wenn Jack the Ripper sich zur Rechtfertigung seiner Untaten auf das Lukasevangelium beruft[36] – aber die Gegenfrage muss doch sein: Wer sagt das eigentlich? Jemand, der die Ein-

---

[33]   Vgl. die verdienstvollen Beiträge zum Thema von *M. Reiser*, Bibelkritik und Auslegung der Heiligen Schrift. Beiträge zur Geschichte der biblischen Exegese und Hermeneutik, Tübingen 2012; sein Votum für eine Wiedererinnerung an die Vorzüge der allegorischen Methode dahingestellt: Seine Darstellung derselben ist kenntnisreich und präzise! Vgl. bes. 79–98, 99–118 und 119–152. Vgl. weiter: *H. de Lubac*, Exégèse médiévale, 2 Bde., Paris 1959–1964; *T. Arias Reyero*, Thomas von Aquin als Exeget. Die Prinzipien seiner Schriftdeutung und seine Lehre von den Schriftsinnen, Einsiedeln 1971; *H. Brinkmann*, Mittelalterliche Hermeneutik, Tübingen 1980; vgl. als Beispiel aktueller allegorischer Exegese die orthodoxen Beiträge in: *J. D. G. Dunn* u. a. (Hrsg.), Auslegung der Bibel in orthodoxer und westlicher Perspektive, Tübingen 2000.

[34]   Das gilt in dem Sinne, dass Luther und seine Mitstreiter davon ausgehen, dass die Frage nach einem spirituellen Sinn der Schrift diese zum Gegenstand der Willkür der Ausleger macht; vgl. dazu nur die ausgezeichnete Arbeit von *J. Wolff*, Metapher und Kreuz. Studien zu Luthers Christusbild, Tübingen 2005, bes. § 10. So gesehen ist der Widerspruch der Reformatoren geleitet von der Behauptung, dass es einen eindeutigen und klaren Sinn der Schrift selbst gibt (vgl. die Ausführungen Luthers zur *claritas externa scripturae* in *De servo arbitrio:* Lateinisch-deutsche Studienausgabe, Bd. 1, Leipzig 2006, 219–661, hier 234f. und 324–344) – wie problematisch eine solche Vorstellung immer sein mag: *I. U. Dalferth*, Wörtlicher Sinn und Überinterpretation, in: VaHer 6 (1997), 97–114, hier 97.

[35]   *M. Moxter*, Schrift als Grund und Grenze von Interpretation, in: ZThK 105 (2008), 146–169.

[36]   *U. Körtner*, Der inspirierte Leser. Zentrale Aspekte biblischer Hermeneutik, Göttingen 1994; ders., Theologie (s. Anm. 17), 296ff., 320–328, bes. 327, und 330–339. Vgl. auch *Moxter*, Schrift (s. Anm. 35), 166–168; *U. Eco*, Die Grenzen der Interpretation, München ²1999, bes. 51ff. und 169–190. Dazu natürlich: *E. V. McKnight*, Postmodern Use of the Bible. The Emergence of Reader-Oriented Criticism, Nashville 1990.

sicht in den »eigentlichen Sinn« des Textes hat? Das kirchliche Lehramt?[37] Der *sensus ecclesiae* oder *fidelium*?

Ich will dieses Anliegen – kanonische Grenzen der Sinnstiftung zu fixieren – gar nicht als illegitim hinstellen, aber es bedarf doch größerer Anstrengung, als ihm zuweilen gewidmet wird; daher will ich ihm nun nachgehen und nach dem leitenden Interesse fragen. Das kann im Rahmen eines kurzen Textes nicht die eben angemahnte Anstrengung einholen, sondern selbst nur thetisch bleiben. Ich frage nach dem Sinn des reformatorischen Schriftprinzips und hoffe, dass sich aus dieser Erinnerung ein Gewinn für das Verständnis der Bedeutung des Alten Testaments in der Kirche ergeben wird.

3. Was meinen wir, wenn wir sagen, dass ein Text »einen Sinn hat«?

3.1 Einige Erinnerungen an den reformatorischen Umgang mit der Schrift
Luther und praktisch alle Reformatoren wenden sich – wenn auch mit einiger Inkonsequenz – gegen die Orientierung der Exegese an der Annahme eines mehrfachen Schriftsinns; diese im einzelnen hochdifferenzierte vorreformatorische Hermeneutik spielte gerade für die Rezeption des Alten Testament in der Kirche eine zentrale Rolle.[38] Die These der Reformatoren, dass der theologisch

---

[37]   Unter der disziplinierenden oder sittigenden Prämisse der Prärogative des Lehramtes kann sich sogar Joseph Ratzinger als Benedikt XVI. in den hermeneutischen Passagen seines Jesus-Buches als Rezeptionshermeneut outen mit der Feststellung, dass die Auslegung der Kirche über den Sinn des Textes entscheidet (*J. Ratzinger*, Jesus von Nazareth, Bd. 1: Von der Taufe am Jordan bis zur Verklärung, Freiburg i. Br. 2007, 14–20) – aber eben: die Auslegung der Kirche. Diese Position ist auch nicht spezifisch für ihn, sondern nimmt lediglich die Grundlegung einer Hermeneutik in der Konstitution *Dei verbum* des Vaticanum II auf: *Dei Verbum* 12 (DH 4217–4219). Dazu: *N. Slenczka*, Historizität und normative Autorität der Schrift. Ein neuer Blick auf alte Texte, in: C. Landmesser / E. E. Popkes (Hrsg.), Verbindlichkeit und Pluralität, Leipzig 2015, 13–36, hier 15ff.

[38]   *Reiser*, Bibelkritik (s. Anm. 33), 131–134, vgl. die in dieser Anm. genannte weitere Literatur; es ist, wie ich schon oben (Anm. 33) notiert habe, darauf hinzuweisen, dass die Allegorese Regeln des Zulässigen kennt und vor allem: Es handelt sich nach dem Selbstverständnis einer konsequent auf der Basis der Teilhabe am Geist der Kirche, in dem die Schrift auch geschrieben sei, entworfenen Allegorese nicht um eine Sinnstiftung, sondern um eine Sinnfindung: *Reiser*, a. a. O., 136f.; zum Zusammenhang der Allegorese mit dem Anliegen, die Bedeutung des Alten Testaments in der Kirche zu erhalten, vgl. *Reiser*, a. a. O., 131–134. Vgl. zur Orientierung der Frage nach dem mehrfachen Schriftsinn am im Text selbst vermeinten Sinn: *L. Schwienhorst-Schönberger*, Die Rückkehr Markions, in: IKaZ 44 (2015), 286–302, hier 290f.; als Hintergrund: ders., Die Einheit der Schrift ist ihr geistiger Sinn, in: BiKi 63 (2008), 179–183; ders., Wiederentdeckung des geistigen Schriftverständnisses. Zur Bedeutung der Kirchenväterhermeneutik, in: ThGl 101 (2011), 402–425; ders., »Eines hat Gott gesagt, zweierlei habe ich gehört« (Ps 62,12). Sinnoffenheit als Kriterium einer biblischen Theologie, in: JBTh 25 (2010), 45–61.

relevante Sinn eines Textes sein Literalsinn ist, hat zunächst einmal eine negative Pointe: Ein Wort kann einen übertragenen Sinn haben – »Leib Christi« kann »die Kirche« meinen, der Bock oder die Böcke in Lev 16 können Jesus Christus und sein Kreuzesopfer meinen, oder das »Gesetz« in Dtn 30 kann Christus meinen. Die Annahme eines übertragenen Sinnes setzt aber voraus, dass das Wort einen ursprünglichen, wörtlichen Sinn hat: »Leib Christi« bezeichnet zunächst und zuerst den irdischen Leib Christi oder seinen Auferstehungsleib; der Bock in Lev 16 meint das am Versöhnungstag geschlachtete Tier; und das »Wort« in Dtn 30 eben das Gesetz, von dem in den vorangehenden Kapiteln des Deuteronomiums die Rede war. Der übertragene oder metaphorische Sinn (Leib Christi als »die Kirche«) setzt ein »Woher« voraus, von dem aus übertragen wird, einen Bildspender. Dies »Woher« ist der wörtliche oder buchstäbliche Sinn. Luther insistiert bekanntlich darauf, dass jedes Wort der Schrift zunächst einmal in diesem wörtlichen oder buchstäblichen Sinn verstanden werden muss, und nur dann, wenn dieser wörtliche Sinn nicht möglich ist, muss nach der Möglichkeit eines übertragenen Sinnes gesucht werden.

Die Privilegierung des Literalsinnes, die mitnichten Luther erfunden hat, sondern die schon Augustin einschärft, ist, wie jede Privilegierung, einem Interesse geschuldet, das sich bei Luther sehr schön greifen lässt: Er diagnostiziert unter dem Leitbegriff der »geistlichen« Auslegung eine Pluralität von Verständnissen des Textes, die zu einer Willkür der Schriftauslegung führt: Es besteht die Gefahr, dass nicht mehr die Schrift die Auslegung regiert, sondern die Assoziationskunst und das diese Assoziationen leitende Interesse des Auslegers droht, die Schrift zu beherrschen. Luther sieht die Gefahr, dass unter dem Deckmantel der geistlichen Auslegung und eines *sensus spiritualis* sich der Ausleger vom Text dispensiert fühlt und in den Text hineinliest, was ihm gerade passt. Das Problem der geistlichen Schriftauslegung ist die Willkür des Rezipienten, die die reformatorischen Theologen dadurch zu begrenzen suchen, dass sie die Interpretation an den »Text selbst« binden und seiner Auslegung verpflichten.

Die Grundprämisse ist also die: Die Interpretation hat sich vor dem Text und seinem unbeliebten, in diesem Sinne jedem subjektiven Interesse des Lesers vorausgehenden Sinn auszuweisen, und die Aufgabe der Interpretation ist die möglichst genaue Erhebung dessen, was – wie Luther in der Beschreibung seiner reformatorischen Entdeckung anhand von Röm 1,17 sagt – Paulus an dieser Stelle sagen wollte (*quid Sanctus Paulus vellet*[39]). Das Mittel dazu ist die präzise Erhebung der primären signifikativen Funktion der Worte, von denen nur dann abzuweichen ist, wenn ein wörtliches Verständnis nicht möglich ist.[40]

---

[39] Vorrede zum ersten Band der Lateinischen Schriften, WA 54, (176) 179–187, hier 186.

[40] Dieses Argument bringt Luther nicht etwa nur in der Auseinandersetzung mit den altgläubigen Theologen vor, sondern ebenso intensiv in der Auseinandersetzung mit Erasmus einerseits und Zwingli bzw. Oekolampad andererseits – dazu nur: *N. Slenczka,*

Genau um dieser Eindeutigkeit der Schrift willen zieht Luther nun aber auch der Begründung einer Abweichung vom wörtlichen Verständnis extrem enge Grenzen – mit dem Folgenden erinnere ich im Modus der Anspielung an die Auseinandersetzung mit Zwingli um das Verständnis der Abendmahlsworte und der *praedicationes inusitatae* in der Christologie. Es reicht nicht, angesichts einer Schriftstelle zu sagen, dass ein wörtliches Verständnis unmöglich ist – Brot kann nicht der Leib Christi sein, und der Mensch kann nicht Gott sein – und damit die Frage nach einem übertragenen Verständnis der Bestandteile des Satzes zu begründen, unter dessen Voraussetzung der Satz aufgeht und sinnvoll wird. Vielmehr ist Luther der Meinung, dass gerade solche Voraussetzungen – das wörtliche Verständnis ist unmöglich – problematisch sind. Es ist »die Hure Vernunft«, die am Text Anstoß nimmt. Für das Verständnis der Schrift regiert aber nicht einfach der normale Wortsinn und die normale Logik die Auslegung, sondern der Interpret hat damit zu rechnen, dass seine Vernunft und deren Grenzen vom Text überschritten und zurechtgerückt werden – und genau dies ist die Zielrichtung seiner Rede von einer *nova lingua spiritus sancti*.[41]

Aber deutlich ist in jedem Fall: Es geht Luther – und übrigens auch den anderen Reformatoren – darum, das Verstehen des Textes nicht als eine Einordnung des Textes in die Selbstverständlichkeiten des Verstehenden zu deuten, sondern als eine Herrschaft des Textes über das Verstehen. Der Text regiert das Verstehen, und nicht umgekehrt. Darum ist nach dem Sinn des Textes zu fragen, der nicht durch den Leser entsteht, sondern das Lesen normiert. Der reformatorische Umgang mit der Schrift ist geleitet von dem Grundprinzip, dass der Rezipient passiv ist, und der genuine Sinn des Textes das Lesen bestimmt.

3.2 Das Anliegen des reformatorischen Widerspruchs

Dieser Rekurs auf den Ursprungssinn wirkt nun im Vergleich mit einem am Modell der Intertextualität orientierten Konzept der Sinngenese oder einer wie immer strukturierten Rezeptionshermeneutik naiv – nicht am Ursprungsort, bei Luther selbst, wohl aber dann, wenn jemand dieses Modell in einen doch weiter fortgeschrittenen Diskurs als Angebot einfügt. Naiv wirkt das in doppelter Weise: Im Vergleich zu einer ordentlichen Rezeptionshermeneutik ist die kons-

---

Christus, in: A. Beutel (Hrsg.), Luther Handbuch, Tübingen 2010, 381–392; ders., Neubestimmte Wirklichkeit. Zum systematischen Zentrum der Lehre Luthers von der Gegenwart Christi unter Brot und Wein, in: D. Korsch (Hrsg.), Die Gegenwart Jesu Christi im Abendmahl, Leipzig 2005, 79–98.

[41] *S. Streiff*, Novis linguis loqui. Martin Luthers Disputation über Joh 1,14 »Verbum caro factum est« aus dem Jahr 1539, Göttingen 1993; *Slenczka*, Christus (s. Anm. 40); ders., Problemgeschichte der Christologie, in: E. Gräb-Schmidt/R. Preul (Hrsg.), Christologie (MJTh 23), Leipzig 2011, 59–111. Vgl. ders., »Lob der Religion als eines bildenden Sprachgeistes«. Theologische Implikationen der Hermeneutik Schleiermachers, in: S. Schmidt/D. Karydas/J. Zovko (Hrsg.), Begriff und Interpretation im Zeichen der Moderne (FS A. Arndt), Berlin 2015, 147–158.

titutive Funktion des Rezipienten und seiner Konstruktionsleistung in der Entstehung von Sinn nicht erfasst – das ist Luther zu verzeihen, aber es ist einem gegenwärtigen Teilnehmer an der Diskussion zuzumuten, dass er Luther nicht einfach rezipiert und so tut, als gäbe es dies Problem nicht. Das zweite Moment der Naivität: Im Vergleich zu einer Hermeneutik der Intertextualität ist die Anonymität des Sinnes gegenüber dem Produzenten und dem Rezipienten des Textes nicht erfasst.

Aber diese Einwände treffen nach meinem Eindruck den eigentlichen Punkt der Hermeneutik Luthers nicht. Ihm geht es, genauer besehen, nicht darum, den Text selbst als Zeugnis des Autors zur Geltung zu bringen, sondern er will im Vollzug des Verstehens die Herrschaft des Textes sicherstellen – der Mensch liest nicht, er wird gelesen, wie Klaas Huizing und Ulrich Körtner sagen.[42] Die Implikationen dieser These deute ich im Folgenden ohne jeden Bezug auf Luthertexte knapp an; die These stellt einen Schnittpunkt her zwischen einer Lutherlektüre einerseits, einer Auseinandersetzung mit rezenten hermeneutischen Debatten – Paul Ricœur etwa – andererseits und mit den Theorien personaler Identität drittens, die ich aber hier nicht eigens aufrufe. Die Leitfrage ist die, was es eigentlich bedeutet, wenn der Text den Leser bestimmt.

4.   PRIMÄRER TEXT UND MITGELESENES

Ist es tatsächlich so, dass, wie Julia Kristeva im oben (S. 151) von mir gebotenen Zitat sagte, ein Text der Schnittpunkt von Texten ist? Die abgrenzende Intention ist deutlich: Es soll der Vorstellung eines isolierten Individuums, das Texte zum eineindeutigen Ausdruck seiner originellen Innerlichkeit produziert, widersprochen werden; im Autor treffen sich wie im Rezipienten Texte, und zwar eine Vielfalt.

4.1   Welchen Text lesen wir?
Aber: Wer einen Text liest oder schreibt, hat einen Haupttext. Nie lese ich zwei oder mehr Texte auf einmal; selbst wenn ich das tue, habe ich immer entweder den einen oder den anderen vor mir, der andere schwingt im Moment des Lesens des einen Textes im Hintergrund mit. Als Ergebnis des Lesevorgangs stelle ich nicht fest, dass ich ein Textuniversum verstanden habe, sondern diesen einen Text – selbstverständlich vor dem Hintergrund weiterer Texte. Welcher Text ist das? Das Buch, das ich zufällig gewählt habe? Warum lege ich es nicht weg, warum fesselt es mich, sodass ich mich keinem anderen zuwende?

Man könnte weiter fragen: Fließen in einen Lesevorgang wirklich nur Texte ein? Mit den »Fragen eines lesenden Arbeiters« macht Bertolt Brecht im Medium

---

[42]   Etwa: *K. Huizing*, Ästhetische Theologie, Bd. 1: Der erlesene Mensch, Stuttgart 2000, 138 im Kontext; vgl. *Körtner*, Leser (s. Anm. 36).

eines Textes deutlich, dass ein Text – Caesars *De bello Gallico* etwa, auf den hier unter anderem angespielt wird – immer auch im Kontext von Realitäten gelesen wird, die sinndeterminierend sind, ohne Texte zu sein: eine bestimmte biographische oder soziale Situation unterschiedlicher Reichweite – sie ist klassenspezifisch oder individuell. Diese mehr oder weniger partikulare biographisch-soziale Situation des Lesenden bestimmt den im Lesen entstehenden Sinn mit – das wird spätestens dann deutlich, wenn man Robert Gernhardts geistvolle Persiflage »Fragen eines lesenden Bankdirektors« danebenlegt.

Die biographisch-soziale Situation des Lesenden wiederum existiert ebenfalls nicht »an sich«, sondern ist ihrerseits gedeutet, und zwar auch durch Texte; gerade die Dramen Brechts sind ein bewusster Versuch, den lesenden Arbeiter zu einer Wahrnehmung und zu einer Deutung seiner Kontextrealitäten zu motivieren. Der lesende Arbeiter liest, geleitet durch seine durch Brechts Dramen erschlossene Situation, Caesar ganz anders als ein Bankdirektor, der die Texte Milton Friedmans verinnerlicht oder kurz zuvor die Aktienkurse in der FAZ gelesen hat, oder sein Arbeitskollege, dessen Klassenbewusstsein noch nicht ausgebildet oder unter dem Terror des Konsums niedergehalten wird.

4.2 Lektüre der Existenz – sich selbst Verstehen im Kontext von Texten

Geht man dem damit gegebenen Hinweis nach, dann sieht man, dass gerade Dramen – angefangen von der Dramentheorie des Aristoteles bis hin zu Shakespeare, Schiller, Brecht – nicht einfach ein Geschehen darstellen und gleichsam bei sich bleiben oder auf den normativen Deuter warten, der sagt, was der Dichter damit ursprünglich sagen wollte. Vielmehr leiten diese Dramen den Zuschauer oder Leser zu einer intensiven Selbstdeutung an. Shakespeare beispielsweise betrachtet seine Königsdramen als Erschließung der Situation des Zuschauers durch die Meditation der Binnenperspektive des königlichen Hauptthelden, mit dem der Zuschauer sich identifiziert und in dem er sich erkennt.[43]

Weitergedacht: Romane, der klassische Bildungsroman, entstanden aus exemplarischen Lebensbeschreibungen, die den Leser zu einer Selbstdeutung anleiten sollten: John Bunyan, »The Pilgrim's Progress«, beispielsweise, oder Johann Heinrich Jung-Stillings Lebensbeschreibung. Der Text Bunyans will überhaupt nicht gelesen werden als Information »über« den Lebensweg des Hauptthelden »Christian«, so wenig wie es Jung-Stilling nur oder auch nur in erster Linie um die Information über seinen eigenen Lebensweg geht. Vielmehr ist der Text, in den sich diese Texte einfügen und zu dessen Deutung sie anleiten wollen, der Text des eigenen Lebensvollzuges des Lesenden. Denn das Leben in der Vielfalt seiner Situationen ist ein Text, der gelesen werden will – diese Parallele

---

43 *N. Slenczka*, Entzweiung und Versöhnung, in: KuD 50 (2004), 289–319, hier 291–295.

geht auf Wilhelm Dilthey zurück.[44] Und gerade der moderne Roman, dessen Figuren fiktiv sind und nicht Gegenstand von Informationen, redet im Medium der Romanfigur erschließend über den Leser oder Hörer. Kurz: Der Haupttext, um dessentwillen ein Leser liest und der im Lesen erschlossen wird, ist das Leben des Lesenden. Jedenfalls in der westlichen Tradition mit der Fülle von Romanen, häufig literarischen Angeboten fiktiver biographischer Zeitverläufe, umgeben Narrationen des Lebens den Haupttext des eigenen Lebens, das seinerseits gelesen werden will. Und jeder Text – Kristeva – »ist die Aufnahme und Verwandlung eines anderen« – das gilt eben auch oder besser: in eminenter Weise für das eigene Leben.

4.3 Biblische Texte und die Erschließung des Selbstverständnisses

4.3.1 Eine weitere Frage

Warum steht im Zentrum der kanonischen Texte der Kirche eine viergestaltige biographieähnliche Erzählung? Warum ist mit den Paulusbriefen ein zweites Zentrum des Korpus der neutestamentlichen Schriften eine Deutung der eigenen Biographie des Paulus aus den Grunddaten der berichteten Biographie Jesu – ich bin mit Christus gestorben, um mit ihm zu leben; Christus lebt in mir, etc. pp.? Warum ist das Corpus der alttestamentlichen Texte gestaltet als Volksgeschichte, und warum sind in diese Textcorpora eine Fülle von biographieähnlichen Elementen eingefügt – man denke an die Überschriften der Psalmen, mittels derer diese hymnischen Texte in biographieähnliche Kontexte eingefügt werden? Warum werden die Gesetzescorpora, die man ja auch unabhängig von der Mosegeschichte hätte vermitteln können, in den biographischen Zusammenhang der Mosegeschichte eingefügt? Dass diese biographische Fokussierung für religiöse Texte nicht selbstverständlich ist, sieht man spätestens dann, wenn man den Koran einerseits und die Veden andererseits danebenlegt.

Somit die These: Die Texte zunächst des Neuen Testament sind dafür bestimmt, in ein Verhältnis der Intertextualität zum Text der eigenen Biographie zu treten, die selbst ein Text ist, der verstanden werden muss. Die Texte des Neuen Testaments bauen auf der Voraussetzung auf, dass es die Grundaufgabe des Menschen ist, in dem Gewirr der Zeichen seines Lebens einen Sinn zu finden, und sie behaupten, dass die Biographie Jesu von Nazaret genau diesen Sinn zu erfassen lehrt – Stichwort »Nachfolge«: Prägung des eigenen Lebens durch das Leben Jesu, im Zentrum das Kreuz Christi.

4.3.2 Der reformatorische Schriftgebrauch

Damit steht man erstaunlicherweise relativ nah am Konzept Luthers.[45] Denn sein Abweisen eines willkürlichen Umgangs mit der Schrift in Gestalt der Ab-

---

[44]   *W. Dilthey*, Der Aufbau der geschichtlichen Welt in den Geisteswissenschaften, hrsg. von M. Riedel, Frankfurt a. M. 1981, 236–251, 303–307.

[45]   Zum Folgenden vgl. *Slenczka*, Testament (s. Anm. 1), 464–484, hier bes. 477ff.

lehnung eines geistlichen Schriftsinns zielt gerade nicht darauf ab, den Text und seinen Sinn vom Leser zu isolieren, sondern den Text als Medium einer ganz bestimmten Wirksamkeit des Lebens Jesu am Leben des Lesers oder Hörers zur Geltung zu bringen. Luther entfaltet dies im Rahmen seiner Einleitung in die Kirchenpostille[46] als Antwort auf die Frage, was man in den Evangelien suchen soll: Die Evangelien als solche, also als Evangelium – und nicht als Gesetz – zu lesen, heißt, so sagt er dort, dass die Beschreibungen des Lebens Jesu, die die Evangelien für ihn ohne Zweifel bieten, nicht einfach als biographische Information gefasst werden, sondern als zugeeignetes Leben, als kontrafaktische Beschreibung des je eigenen Lebens: Man solle das Leben Jesu lesen, als habe man all das selbst getan, ja, als sei man dieser Jesus. Diese Erschließung des eigenen Lebens durch die Meditation des Lebens Jesu – sei es als Meditation eines Bildes oder als Meditation von Texten – steht bereits vor den 20er Jahren des 16. Jahrhunderts im Zentrum der Theologie Luthers.[47]

Der entscheidende Punkt ist also, dass die neutestamentlichen Texte zum Medium werden, das zum Lesen und Verstehen des eigenen Lebens anleitet; dies aber in einer Weise, die diese Texte von allen anderen Texten unterscheidet, denn diese Lektüre des eigenen Lebens ist kontrafaktisch. Dem Leser wird der Text des eigenen Lebens in den Text des Lebens Jesu eingeschrieben und er wird zum Glauben – zum Verstehen seiner selbst nicht aus dem vorfindlich Wahrnehmbaren seiner Biographie, sondern aus einer fremden Biographie – aufgefordert. Er wird damit in das Bewusstsein, bedingungslos mit diesem Leben beschenkt zu sein, gestellt – eben: Bewusstsein der schlechthinnigen Abhängigkeit oder frommes Selbstbewusstsein: Unter diesem Stichwort geht es nicht um irgendwelche Gefühle des modernen Menschen, sondern darum, dass ein Mensch das eigene Leben unter dem Vorzeichen des Gegensatzes des Bewusstseins der Sünde und des Bewusstseins der Gnade versteht; oder, wie Luther denselben Sachverhalt ausdrückt: als beständiges Sterben des Alten und Auferstehen des Neuen Menschen, oder, noch einmal anders: als Buße versteht. Oder eben, mit Thomas a Kempis oder Markus oder Bonhoeffer: als Nachfolge Christi.[48]

---

[46] WA 10 I,1, 11,12–18.

[47] Vgl. die Funktion der Bilder als Medium der Selbsterkenntnis in Luthers »Sermon von der Betrachtung des heiligen Leidens Christi« (1519) (Deutsch-deutsche Studienausgabe, Bd. 1, Leipzig 2012, 27–43) und dem »Sermon von der Bereitung zum Sterben« (1519) (a.a.O., 45–73).

[48] Auf diese in den letzten Sätzen hergestellten Bezüge kommt nichts an, ich ziehe sie nur heran, um wenigstens einmal den bei vielen Lesern sich einstellenden üblichen Assoziationen zu »Gefühl« und »frommem Selbstbewusstsein« widersprochen zu haben: Das meint letztlich etwas ganz Traditionelles.

4.3.3 Bultmann revisited

Und Bultmanns Einsicht, dass es ein historisches und ein »existentielles« Lesen der biblischen Texte gibt, hebt genau darauf ab:[49] Man kann natürlich die Texte in den Zusammenhang der zeitgenössischen Texte stellen und die Sinninterferenzen beobachten. Man hat aber die Texte als *religiöse* Texte nur dann wahrgenommen, wenn man sie als Anleitung zur Selbstdeutung liest und sich von diesen Texten her der Text des eigenen Lebens erschließt. Es gibt eben Texte, die geben mir mein *ganzes* Leben zu lesen und bieten einen Schlüssel zu seinem Verständnis; und wo das geschieht, reden wir von religiösen Texten oder, wenn dieser hermeneutische Vorgang der stiftenden Übersetzung in das eigene Leben klappt: vom Wort Gottes, das wir hören. Ein Text, der das Leben begründend erschließt, wird zum Wort Gottes.

4.4   Das Alte Testament

Was sagt das nun über das Alte Testament? Das Christentum ist keine Buchreligion – diesen Stiefel sollten wir uns immer einmal wieder ausziehen. Das Christentum ist eine Religion, in deren Zentrum die Erinnerung an eine bestimmte Biographie steht, die nicht einfach für sich interessant ist, sondern darum, weil sie als lebensorientierend erfahren wurde – man denke an die Nachfolge der Jünger und an die Selbstdeutung des Paulus. Alle *Texte*, die in diesem Zusammenhang bedeutsam sind, sind darum bedeutsam, weil sie diesen hermeneutischen Vorgang eröffnen oder unterstützen, das eigene Leben als Deutungsaufgabe und diese Biographie als Selbstdeutungsangebot wahrzunehmen. Kanonische Texte sind Texte, von denen dieser Vorgang immer wieder ausgeht. Das ist der Sinn der Aussage, dass Christus »die Mitte der Schrift« ist – das besagt eben nicht, dass diese historische Person, sondern dass diese Person *als Selbstdeutungsangebot* – also das *Evangelium von* Jesus Christus – die Mitte der Schrift ist. Diese Selbstdeutung ist, so jedenfalls der westliche Strom der christlichen Tradition, unselbstverständlich, nirgends anders zu haben als in diesen Texten, weil sie den Charakter der Erlösung hat.

Denn: Das Lesen der eigenen Biographie ist nicht selbstverständlich und nicht problemarm. Die christliche Verkündigung setzt voraus, dass diese Deutungsaufgabe normalerweise übersprungen wird und in Erinnerung gebracht werden muss, und dass sie angesichts von sperrigen Momenten der eigenen Biographie als hochproblematisch erfahren wird – das ist der Phänomengehalt der Titel des Gerichtes, des Gesetzes und der Sünde:[50] Wir sind nicht fähig, den Text

---

[49]   Vgl. *Slenczka*, Historizität (s. Anm. 37), 23–36.

[50]   Zum Folgenden vgl. *N. Slenczka*, »Allein durch den Glauben«. Antwort auf die Frage eines mittelalterlichen Mönchs oder Angebot zum Umgang mit einem Problem jedes Menschen?, in: C. Bultmann (Hrsg.), Luther und das monastische Erbe, Tübingen 2007, 291–315; ders., Problemgeschichte der Christologie, in: Gräb-Schmidt/Preul, Christologie (s. Anm. 41), 59–111; ders., »Sich schämen«. Zum Sinn und theologischen Ertrag einer Phänomenologie negativer Selbstverhältnisse, in: C. Richter/B. Dressler/J. Lauster

unseres Lebens zu lesen und zu akzeptieren. Dies ist der in jedem menschlichen Lebensvollzug aufweisbare Hintergrund, vor dem das auf die Biographie Jesu begründete kontrafaktische Selbstdeutungsangebot »Evangelium« – frohe Botschaft – ist. Das Evangelium des Zuspruches Christi steht vor dem Hintergrund der Erfahrung des Gerichtes bzw. des Gesetzes; die Selbstdeutung des Christen vollzieht sich in dieser Dialektik.

Luther war der Überzeugung, dass beide Testamente – allerdings mit unterschiedlichem Schwerpunkt – Gesetz einerseits und Evangelium von Jesus Christus andererseits sind und somit die Schrift im Ganzen in diese Dialektik der Selbsterschließung einweist. Und nun ist schlicht die Frage, ob und in welchem Sinn das Alte Testament nach Überzeugung der gegenwärtigen Christenheit tatsächlich darauf abzielt, diese Deutungskraft des Lebensvollzuges Jesu zu vermitteln. Denn es reicht nicht aus zu sagen, dass in das Christuszeugnis des Neuen Testaments alttestamentliche Traditionen aufgenommen sind. Das macht zweifellos das Alte Testament zu einem unverzichtbaren Bezugspunkt der Auslegung des Neuen Testaments. Allerdings sind auch andere Texte und Traditionen solche unverzichtbaren Bezugspunkte, die im Neuen Testament rezipiert sind, ohne dass jemand auf die Idee käme, etwa stoische Texte in den Kanon aufnehmen zu wollen und zum Gegenstand der Predigt zu machen. Entsprechend macht auch die traditionsgeschichtliche Abhängigkeit des Neuen Testaments und seiner Autoren vom Alten Testament dieses noch nicht zu einem Gegenstand gegenwärtiger christlicher Predigt. Nur wenn es selbst Zeugnis für diese Biographie und deren Applikation ist, ist es »wie das Neue Quelle und Norm evangelischer Theologie«. Dieser Überzeugung war die christliche Tradition bislang. Wenn es das nicht ist, dann ist es ein Textkorpus, das in vielen Teilen geeignet ist, die Aufgabe und die Krisenhaftigkeit des Projektes der Selbstdeutung zu erschließen – insoweit: Gesetz im oben erläuterten Sinne.

(Hrsg.), Dogmatik im Diskurs (FS D. Korsch), Leipzig 2014, 241–261; ders., Gewissen und Gott. Überlegungen zur Phänomenologie der Gewissenserfahrung und ihrer Darstellung in der Rede vom Jüngsten Gericht, in: S. Schaede/T. Moos (Hrsg.), Das Gewissen, Tübingen 2015, 235–283.

»Auch für dich« und das messianische »Heute«

Überlegungen zur Hermeneutik des Alten Testaments aus homiletischer Perspektive[1]

Alexander Deeg

1. Das christlich-jüdische Miteinander und die Bibel Israels oder: Der Sitz im Leben christlicher Hermeneutik des Alten Testaments

Bei der seit einigen Jahren wieder intensiv diskutierten Frage nach dem christlichen Umgang mit dem sogenannten *Alten Testament*[2] geht es um mehr als um die Frage, wie eine Auslegungsgemeinschaft mit einem alten Text bzw. einem Teil ihres Kanons umgeht. Die als Bezeichnung für diesen ersten Teil des christlichen Kanons teilweise vorgeschlagene Wendung *Bibel Israels*[3] bzw. *jüdische Bibel* macht deutlich: Es geht um eine Textsammlung, die nicht nur einen anderen ursprünglichen Adressaten hat, sondern bis heute in eine andere Auslegungsgemeinschaft gehört: das Judentum. Durch die Jahrhunderte hindurch zeigt sich:

---

[1]   Teile dieses Aufsatzes gehen zurück auf Vorträge, die ich am 9. Dezember 2015 in Berlin und am 3. Februar 2016 in Augsburg gehalten habe; in anderer Akzentuierung habe ich Überlegungen zu dem Thema u. a. auch in folgenden Beiträgen vorgelegt: *A. Deeg*, Faktische Kanones und der Kanon der Kirche. Überlegungen angesichts der Diskussionen um die Rolle der Bibel in der evangelischen Kirche, um die Kanonizität des Alten Testaments und die Revision der Lese- und Predigtperikopen, in: PTh 104 (2015), 269–284; ders., Die zwei-eine Bibel. Der Dialog der Testamente und die offene christliche Identität, in: Zeitzeichen 17,7 (2015), 41–43, ebenfalls abgedruckt in: BlickPunkte. Materialien zu Christentum, Judentum, Israel und Nahost 4/2015, 15–17, sowie in: epd-Dokumentation Nr. 8/2016, 4–6; ders., Die Kirche und das Alte Testament. Die Hebräische Bibel zwischen Lust, Last und Leidenschaft, in: EvTh 77 (2017), 132–145.

[2]   Vgl. zur Bezeichnung dieses ersten Teils des christlichen Kanons bereits E. Zenger, der den Vorschlag machte, vom *Ersten* Testament bzw. von der *jüdischen Bibel* zu sprechen: *E. Zenger*, Das Erste Testament. Die jüdische Bibel und die Christen, Düsseldorf 1991.

[3]   Vgl. dazu nur z. B. *R. Rendtorff*, Die Bibel Israels als Buch der Christen, in: C. Dohmen / T. Söding (Hrsg.), Eine Bibel - zwei Testamente. Positionen biblischer Theologie, Paderborn 1995.

Das christliche Verhältnis zum Alten Testament ist ein Spiegel des Verhältnisses von Christinnen und Christen zu Jüdinnen und Juden.

Die Ablehnung oder Zurückweisung des Alten Testaments in der Geschichte der Kirche ging meist auch mit anti-judaistischen Denkmodellen einher. Dies lässt sich bei Markion ebenso zeigen wie in den Versuchen der Deutschen Christen, ein Christentum zu konstruieren, das »den jüdischen Einfluss auf das deutsche kirchliche Leben«[4] so weit wie möglich zurückdrängt. Umgekehrt gingen Annäherungen an das Judentum meist auch mit einer neuen Wahrnehmung des Alten Testaments einher, wofür etwa der frühe Luther stehen kann.[5]

So entwickelten sich in den vergangenen Jahrzehnten die (Forderung nach) intensivere(r) Lektüre des Alten/Ersten Testamentes und der christlich-jüdische Dialog miteinander. Bisherige hermeneutische Zuordnungen, die das Alte Testament etwa als Antithese zum Neuen verstanden, als dunkle Folie, auf dem sich das Licht des Neuen umso deutlicher zeigt, als »Gesetz«, das das »Evangelium« umso klarer zum Strahlen bringt, wurden ebenso abgelehnt wie einseitige heilsgeschichtliche Linearisierungen von Verheißung (im Alten Testament) und Erfüllung (im Neuen). Gleichzeitig trat eine Suchbewegung nach neuen Hermeneutiken ein, die den Zusammenhang des Kanons bedenken und das Alte Testament als unverzichtbaren Kontext und bleibenden Bezugspunkt der Christusbotschaft verstehen (vgl. unten 3.). Auf diesem Hintergrund war das Entsetzen über die neuerliche theologische Zurückweisung des Alten Testaments groß, trifft sie doch nie nur einen *Text*, sondern immer auch eine *Gemeinschaft*, die sich um diesen Text versammelt, und einen Dialog, der sich zwischen zwei Gemeinschaften neu entwickelt hat. Dies erklärt die Heftigkeit, mit der viele auf die Überlegungen Notger Slenczkas reagiert haben, das Alte Testament nicht mehr länger als Teil des christlichen Kanons zu betrachten.[6]

Es ist freilich keineswegs so, dass Notger Slenczka dieser *soziale Aspekt* der hermeneutischen Diskussion um das Alte Testament nicht bewusst gewesen wäre. Im Gegenteil versteht er seine Überlegungen zur Zurücknahme der Kanonizität des Alten Testaments als einen freundlichen Akt der *Rückgabe* dieser Textsammlung an das Judentum als ihrem ersten und bleibenden Adressaten. Freilich verkennt er, dass er genau damit das Tuch zerschneidet, das Christinnen und Christen untrennbar mit dem Judentum verbindet und Erkenntnisse infrage

---

[4]   1939 wurde das »Institut zur Erforschung und Beseitigung des jüdischen Einflusses auf das deutsche kirchliche Leben« in Eisenach gegründet und von Walter Grundmann (einem Neutestamentler) geleitet; vgl. *R. Deines/V. Leppin/K.-W. Niebuhr* (Hrsg.), Walter Grundmann. Ein Neutestamentler im Dritten Reich (AKThG 21), Leipzig 2007.

[5]   Vgl. dazu auch den lesenswerten Text der Schriftstellerin *S. Lewitscharoff*, Kraftmaxe und Sprachgenie, in: LS 67 (2016), 404–406.

[6]   Vgl. *N. Slenczka*, Die Kirche und das Alte Testament, in: E. Gräb-Schmidt/R. Preul (Hrsg.), Das Alte Testament in der Theologie (MJTh 25), Leipzig 2013, 83–119; vgl. auch die Zusammenstellung grundlegender Texte zum Thema: ders., Vom Alten Testament und vom Neuen. Beiträge zur Neuvermessung ihres Verhältnisses, Leipzig 2017.

stellt, die genau diese Verbindung in den vergangenen Jahren neu entdeckten. Zu denken wäre an die »New Perspective on Paul« ebenso wie an die Versuche, den Hintergrund etwa des Matthäusevangeliums in der zeitgenössischen halachischen Diskussion zu entdecken – und so das sich im Kontext des pluralen Judentums des 1. Jahrhunderts entwickelnde Christentum in seiner unauflöslichen Verbindung zum Judentum wahrzunehmen. Die Texte des Neuen Testaments verstanden sich niemals als Gründungsdokumente einer neuen, auf das »Christusereignis« basierten selbständigen »Religion«, sondern als Fortschreibung im Kontext der Traditionslinie des pluralen Judentums des 1. Jahrhunderts n. Chr.[7]

Die damit gegebene Verbindung des entstehenden Christlichen zum sich ebenfalls entwickelnden Jüdischen war selbstverständlich nicht spannungsarm. Rosemary Radford Ruether hat in ihrem Buch »Nächstenliebe und Brudermord« in den 1970er Jahren auf den Zusammenhang von theologischen Grundmustern und ihren sozialen Konsequenzen aufmerksam gemacht. In dem Konzept einer »realisierte[n] Eschatologie«, die in dem historischen Ereignis des Geschehens um Jesus von Nazaret die Erfüllung der alttestamentlichen Verheißungen sieht und gegenüber dem nicht an Jesus als Messias glaubenden Judentum behauptet, erkennt sie das theologische Problem, das sich dann mit dem Judenhass und letztlich der Judenverfolgung verbindet.[8] Die Frage nach der Hermeneutik des Alten Testaments wird so zu einer *Machtfrage* in der Auseinandersetzung zwischen dem Judentum und dem daraus entstehenden Christentum.

Für die Frage nach der Predigt des Alten Testaments bedeutet diese Einsicht, dass sie konsequent eine *Predigt im Angesicht des Judentums* sein muss. Bereits Rudolf Bohren rief in seiner 1971 zuerst erschienenen »Predigtlehre« dazu auf, »vom Rabbiner zu lernen«. Er schreibt: »Nur Hochmut und Ignoranz könnten den evangelischen Prediger hindern, vom Rabbiner zu lernen. Nur unheiliger Egoismus wird das heutige Judentum von den Verheißungen der Propheten ausklammern und damit dem stets latenten Antisemitismus Nahrung geben. Soll der Prediger nicht reden wie ein Rabbiner, so soll er nicht ohne den Rabbiner predigen: Die Kirche kann von der Synagoge nicht absehen, es sei denn, sie verliere ihre Verheißung.«[9] Eine weitere Ausführung dieser Anregung findet sich bei Bohren nicht; die Richtung ist allerdings klar: Alttestamentliche Predigt fordert dazu heraus, jüdische Stimmen in Vergangenheit und Gegenwart wahrzunehmen.

---

[7] Diese Verbindung mit den alttestamentlichen Traditionen zeigt sich vielfältig auch in der christlichen Liturgie; vgl. dazu z. B. *N. Lohfink*, Das Alte Testament christlich ausgelegt. Eine Reflexion im Anschluß an die Osternacht, in: G. Braulik / N. Lohfink, Liturgie und Bibel. Gesammelte Aufsätze (ÖBS 28), Frankfurt a. M. 2005, 53–64.

[8] *R. Ruether*, Nächstenliebe und Brudermord. Die theologischen Wurzeln des Antisemitismus (ACJD 7), München 1978, Zitat: 229 (amerikanisches Original: Faith and Fratricide. The Theologica1 Roots of Anti-Semitism, New York 1974).

[9] *R. Bohren*, Predigtlehre, Gütersloh ⁶1993, 121.

Dies geschieht ausführlicher bei dem Alttestamentler Horst Dietrich Preuß, der in seinen 1984 erschienenen Überlegungen zur christlichen Predigt des Alten Testaments auf die jüdische Auslegung des Tanach in rabbinischer Zeit und in der Gegenwart und auch auf ihm zugängliche Beispiele für jüdische Predigten zu sprechen kommt.[10] Angesichts der Wahrnehmung rabbinischer Predigten scheint es ihm möglich, »vielleicht auch anders zu predigen als bisher«.[11] Es kann meines Erachtens allerdings gefragt werden, inwiefern sein eigenes Modell der »Strukturanalogie« in der Auslegung des Alten Testaments eine eigene, herausfordernde und verändernde jüdische Stimme tatsächlich hörbar werden lassen kann.[12] Den entscheidenden Schritt in diese Richtung geht die 2001 erschienene Studie von Heinz-Günther Schöttler, der eine »relational eigenwertige Auslegung des AT« fordert und an zahlreichen konkreten Beispielen vor Augen führt.[13] Schöttlers Grundanliegen sei an einem etwas ausführlicheren Zitat veranschaulicht:

> Christliche Predigt über alttestamentliche Texte kann und darf sich nicht (»mehr«) allein auf die christliche Sicht und Tradition stützen. Sie muß das gelebte jüdische Glaubenszeugnis in die Verkündigung wieder als ein heute gelebtes und unverzichtbares Zeugnis für den Glauben an den einen Gott einbeziehen. [...] Diese »neue« Predigtweise, bei der die ChristInnen am Glauben Israels wahrhaft partizipieren dürfen, muß in der Kirche so selbstverständlich werden, wie die traditionale christologische Relativierung der Bibel Israels fraglich geworden ist.[14]

Der Praktische Theologe Axel Denecke legte 1996 ein Buch mit dem Titel »Als Christ in der Judenschule« vor. Ausgehend von einem eher durch dogmatische Fragestellungen nach einem »Neuanfang christlicher Theologie«[15] bestimmten ersten Teil versucht der zweite Teil des Buches, »in der ›Judenschule‹ neu das Reden von Gott [zu] lernen«.[16] Eine Wahrnehmung jüdischer Schriftauslegung (besonders ausgehend von dem Begriffspaar Haggada und Halacha) verbindet Denecke mit hermeneutischen und praktischen Überlegungen zur christlichen Schriftauslegung und Predigt. Denecke erkennt, dass zahlreiche weitere An-

---

10 Vgl. *H. D. Preuß*, Das Alte Testament in christlicher Predigt, Stuttgart 1984, 140–164 (»Jüdische und christliche Auslegung des Alten Testaments«).
11 *Preuß*, Testament (s. Anm. 10), 161.
12 Vgl. zum Modell der »Strukturanalogie« *Preuß*, Testament (s. Anm. 10), 120–140.
13 Vgl. *H.-G. Schöttler*, Christliche Predigt und Altes Testament. Versuch einer homiletischen Kriteriologie, Ostfildern 2001, 159–437 (»Homiletische Kriteriologie für eine relational eigenwertige Auslegung des Alten Testaments in christlicher Predigt – dargestellt an Levitikus 19 und Genesis 32«).
14 *Schöttler*, Christliche Predigt (s. Anm. 13), 372.
15 Vgl. *A. Denecke*, Als Christ in der Judenschule. Grundsätzliche und praktische Überlegungen zum christlich-jüdischen Gespräch und zur Rede von Gott (Schalom-Bücher 4), Hannover 1996, 16–40.
16 *Denecke*, Judenschule (s. Anm. 15), 83–142.

regungen für eine inhaltliche *und* formale Neugestaltung der Predigt aus der Wahrnehmung jüdischer Predigt und Hermeneutik gewonnen werden könnten und schreibt: »[I]mmerhin ist die jüdische Erfahrung des Gelingens und auch Mißlingens der Rede von Gott doppelt so alt wie die christliche. Es ist eigentlich verwunderlich, daß bisher – soweit ich es sehen kann, und ich denke, ich habe mich überall umgesehen – noch keiner auf den naheliegenden Gedanken gekommen ist, hier als Homiletiker [...] in die Judenschule zu gehen und von der jüdischen Rhetorik[!] für unsere Predigt zu lernen.«[17]

Einen Versuch in diese Richtung unternehmen seit inzwischen 18 Jahren die »Predigtmeditationen im christlich-jüdischen Kontext«, die von dem Verein »Studium in Israel e. V.« herausgegeben werden und zu jedem Sonn- und Feiertag im Kirchenjahr jüdische Stimmen um das zu predigende biblische Wort zur Sprache bringen.[18] Ebenfalls begegnen in den vergangenen Jahren einige Ansätze, jüdische Predigt und Homiletik in Geschichte und Gegenwart wahrzunehmen und mit Fragestellungen gegenwärtiger Homiletik zu verbinden.[19]

2. GEGENWÄRTIGE HERAUSFORDERUNGEN EINER PREDIGT DES ALTEN TESTAMENTS

Blickt man nach dieser Wahrnehmung des Kontextes der gegenwärtigen Diskussion um die Predigt des Alten Testaments auf die homiletischen Herausforderungen in der deutschsprachigen Predigt der Gegenwart, so lässt sich dort eine eigentümlich ambivalente bzw. geradezu dialektische Situation wahrnehmen. Denn es zeigt sich: Das Alte Testament ist bei Predigenden überaus beliebt, und gleichzeitig wird das Alte Testament vielfältig problematisiert.

2.1 Die Beliebtheit des Alten Testaments in der christlichen Predigt

Was macht die Predigt des Alten Testaments anders als die des Neuen? Predigende würden auf diese Frage möglicherweise eine – angesichts der jahrhundertelangen Problematisierung des Alten Testaments – überraschende Antwort geben und sagen: »Die Predigt dieser Texte ist weitaus leichter und viel angenehmer als die des Neuen! Ich freue mich schon immer, wenn endlich einmal wieder Altes Testament gepredigt werden kann.«

Diese Wahrnehmung jedenfalls ergibt sich, wenn man eine im Vorfeld der derzeitigen Perikopenrevision[20] unter Pfarrerinnen und Pfarrern, ehrenamtlich

---

[17] *Denecke*, Judenschule (s. Anm. 15), 84.
[18] Vgl. die Übersicht auf der Seite http://www.studium-in-israel.de.
[19] Vgl. *A. Deeg*, Predigt und Derascha. Homiletische Textlektüre im Dialog mit dem Judentum (APTLH 48), Göttingen 2006; *A. Deeg / W. Homolka / H.-G. Schöttler* (Hrsg.), Preaching in Judaism and Christianity. Encounters and Developments from Biblical Times to Modernity (SJ 41), Berlin 2008.

Verkündigenden und Kirchenmusikerinnen sowie Kirchenmusikern erstellte Umfrage bedenkt. Die von Gert Pickel und Wolfgang Ratzmann durchgeführte Studie zur Verwendung der Lese- und Predigtperikopen und zur Zufriedenheit mit diesen unter Praxisexperten[21] im Vorfeld der Revision zeigt eindrucksvoll die Bedeutung einer Lese- und Predigttextordnung. Im Blick auf Reformwünsche formulieren die Verfasser als Ergebnis der Studie: »Angesichts der biblischen Textgruppen ergeben sich [...] deutliche Wünsche, die Akzente etwas zugunsten der alttestamentlichen Texte, der Weisheitstexte, hymnischer Texte, der Texte mit Frauengestalten, etwas abgeschwächt auch zugunsten von prophetischen und von Schöpfungstexten zu verlagern und die Überrepräsentanz von Episteltexten zu korrigieren.«[22]

Damit spiegelt die Studie das, was man auf Pfarrkonventen oder in Online-Predigtforen (wie etwa auf der Facebook-Gruppe des Zentrums für evangelische Predigtkultur) weit direkter und häufiger zu hören bekommt: Nach zwei ausschließlich neutestamentlichen Predigtreihen I (Evangelien) und II (Epistel) ist die Freude auf Reihe III und darin besonders auf alttestamentliche Texte in den Perikopenreihen groß. Es wird Zeit, dass endlich nicht mehr nur Episteltexte zu predigen sind! Zahlreiche der Vorschläge für neue alttestamentliche Texte in den Vorüberlegungen zur Perikopenrevision wurden geradezu euphorisch begrüßt. Und die Rückmeldungen aus den Landeskirchen nach dem Abschluss des Erprobungszeitraums zeigen, dass die in der Revision vorgeschlagene Mischung der Predigtreihen (und damit die Aufgabe reiner Evangelien- bzw. Epistelreihen) überaus freundlich angenommen wird.

So heißt es etwa im Votum der Evangelischen Kirche Berlin-Brandenburg-Schlesische Oberlausitz: »Der Erweiterung des Angebots an Texten aus dem Alten Testament stimmen wir [...] ausdrücklich zu. Sie gereicht zu einer Belebung der Predigtpraxis und ermöglicht den Gemeinden eine Erweiterung der Glaubenserfahrungen im Spiegel dieser Texte.« Die Evangelische Kirche Hessen-Nassau betont die neue Möglichkeit der Wahrnehmung der »Wurzeln der christlichen Tradition« durch die alttestamentlichen Texte. Aus der Evangelischen Kirche im Rheinland kommt das Votum: »Sowohl die quantitative Steigerung von AT-Texten in den Perikopenreihen als auch die qualitativ andere Hermeneutik in der Zuordnung von AT- und NT-Texten sind wichtige Schritte der Erneuerung.«

Vor allem die narrativen Texte aus dem Alten Testament (wie die Erzählung von der Trennung von Abram und Lot aus Gen 13, von Hagar und Ismael aus Gen 16, vom Kampf Jakobs am Jabbok aus Gen 32, von Rut, Hiob bzw. von David als

---

20   Alle einschlägigen Texte, Beschlüsse und Informationen zur Perikopenrevision finden sich unter https://www.ekd.de/EKD-Texte/84112.html (30.12.2016).

21   Vgl. *G. Pickel / W. Ratzmann*, Gesagt wird – Eine empirische Studie zur Rezeption der gottesdienstlichen Lesungen, in: EKD / UEK / VELKD (Hrsg.), Auf dem Weg zur Perikopenrevision. Dokumentation einer wissenschaftlichen Fachtagung, Hannover 2010, 95–111.

22   *Pickel / Ratzmann*, Gesagt wird (s. Anm. 21), 104.

Musiktherapeut aus 1 Sam 16) kamen insgesamt gut an. Immer wieder gelobt wurde aber zum Beispiel auch die erstmalige Aufnahme von (insgesamt sieben) Psalmen in die *Predigt*reihen.[23]

Mit der Erhöhung des Anteils und der neuen qualitativen Auswahl alttestamentlicher Texte kommt die Perikopenrevision einem Anliegen entgegen, das vor allem im christlich-jüdischen Dialog der vergangenen Jahrzehnte immer wieder geäußert wurde. Im Jahr 2009 legte die »Konferenz christlicher Arbeitskreise Kirche und Israel« (KLAK) ein neues Perikopenmodell mit dem Titel »Die ganze Bibel zu Wort kommen lassen« vor. 60 % der Texte in diesem Modell stammen aus dem Alten Testament, wobei die Schriftcorpora der jüdischen Bibel (Tora, Propheten und Schriften) gleichmäßig vorkommen.[24] Jedem Sonn- und Feiertag sind in diesem Modell drei alttestamentliche Texte und zwei neutestamentliche (Epistel und Evangelium) zugeordnet.

Welche Gründe lassen sich für die Popularität alttestamentlicher Texte angeben? Bereits vor gut 30 Jahren sprach der Systematische Theologe Friedrich Mildenberger vom *Überschuss des Alten Testaments*.[25] Es bietet Fragen und Themen, die im Neuen Testament schlicht fehlen, für das Leben des Glaubens aber entscheidende Bedeutung haben. Friedrich Mildenberger erkannte diesen Überschuss in Sprachformen wie Klage bzw. Weisheit, aber auch in Themen wie politischer Friede, Natur und Schöpfung, von denen das auf das Christusereignis fokussierte Neue Testament nicht bzw. kaum redet und auch nicht reden muss, weil die Evangelien und Briefe des Neuen Testaments ja niemals mit dem Ziel geschrieben wurden, allein und für sich einen Kanon »vollständigen« Redens von Gott zu ergeben, sondern allesamt die Texte voraussetzten, die damals als jüdische Texte im Umlauf waren und später (teilweise) als Tanach im Judentum und als Altes Testament im Christentum kanonisiert wurden.

Die bislang gültige Perikopenordnung gewährt den Gemeinden nur teilweise einen Einblick in diesen alttestamentlichen Überschuss. Die alttestamentlichen Texte in dieser Ordnung, die teilweise Ende des 19. Jahrhunderts (Eisenacher Perikopen, 1896), häufiger in der Mitte des 20. Jahrhunderts bzw. in der Revision 1978/79 festgelegt wurden, wurden nicht von der Logik des Alten Testaments und seines vielfältigen Redens ausgehend gewählt, sondern ausgehend von neutestamentlichen Texten (vor allem von den die Proprien »regierenden« Evangelien).[26] So liegt derzeit eine Periko-

---

[23]   Auch bislang gibt es eine eigene Psalmenreihe für alle Sonn- und Feiertage des Kirchenjahres. Da die Psalmen aber in den sechs Reihen der Predigttexte bislang keine Berücksichtigung finden und auch in der einschlägigen Predigthilfeliteratur nicht beachtet werden, sind Predigten über Psalmentexte bislang die Ausnahme. Vgl. aber z. B. *Studium in Israel* (Hrsg.), Predigtmeditationen Plus im christlich-jüdischen Kontext, Perikopenjahr 2010/11: »Herrliche Dinge werden in dir gepredigt, du Stadt Gottes« (Ps 87,3). Psalmen predigen, Wernsbach 2010.

[24]   Vgl. http://www.perikopenmodell.de.

[25]   Vgl. *F. Mildenberger*, Kleine Predigtlehre, Stuttgart 1984, 101–105.

penordnung vor, die zweifellos einen christologischen und soteriologischen Schwerpunkt hat, wodurch das reformatorische Anliegen, die *ganze Bibel* als Gottes Wort und die Kirche immer neu als *creatura verbi* wahrzunehmen, zurückgedrängt wird. Für die Auswahl aus dem Alten Testament bedeutete dies bislang, dass vor allem Texte aus dem Propheten Jesaja (hier wiederum besonders aus Jes 40-66) aufgenommen wurden. Dieser Schwerpunkt wurde in der Revision nicht verändert, aber dadurch relativiert, dass diesen Texten zahlreiche weitere Texte zur Seite gestellt wurden: vor allem narrative Texte aus dem Pentateuch, weisheitliche Texte, aber auch anders akzentuierte prophetische Texte.[27] Eine grundlegende Neuorientierung der Hermeneutik liegt aber auch in der Perikopenrevision nicht vor, da nach wie vor die Lese-Evangelien den Klangraum eines Sonn- oder Feiertags entscheidend bestimmen.

Auch der katholische Pastoraltheologe Heinz-Günther Schöttler betont den Überschuss des Alten Testaments und beschreibt dessen Faszination für heutige christliche Leserinnen und Leser:

> Das Neue Testament, innerhalb weniger Jahrzehnte verfasst, umfasst den Erfahrungsschatz von etwa drei Generationen und spiegelt daher nur eine relativ kurze Bewährungsprobe des Glaubens und eine eng begrenzte Vielfalt von Versuchen wider, aus dem Glauben im Horizont des Christusereignisses zu leben. Das Alte Testament entstand in einer sehr wechselvollen vielhundertjährigen Geschichte, in der theologische Modelle, Gott, den Menschen und die Welt zu deuten, kamen und gingen, und in der das Scheitern leitender theologischer Konzeptionen und ehemals bedeutsamer Gottesbilder erlitten wurde. Diese vielfältigen Erfahrungen gingen in Gestalt jünge-

---

[26] Das hier angedeutete Problem wurde und wird häufig als die Frage diskutiert, ob das Alte Testament in seiner »Eigenaussage« hörbar werden kann – oder ob es von einem neutestamentlichen Dominanzmodell faktisch in seiner Aussage beschränkt wird. Die Diskussion darüber findet sich etwa auch auf katholischer Seite. Dort hat die vollständige Revision der *Ordo lectionum missae* in Folge des Zweiten Vatikanischen Konzils dazu geführt, dass der »Tisch des Wortes Gottes« in der Tat reicher gedeckt und die »Schatzkammer der Bibel« in der Tat weiter geöffnet wurde (vgl. *Sacrosanctum concilium* 51); gleichzeitig aber geschah auch hier die Auswahl alttestamentlicher Texte so, dass vom Evangelium aus »konkordante« alttestamentliche Texte ausgewählt wurden, die das im Evangelium bereits Ausgedrückte verstärkten und unterstrichen. Vgl. dazu *A. Franz*, Das Alte Testament und die gottesdienstlichen Lesungen. Zur Diskussion um die Reform christlicher Lektionare, in: A. Deeg / I. Mildenberger (Hrsg.), »… dass er euch auch erwählet hat«. Liturgie feiern im Horizont des Judentums (BLSp 16), Leipzig 2006, 227–257.

[27] Seit einigen Jahren wird der prophetischen Predigt neue Aufmerksamkeit geschenkt; vgl. dazu nur die Werke des US-amerikanischen Alttestamentlers Walter Brueggemann und dazu *J.-D. Döhling*, »Gastgeber einer Welt sein, die anders ist als die von uns für voll genommene …« Walter Brueggemanns Predigten zwischen Poesie, Schriftgelehrsamkeit und Prophetie, in: GPM 71 (2016/17), 148–160; vgl. auch *C. Weber*, Prophetische Gottesbilder und Politische Predigt. Oder: Was Politische Predigt von prophetischen Bildern lernen kann, in: A. Deeg (Hrsg.), Gottesprojektionen homiletisch. Bilder von Gott in Bibel, Kunst und Predigt, Leipzig 2016, 122f.

rer Texte immer wieder in das Alte Testament ein. All das erhöhte seine Komplexität und füllte den im Alten Testament bewahrten, besonders in der Gott(es)krise des Exils und im Gott(es)zweifel des Leidens und der Anfechtung gewachsenen Erfahrungsschatz immer weiter auf. So finden Leserinnen und Leser gerade im Alten Testament Krisen und Brüche, Verletzungen und ungestillte Sehnsüchte erzählt, erlitten und im klagenden und anklagenden Gebet vor Gott gebracht und finden sich darin selbst wieder.[28]

Genau dies werde »in vollmundiger Erfüllungs-Christologie oft genug verleugnet«, die Menschen unter einen »Hoffnungszwang« setze.[29] Immer wieder betont Schöttler, dass die Christusbotschaft nicht die Erfüllung aller Verheißungen bedeute, sondern – mit Paulus (2 Kor 1,20) – deren *Bestätigung*. Insofern ist die »*eigenständige* Botschaft des Alten Testaments«[30] auch für Christinnen und Christen eine bedeutsame und gegenüber falschen Erfüllungsvorstellungen entlastende Perspektive.

Ob die Begeisterung für das Alte Testament in der homiletischen Praxis immer die argumentative Höhe dieser Überlegungen Mildenbergers bzw. Schöttlers erreicht? Oder ob zur Beliebtheit des Alten Testaments auch eine viel schlichtere Begeisterung für packende Erzählungen, unmittelbar anregende Prophetenworte, die Ambivalenz des Lebens spiegelnde Weisheit gehört? Oder gar eine theologische Fluchtbewegung? Gegenüber der »Kompliziertheit« mancher neutestamentlicher Texte mit ihren schroffen Diastasen (die Glaubenden und die Welt), ihren komplexen Gedanken (christologisch, pneumatologisch, proto-trinitarisch) und ihrer vor allem in den Episteln vielfach kritisierten undurchdringlichen Syntax wirken viele alttestamentliche Texte lebensnah und erfrischend und theologisch schon deswegen »einfacher«, weil es um das Reden und Handeln des einen Gottes geht, ohne ihm noch einen Sohn hinzuordnen zu müssen.

In der Mehrzahl der Fälle gegenwärtiger alttestamentlicher Predigt dürften vereinfachte *strukturanaloge* Auslegungen, in lockerer Anlehnung an das, was bereits Horst Dietrich Preuß vorgeschlagen hat,[31] die Hermeneutik des Umgangs mit dem Alten Testament (wie auch mit Texten aus dem Neuen Testament) bestimmen. In den biblischen Texten werden *Situationen*, Fragen bzw. Herausforderungen entdeckt, die auch gegenwärtig *analog* begegnen. Daher sprechen diese »alten« Texte direkt auch in unsere Situationen, und die Worte der Bibel können als Zuspruch oder Anspruch in der Gegenwart gehört werden. Eine Notwendigkeit zu einem expliziten Bezug auf die Christuswirklichkeit bzw. eine explizite Vergewisserung der Bedeutung dieser Texte in einem christlichen Horizont se-

---

[28] *H.-G. Schöttler*, Die Bibel kanonisch lesen – auch in der liturgischen Leseordnung, in: BiLi 84 (2011), 112–127, hier 115.
[29] *Schöttler*, Bibel (s. Anm. 28).
[30] *Schöttler*, Bibel (s. Anm. 28), 116.
[31] Vgl. *Preuß*, Testament (s. Anm. 10), 120–140.

hen viele Predigerinnen und Prediger dann nicht (was noch vor zwei Generationen deutlich anders war und zu Predigten zum Alten Testament führte, die nach der eigentlichen Predigt noch in eine christologische Schlusskurve mündeten, die augenscheinlich allein in der Lage schien, das theologische Gewissen des Predigers zu entlasten!).

Das Alte Testament ist evidenter, nicht wegzudenkender und in den vergangenen Jahren und Jahrzehnten in seiner Popularität augenscheinlich eher zunehmender Teil christlicher Frömmigkeit. Auf einen Aspekt dieser Evidenz des Alten / Ersten Testaments hat etwa Peter Zimmerling mit seinem Buch über die Herrnhuter Losungen aufmerksam gemacht. Seit Jahren sind die Losungen eine »Erfolgsgeschichte«.[32] Gegenwärtig erscheinen sie in mehr als 50 Sprachen und in einer Auflage von 1,7 Millionen (hinzu kommen dann noch die digitalen Ausgaben!). Erst im 20. Jahrhundert stabilisierte sich die heutige Gestalt der Losungen, sodass für jeden Tag eine *alttestamentliche* Losung und ein Lehrtext aus dem Neuen Testament zusammengestellt werden. Für die zahlreichen Leserinnen und Leser der Losungen gehören alttestamentliche Texte so selbstverständlich und ohne komplexe Israel-theologische Überlegungen zum täglichen geistig-geistlichen Vademecum und prägen evangelische Frömmigkeit. Gleichzeitig sind die Losungsbücher aufgrund der täglichen Verbindung eines »gelosten« alttestamentlichen Textes mit einem dazu ausgewählten neutestamentlichen Vers eine besonders interessante Quelle für die Wahrnehmung der Hermeneutik dieser beiden Kanonteile und ihrer wechselseitigen Beziehung zueinander, die eine ausführlichere Studie durchaus rechtfertigen würde.

Vergleichbar mit den Losungen ist die Bedeutung, die Sprüche aus dem Alten Testament als Taufsprüche, Trausprüche, Sprüche bei Konfirmationen oder Beerdigungen haben. Christlicher Lebenszyklus hat zweifellos alttestamentliche Kontur – von den Engeln, denen der Herr befohlen hat, dass sie »dich auf Händen tragen« (Ps 91,11f.), und die so beliebtester Taufspruch sind, über den Herrn, der noch immer und trotz aller Kritik am Hirtenbild und am 19.-Jahrhundert-Kitsch als Hirte das Leben von Menschen begleitet (Ps 23), bis hin zu dem »Fürchte dich nicht« aus Jes 43,1, das durch die Verbindung der Zusage mit dem *Namen* von der Taufe bis zur Beerdigung als geeignet empfunden wird.

> Der Bezug auf Israel wird im Gebrauch dieser Texte und Sprüche teilweise schlicht eliminiert. Das zeigt sich etwa bei Jes 43,1 – ein Bibelwort, das beliebter Taufspruch und zugleich der Wochenspruch am 6. Sonntag nach Trinitatis ist. Eigentlich lautet er: »Und nun spricht der Herr, der dich geschaffen hat, Jakob, und dich gemacht hat, Israel: Fürchte dich nicht, denn ich habe dich erlöst; ich habe dich bei deinem Namen gerufen; du bist mein!« In der kirchlichen Verwendung aber wird die Einleitung, die

---

[32] Vgl. *P. Zimmerling*, Die Losungen. Eine Erfolgsgeschichte durch die Jahrhunderte, Göttingen 2014.

diesen Spruch eindeutig an Jakob/Israel adressiert, bislang schlicht eliminiert – und der Text so entgegen seinem Wortlaut universalisiert.[33]

Auf die mit der Begeisterung für das Alte Testament gegebene Problematik hat Notger Slenczka in seinem umstrittenen Diskussionsbeitrag aus dem Jahr 2013 deutlich und zu Recht hingewiesen: die Gefahr der christlichen Vereinnahmung des Alten Testaments, die keineswegs nur dort gegeben sein kann, wo sich Christenmenschen hochmütig über das Alte Testament überheben oder das Neue Testament mit seinem Christuszeugnis als eigentliche Wahrheit dem Alten Testament als Vorläufer vorordnen, sondern auch dort, wo Christenmenschen in freundlicher Unbekümmertheit spannende und vielfältige Texte rezipieren, ohne zu bedenken, dass diese Texte zunächst nicht die ihren und sie nicht die primären Adressaten sind. Es sind Texte, die sich an Israel wenden und gegenwärtig zunächst Jüdinnen und Juden ansprechen.

2.2 Die Problematisierung des Alten Testaments in der evangelischen Theologie

Die Texte der Bibel sind nicht einfach flächig die Heilige Schrift der Christen, sondern sind dies in einer charakteristischen Doppelheit, die durch die Begriffe »Altes« und »Neues Testament« – durchaus problematisch – bezeichnet wird. Es ist zweifellos das Verdienst der durch Notger Slenczka angestoßenen Debatte um das Alte Testament, vor jeder allzu schlichten Vereinnahmung dieses ersten Teils des Kanons zu warnen und die bleibende Differenz zwischen Altem und Neuem Testament neu wahrzunehmen.

Freilich sieht Notger Slenczka diese Differenz zunächst im *historischen* Abstand zwischen Altem und Neuem Testament begründet. Die Texte des Alten Testaments seien vor-christlich – so stellt Slenczka ebenso schlicht wie historisch wahr fest. Freilich stellt sich sogleich die Frage, ob diese *historische* Vorzeitigkeit des Alten Testaments zugleich seine *theologische* Ungleichzeitigkeit bedeutet. Bereits die ersten Seiten des Neuen Testaments zeigen ein völlig anderes Bild. Das Matthäusevangelium zeichnet Jesu Geschichte grundlegend ein in die Geschichte des Alten Testaments (vgl. den Stammbaum Jesu in Mt 1,1–17; vgl. aber zum Beispiel auch die bewusste Parallelisierung der Geschichte des neugeborenen Jesus/Immanuel mit der Geschichte Israels in der Darstellung der Flucht nach Ägypten und der Rückkehr aus Ägypten, Mt 2,13–23), und etwa die vielfach so genannte »Antrittspredigt Jesu« in Nazaret (Lk 4,16–30) macht deutlich, dass eine theologische Hermeneutik des Alten Testaments notwendig mit einem anderen als dem neuzeitlich-historischen Zeitverständnis arbeitet. Nachdem Je-

---

[33] In der Perikopenrevision ist vorgesehen, Jes 43,1 vollständig als Wochenspruch am 6. Sonntag nach Trinitatis zu berücksichtigen. Ob und wie der Vers mit vollständiger Adressatenangabe auch für den Kasual-Kontext Verwendung finden kann, muss diskutiert werden.

sus in der Synagoge von Nazaret Worte aus Jes 61 vorgelesen hat (»Der Geist des Herrn ist auf mir, weil er mich gesalbt hat, zu verkündigen das Evangelium den Armen; er hat mich gesandt, zu predigen den Gefangenen, dass sie frei sein sollen, und den Blinden, dass sie sehen sollen, und den Zerschlagenen, dass sie frei und ledig sein sollen, zu verkündigen das Gnadenjahr des Herrn«, Lk 4,18; Jes 61,1f.), hält Jesus eine überaus kurze Predigt und sagt: »Heute ist dieses Wort der Schrift erfüllt vor euren Ohren« (Lk 4,21). Dieses messianische »Heute«[34] unterbricht jede lineare Zeitwahrnehmung, holt den prophetischen Text aus seiner Vergangenheit und macht ihn im Munde Jesu gegenwärtig und so für die Leserinnen und Leser des Lukasevangeliums offen für die Zukunft.

Mit der konsequenten Historisierung der biblischen Texte, wie sie typisch für alle liberal-religionsgeschichtlichen hermeneutischen Modelle ist, sind meines Erachtens zwei grundlegende Probleme verbunden: (1) Im Paradigma des Historischen geht – so paradox es klingt – der Aspekt der *Geschichte* verloren. Geschichte nämlich ist nicht das Ergebnis historischer Rekonstruktion, sondern die individuelle oder gemeinschaftliche narrative Konstruktion, zu der Erfahrung und eigenes Involviertsein gehören und für die sich unzählige Beispiele aus der Geschichte der Predigt, der Liturgie und der Frömmigkeit anführen ließen. Im Blick auf den Glauben und die Frömmigkeit ist das historische Bewusstsein immer nur *ein* Aspekt der Wahrnehmung; und eine Aufgabe des Gottesdienstes wie der theologischen Hermeneutik bestünde meines Erachtens gerade darin, die *Geschichte* wiederzugewinnen gegen den Sog der Historie.

(2) Gleichzeitig tritt mit der Wahrnehmung biblischer Texte im historischen Paradigma die (vermeintliche) Notwendigkeit ein, das vergangene Geschehen im Blick auf seine heutige Relevanz neu auszuleuchten. Damals war »etwas«, und heute bestehe die Aufgabe darin, die Bedeutung dieses Geschehens für Menschen des 21. Jahrhunderts zu erkennen bzw. die damalige Erfahrung als gegenwärtige Erfahrung »erlebbar« zu machen. Der viel apostrophierte »garstig breite Graben« entsteht gerade durch diese Hermeneutik immer neu, weil im Blick auf die Bibel darum gerungen werden muss, wie »Historisches« heute »noch« bedeutsam sein könne. Bereits Rudolf Bohren erkannte in dem Wörtchen »noch« eines der traurigsten Worte der Predigt! Gleichzeitig führt diese Hermeneutik dazu, das, wovon die Bibel erzählt, aus dem erzählten Kontext der Bibel zu lösen und als Erfahrungsmomente zu subjektivieren. Am Ende steht das Christusereignis dann nicht mehr in einer Geschichte, die mit der Schöpfung beginnt, über den Bund mit Abram, die Väter und Mütter im Glauben, den Exodus, die Propheten weitererzählt werden kann bis in die Gegenwart, sondern erscheint eher als punktuelles Geschehen, das mit »mir« und »meiner« religiösen Subjektivität zu tun hat.

---

[34] Vgl. *A. Deeg*, Messianisch predigen, in: Studium in Israel (Hrsg.), Predigtmeditationen Plus im christlich-jüdischen Kontext, Perikopenjahr 2016/17: Gottes Gesalbte. Priester – Könige – Propheten. Solus Christus neu gelesen, Wernsbach 2016, lix–lxviii.

Verlust der Geschichte und Subjektivierung des Glaubens – beides geschieht, wenn eine historisierende Hermeneutik die Oberhand gewinnt und sich
wie eine Decke über das Verstehen legt (was selbstverständlich für das Alte wie
für das Neue Testament gilt). Die berechtigte Warnung vor einer vorschnellen
Vereinnahmung des Alten Testaments durch die christliche Kirche führt im Paradigma des Historischen zu einer historischen Distanzierung, die sich dann –
so bei Slenczka nachzulesen, aber auch bei vielen anderen Autoren, die ein li-
beral-religionsgeschichtliches hermeneutisches Modell nutzen – zugleich mit
einer inhaltlichen Absetzbewegung verbindet: Das Alte Testament wird dann
auch inhaltlich als ein vor-christliches Buch gesehen, das in eine Entwicklung
hin zu einer besseren und gültigeren Gestalt gehört. So verweist Slenczka –
wie auch andere[35] – auf die vermeintliche Partikularität des Alten Testaments
einerseits und auf diejenigen Texte des Alten Testaments, die von Gewalt sprechen und Gott in eine Dynamik der Gewalt einzeichneten, andererseits. Damit
macht er auf Aspekte aufmerksam, die auch in der öffentlichen Wahrnehmung
immer wieder begegnen und sich etwa dort zeigen, wo Journalistinnen und Jour-
nalisten das Adjektiv »alttestamentarisch« verwenden, wenn sie auf Exzesse der
Gewalt im politischen Kontext (und ganz besonders im gegenwärtigen Handeln
von Israels Militär) hinweisen wollen. Freilich aber gilt: (1) Die Partikularität
des göttlichen Erwählungshandelns, wie sie das Alte Testament beschreibt, ist
von Anfang an eingebettet in die universale Dimension des Glaubens Israels. Die
Erwählung Abrams geschieht, damit in ihm »gesegnet werden alle Geschlechter
der Erde« (Gen 12,3). Und auch die Gewalt, von der zweifellos die Rede ist, ist
schon im Alten Testament selbst, erst recht aber in der jüdischen Auslegungsge-
schichte umgriffen von der Frage, wie diese in Gottes Namen begrenzt werden
kann. (2) Gerade in der praktischen Verwendung des Alten Testaments hat sich
in den vergangenen Jahren gezeigt, wie wichtig die bislang vielfach als problematisch bezeichneten Texte sind. Dafür steht etwa die Karriere der Klagepsal-
men in der Seelsorge: Die Feinde zu benennen, Rachewünsche zu artikulieren
und am Ende doch zu wissen, dass die Rache allein Gottes ist, ist eine Bewegung,
die sich gerade an alttestamentlichen Texten lernen lässt und die auch die christliche Predigt vor einem allzu einfachen Gottesbild des immer nur lieben Gottes
bewahren kann.[36]

Es zeigt sich, dass gegenwärtig Enthusiasmus *und* Kritik, fröhliche Selbstverständlichkeit *und* grundlegende Skepsis den christlichen Umgang mit dem Alten Testament prägen. Damit ergeben sich Vereinnahmung *und* Distanzierung
als die beiden Probleme, die aus diesen Haltungen jeweils folgen. Die Frage für

---

[35] Vgl. nur die Kritik, die K.-P. Jörns bereits vor Jahren artikulierte: *K.-P. Jörns*, Notwendige Abschiede. Auf dem Weg zu einem glaubwürdigen Christentum, Gütersloh ⁴2008.
[36] Vgl. dazu *M. Beile*, Mit Gott auf du und du. Die Rede von Gott in heutigen Predigten,
in: DtPfrBl 116 (2016), 348–350.

eine gegenwärtige christliche Hermeneutik des Alten Testaments und für den praktischen Umgang mit diesem Teil des Kanons in der Predigt und allem Reden der Kirche muss daher lauten, wie sich Wege des Umgangs mit diesen Texten jenseits von Vereinnahmung und Distanzierung finden lassen.

3. Das Alte Testament als Wahrheits- und Klangraum der Verkündigung der Kirche – hermeneutische Überlegungen

Bevor ich genuin *homiletisch* nach der Predigt des Alten Testaments frage, blicke ich knapp und *prinzipiell hermeneutisch* auf die Frage nach dem christlichen Umgang mit dem Alten/Ersten Testament. Den wichtigsten Beitrag dazu hat meines Erachtens in jüngerer Zeit Frank Crüsemann vorgelegt. Er spricht vom »Alten Testament als Wahrheitsraum des Neuen« und betont damit die grundlegende Verankerung der Christusbotschaft des Neuen Testaments in der jüdischen Bibel.[37] Damit gehen auch Überlegungen einher, die jüdische Kontur des Neuen Testamentes neu zu entdecken, die eine hermeneutische Antithetik von Altem und Neuem Testament historisch und hermeneutisch undenkbar und auch die Polemik gegenüber »den Juden« in manchen neutestamentlichen Texten verständlich macht und diese zeitgeschichtlich einordnet.[38]

Bereits bei Martin Luther findet sich die Andeutung eines hermeneutischen Richtungswechsels: Er erkannte, dass das Neue Testament in das Alte führt. 1522 beschreibt er in seinem »Kleyn unterricht, was man ynn den Euangelijs suchen und gewartten soll« die neutestamentlichen Texte als »Zeiger« und »Hinweis in die Schrift der Propheten und Mosi«, in denen Christus materialiter erkannt werde: »Syntemal die Euangeli und Epistel der Apostel darumb geschrieben sind, das sie selb solche tzeyger seyn wollen und uns weyßen ynn die schrifft der propheten und Mosi des allten testaments, das wyr alda selbs leßen und sehen sollen, wie Christus ynn die windel thucher gewicklet und yn die krippen gelegt sey«.[39]

Das neutestamentliche Christuszeugnis führt Lesende hinein in die Schriften Israels.[40] Dies hat bei Luther eine klar christologische Orientierung: Nur im Alten Testament kann erkannt werden, wer der Christus sei, der ohne diese Texte nicht »zur Welt kommen« kann (vgl. Luthers Metapher der Windeltücher

---

[37] Vgl. *F. Crüsemann*, Das Alte Testament als Wahrheitsraum des Neuen. Die neue Sicht der christlichen Bibel, Gütersloh 2011.

[38] Vgl. dazu jüngst *K. Wengst*, Mirjams Sohn – Gottes Gesalbter. Mit den vier Evangelisten Jesus entdecken, Gütersloh 2016.

[39] WA 10 I,1, 15.

[40] Vgl. auch *J. Ebach*, Das Alte Testament als Klangraum des evangelischen Gottesdienstes, Gütersloh 2016, 44 u.ö.

und Krippe). Freilich liest Luther das Alte Testament nun so, dass der gesamte Text seine Bedeutung nur von einem spezifisch verstandenen Christusereignis her erhält, das für Luther die Mitte der gesamten Bibel aus Altem und Neuem Testament ist (»was Christum treibet«).

Luthers Richtungsentscheidung scheint mir daher konsequent, nicht aber seine konkrete Durchführung. Mit dem Wechsel der Perspektive hin zum Alten Testament als »Wahrheitsraum des Neuen« zeigt sich: (1) Christliche Kirche ist immer neu auf die Relektüre der Schriften des Ersten Testamentes angewiesen, wenn sie erkunden, entdecken und verstehen will, wer Christus ist, was die Christusbotschaft bedeutet und wie sie hinweist auf Gottes Handeln in Vergangenheit, Gegenwart und Zukunft. Die Bibel ist in dieser Hinsicht niemals die einmal verstandene, sondern die immer neu das Verstehen prozessuierende. Eine *ecclesia semper reformanda* ist vor allem eine Kirche, deren grundsätzliche und vornehmste Aufgabe die ständige Relektüre der Bibel ist. (2) Die christliche Kirche liest das Alte Testament notwendig in einem anderen hermeneutischen Horizont, als Jüdinnen und Juden dies tun. Grundlegend ist das Christusbekenntnis, das es freilich – wie gesagt – niemals *ohne* die Texte des Ersten Testamentes gibt. Das Alte Testament erweist sich so als verbindend und trennend zugleich im Verhältnis von Christentum und Judentum.

Angesichts der Vielfalt der alttestamentlichen Texte und Redeformen und der Herausforderungen immer neuer Situationen wäre es merkwürdig und vermessen, *einen* hermeneutischen Generalschlüssel bestimmen zu wollen, der *das* Alte und *das* Neue Testament in ihrem Verhältnis einander zuordnet. Auch darauf hat der Alttestamentler Horst Dietrich Preuß bereits vor rund 30 Jahren hingewiesen. Er kritisiert vor allem die Dominanz des Schemas von *Verheißung und Erfüllung* in der Geschichte christlicher Hermeneutik. Diese führe dazu, dass das Alte Testament »nur sehr in Auswahl bekannt ist und durch eine Brille gelesen wird, die ihm sein eigenes Wort kaum noch beläßt.«[41] Preuß plädierte demgegenüber für eine Beachtung der *Vielfalt* der alttestamentlichen Texte und für eine Auslegung, die den Versuch unternimmt, jedem Text seine Eigenart zu belassen und ihn mit den Kontexten einer christlichen Gemeinde der Gegenwart ins Gespräch zu bringen (Strukturanalogie).

Gleichzeitig bedarf das Modell »Verheißung und Erfüllung« auch dringend einer theologischen Korrektur, worauf – wie gezeigt – der katholische Pastoraltheologe Heinz-Günther Schöttler immer wieder hingewiesen hat. Er spricht von der bleibenden Erfüllungslücke und dem ebenfalls bleibenden Verheißungsüberschuss.[42] Christinnen und Christen können und brauchen im Angesicht der Weltwirklichkeiten nicht zu behaupten, es seien alle Verheißungen »erfüllt in Herrlichkeit« (EG 12,2). Die Verheißungen sind in Christus noch nicht erfüllt, aber allesamt »bestätigt« (2 Kor 1,20). Die Erfüllungslücke führt so hinein in den

---

[41] *Preuß*, Testament (s. Anm. 10), 68.
[42] Vgl. *Schöttler*, Christliche Predigt (s. Anm. 13).

Verheißungsüberschuss: Die neue Welt Gottes ist im Kommen und wird vollendet sein, wenn Gott ist »alles in allem« (1 Kor 15,28). Das jüdische »Nein« zum christlichen Messiasbekenntnis führt in den Überschuss der Verheißung und wird so zur Basis einer erneuerten, Juden und Christen verbindenden Hoffnung für und Arbeit an dieser Welt. Dietrich Bonhoeffer meinte: »Der Jude hält die Christusfrage offen.«[43] Christliche Identität bleibt im Angesicht der anderen und widersprechenden Auslegung des Judentums vor jedem Imperialismus des »Habens« bewahrt und damit vor jeder *theologia gloriae*, in die sich auch die *theologia crucis* immer wieder zu verwandeln droht. Gleichzeitig sind Christinnen und Christen in ihrem Hoffen und ihrem Klagen an die Seite Israels gestellt (vgl. Röm 15,10; vgl. aber auch Sach 8,23).

4. »Für dich« und »heute« – Überlegungen zur Predigt des Alten Testaments

4.1 »Für dich« und »heute« – Luthers homiletische Hermeneutik

Worum geht es in der (evangelischen) Predigtrede? In den Jahren des Reformationsgedenkens legt es sich nahe, auch zur Beantwortung dieser Frage bei Luther anzuklopfen, war die Reformation doch auch und vor allem eine Predigtbewegung. Meines Erachtens finden sich bei Luther zwei Bestimmungen, die bis heute homiletisch von Bedeutung sind: Es geht in der Predigt um die Ansage und Zusage der Relevanz der biblischen Botschaft, die sich für Luther in der Christusbotschaft konzentrierte, »für dich« und »heute«.

Das bedeutet auch: Es geht für Luther in den Worten, Bildern und Geschichten der Bibel nicht um irgendein historisches Geschehen, das sich einst so abgespielt haben mag. Es geht auch nicht vor allem um Glaubenssätze, die diskutiert werden und für richtig oder falsch gehalten werden könnten. Es geht um die frohe Botschaft *für dich* und darum, dass die Hörenden sich im biblischen Wort wiederfinden und von ihm angesprochen erfahren. So wird das wirksame, von Gott gesprochene Wort zu einem Wort für die Menschen heute. So wird die soteriologische Valenz der Bibel in der Gegenwart *durch die Predigt* erfahrbar. *Explicatio*, die Auslegung des biblischen Wortes, und *applicatio*, die gegenwärtige »Anwendung« auf die Gegenwart, verbinden sich. Luther sagt: »Denn ob Christus tausentmal für uns gegeben und gecreutzigt würde, were es alles umbsonst, wenn nicht das wort Gottes keme, und teylets aus und schencket myrs und spreche, das soll deyn seyn, nym hyn und habe dyrs.«[44] Oder im Blick auf die Auferstehung formuliert: »Drumb mus man neben der aufferstehung Christi auch unser aufferstehung treyben, denn sie gehoren zusamen, es mus ein volckomen auffer-

---

[43]   *D. Bonhoeffer*, Ethik, München 1966, 95.
[44]   WA 36, 184.

stehung werden, So folgt, wenn wir nit aufferstehenn soltten, so were Christus auch nit aufferstandenn et econtra.«[45]

Diese Bestimmungen spiegeln sich auch in Luthers eigener Predigt, wie etwa seine Weihnachtspostille zeigt: »[D]as Euangelium leret, das Christus sey umb unßer willen geporn und alle ding umb unßer willen gethan und geliden, wie hie der Engel auch [Luk. 2,10.11] sagt: Ich vorkundige euch eyne große frewde, die do haben werden alle leutt; denn heut ist euch geporn eyn seligmacher, der ist Christus der herr. Inn dißen wortten sihestu klar, das er unß geporn ist [Luk. 2,10]. Er spricht nit schlecht hynn, Es sey Christus geporn, sondern: Euch, Euch ist er geporn. Item spricht nit: vorkundig ich eyn freud, ßondern: Euch, Euch vorkundige ich ein große freud.«[46]

Predigt ist bei Luther immer neu auf den *Christus praesens* bezogen, der in ihr angesagt und den Hörerinnen und Hörern zugesagt wird. So erweist sie sich als *die* Gestalt des *äußeren Wortes*, des *verbum externum*, das sich Menschen nicht selbst sagen, sondern immer nur als zu ihnen gesagt hören können. Die *Wirkung dieses Wortes* beschreibt Luther in der dialektischen Figur von »Gesetz und Evangelium« und meint damit meines Erachtens ursprünglich (und in seiner Predigt bleibend!) nicht zwei unterschiedliche Inhalte, sondern zwei *Wirkungsweisen* des einen Wortes Gottes.

> Luthers Doppelformel von Gesetz und Evangelium ist bezogen auf das »Ereignis« der Aufdeckung der Wirklichkeit des sündigen Menschen durch das Wort Gottes (Gesetz; Urteil) sowie auf das »Ereignis« der Erfahrung der Wahrheit des gerechtfertigten Menschen durch das Wort Gottes (Evangelium; *promissio*). In der Dynamik des Glaubens als Wortereignis, in der Dynamik des verkündigten Wortes Gottes, gehören Gesetz und Evangelium unauflösbar zusammen (Luther verwendet die Formel *utrumque simul*[47]). Erst auf einer dogmatischen Reflexionsebene können und müssen sie in ihrer Unterschiedenheit betrachtet werden.[48] Als Wortereignis werden Gesetz und Evangelium vom glaubenden Rezipienten je und je erfahren. Luthers Doppelformel hat ihren biographisch-existentiellen Bezug in der Erfahrung des Hörers, der das Wort der Schrift als anklagend-richtendes bzw. als aufrichtend-tröstendes Wort vernimmt. Nicht die eigene Entscheidung des Hörers, dieses oder jenes hören zu wollen, ist dabei für die Hörerfahrung verantwortlich, sondern die Wirkung des Heiligen Geistes durch das Wort der Schrift. Hermeneutisch entspricht dem das eschatologisch-sakramentale Schriftverständnis Luthers: Die Schrift tut, was sie sagt, und entspricht »grundsätzlich der Art und Weise von Gottes Wirken«.[49] Ob das Wort als Gesetz oder als Evangelium vernommen wird, entzieht sich daher menschlicher

---

[45]   WA 49, 396.

[46]   Weihnachtspostille, Auszug aus der Auslegung zu Lk 2,1–14: WA 10 I,1, 71.

[47]   Vgl. *H. M. Müller*, Homiletik. Eine evangelische Predigtlehre, Berlin 1996, 59.

[48]   Vgl. *O. Bayer*, Martin Luthers Theologie, Tübingen ²2004, 58–60, bes. 58f. Anm. 33.

[49]   *J. Ringleben*, Metapher und Eschatologie bei Luther, in: ZThK 100 (2003), 223–240, hier 225.

Machbarkeit (in homiletischem Kontext heißt das: sowohl der Machbarkeit des Predigers als auch der Machbarkeit des Hörers).[50] Auf der Ebene der Predigt handelt es sich also um eine Doppelformel, die zwei ineinander verschränkte Aspekte der Wirklichkeit des Glaubenden (*simul iustus et peccator*) im Kontext der Hermeneutik zur Sprache bringt. Nur auf der Ebene der »Theologie« lässt sich von einer Unterscheidung von Gesetz und Evangelium sprechen und lassen sich Gesetz und Evangelium je für sich betrachten – wohl wissend, dass die theologische Betrachtung auf das soteriologische und hermeneutische In- und Miteinander von Gesetz und Evangelium bezogen bleiben muss, wenn sie ihren Gegenstand nicht verlieren möchte. Das Wissen um die Notwendigkeit der Unterscheidung kann nicht gleichgesetzt werden mit dem Vermögen, diese Unterscheidung auch durchzuführen. So betont Luther in seiner berühmten Tischrede des Jahres 1531, dass allein der Heilige Geist die Kunst der Unterscheidung von Gesetz und Evangelium verstehe: »*Non est homo, qui vivit in terris qui sciat discerne inter legem et euangelium.* Wir lassen vns wol geduncken, wen wir horen predigen, wir verstehens; aber es felet weit. *Solus Spiritus Sanctus hoc scit.* [...] Also soll vnd muß allein Gott der heiligst meister sein.«[51]

Da diese Kunst aber als die »höchste Kunst jnn der Christenheit, die wir wissen sollen«,[52] zu werten sei, ergibt sich daraus die Notwendigkeit zu ständiger und erwartungsvoller Beschäftigung mit der Schrift. Die große Kunst des Theologen besteht daher – so führe ich den Gedanken Luthers fort – vor allem darin, zu wissen, dass das Ereignis von Gesetz und Evangelium außerhalb seiner theologischen Machbarkeit liegt und durch die Theologie vor dem Zugriff der Theologen bewahrt werden muss.[53]

Entsprechend kennt, wie Gerhard Heintze in einer Studie zu Luthers Predigt festgestellt hat, Luther selbst keine eigenständige Predigt des Gesetzes. Heintze stellt in seiner Untersuchung zum Predigtwirken Luthers fest, dass erst später – vor allem im Kontext der Antinomerdisputationen von 1539 – »die Bußpredigt des Gesetzes und die Trostpredigt des Evangeliums auch begrifflich auseinander« treten.[54] Gleichzeitig finden sich erst ab den 1530er Jahren Aussagen, die die Linearität der Abfolge von Predigt der Sündenerkenntnis und Predigt des Evangeliums andeuten.[55] So in

---

[50] Vgl. *G. Heintze*, Luthers Predigt von Gesetz und Evangelium (FGLP 11), München 1958, 260: Entscheidend sei »die Art und Weise, wie das gepredigte Wort vom Hörer aufgenommen wird, ob als demütigendes, tröstendes oder wegweisendes Wort. Und das führt [...] zu Gottes eigenem Werk, das er durch die Predigt seines Wortes an den Menschenherzen ausrichtet.«

[51] WA TR 2, 3f. (Nr. 1234); vgl. dazu *Bayer*, Luthers Theologie (s. Anm. 48), 60f.

[52] So in der Neujahrspredigt 1532 (Predigt am Tag der Beschneidung, nachmittags): WA 36, 9,28f.

[53] Vgl. *Heintze*, Luthers Predigt (s. Anm. 50), 260f. Heintze spricht hier von der Spannung zwischen der Betonung der Notwendigkeit der Unterscheidung von Gesetz und Evangelium in der Dogmatik und der praktischen Undurchführbarkeit dieser Unterscheidung in der Predigt.

[54] *Heintze*, Luthers Predigt (s. Anm. 50), 86.

[55] Vgl. *Heintze*, Luthers Predigt (s. Anm. 50), 86.

einer Aussage in Luthers Tischreden aus den 1530er Jahren: *Tria praedicanda. Primo est deicienda conscientia, secundo erigenda, tertio resolvenda seu evolvenda ex his, quae ei dubia sunt, primo per legem, secundo per euangelium, tertio per expositionem illorum, quae est sententia et quid continetur in toto verbo Dei.*[56] Luthers Predigt allerdings war und blieb primär Textpredigt, die – meist in der Form der Homilie – dem biblischen Text nachzugehen und auslegend zu entsprechen suchte.[57]

4.2   Auch für dich ...

Meines Erachtens haben die beiden, aus einer Wahrnehmung von Luthers Aussagen entwickelten Grundwörter der Predigt »Für dich« und »Heute« nichts von ihrer Aktualität verloren, bedürfen allerdings beide einer Neuakzentuierung angesichts des im christlich-jüdischen Dialog Erarbeiteten.

Was Christinnen und Christen dabei zunächst und vor allem lernen und neu einüben müssten, ist die Benutzung und Verinnerlichung des Wörtchens »auch«. Joachim Sartorius verwendet es in seinem 1591 entstandenen Lied »Lobt Gott den Herrn, ihr Heiden all« (EG 293). Dort heißt es in nachdichtender Aufnahme von Ps 117: »Lobt Gott den Herrn, ihr Heiden all, lobt Gott von Herzensgrunde, preist ihn, ihr Völker allzumal, dankt ihm zu aller Stunde, dass er *euch auch* erwählet hat und mitgeteilet seine Gnad in Christus, seinem Sohne« (EG 293,1).[58]

Das fehlende »Auch« führte in der Geschichte der Theologie und Kirche zu der dogmatischen Idee der Substitution, des Übergangs der Erwählung von Gottes Volk Israel auf die Christinnen und Christen, zu der Annahme, dass *allein* in Christus das Heil gefunden werden könne, zu Intoleranz und verbaler wie physischer Gewalt. Das »Auch« hingegen ermöglicht ein »Mit«, das Paulus in Aufnahme von Dtn 32,43 als Imperativ zur Mit-Freude aufnimmt: »Freut euch, ihr Heiden, *mit* seinem Volk« (Röm 15,10). Ekklesiologisch bedeutet diese Einsicht, dass Christinnen und Christen nur *mit* Israel und gleichzeitig selbstverständlich in Unterschiedenheit von Israel Kirche sein können. Homiletisch bedeutet sie, dass Predigtrede gegenwärtig nur im beständigen Blick auf das miterwählte Gottesvolk Israel möglich ist. Dies impliziert (1) die Vermittlung der Einsicht, dass das Alte Testament zunächst die Bibel Israels ist und bis heute auch von Jüdinnen und Juden in der Erwartung, darin das Wort des lebendigen Gottes zu hören, gelesen wird; (2) die Wahrnehmung jüdischer Schriftauslegung in Vergangenheit und Gegenwart, um sich der Pluralität der Auslegung biblischer Worte zu

---

[56]   WA TR 4, 479 (Nr. 4765).

[57]   Vgl. *Heintze*, Luthers Predigt (s. Anm. 50), 98–101, 257–283; vgl. auch die Analyse der Einzelpredigten zum Dekalog (102–146), zur Bergpredigt und dem doppelten Liebesgebot (147–211) sowie zur Passion Christi (212–256).

[58]   Die Aufnahme des »Auch« in dem Liedtext von Sartorius ist umso erstaunlicher, als sie sich in der Textgestalt dieses kurzen Psalms in der Lutherbibel nicht findet. Angemerkt ist allerdings bereits als Randglosse in Luthers »Biblia Germanica« von 1545 der Verweis auf Röm 15, wo sich Ps 117 in einem Zusammenhang mit anderen alttestamentlichen Texten findet, die das Verhältnis der *Heiden* zu dem *Gottesvolk Israel* thematisieren.

vergewissern und sich von der Stimme der älteren Schwestern und Brüder im Glauben anregen, herausfordern und korrigieren zu lassen; (3) die Suche nach gegenwärtigen gemeinsamen homiletischen Lernwegen für Juden und Christen (vgl. unten 5.). Grundlegend geht es aber (4) darum, immer neu zu zeigen, wie christlicher Glaube in die Geschichte des Handelns Gottes mit dieser Welt und mit seinem Volk Israel gehört – und nur in der Erinnerung an diese Geschichte und Neuerzählung dieser Geschichte Bedeutung hat.

4.3 Das messianische Heute

Das von Luther zu Recht in den Mittelpunkt gerückte »Heute« der Predigt gilt es angesichts der beschriebenen Gefahr eines neuzeitlichen Verlustes dieser Dimension durch die Historisierung der biblischen Tradition und die Eröffnung eines tiefen Grabens zwischen unserer Zeit und dem Damals, von dem die Texte erzählen, neu zu entdecken. Allerdings ist darauf zu achten, dass dieses »Heute« nicht triumphalistisch, nicht erfüllungs-positivistisch, sondern *messianisch* artikuliert wird und so die Verbindung von Christentum und Judentum in der Gemeinschaft der Hoffnung und der Erwartung der Erfüllung der Verheißung verbindet.

Die bereits zitierte Predigt Jesu in der Synagoge von Nazaret nutzt das »Heute« auf pointierte Weise: »Heute ist dieses Wort der Schrift erfüllt vor euren Ohren« (Lk 4,21). Wichtig ist es zu betonen, dass nicht nur das Christentum ein solches messianisch-eschatologisches »Heute« kennt, das die Linearität von Zeitkonstruktionen und gegenwärtig die Dominanz historischer Hermeneutiken durchbricht, sondern auch das Judentum.

Im Babylonischen Talmud (Sanhedrin 98a) findet sich die Erzählung von der Begegnung von Rabbi Jehoshua ben Levi mit dem Messias. Der Prophet Elija hatte Rabbi Jehoshua nach Rom gesandt – genauer: vor die Tore von Rom. Dort befindet sich der Messias inmitten der Armen und Kranken – und wird nur dadurch von Rabbi Jehoshua erkannt, dass alle anderen Kranken die Verbände um ihre Wunden insgesamt lösen und sie dann neu verbinden; der Messias hingegen tut dies einzeln – Wunde für Wunde –, um bereit zu sein, falls nach ihm verlangt werde. Rabbi Jehoshua nähert sich und fragt: »Wann kommt der Meister?« Dieser erwidert: »Heute.« Darauf kehrt Rabbi Jehoshua zu Elija zurück, der ihn fragt: »Was sagte er dir?« Er antwortet: »Er hat mich belogen, denn er sagte mir, er werde heute kommen, und er kam nicht.« – Elija erwidert: »Er hat es wie folgt gemeint: ›Wenn ihr *heute* auf seine Stimme hören werdet ...‹ (Ps 95,7).«

Der verwundete(!) Messias, der vor den Toren der Stadt Rom sitzt, die im Talmud exemplarisch für Fremdherrschaft und Exil steht, sprengt mit seinem »Heute« die lineare Zeitwahrnehmung.[59] Die neue Zeit, Gottes Zeit, ist da und steht

---

[59]   Vgl. zur Auslegung auch *M. Krupp*, Der Talmud. Eine Einführung in die Grundschrift des Judentums mit ausgewählten Texten, Gütersloh 1995, 170–173; *A. Berger*, Captive at the Gate of Rome. The Story of a Messianic Motif, in: PAAJR 44 (1977), 1–17.

bereit. Sie liegt gleichsam unter oder über oder neben der Zeit, in der Menschen leben und die sie als ihre Zeit begreifen. Durch sie erhält die Zeit, in der Menschen leben, einen Riss. So hat auch Walter Benjamin in seinem letzten Essay »Über den Begriff der Geschichte« (1940) die Zeit der Erwartung wahrgenommen. Er wendet sich kritisch gegen den vermeintlichen Fortschritt und gegen politische Konstruktionen, die mit dem Fortschrittsoptimismus zusammenhängen, und schreibt dann: »Die Thora und das Gebet unterweisen sie [die Juden] [...] im Eingedenken. Dieses entzauberte ihnen die Zukunft, der die verfallen sind, die sich bei den Wahrsagern Auskunft holen. Den Juden wurde die Zukunft aber darum doch nicht zur homogenen und leeren Zeit. Denn in ihr war jede Sekunde die kleine Pforte, durch die der Messias treten konnte.«[60]

Christliche Predigt ist messianische Predigt – und messianische Predigt ist die Predigt eines erwartungsvollen Heute, das (etwas pathetisch formuliert) die Ketten des Chronos zerbricht und sich voller Sehnsucht dem Kairos entgegenstreckt. Sie ist Predigt, die sich in der Weggemeinschaft mit Jüdinnen und Juden weiß – der Vollendung entgegen. Sie nimmt die Welt genau wahr – und entdeckt in ihr die Spuren der neuen Welt Gottes. Und sie weiß zugleich, dass sie die Welt nicht verklären muss und verklären darf, da sie offen bleibt für Gottes neues Handeln und seine Vollendung. Sie ist so die Predigt eines *messianischen Heute*, das *für dich* zum Heil geschieht.

5.   CHRISTLICH-JÜDISCHE HOMILETISCHE WEGGEMEINSCHAFT

In den vergangenen Jahren wurden immer neue Bilder für das christlich-jüdische Verhältnis gesucht.[61] Meines Erachtens ist das Bild der *Zwillingsbrüder*, die nicht voneinander loskommen und doch eine im Einzelnen immer wieder schwierige, sogar dramatische Geschichte haben, nach wie vor hilfreich. Wie Jakob und Esau sind Jüdinnen und Juden, Christinnen und Christen miteinander unterwegs. Nach Jahren der Entzweiung und Trennung ist in den vergangenen Jahren ein Weg beschritten worden, für den Gen 33 das Paradigma sein kann. Keineswegs laufen die beiden Brüder nach der Geste der Versöhnung nun einfach miteinander auf ihren Wegen, vielmehr schlägt Jakob vor, »gemächlich hintennach« zu treiben – im eigenen Tempo und Esau den Vortritt lassend. Sie bleiben – im Bild gesprochen – in Sichtweite zueinander und doch getrennt voneinander unterwegs (vgl. Gen 33,1–16; Zitat: V. 14).

---

[60]   *W. Benjamin*, Über den Begriff der Geschichte, in: ders., Sprache und Geschichte. Philosophische Essays, ausgewählt von R. Tiedemann, mit einem Essay von T. W. Adorno, Stuttgart 1992, 141–154, hier 153f.

[61]   Vgl. *J. Koslowski*, »Halbgeschwister«? Versuche der Verhältnisbestimmung zwischen Judentum und Christentum, in: KuI 31 (2016), 125–133.

So ähnlich könnte und müsste meines Erachtens auch eine christlich-jüdische homiletische Weggemeinschaft aussehen. Die beiden homiletischen Traditionen bleiben miteinander unterwegs und gehen doch ihre jeweils eigenen Wege. Christinnen und Christen sehen sich durch das Christusereignis hineingenommen in eine Geschichte, die ihre eigene und doch bleibend auch die Geschichte Israels und damit eine fremde Geschichte ist. So lesen sie die gemeinsam verbindenden Texte des Ersten Testaments und nehmen wahr, wie die jüdischen Geschwister diese Texte auslegen und in ihren Predigten wahrnehmen. Sie nehmen Anteil an den Festen der jeweils anderen (dass etwa 2016 der Heilige Abend mit dem Beginn des jüdischen Chanukka-Festes zusammenfiel, wurde erfreulicherweise von zahlreichen Predigerinnen und Predigern bemerkt und in ihre Predigten aufgenommen). Das hätte dann auch zur Folge, dass das Kirchenjahr in liturgischen Kalendern immer nur noch gemeinsam mit dem jüdischen Festjahr abgedruckt wird,[62] und dass sich die Leseparaschot der Tora-Lesungen für die Schabbatot ganz selbstverständlich auch im Pfarramtskalender finden. Es gäbe dann gemeinsame christlich-jüdische homiletische Workshops und gemeinsame Bibelarbeiten. Und natürlich weiterhin wissenschaftliche Tagungen, die homiletische Fragen im christlich-jüdischen Miteinander diskutieren. So harmonisch das alles klingt: Ohne unterschiedliche Auffassungen und ohne Streit wird es bei einem solchen Miteinander nicht abgehen (und muss es auch nicht). Das Ziel ist ja nicht der eine gemeinsame Weg, sondern das Aushalten von Differenz im Kontext des Miteinanders.

Christliche Predigt wird das Alte Testament so (weiterhin) mit Enthusiasmus und Freude entdecken, wahrnehmen, wie diese Texte »heute« und »für dich« Relevanz gewinnen – und dabei merken, dass sie dies *auch* für uns als Christinnen und Christen tun und uns das Heute in eine bleibende Weggemeinschaft mit dem zuerst und bleibend erwählten Gottesvolk Israel setzt.

---

[62]   In der Reformierten Liturgie findet sich – meines Wissens bislang als einziger »Agende« – als Beigabe »Das jüdische Jahr«: Reformierte Liturgie. Gebete und Ordnungen für die unter dem Wort versammelte Gemeinde, im Auftrag des Moderamens des Reformierten Bundes erarbeitet und herausgegeben von P. Bukowski u. a., Wuppertal/Neukirchen-Vluyn ³2010, 611–625.

Bedeutung und Umgang mit dem Alten Testament in der Religionspädagogik

Michael Fricke

1. Einleitung

Der aktuelle Anlass, über die Frage nach der Bedeutung und dem Umgang mit dem Alten Testament in der Religionspädagogik nachzudenken, ergibt sich aus den Turbulenzen in Kirche und Theologie, die Notger Slenczka im Jahr 2013 durch seine Publikation zur Bedeutung des Alten Testaments auslöste, indem er die provokante These aufstellte, das Alte Testament sei »als Grundlage einer Predigt, die einen Text als Anrede an die Gemeinde auslegt, nicht [...] geeignet. Sie – die christliche Kirche – ist als solche in den Texten des Alten Testaments nicht angesprochen«.[1] Weiter behauptet Slenczka, dass wir Christen aufgrund der empfundenen Fremdheit gegenüber den alttestamentlichen Texten nur sehr begrenzt in der Lage seien, diese »als Ausdruck des Gottesverhältnisses zu lesen und zu verstehen, das sein christlich-religiöses Bewusstsein ausspricht«, und also faktisch »den Texten des AT in unserer Frömmigkeitspraxis einen minderen Rang im Vergleich zu den Texten des NT zuerkennen«.[2] Im Bereich der Religionspädagogik, und zwar der gemeindlichen, erfolgte im Jahr 2015 eine Antwort: Der Gesamtverband für Kindergottesdienst in der EKD erklärte, dass »nur Altes und Neues Testament gemeinsam den christlichen Glauben an den Gott Israels, der in Jesus Christus Mensch geworden ist, erschließen«. Deswegen bilden »beide Teile der Bibel gemeinsam [...] die Grundlage für gottesdienstliche Angebote mit Kindern«.[3] Seitens der schulischen Religionspädagogik gibt es weder von wissenschaftlichen noch von Religionslehrerverbänden eine Stellungnahme,[4]

---

[1]   *N. Slenczka*, Die Kirche und das Alte Testament, in: E. Gräb-Schmidt / R. Preul (Hrsg.), Das Alte Testament in der Theologie (MJTh 25), Leipzig 2013, 83–119, hier 118.

[2]   *Slenczka*, Kirche (s. Anm. 1), 119.

[3]   *Gesamtverband für Kindergottesdienst in der EKD e. V.* (Hrsg.), Das Alte Testament im Kindergottesdienst, http://kindergottesdienst-ekd.de/DasATimKindergottesdienst.pdf (21.03.2016).

[4]   Die einzige religionspädagogisch-schulische Reaktion ist ein kurzer Beitrag in einer nicht-religionspädagogischen Zeitschrift: *H. Schroeter-Wittke*, Außer Frage. Vom Alten Testament im Religionsunterricht, in: JK 77,1 (2016), 18–19.

was damit zusammenhängen mag, dass sich Slenczka mit seinen Einlassungen in erster Linie auf den kirchlich-gottesdienstlichen Kontext bezog. Gleichwohl bietet Slenczkas Provokation einen willkommenen Anlass, grundsätzlich zu erörtern, welche Bedeutung das Alte Testament in der Religionspädagogik hat und wie sich der Umgang mit ihm gestaltet. Denn insofern sich die Religionspädagogik als Reflexion und Praxis christlicher Bildung und Erziehung versteht, ist sie eng mit den Entwicklungen und Prozessen in Kirche und Theologie verbunden.

Als erster Befund ist hier bereits zu vermerken, dass eine wissenschaftliche Gesamtdarstellung und -bearbeitung der Frage derzeit fehlt. In bibeldidaktischen Werken[5] und religionspädagogischen Zeitschriften[6] erfährt das Thema nur gelegentliche Aufmerksamkeit, obwohl Themen und Texte des Alten Testaments selbst reichlich vertreten sind. Im Folgenden werden zur Bearbeitung der gestellten Frage sowohl explizite als auch implizite »Programmatiken« heran-

---

[5]   Einschlägige Werke, die Teilaspekte berühren, sind: *I. Baldermann*, Wer hört mein Weinen? Kinder entdecken sich selbst in den Psalmen, Neukirchen-Vluyn [8]2006; ders., Einführung in die Bibel, Göttingen [4]1993; ders., Einführung in die biblische Didaktik, Darmstadt [3]2007; *H.K. Berg*, Grundriss der Bibeldidaktik. Konzepte – Modelle – Methoden, München [3]2003; ders., Altes Testament unterrichten. Neunundzwanzig Unterrichtsvorschläge, München 1999; *A. Bucher*, Bibeldidaktische Grundregeln. Altes Testament, in: E. Groß/K. König (Hrsg.), Religionsdidaktik in Grundregeln. Leitfaden für den Religionsunterricht, Regensburg 1996, 68–94; *M. Fricke*, »Schwierige« Bibeltexte im Religionsunterricht. Theoretische und empirische Elemente einer alttestamentlichen Bibeldidaktik für die Primarstufe, Göttingen 2005; *F. Johannsen*, Alttestamentliches Arbeitsbuch für Religionspädagogen, Stuttgart [4]2010; *C. Kalloch*, Das Alte Testament im Religionsunterricht der Grundschule. Chancen und Grenzen alttestamentlicher Fachdidaktik im Primarbereich, Münster 2001; *A. Obermann*, Art. Religionsunterricht (AT), in: WiBiLex (2008), http://www.bibelwissenschaft.de/stichwort/44295/ (21.11.2016); *R. Oberthür*, Kinder fragen nach Leid und Gott. Lernen mit der Bibel im Religionsunterricht, unter Mitarbeit von A. Mayer, München 1998; *M. Schambeck*, Bibeltheologische Didaktik. Biblisches Lernen im Religionsunterricht, Göttingen 2009; *M. Zimmermann/R. Zimmermann*, Handbuch Bibeldidaktik, Tübingen 2013.

[6]   In den Jahren 2000 bis 2016 gab es in den wichtigen deutschsprachigen religionspädagogischen Zeitschriften ZPT, entwurf, KatBl und Grundschule Religion kein eigenes Themenheft zum »Alten Testament in der Religionspädagogik«, dafür aber Fragestellungen mit unterschiedlich intensivem Bezug zum Alten Testament. ZPT bietet: Prophetisches Lernen, 52,1 (2000); Bibel und Synkretismus, 56,2 (2004); Erinnern und Gedenken, 55,4 (2003); Schöpfung, 56,3 (2004); Tora, 67,2 (2015); entwurf: Bibel, 2 und 3/2007; Schöpfung, 4/2008; Propheten, 3/2011; Dem Leiden begegnen – Theodizee, 4/2012; Jerusalem, 4/2014; Aspekte des Menschseins, 3/2015; KatBl: Mose, 1/2001; Fremde Bibel, 1/2002; Turmbau zu Babel, 4/2002; Biblische Irritationen, 1/2003; Propheten, 1/2004; Abraham und Isaak, 1/2005; Jesaja, 6/2012; Weisheit, 6/2013; Jeremia, 4/2015; Grundschule Religion: Geschichten vom Anfang: Schöpfung, 11 (2005); Josef, 16 (2006); Mose-Geschichten, 22 (2008); Propheten, 37 (2011); Geschichten aus dem Alten Testament (Sammelband) 2011; Die dunklen Seiten Gottes, 40 (2012); David, 41 (2012); Geschwisterbeziehungen, 43 (2013); Gott: vielfältig und geheimnisvoll, 52 (2015); Mensch Josef!, 55 (2016); Psalmen geben Sprache, 56 (2016).

gezogen, die gemeinsam den gegenwärtigen Diskurs bilden. Als Quellen ziehe ich einschlägige akademische Beiträge sowie religionspädagogische Orientierungs- und Gebrauchsliteratur heran, zu der schulische Curricula,[7] Pläne für den Kindergottesdienst[8] und Kinderbibeln[9] zählen. Die Quellenauswahl ist nicht flächendeckend, sondern nur exemplarisch. Die Darstellung beginnt mit einem Blick in die jüngere Vergangenheit, der deutlich macht, wie anders der heutige Diskurs gegenüber dem früheren ist.

2. Blick in die jüngere Vergangenheit

Seit es Bibelunterricht gibt, hat das Alte Testament einen festen Platz darin.[10] Meilenstein der ersten neuzeitlichen Bibeldidaktik sind Johann Hübners »Biblische Historien« aus dem 18. Jahrhundert, die je 52 Erzählungen aus Altem und Neuem Testament enthalten.[11] Charakteristisch sind neben dem vereinfachten und erweiterten Luthertext das methodische Arrangement, das Gedächtnis durch »deutliche Fragen«, den Verstand durch »nützliche Lehren« und den Willen durch »gottselige Gedanken« zu fordern und zu fördern. Die Anwendungen zielen je nach Text auf dogmatische, glaubensbezogene, existentielle und ethisch-moralische Lehren. Hübners Historien erfahren bis zum Beginn des 20. Jahrhunderts insgesamt 270 Neuauflagen bzw. Bearbeitungen und bleiben somit weit über ihre Entstehungszeit hinaus prägend.[12] Bezüglich unserer Frage-

---

7   Exemplarisch die Lehrpläne in Bayern: http://www.lehrplanplus.bayern.de/ (21.11. 2016). Unterrichtswerke und Lehrerhandbücher hinzuzunehmen, würde den Rahmen dieses Beitrags sprengen.

8   Exemplarisch: *Gesamtverband für Kindergottesdienst in der EKD e. V.* (Hrsg.), Plan für den Kindergottesdienst 2015–2017. Leitfaden für Verantwortliche, Greven 2014.

9   Exemplarisch (mit Auswahlkriterien): *D. Klöpper/K. Schiffner*, Gütersloher Erzählbibel, mit Bildern von J. Heidenreich, Gütersloh ²2008 (Gender- und Aspekte des jüdisch-christlichen Dialogs); *W. Laubi*, Kinderbibel, illustriert von A. Fuchshuber, Lahr ¹²2014 (in Bayern für Grundschule als Lehrmittel zugelassen); *N. ter Linden*, König auf einem Esel. Höre, was erzählt wird. Geschichten aus dem Alten und Neuen Testament für die ganze Familie, Hannover 2011 (ausländische Lizenzausgabe); *R. Oberthür*, Die Bibel für Kinder und alle im Haus, München ⁵2007 (wichtigste katholische Kinderbibel); *M. Steinkühler/B. Nascimbeni*, Die neue Erzählbibel, Stuttgart 2015 (neueste evangelische Kinderbibel).

10   Zur Geschichte der Bibeldidaktik des Alten Testaments vgl. *Fricke*, »Schwierige« Bibeltexte (s. Anm. 5), § 2.

11   *J. Hübner*, Zweymahl zwey und funffzig Auserlesene Biblische Historien Aus dem Alten und Neuen Testament, Der Jugend zum Besten abgefasset, Nachdruck der Ausgabe Leipzig 1731, mit einer Einleitung und einem theologie- und illustrationsgeschichtlichen Anhang hrsg. von R. Lachmann und C. Reents, Hildesheim 1986.

12   Vgl. die Einleitung von Lachmann und Reents in: *Hübner*, Auserlesene Biblische Historien (s. Anm. 11).

stellung findet sich im »Hübner« keine explizite Reflexion über die Bedeutung des Alten Testaments für Christen. Die »nützlichen Lehren« konstatieren jedoch in keiner einzigen(!) der 52 alttestamentlichen Abschnitte in irgendeiner Weise die von Slenczka insinuierte Fremdheit, sondern sind genauso »aktuell-unmittelbar« wie die zum Neuen Testament formuliert. So lauten etwa die drei Lehren zum Exodus (Ex 11–15): »Gott der Herr kann auch die großen Potentaten kirre machen, wenn sie noch so sehr wüten und toben. Die Alten haben im Sprichworte gar recht gesaget: Unrecht Gut gedeihet nicht. Der allerbeste Reise-Gefährte ist der Engel des Herrn.«[13]

In der Liberalen Religionspädagogik, hier gezeigt am Beispiel Richard Kabisch, nehmen die alttestamentlichen Erzählungen breiten Raum im Unterricht ein.[14] Dabei finden sich Hochschätzung *und* Abwertung. So lobt Kabisch »die ästhetische Eigenart dieser Stoffe«, den »reiche[n] Wechsel des Lebens« sowie, dass der Stoff dem »Bedürfnis der Kinderphantasie« entgegenkomme.[15] Jedoch sei das Alte Testament aufgrund seiner vielen »anstößigen Stellen [...] wirklich kein Buch für Kinder« und es drohe die Gefahr, dass die Kinder beim »wandelnden, redenden, grollenden und liebenden Menschen-Gott« des Alten Testaments verharren und nicht in der Lage sind, zu dem »unsichtbaren, allgegenwärtigen Allmächtigen sich ein Herz [zu] fassen«.[16] Um dem vorzubeugen, müsse man die Kinder »als Christ« in die Welt des Alten Testaments einführen: »Man hat also jede einzelne Geschichte, die man vorführt, immer und vom ersten Schuljahr an, unter das Licht des Neuen Testaments zu stellen und in seinem Sinne verstehen zu lassen.«[17] Dabei sei gerade der »Einblick in die Mängel der Religion des Alten Testaments geradezu unerlässlich, um zum wahrhaft christlichen Selbstbewusstsein zu erwachen«, andererseits fänden sich auch »Höhen der alttestamentlichen Religion« (Propheten, Ps 73, Hiob), »unvergleichliche Äußerungen tiefer Frömmigkeit, an denen auch des reifsten Christen Seele sich nähren mag«.[18]

Die Evangelische Unterweisung setzt im Nationalsozialismus und auch danach diese Ambivalenz fort. Martin Rang zufolge sind die alttestamentlichen Geschichten im Anschluss an Luthers Zugang zum Alten Testament zwar als Exempel des Glaubens zu lesen, indem sie von der menschlichen Not und der Größe göttlichen Wirkens zeugen.[19] Sie dürfen jedoch »methodisch« nicht so behandelt

---

13   *Hübner*, Auserlesene Biblische Historien (s. Anm. 11), 92.

14   Vgl. *R. Kabisch*, Wie lehren wir Religion? Versuch einer Methodik des evangelischen Religionsunterrichts für alle Schulen auf psychologischer Grundlage, Göttingen 1910, 164–171.

15   *Kabisch*, Wie lehren wir Religion? (s. Anm. 14), 127, 128, 124.

16   *Kabisch*, Wie lehren wir Religion? (s. Anm. 14), 125f.

17   *Kabisch*, Wie lehren wir Religion? (s. Anm. 14), 126.

18   *Kabisch*, Wie lehren wir Religion? (s. Anm. 14), 128.

19   Vgl. *M. Rang*, Biblischer Unterricht. Theoretische Grundlegung und praktische Handreichung für den Religionsunterricht in Schule, Kirche und Familie, Berlin 1936, 151, 303.

werden wie neutestamentliche Erzählungen, »deren Mittelpunkt in jedem Falle Jesus Christus ist«.[20] »Das Exemplarische des AT ist allgemein menschlich, [...] die Begegnung mit Jesus dem Erniedrigten ist uns wie aller Welt nur in der neutestamentlichen Geschichte, in diesem einmaligen Geschehen gegeben.«[21] Helmuth Kittel betont einerseits die Notwendigkeit, am Alten Testament festzuhalten, da »nach Gottes Willen Gesetz und Evangelium unlöslich zusammengehört«, andererseits sei es zu behandeln als Dokument des Versuches, »die Gemeinschaft zwischen Mensch und Gott durch Opfer und gute Werke zu erkaufen«, was das Neue Testament »als schlimmste Sünde des Menschen« enthülle.[22]

In beiden Konzeptionen hat das Alte Testament eine große religionspädagogische Bedeutung, die in erster Linie auf der Ebene der Unterrichtspraxis liegt. Durch die breite Verwendung entfaltet das Alte Testament seine Wirkung. Als Stärke des Alten Testaments gilt seine pädagogische Attraktivität (Anregen der Phantasie, Allgemein-Menschliches, indirekte moralische Lehren). Angesichts der in diesen Konzeptionen enthaltenen *Subordinationsrhetorik* – das Alte Testament habe nur eine Hilfsfunktion inne, sei theologisch defektiv und inferior, bedürfe der kontrastierenden Vervollkommnung durch das Neue Testament – ist jedoch unklar, ob das Alte Testament darüber hinaus einen eigenen, positiven theologischen und religionspädagogischen Wert besitzt.

3. Fachdidaktische Problematik des Alten Testaments

Ab Mitte der 1980er kann man von einem neuen Diskurs in der Fachdidaktik des Alten Testaments sprechen.[23] Die intensive Auseinandersetzung mit der Shoa in Kirche und Theologie hat auch in der Religionspädagogik einen neuen Blick auf Judentum, die jüdische Bibel und ihre Auslegung ermöglicht und gleichzeitig das frühere christliche Überlegenheitsgefühl fragwürdig werden lassen. Ein neuer Raum entsteht, in dem die Wertschätzung gegenüber dem Alten Testament klar ausgedrückt, aber auch das Problematische benannt werden kann. In der Literatur werden, etwa von Friedrich Bargheer, als Problembereiche zum Beispiel das autoritär und patriarchalisch empfundene Gottesbild, mythologisch-anthropomorphe Vorstellungen, antikes Weltbild, Merkwürdigkeiten der

---

[20] *Rang*, Biblischer Unterricht (s. Anm. 19), 141.

[21] *Rang*, Biblischer Unterricht (s. Anm. 19), 301.

[22] *H. Kittel*, Schule unter dem Evangelium. Richtlinien, in: DTh 2 (1935), 140–153, gekürzt abgedruckt unter dem Titel: Das begrenzte Recht des Nationalsozialismus. Richtlinien für den Religionsunterricht an der neuen deutschen Schule, in: K. E. Nipkow/F. Schweitzer (Hrsg.), Religionspädagogik. Texte zur evangelischen Erziehungs- und Bildungsverantwortung seit der Reformation, Bd. 2/2: 20. Jahrhundert, München 1994, 105–114, hier 108f.

[23] Vgl. *P. Höffgen*, Das Alte Testament in der Religionspädagogik der 80er Jahre, in: VuF 36 (1991), 72–101; Themenheft »Das Alte Testament im RU«, EvErz 37 (1985), 219–342.

alttestamentlichen Chronologie, Widersprüche in Gott selbst (Tötungsverbot vs. Tötungshandeln Gottes) genannt sowie darüber hinaus für Religionslehrer die Komplexität des Alten Testaments im Hinblick auf Inhalte und Formen und das didaktische Auswahl- und Legitimationsproblem.[24] Einige dieser Themenbereiche werden im Folgenden aufgegriffen.

4. DEM ALTEN »GEWICHT VERLEIHEN« ODER: DAS ERSTE TESTAMENT

Die Überschrift spielt auf eine Bedeutung des hebräischen Verbs כבד (»ehren«, vgl. Ex 20,12) an und soll hervorheben, dass dem Alten Testament im gegenwärtigen religionspädagogischen Diskurs ein bisher nicht dagewesenes Gewicht verliehen wird. Das spiegelt sich auf verschiedenen Ebenen wider.

(1) Reflexion der angemessenen Benennung des »Alten Testaments«: Auch wenn die analysierten schulischen und kirchlichen Curricula sowie die meisten religionspädagogischen (oben aufgeführten) Werke weiterhin vom »Alten Testament« sprechen – dabei mögen auch praktische Gründe eine Rolle spielen, zum einen, weil sich das »Erste« Testament auch in der Fachwissenschaft noch nicht durchgesetzt hat, und zum anderen, weil die Frage, ob das Neue Testament sprachlich-ästhetischen Überlegungen folgend zum »Zweiten« werden müsste, noch offen ist –, hat die durch die Exegese angestoßene Diskussion um eine Neubezeichnung in der Religionspädagogik partiell Aufnahme gefunden. In wissenschaftlichen Beiträgen findet sich zuweilen das Andeuten der Namensreflexion durch Voranstellen des Adjektivs »das sogenannte [Alte Testament]«.[25] Expliziten Rekurs auf das »Erste Testament« bietet Rainer Oberthür in seiner Kinderbibel: »Da ist zuerst das so genannte Alte Testament, das ich lieber Erstes Testament nenne [...]. Hier wird die Geschichte des Volkes Israel mit dem einen und einzigen Gott erzählt. Es ist die gemeinsame Heilige Schrift von Juden und Christen.«[26] Noch pointierter erklärt die Gütersloher Erzählbibel: »Der Teil der christlichen Bibel, den wir ›Erstes‹ oder ›Altes‹ Testament nennen, ist die Hebräische Bibel, die Heilige Schrift der Jüdinnen und Juden.«[27]

(2) Abwendung von der Subordination des Alten Testaments und Umkehrung der Leserichtung: Bibeldidaktiker wenden sich – evangelischer-[28] und ka-

---

24 *F. Bargheer*, Fachdidaktische Probleme des AT im Überblick, in: EvErz 37 (1985), 286–300.

25 Etwa bei *B. Schröder*, Toradidaktik, in: ZPT 67 (2015), 125–134.

26 *Oberthür*, Bibel für Kinder (s. Anm. 9), 14.

27 *Klöpper / Schiffner*, Erzählbibel (s. Anm. 9), 5.

28 Vgl. *RPZ Heilsbronn und GPM Erlangen im Auftrag des Landeskirchenrates der Evang.-Luth. Kirche in Bayern* (Hrsg.), Religionsunterricht in Israels Gegenwart. Kriterien und Reflexionen, o. J., http://www.rpz-heilsbronn.de/fileadmin/user_upload/daten/service/ru_in_israels_gegenwart.pdf (22.11.2016).

tholischerseits, hier Anton Bucher[29] – gegen die noch vorhandene Abwertung des Alten Testaments und des alttestamentlichen Gottesbildes. Die Bibeldidaktik müsse offene und latente »Abwertungen des AT erkennen«, »klischeehafte Stereotype zum AT durchschauen« (etwa: Jhwh sei ein rachsüchtiger, kriegerischer und gewalttätiger Gott und das Judentum eine unmenschliche Gesetzesreligion) und dürfe die »Typologische Schriftauslegung nicht überakzentuieren«.[30] Noch weiter geht der evangelische Kindergottesdienstplan, hier beim Thema Propheten: »In den Kirchen wurden Propheten-Worte aus dem AT lange als Voraussagen über Jesus Christus gelesen. Inzwischen haben wir gelernt, die Leserichtung umzudrehen: Wir entdecken neu, wie verwurzelt Jesu Leben und Denken in der jüdischen Geschichte und Tradition ist. Jesus redet in Bildern, die bei Jesaja oder Jeremia zu finden sind, weil er darin zu Hause ist – und nicht, weil Jesaja schon von Jesus zu reden wusste. Jesus ist die jüdische Bibel vertraut. Die Geschichten sind seine Geschichten. Am Leben Jesu können wir erkennen, welche Kraft in den Propheten-Geschichten liegt.«[31]

(3) Entdecken des Eigenwertes des Alten Testaments im Rahmen einer »multiperspektivischen Hermeneutik«:[32] Bereits Horst Klaus Bergs Anliegen ist es, bei der Begegnung mit alttestamentlichen Texten im christlichen Religionsunterricht die »Freude an der Tora« zu vermitteln.[33] Von katholischer Seite heißt es, Religionslehrer sollten das »Alte Testament als eigenwertiges Dokument des unaufkündbaren Ersten Bundes würdigen können«.[34] Es gilt, so Mirjam Schambeck, Altes und Neues Testament in einer multiperspektivischen Weise zu lesen: Zum einen müssen die Christen erkennen, dass ihre Heilige Schrift aus zwei Teilen zusammengesetzt ist, von denen der erste, größere Teil gleichzeitig der einer anderen Religionsgemeinschaft ist, zum zweiten, dass sie an ihre jüdischen Wurzeln gebunden sind und das Neue Testament ohne das Alte Testament nicht zu verstehen ist, gleichzeitig das Christusereignis neue Interpretationen – auch des Alten Testaments – schafft. Darüber hinaus ist der doppelte Ausgang des Alten Testaments in Christentum und Judentum anzuerkennen. Jüdische Auslegung des Tanach und christliche Auslegung des Alten Testaments klingen »symphonisch« zusammen, ohne ineinander aufzugehen.[35] Somit ist es angemessen und

---

[29]   *Bucher*, Bibeldidaktische Grundregeln (s. Anm. 6), 69, zitiert dazu aus *F. Alt*, Jesus – der erste neue Mann, München ⁴1990: »Jesus und sein neues Gottesbild stehen im Gegensatz zum alten Gottesbild: – individuell und nicht mehr kollektiv – mütterlich-väterlich und nicht mehr patriarchalisch [...] freiheitlich und nicht mehr gesetzlich« (129). »Wir sind nicht mehr Knechte wie im Alten Testament – wir sind dank Jesus Gottes Beauftragte« (125).

[30]   *Bucher*, Bibeldidaktische Grundregeln (s. Anm. 5), 69f.

[31]   *Gesamtverband für Kindergottesdienst*, Plan (s. Anm. 8), 20 (Einführung Bibel zu den Propheten).

[32]   *Schambeck*, Didaktik (s. Anm. 5), 92.

[33]   *Berg*, Grundriss (s. Anm. 5), 171–175.

[34]   *Bucher*, Bibeldidaktische Grundregeln (s. Anm. 5), 68.

erhellend, auch die jüdische Auslegung der Schrift mit in die Unterrichtsvorbereitung und -gestaltung einzubeziehen.[36]

(4) Verständnis für das Jüdische des Tanach und die christliche »Zweithörerschaft«[37] des Alten Testaments: Eine besonders pointierte Stellung im Diskurs nimmt die Auffassung ein, dass der Tanach den Juden gehöre. So schreibt die Gütersloher Erzählbibel: »Christinnen und Christen sind durch Jesus Christus dazu eingeladen, von den Jüdinnen und Juden zu lernen und die Texte mit ihnen zu teilen. Aber der erste Teil der Bibel ›gehört‹ nicht uns!«[38] Bernd Schröder kritisiert den aktuellen religionsunterrichtlichen Zugang zum Alten Testament, der nur themenorientiert sei und den Textzusammenhang zu wenig berücksichtige,[39] und wirbt für eine Toradidaktik im christlichen Religionsunterricht, die das Ziel hat, »das Wissen um und *den Respekt vor der jüdischen Lesart des sog. Alten Testaments*« nahezubringen.[40] Es sei sachlich angemessen, beide Lesarten des Alten Testaments/Tanach, die christliche und die jüdische, im Religionsunterricht einzubringen. Schröder sieht einen Lernweg für christliche Schüler darin, die Tora als »Buch des Zeichen-Setzens, Erinnerns und Lernens; Verbindung von Verheißen und Wegweisen; Erkennen und Tun; ›Leben in Fülle‹ in Orientierung an Gott oder Götze; Dokument des Unterwegs-Seins; Auslegen als Vollzugsform von Leben nach der Wegweisung Gottes« zu entdecken.[41] Dies sei mit drei Schlüsseln zu erschließen, (a) von Schülerinnen und Schülern her fragend, (b) von der Didaktik der Tora her kommend und (c) aus der Begegnung mit ihren Rezipienten (Juden, Christen, Muslime ...) lernend, Ausgangspunkt sei aber der Text der Tora und seine gottesdienstliche »Lesung bzw. Kantillation«.[42] Allerdings fragt sich Schröder am Ende selbst kritisch, ob der gegenwärtige Religionsunterricht von seiner Zielsetzung sowie Lehrer- und Schülerschaft her dafür einen Rahmen bieten kann.[43] Im Anschluss an diese Selbstkritik sind Gegenargumente zur »Zweithörerschaft« anzubringen: Folgt man dieser These, die aus der deutschen Geschichte und heutigen Verantwortung heraus erwachsen und nachvollziehbar ist, wäre der Zugang zum Alten Testament nur noch indirekt über Rezeption im Judentum möglich. Offen bleibt, welche positive Botschaft das Alte Testament für

---

35 *Schambeck*, Didaktik (s. Anm. 5), 93.

36 Vgl. schon *Baldermann*, Wer hört mein Weinen? (s. Anm. 5), 268; *Berg*, Grundriss (s. Anm. 5), 166–187; *Fricke*, »Schwierige« Bibeltexte (s. Anm. 5), 131.

37 Nach *Schambeck*, Didaktik (s. Anm. 5), 94, sind die Christen »Zweithörer« des Tanach.

38 *Klöpper/Schiffner*, Erzählbibel (s. Anm. 9), 255.

39 Vgl. aber z. B. die alttestamentlichen Ganzschriftprojekte von C. Dern unten 6.

40 *Schröder*, Toradidaktik (s. Anm. 25), 131.

41 *Schröder*, Toradidaktik (s. Anm. 25), 133.

42 Vgl. *Schröder*, Toradidaktik (s. Anm. 25), 133. Ähnlich wie Schröder entwickeln *R. Boschki/T. Schlag*, Zeit-Wege und Wege-Zeit der Tora. Chancen eines beziehungsorientierten Erinnerungslernens, in: ZPT 67 (2015), 145–154, das Anliegen, der Eigenlogik der Tora im Judentum nachzuspüren. Vom »Alten Testament der Christen« ist nicht die Rede.

43 Vgl. *Schröder*, Toradidaktik (s. Anm. 25), 134.

Christen hat – hat es überhaupt eine? Dürfen Christen überhaupt einen »christlichen«, einen »unmittelbaren« Zugang zum Alten Testament haben?[44] Das Modell der Zweithörerschaft bietet auf diese Fragen weder in der religionspädagogischen Theorie noch in der Praxis des Religionsunterrichts eine Antwort.

(5) Zugang und Umgang im Sinne einer Einheit von Altem und Neuem Testament: Beide Teile der Bibel werden in einer integrativen Schau als Einheit gelesen, weil sie wesentliche Gotteserfahrungen miteinander teilen. Dieser Ansatz zeigt sich bereits bei den einflussreichen Bibeldidaktikern Ingo Baldermann und Horst Klaus Berg. Berg spricht der Bibel als ganzer zu, dass sie »so viel an heilsamer Erfahrung, kritischer Kraft und verändernder Dynamik aufbewahrt hat«, und formuliert in sechs elementarisierenden »Grundbescheiden«, wie die Fülle der Einzelaussagen im Alten und Neuen Testament in eine Ordnung zu bringen sind: Gott schenkt Leben, stiftet Gemeinschaft, leidet mit und an seinem Volk, befreit die Unterdrückten, gibt seinen Geist und herrscht in Ewigkeit.[45] Auch Baldermann arbeitet mit elementaren »Grundbegriffen« der Bibel, die sich durch Altes *und* Neues Testament hindurchziehen, etwa Gerechtigkeit und Ehre, Bund und Opfer, Gottes Herrschaft und die Herrschaft der Götter, Tod und Leben.[46] Dieser reflektiert-gesamtbiblische Ansatz wurde in der Exegese in dem Sinn weitergeführt, dass Altes und Neues Testament »gemeinsam den Traditions- und Deutungsraum des Christusglaubens« bilden (J. Schröter),[47] und in dem bereits eingangs zitierten Wort des Gesamtverbandes für den Kindergottesdienst rezipiert, dem zufolge nur Altes und Neues Testament gemeinsam den christlichen Glauben an den Gott Israels, der in Jesus Christus Mensch geworden ist, erschließen. Zentral ist dort die Begründung über das Gebet: »Jesus ist im jüdischen Gottesglauben Zuhause. [...] Er betet zu diesem Gott als seinem Vater, dessen Geschichte mit seinem Volk in den heiligen Schriften Israels bezeugt ist. Und er lädt uns ein, ebenso zu beten.«[48] Im Plan für den Kindergottesdienst wird das Bewusstsein für die Einheit von Altem und Neuem Testament dadurch gefördert, dass in besonderen Einheiten jeweils an mehreren Sonntagen hintereinander alt- und neutestamentliche Texte zusammengebunden werden, so etwa »Gottes Recht für die Schwachen« (Ex 22; Dtn 15; Mt 20 und 25).[49] Auch für den

---

[44]   Dies erscheint auch in der Orientierungshilfe »Religionsunterricht in Israels Gegenwart« an manchen Stellen fraglich, wenn von einer Gefahr der Vereinnahmung durch »Identifikation« gesprochen wird (*RPZ Heilsbronn und GPM Erlangen*, Religionsunterricht [s. Anm. 28], 8).

[45]   *Berg*, Grundriss (s. Anm. 5), 33 und 76–87.

[46]   *Baldermann*, Einführung Bibel (s. Anm. 5), 60–89.

[47]   *J. Schröter*, Im Horizont der Schriften Israels, in: Evangelisches Sonntagsblatt für Bayern 24/2015 vom 14.06.2015, http://www.sonntagsblatt.de/news/aktuell/2015_24_16_01.htm (18.11.2016).

[48]   *Gesamtverband für Kindergottesdienst*, Das Alte Testament (s. Anm. 3).

[49]   *Gesamtverband für Kindergottesdienst*, Plan (s. Anm. 8), 241–248. Ähnlich Ps 118 und Apg 2 in »Mit Psalmen singen und beten« (a. a. O., 209–216), Apg 4–5 und Ps 136 in

schulischen Bereich bestätigt sich dieser Eindruck. Die Analyse der Lehrpläne ergibt, dass Altes und Neues Testament als integrative Elemente einer Einheit behandelt werden. Alle Zugangsweisen (historisch, existentiell, Gattungen, Gottesbilder usw.) zur Bibel und hermeneutische Reflexionen sind immer und ohne Unterschied Zugangsweisen zum Alten *und* Neuen Testament.[50] Das Alte Testament erfährt allerdings, das mag man monieren, keine eigenständige Betrachtung im Sinne eines »Ersten Testaments« oder einer »jüdischen Bibel«, wird aber auch nicht in seiner Bedeutung dem Neuen Testament gegenüber untergeordnet oder relativiert. Es lässt sich keine Sonderhermeneutik ausmachen, aber ein – wie bereits beim »Hübner« zu findendes – unmittelbares In-Anspruch-Nehmen.

(6) Zahlenmäßiges Verhältnis zwischen Altem und Neuem Testament: Lassen sich die in der Religionspädagogik gezeigte Aufwertung des Alten Testaments und die Erkenntnis seiner Bedeutung auch quantitativ verifizieren? Die Frage ist komplex. Zunächst einmal ist zu vergegenwärtigen, dass das Alte Testament mit ca. 23.200 Versen (ohne Apokryphen) rund dreimal so umfangreich wie das Neue Testament mit 7.900 Versen ist. Dieses zahlenmäßige Verhältnis wird in der Praxis der Religionspädagogik – ebenso wie in der Kirche – nie erreicht, was verdeutlicht, dass der christliche Glaube keine »Verlängerung« des Judentums darstellt, sondern etwas ganz Eigenes ist und eigene Schwerpunktsetzungen vornimmt. Die folgenden Zahlen können belegen, dass das Alte Testament einen *festen Platz* neben dem Neuen Testament hat. In den fünf analysierten Kinderbibeln (s. Anm. 10) liegt der Anteil des Alten Testaments immer deutlich (um das 1,5- bis 2-fache) über dem des Neuen Testaments, was im Vergleich mit dem eingangs vorgestellten »Hübner« eine substantielle Veränderung darstellt. Das quantitative Verhältnis von Altem und Neuen liegt im Kindergottesdienst bei 40 % zu 60 % und damit immerhin höher als im »Erwachsenengottesdienst« (gemäß neuer Perikopenordnung ⅓ zu ⅔ bei den Predigttexten).[51] Bei den Lehrplänen ist die Auswertung schwieriger. Die bayerischen Lehrpläne sind durchgängig in »Lernbereiche« aufgeteilt. Die zahlenmäßige Auswertung ergibt für die Grundschule in Jg. 1/2 zehn Lernbereiche, davon haben acht einen Bezug zur Bibel und davon fünf einen Bezug zum Alten Testament (10-8-5), in Jg. 3/4 ergibt sich ein Verhältnis von 10-9-5. In der Mittelschule sind die Zahlen wie folgt verteilt: 5-5-5 in Jg. 5, 5-4-3 in Jg. 6, 5-5-2 in Jg. 7, 5-5-3 in Jg. 8, 4-4-1 in Jg. 9, 4-3-3 in Jg. 10. In Realschule und Gymnasium der Sekundarstufe I sind

---

»Teilen und Danken« (369–374) und Ps 139; Hld 4; 1 Kor 3, 6 und 12 in »Mein Körper – Tempel Gottes« (411–416).

50   Evang. Religionslehre 10 Lernbereich 1: Schüler »erläutern zentrale Aspekte des biblischen Gottesbildes im Alten und Neuen Testament«, http://www.lehrplanplus.bayern. de/fachlehrplan/mittelschule/10/evangelische-religionslehre (21.11.2016).

51   *EKD, UEK und VELKD* (Hrsg.), Neuordnung der gottesdienstlichen Lesungen und Predigttexte. Entwurf zur Erprobung im Auftrag von EKD, UEK und VELKD, Nördlingen 2014, 15, online unter http://www.velkd.de/downloads/Perikopenrevision-Neuordnung_ 2014.pdf (07.11.2016).

die Verhältnisse aus Sicht des Alten Testaments etwas ungünstiger, ähnlich wie in der Oberstufe (4-4-2 in Jg. 11, 3-1-0 in Jg. 12). Zu beachten ist allerdings, dass diese Zahlenangaben nicht aussagen, ob es sich nur um einen einzelnen Bibelvers oder einen großen Textkomplex handelt, ob im jeweiligen Lernbereich mit Bezug zum Alten Testament nicht auch eine Stelle aus dem Neuen Testament vorkommt und wie viele Wochenstunden mit dem jeweiligen biblischen Text oder Thema zu veranschlagen sind.

5. DIE VIELFALT DES ALTEN TESTAMENTS: KANON UND GOTTESBILD

Das in der gegenwärtigen Religionspädagogik anzutreffende Bild vom Alten Testament ist umfassend und differenziert. Die drei Teile, Tora, Nebiim und Ketubim, kommen angemessen zur Geltung. Unterstrichen wird die Vielfältigkeit des Gottesbildes in Theorie und Praxis der christlichen Bildung.

(1) Die aus dem Alten Testament rezipierten Texte sind wesentlich vielfältiger als in früheren Zeiten. In der akademischen Religionspädagogik anzutreffende Berichte über die Einseitigkeit der Rezeption des Alten Testaments im Religionsunterricht sind nicht immer repräsentativ, d. h. hängen davon ab, welche Lehrpläne zugrundegelegt werden. So führt Schröder aus, in der Grundschule hätten nur die »erzählenden, literarisch zumeist auf eine Person bezogenen Passagen der beiden ersten Bücher Moses: Schöpfung – Abraham – Jakob – Josef – Mose und Exodus« Platz gefunden, im bayerischen Lehrplan finden sich jedoch zum Beispiel auch Sara, die Psalmen oder Jesaja; für die Sekundarstufe bietet Schröder »die Propheten (i. W. Jesaja, Jeremia und/oder Amos, Jona), das Buch Hiob und eine Auswahl von Psalmen (i. W. 23 und 104), zudem erneut Texte aus dem Schöpfungs- (Gen 1–3 und 11) sowie dem Auszug-aus-Ägypten-Zyklus (Ex 3f. und 19f.)«, während in Bayern zusätzlich Texte aus dem Deuteronomium, den beiden Samuelbüchern, Micha, Rut, Ester, Ezechiel, dem Hohelied und aus Kohelet zu finden sind.[52] Im Kindergottesdienstplan ist eine sehr breite Palette an Texten vorgesehen: Schöpfung, Paradies, Sintflut, Abraham, Jakob, Josef, Mose, Mirjam, Rechtsordnungen (Ex 22, Dtn 15), David, Elija, Elischa, Rut, Daniel, Jona, Jesaja, Sacharja, Hiob, das Hohelied, Kohelet und ausgiebig die Psalmen.[53] Auch die analysierten Kinderbibeln bieten vielfältige Stoffe nicht nur aus der Tora und den Nebiim, sondern gerade auch aus den vormals übergangenen Ketubim (Hiob, Psalmen), und teilweise auch etwas zu Figuren wie Rut und Hanna sowie Texte aus Jeremia, Jesaja und Daniel. Das Alte Testament ist also umfassend und in allen seinen Teilen gut repräsentiert.

---

[52] *Schröder*, Toradidaktik (s. Anm. 25), 125, und http://www.lehrplanplus.bayern.de/ (21.11.2016).
[53] *Gesamtverband für Kindergottesdienst*, Plan (s. Anm. 8).

(2) Wesentlich jedoch ist die Erkenntnis, dass das Alte Testament nicht nur allein über die Inhalte zu begreifen und zu erschließen ist, sondern über die Begegnung mit den verschiedenen Textgattungen und damit auch mit den elementaren *Sprachformen*. Hier hat Baldermann den entscheidenden und bis heute tragenden Anstoß gegeben. Während in der klassischen Religionspädagogik die Erzählung als der Königsweg gilt, macht Baldermann bewusst, dass Erzählungen bereits reflektierte und distanzierende Entfaltungen elementarer Strukturen sind.[54] Diese elementaren Sprachformen, in denen Gott redet oder in denen Menschen zu und von Gott reden, sind nur kurze Äußerungen: Verheißung, Weisung, Klage und Bitte, Lob und Dank, Bekenntnis und Sprichwort – alle finden sich in gleicher Weise im Alten und Neuen Testament.[55]

(3) Entdecken der Ketubim und darin der Psalmen: Es ist bemerkenswert, dass es gerade der Einsatz alttestamentlicher Texte war, der dazu führte, dass biblische Themen im Religionsunterricht einen »unerwarteten Aufschwung«[56] erfuhren und die Bibel nach der Krise der bibelzentrierten Religionspädagogik der 1960er Jahre und dem Triumphzug des problemorientierten Religionsunterrichts in den 1970er Jahren eine Renaissance innerhalb der Religionspädagogik erlebte. Bemerkenswert war dies besonders auch insofern, als es sich nicht um etablierte Texte aus den Erzähltraditionen des Pentateuch oder der anderen Geschichtsbücher handelte, sondern um die Psalmen aus dem Komplex der früher in der Religionspädagogik wenig beachteten »Schriften«. Diese Neuentwicklung ist Verdienst Baldermanns. Ziel Baldermanns ist es, Begegnungen zwischen den Kindern und den Worten der Bibel herbeizuführen, in denen ein Dialog beginnt.[57] Dazu wird aufseiten des lernenden Subjekts nicht nur das Kognitive, sondern auch das Emotionale erschlossen. Die Arbeit mit den Psalmen ermöglicht den Kindern eine Wahrnehmung und Versprachlichung ihrer Gefühle, ohne sich selbst zu sehr zu entblößen. Mit den Psalmen bleibt man nahe an den Erfahrungen der Kinder, ohne sich in historische Abstraktionen zu entfernen. In der Begegnung mit Sätzen wie »Ich bin wie ein zerbrochenes Gefäß« (Ps 31) suchen die Kinder nach Assoziationen aus ihrem Erfahrungsbereich, sie tauchen gleichzeitig in die Sprache der Bilder ein und erfahren Freude an Reflexion und Gespräch. Die Arbeit mit den Psalmen ist ebenso elementar für die Identitätsentwicklung wie für das Verstehen anderer biblischer Texte, etwa der Evangelien, die erzählen, wie sich Trauer in Freude und Verzweiflung in Zuversicht wandelt. Die Arbeit an den Psalmen erlaubt eine unmittelbare Leseweise und bietet ein

---

[54] *Baldermann*, Einführung Bibel (s. Anm. 5), 32–34.

[55] *Baldermann*, Einführung Bibel (s. Anm. 5), 34–59.

[56] *C. Kalloch / B. Kruhöffer*, Das Alte Testament »unmittelbar« erschließen? Kritische Anfragen an die bibeldidaktische Konzeption Ingo Baldermanns, in: Loccumer Pelikan 2/2001, 59–64, hier 59.

[57] *Baldermann*, Biblische Didaktik (s. Anm. 5), 9 und 29f.

komplementäres Gegenüber zum Narrativen – und ist heute fest im Religionsunterricht etabliert.[58]

(4) Vom einseitigen zum vielfältigen Gottesbild: Im Diskurs wird immer wieder die Problematik geschildert, dass Leser des Alten Testaments, vornehmlich auch Religionslehrkräfte, nur ein Gottesbild im Alten Testament kennen, das überwiegend als gewalttätig, willkürlich und im Gegensatz zum Neuen Testament stehend erlebt wird.[59] Hier bieten sowohl die akademische Religionspädagogik als auch die Orientierungsliteratur in Form von Lehrplänen und Kinderbibeln eine bereichernde Vielfalt an, die sich auch aus einer verbreiterten Textbasis (s. o. 5., Punkte 1–3) ergibt. Es kommen klassische und neuere personale (Hirte, König, Richter, Vater, Krieger, Begleiter), apersonale (Hauch, Sonne, Burg), dynamische (Gott lernt dazu) und weibliche (Mutter, Tiermutter) Bilder zum Ausdruck. Martina Steinkühler versteht ihre Kinderbibel in diesem Sinn auch als Angebot verschiedener Bilder von Gott, so enthält das Alte Testament »Geschichten von Gott als dem Großen Begleiter« sowie als dem »Großen Befreier«, »König der Könige«, »Schöpfer« und »Richter«.[60] Auch im Religionsunterricht ist diese Ebene Gegenstand der Reflexion: Gemäß bayerischem Lehrplan für die 5. Klasse Gymnasium nehmen die Schüler »Vielfalt und Vielstimmigkeit biblischer Texte«, auch im Hinblick auf »Spannungen im Gottesbild« wahr, Inhalte dazu sind: »Gott als Befreier, Begleiter, Wegweiser, Gott sucht die Beziehung zu den Menschen (Offenbarung, Bund), Gott schützt den Menschen gegenüber fremden Machtansprüchen«, aber auch »Schwierigkeiten, Probleme, Anfragen in Bezug auf Gott, z.B. aufgrund von Erfahrungen mit Leid und Bösem, aufgrund der Unsichtbarkeit Gottes«.[61] Die Gütersloher Erzählbibel erklärt: »In der Erzählbibel findest du deshalb ganz viele Bilder für Gott. [...] Gott lässt sich nie auf ein Bild festlegen« und ergänzt: »die Verwendung weiblicher Gottesbilder [ist] unbedingt notwendig, damit auch Mädchen eine Chance erhalten, sich in eine ungebrochene Beziehung zum Göttlichen zu stellen, eigenes Identifikationspotenzial an die göttliche Gestalt heranzutragen.«[62]

---

[58]   Vgl. etwa http://www.lehrplanplus.bayern.de/ (21.11.2016) und das Themenheft »Psalmen geben Sprache« der Zeitschrift Grundschule Religion 56/2016.

[59]   Vgl. *Fricke*, »Schwierige« Bibeltexte (s. Anm. 5), 423; *Johannsen*, Arbeitsbuch (s. Anm. 5), 43f.

[60]   *Steinkühler / Nascimbeni*, Die neue Erzählbibel (s. Anm. 9), 239–241.

[61]   Evang. Religionslehre 5 Lernbereich 3, http://www.lehrplanplus.bayern.de/fachlehrplan/gymnasium/5/evangelische-religionslehre (21.11.2016).

[62]   *Klöpper / Schiffner*, Erzählbibel (s. Anm. 9), 5 und 383.

6.   HISTORISCHE, KANONISCHE UND SUBJEKTIVE HERMENEUTIKEN

Der hermeneutische Umgang mit dem Alten Testament ist im religionspädagogischen Diskurs nicht mehr allein durch den entstehungsgeschichtlichen Zugang, sondern durch zwei weitere Perspektiven geprägt, die kanonische Herangehensweise und die Betonung des Subjektiven auf der Verständnis- und Erzählebene.

(1) Alttestamentliche Texte sind wie die neutestamentlichen weiterhin historisch einzuordnen. Die historisch-kritische Methode ist fundamentaler Bestandteil der Lehrerbildung. Bibeltexte sind im Religionsunterricht im Hinblick auf ihren Entstehungszusammenhang zu erschließen – klassisch ist etwa die Erläuterung von Gen 1 auf der Kontrastfolie des babylonischen Exils und Schöpfungsepos bereits in der 5. Klasse.[63] Schüler höherer Klassen »erläutern Fragestellungen der historisch-kritischen Exegese und wenden deren Methodik in Ansätzen auf einen Bibeltext an«.[64]

(2) Diese Herangehensweise wird in den letzten Jahren ergänzt durch die aus der alttestamentlichen Exegese rezipierte Kanonorientierung, die nach der vorliegenden, überlieferten Gestalt (vgl. Dtn 4,2) und deren theologischer Bedeutung fragt. Sie ist zugleich ein Aufnehmen von Impulsen aus der jüdischen Schriftauslegung und umfasst Bezüge zur dreiteiligen Gestalt des Tanach (vgl. Dtn 34,10–12; Mal 3,22–24; 2 Chr 36,22–23) und »Leitwörtern« (M. Buber),[65] die ein wesentliches Strukturmerkmal des innerbiblischen Dialogs bilden.[66] Die kanonische Auslegung ist damit zugleich intertextuelle Exegese.[67] Zum einen fragt sie, wie einzelne Texte und Traditionen im Laufe der Überlieferungsprozesse gelesen, neu interpretiert und weitergeschrieben wurden (z. B. Exodustradition in 1 Kön 11f.; Jes 43 und 51; Ps 78 und 136). Zum anderen versteht sie dies als einen Kommunikationsvorgang von Texten miteinander, der sich bereichernd auf das Verständnis des Alten Testaments auswirkt (vgl. z. B. die »Reue« Gottes in Gen 6,6 und Jona 3,7ff.).

(3) Problematisierung der Fragmentarisierung und Aufnahme von Ganzschriftlektüren: Martina Steinkühler und Mirjam Zimmermann sehen einen Zusammenhang zwischen der heutigen Desorientierung und Unkenntnis bei

---

[63]   Vgl. *Berg*, Altes Testament unterrichten (s. Anm. 5), 33f. und 42.

[64]   Evang. Religionslehre 10 Lernbereich 3, http://www.lehrplanplus.bayern.de/fachlehrplan/gymnasium/10/evangelische-religionslehre (21.11.2016).

[65]   Die fünf Bücher der Weisung. Verdeutscht von Martin Buber gemeinsam mit Franz Rosenzweig, Stuttgart 1992, Anhang zur Übersetzung der Schrift, 15: »Unter Leitwort ist [...] ein Wortstamm zu verstehen, der sich innerhalb eines Textes, einer Textfolge, eines Textzusammenhangs sinnreich wiederholt: wer diesen Wiederholungen folgt, dem erschließt oder verdeutlicht sich ein Sinn des Textes oder wird auch nur eindringlicher offenbar.«

[66]   Vgl. *Baldermann*, Einführung Bibel (s. Anm. 5), 268.

[67]   Vgl. *Schambeck*, Didaktik (s. Anm. 5).

Schülern gegenüber biblischen Texten allgemein und dem selektiven und zusammenhangslosen Heranziehen von Einzeltexten.[68] Bernd Schröder kritisiert ähnlich, aber nun mit Bezug auf das Alte Testament, dass sich »weder Religionsunterricht noch Bibeldidaktik« mit der »Erschließung einzelner Textcorpora (Kompositionszusammenhänge oder Bücher) wie etwa der Tora, geschweige denn des *Kanons* des sog. Alten Testaments« befassen, vielmehr würde bearbeitet, »was aus der Perspektive christlicher Theologie als ›elementar‹ erscheint und bestimmten als wichtig erachteten Themen wie der Geschöpflichkeit des Menschen (Genesis), ›Freiheit‹ (Exodus), ›Sozialkritik bzw. Gerechtigkeit‹ (Prophetie) oder ›Theodizee‹ (Hiob) [...] geschichtliche Tiefenschärfe und normative Aufwertung sichern kann«.[69] Schröder fordert deswegen das Lernen an der Tora und ihren Paraschot (s. o.) und Steinkühler formuliert, es müsse für die Bibeldidaktik insgesamt das Ziel sein, »Zusammenhänge herzustellen, Gemeinsamkeiten einzelner Geschichten immer wieder herauszustellen, bis ein Netz, ein Gewebe entsteht (das trägt)«.[70] Zur »methodisch angeleiteten Ganzschriftlektüre«, wie sie etwa Zimmermann fordert,[71] gibt es bereits eindrückliche Studien, aufgrund deren Ergebnisse Christian Dern dafür wirbt, Ganzschriften für jedes Schuljahr aufzunehmen (5: Gen, Mt; 6: Ex, Mk; 7: Ri, Lk; 8: Hos, Joh; 9: Hiob, Apg; 10: Dtn, Röm; 11: Gen, Petr; 12: Jos, Offb, sowie die Psalmen in fortlaufender Lektüre von Klasse 5 bis 12 mit Schülerbeteiligung).[72]

(4) Von Tatsachenberichten zum subjektiven Erzählen: Wie der vorherige Punkt ist auch dieser nicht grundsätzlich alttestamentlich, gewinnt jedoch im Umgang mit dem Alten Testament große Bedeutung, weil es im Alten Testament so viele Erzählstoffe gibt. Bereits Berg wendet sich gegen den »unkritisch-normativen« Gebrauch der Bibel im Religionsunterricht, etwa wenn in der Grundschule biblische Erzählungen wie »Tatsachenberichte« behandelt werden (etwa: »Jhwh verzeiht dem Volk seinen Abfall«). Dies sei didaktisch und hermeneutisch fragwürdig, weil es »die Geschichtlichkeit der Texte nicht ernst nimmt [...] und damit ihre Dynamik lahm legt«.[73] Die historisch-kritische Exegese selbst nötigt zu dieser Einsicht und macht deutlich, dass die Texte immer als Ausdruck eines Bekenntnisses zu Gott zu verstehen sind, die neuen Glauben wecken wollen.

---

[68]   *M. Steinkühler*, Von einer Verfremdungs- und Fragmentendidaktik zu einer Fremdsprachendidaktik der Ganzschrift Bibel, in: K. Finsterbusch (Hrsg.), Bibel nach Plan? Biblische Theologie und schulischer Religionsunterricht, Göttingen 2007, 174–182, hier 176–180; *M. Zimmermann*, »Die ganze Genesis lesen?!« Ganzschriften im Religionsunterricht in Bezug auf die Thora, in: ZPT 67 (2015), 179–186, hier 179.

[69]   *Schröder*, Toradidaktik (s. Anm. 25), 126.

[70]   *Steinkühler*, Fremdsprachendidaktik (s. Anm. 68), 176.

[71]   *Zimmermann*, Ganzschriften (s. Anm. 68), 179.

[72]   *C. Dern*, Dialogische Bibeldidaktik. Biblische Ganzschriften des Alten und Neuen Testaments in den Sekundarstufen des Gymnasiums – ein unterrichtspraktischer Entwurf, Kassel 2013, 206f.

[73]   *Berg*, Grundriss (s. Anm. 5), 32.

Steinkühler entwickelt die Bibeldidaktik Bergs weiter. Sie geht davon aus, dass die biblischen Geschichten für Schüler nicht von selbst lebensrelevant sind und es keinen Sinn habe, Schüler aufzufordern, die Geschichten »einfach zu glauben«. Die Gefahr bestehe, dass die Schüler diese »wie geschlossene Gefäße ins Regal« stellen.[74] Wenn heute Kinder insgesamt zum Prüfen und Nachfragen erzogen und ermuntert werden, muss man sich umstellen und ihnen etwas anderes bieten. »Wir werden üben, sie anders zu erzählen als gewohnt: subjektiv und deutlich und offen.«[75] Konkret heißt das, nach dem Muster zu erzählen: »Es ereignete sich ... – und die Menschen sagten: ›Das war Gott!‹«[76] Dieses Programm setzt Steinkühler in ihrer Erzählbibel um, indem sie nicht in der Reihenfolge des (christlichen) Kanons, sondern entstehungsgeschichtlich vorgeht und die älteren Glaubenstraditionen zuerst erzählt, damit sich die jüngeren Überlieferungen besser verständlich machen lassen, also die Schöpfungserzählungen durch die Glaubenserfahrungen Israels. Für das Alte Testament ergibt sich die Reihenfolge: Erzeltern, Exodus, Samuel- und Königebücher, Urgeschichte und Hiob sowie Jona und Jesaja.[77] Wenn Steinkühler bewusst »subjektiv« erzählt, ist Gottes Sprechen und Handeln bei ihr immer eingebettet in den Glauben der Menschen.[78] Dass es Gott ist, der beispielsweise zu Abraham »spricht«, ist bereits eine Deutung. Man könnte das auch anders sehen, so wie (bei Steinkühler) Hagar, die meint, Abraham habe nur geträumt, dass Gott ihn gerufen habe.[79] Ähnlich geht Nico ter Linden vor, der zum Beispiel Tora und Nebiim jeweils mit einer Rahmengeschichte in der Exilzeit beginnen lässt, in der Zeit, in der die Geschichten aufgeschrieben wurden, und so werden gerade die theologischen Bedeutungen der Texte für diese Generation sehr plastisch, so wird etwa Jakobs Traum (Gen 28) auf dem Weg ins Exil genau am Jabbok erzählt.[80] Freilich ergeben sich dadurch auch Risiken, aber diese sind vertretbar, solange sie theologisch reflektiert werden. In der Praxis ist es gut, zwischen verschiedenen Ansätzen wechseln zu können. Das Gegenmodell bietet etwa die Gütersloher Kinderbibel, die keine Umstellungen vornimmt und dem Kanon (des Tanach) folgt: Dies »bedeutet zugleich ein Ernstnehmen derjenigen, die die Texte in der uns vorliegenden Gestalt komponiert haben«,[81] was den Kreis zur oben behandelten kanonischen Herangehensweise schließt.

---

[74] *M. Steinkühler*, Bibelgeschichten sind Lebensgeschichten. Erzählen in Familie, Gemeinde und Schule, Göttingen 2011, 16.

[75] *Steinkühler*, Bibelgeschichten (s. Anm. 74), 32.

[76] *Steinkühler*, Bibelgeschichten (s. Anm. 74), 33.

[77] Vgl. *Steinkühler / Nascimbeni*, Die neue Erzählbibel (s. Anm. 9), 239–241.

[78] *Steinkühler / Nascimbeni*, Die neue Erzählbibel (s. Anm. 9), 245.

[79] *Steinkühler / Nascimbeni*, Die neue Erzählbibel (s. Anm. 9), 10.

[80] Vgl. *ter Linden*, König auf einem Esel (s. Anm. 9), 6f., 120f. und 9f.

[81] *Klöpper / Schiffner*, Erzählbibel (s. Anm. 9), 378.

7. MIT FREMDHEIT UND PROBLEMATISCHEM ARBEITEN

Die »heilsame Erfahrung, kritische Kraft und verändernde Dynamik« des Alten Testaments (Berg) und die dort enthaltenen elementaren Sprachformen, in denen Gott redet oder in denen Menschen zu und von Gott reden (Baldermann), machen das Alte Testament für religionspädagogische Kontexte attraktiv. Wie aber steht es mit dem Fremden, dem Problematischen, etwa mit der Gewalt, die Gott Menschen und Menschen einander antun? Zunächst (s. o. 3.) sind sie in erster Linie als »Hindernis« für einen Zugang zum Alten Testament verstanden worden. Mittlerweile haben sich im Diskurs Differenzierungen im Umgang mit »schwierigen« Texten ergeben, die sich zu sechs Argumentationsebenen ordnen lassen.

(1) Die schwierigen Texte sind für Kinder ungeeignet und haben in der (Grund-)Schule keinen Platz – das entwicklungspsychologische Argument: In der akademischen Religionspädagogik vertritt zum Beispiel Christina Kalloch diesen Ansatz: »Zu vermeiden sind in der Phase der Erstbegegnung mit dem Gott des Alten Testaments inkongruente Botschaften«, so etwa die Sintfluterzählung, die Tötung der ägyptischen Erstgeborenen und die Rettung am Schilfmeer.[82] Eine Variante ist das ändernde Beibehalten der Texte. So schreibt Wilfried Pioch in seiner Kinderbibel Stellen, die nicht dem Kriterium des »liebenden Gottes« entsprechen, »passend« um: In der Sinfluterzählung erhalten bei ihm *alle* Menschen eine Einladung in die Arche, die sie jedoch ausschlagen.[83] Das Bedrohliche an der Geschichte, der Vernichtungsbeschluss Gottes, verschwindet dadurch (scheinbar). Die zugrundeliegende Motivation ist, die positive Botschaft der Bibel, besonders für Kinder, nicht durch das Negative verstellen zu lassen. Wenn Kinder nicht genug Distanz zu einem bedrohlichen Motiv aufbauen können, oder wenn sie, auch unter religionspädagogischer Anleitung, nicht in der Lage sind, es aus einer anderen als der eigenen Perspektive wahrzunehmen, wird es im Diskurs, und das heißt auch in der Lehrplangestaltung[84] als möglich angesehen, auf solche Texte in der Grundschule zu verzichten.

(2) Die schwierigen Texte sind generell ungeeignet und stehen einer lebenszugewandten Religion im Weg (theologisches und ethisches Argument): Auch erwachsene Christen, darunter Lehrkräfte und Verantwortliche in der gemeindlichen Arbeit mit Kindern, haben Schwierigkeiten, etwa mit Gottes Tötungshandeln in einem so zentralen Text wie dem Exodusbuch – und zwar bereits für sich persönlich: »Das Erschrecken über die ›Grausamkeit‹ Gottes, die Ungerechtigkeit, die so viele Unschuldige trifft.« – »Es fällt mir in beiden Fällen [Ex 12

---

[82] *Kalloch / Kruhöffer*, Kritische Anfragen (s. Anm. 56), 225, 249, 262.

[83] Vgl. *W. Pioch*, Die Neue Kinderbibel. Mit Kindern von Gott reden, Hamburg 8 1998, 9 und 19f.

[84] Der Grundschullehrplan verzichtet auf Gen 6–9, http://www.lehrplanplus.bayern.de/ (21.11.2016).

und 32] nicht leicht, das archaische Gottesbild mit seinen z. T. rachsüchtigen Charakterzügen zu akzeptieren als die ›dunkle Seite Gottes‹.«[85] Gerade weil das Alte Testament so viele Gewaltdarstellungen enthält, ist die Frage nicht unberechtigt, ob es ohne diese nicht besser zu den Bildungszielen einer modernen, freiheitlichen Gesellschaft, also zur »Aufgeschlossenheit für alles Wahre, Gute und Schöne«[86] passen würde, gerade wenn sich das Fach Religionsunterricht darum bemüht, im Fächerkanon der Schule akzeptiert zu sein.

(3) Die schwierigen Texte sind Teil des Alten Testaments – ohne sie entstünde ein Zerrbild (theologisches und religionspädagogisches Argument): Ein Gedankenexperiment von Jonathan Magonet malt aus, dass eine Bereinigung des Tanach nur Ps 23, Rut und wenige Erzählungen der Genesis übriglassen würde.[87] Die Vielfalt des Alten Testaments wäre verschwunden. Somit gehört es auch zur Verantwortung im Tradieren, missliebige Texte nicht einfach zu eliminieren, sondern sie aus Respekt vor zukünftigen Generationen weiterzugeben. Da die fraglichen Texte Teile der biblischen Wirklichkeit sind, folgt daraus, dass sie sich auch religionspädagogisch nicht auf Dauer »verstecken« lassen, denn die Kinder werden an anderen (Lern-)Orten oder zu einem anderen Zeitpunkt auf sie stoßen. Somit ist es grundsätzlich sinnvoll, die anstößigen Texte in einer religionspädagogisch verantworteten (Erst-)Begegnung fruchtbar zu machen. In Bezug auf »dunkle« Gottesbilder wäre darauf hinzuweisen, dass, insofern der biblische Gott in die Geschichte eingreift, befreit und die »Bösen« bekämpft, er sich angreifbar macht. Er ist Gott im *Fragment*, nicht frei von Unrecht und Schuld (Gen 6–9; Ex 12; Hiob 9,21f.24), oder wie es die Gütersloher Erzählbibel ausdrückt: »Und dieser Gott, der sich parteilich auf die Seite der Schwächsten stellt, ist nicht einfach ›lieb‹ und damit harmlos und machtlos. Gottes Eintreten für die Schwächsten zeigt ihn als Mächtigen, der sich auch des Mittels der Gewalt bedient, wo es nötig ist, um den Schwachen zu ihrem Recht zu verhelfen.«[88] Das *Sich-Befassen* mit den »dunklen Seiten« darf im Bewusstsein der *Vielstimmigkeit* geschehen. Nicht alle Texte sind gleich wichtig. Es ist legitim und notwendig, einen *Kanon im Kanon* zu suchen und »dunkle« Stellen von den »hellen« her zu lesen. Gleichzeitig gehört es zur Einübung in den Glauben, die eigenen Bilder über Gott immer neu infrage zu stellen und zu lernen, dass *Gott größer als alle Bilder* ist: »Ich werde sein, der ich sein werde« (Ex 3,14).

(4) Die Welt und Menschen sind nicht »heil« – sie »brauchen« die »unheile« Welt der Bibel: Dieses Argument macht die Gütersloher Erzählbibel stark: »Keine ›Heile-Welt-Bibel‹ – warum wir Gewalt nicht verschweigen: In unserer Erzählbi-

---

85 *Fricke*, »Schwierige« Bibeltexte (s. Anm. 5), 499f.

86 Sie ist eines der »oberste[n] Bildungsziele« in Art. 131,2 Verfassung des Freistaates Bayern, http://www.lehrplanplus.bayern.de/bildungs-und-erziehungsauftrag/grundschule (21.11.2016).

87 Vgl. *J. Magonet*, Wie ein Rabbiner seine Bibel liest, Gütersloh 1994, 143.

88 *Klöpper / Schiffner*, Erzählbibel (s. Anm. 9), 383.

bel sind bewusst nicht nur ›schöne‹ Texte wiedergegeben, nicht nur Geschichten erzählt, die eine idyllische ›Heile-Welt‹ zeichnen. Ein Verschweigen der Texte, die von Gewalt sprechen, wird unserer Ansicht nach nämlich weder der Bibel noch den Erfahrungen heutiger Jungen und Mädchen gerecht. Biblische Texte erzählen von Gewalt, sie verarbeiten Gewalt und sie kritisieren sie. Wenn wir all das Kindern vorenthalten, tun wir damit in zweifacher Weise Unrecht: Zum einen ist die Welt der Bibel verzerrt dargestellt, wenn sie zur ›heile-Welt-Idylle‹ verzeichnet wird – zum anderen gilt: Kinder, die selbst Gewalterfahrungen haben, können sich in einer Heile-Welt-Bibel nie wiederfinden!«[89] Die hier angesprochenen *elementaren Erfahrungen* können jedoch auch in eine andere Richtung gehen: Kinder erleiden Böses, aber sie wissen auch, wenn sie selbst böse handeln. Das Böse erfüllt eine wichtige Funktion in der Entwicklung des Kindes. Kinder identifizieren sich zumindest zeitweise auch in biblischen Erzählungen mit dem/den Bösen. Deswegen ist es für sie von Interesse, wie Gott in den Geschichten handelt und mit dem Bösen – auch in sich – umgeht. Was ist von einem gewalttätigen Gott zu lernen? Ist er nicht das Ende aller Ethik? Manche biblischen Texte dienen nicht der Nachahmung, sondern der *Stellungnahme* und *Gewissensschärfung*, wodurch Schüler Schritte zur persönlichen, intellektuellen und moralischen Reife machen. Im Hinblick auf einen »dunklen« Text der Grundschule, Gen 6–9, bedeutet das zu fragen: Wie ist es, zornig zu sein, den Zorn in die Tat umzusetzen, hinterher zu bereuen, sich zukünftig anders zu verhalten? Auch auf der theologischen Ebene lässt sich lernen: »Dunkle« Texte irritieren, erlauben Neuentdeckungen und Infragestellungen des bisher Bekannten. Eine Zweitklässlerin äußert sich zur Sintfluterzählung: »Alle sagen doch immer der ›liebe Gott‹, aber warum macht er dann so ein Unwetter, Mensch!«[90] Auf diese Weise wird ein theologischer Lernprozess und die Einübung in eine notwendige Fragehaltung angesichts von Leid und Unrecht in der Welt ausgelöst. Böses in der Gottesvorstellung kann Schüler dazu herausfordern, Stellung zu nehmen und Alternativen zu suchen. Überraschende Entdeckungen lassen sich machen: Gott *verändert* sich, erkennt, dass Vernichtung keine Lösung bringt, und verspricht, das Leben zukünftig zu bewahren (Gen 8,21f.). Kinder können schwierige Texte also nicht nur als Hinweis auf den Gott, der die Welt erhält, kennenlernen, sondern erfahren, dass es verschiedene Umgangsmöglichkeiten mit dieser biblischen Geschichte gibt. Eine davon ist die Erlaubnis, sich gegenüber dem hier ambivalent erscheinenden Gott zu distanzieren und seine Handlungsweise zu kritisieren.

(5) Die Wahrnehmung der Abständigkeit und Fremdheit biblischer Texte: Alttestamentliche Bibeldidaktik möchte die Texte zwar nahebringen, aber nicht im Sinne von »alten« Bekannten. »Sie sollen vielmehr als Gegenüber ihr eigenes Recht behalten.«[91] Biblische Texte haben in ihrer Fremdheit gerade ein Potential:

---

[89]   *Klöpper/Schiffner*, Erzählbibel (s. Anm. 9), 387.
[90]   *Fricke*, »Schwierige« Bibeltexte (s. Anm. 5), 438.

»Biblische Texte bzw. Gestalten sind aufgrund ihrer Fremdheit, ihrer Abständigkeit eine Alternative gegenüber aktuellen Musik- und Leinwandidolen. Sie verbieten vorschnelles, unhinterfragtes Übernehmen von Verhaltensmustern – dazu sind sie viel zu deutlich von ›unserer Welt‹ abgesetzt. Sie fordern vielmehr dazu auf, sich selbst im Gespräch mit ihnen zu positionieren.«[92]

(6) Möglichkeit des Fort-, Dagegen- oder Neuschreibens: Hier geht es darum, dass Schüler die *Freiheit* im Umgang mit der Tradition erfahren. Dies setzt voraus, dass die Schüler keine geglättete Version (s. o. Pioch), sondern das »Original« vor sich haben und somit die Chance bekommen, sich damit auseinanderzusetzen. Dann kann es gelingen, dass die Schüler in der Sekundarstufe nicht ihre Verstehensweisen aus der Kindheit »abtun« und damit auch die Inhalte beiseiteschieben, sondern umgekehrt die frag-würdigen Inhalte in ihren Glauben integrieren.

8. Bilanz

Das Alte Testament hat einen festen, »würdigen« Platz in der Religionspädagogik und der Umgang mit ihm ist im Wesentlichen angemessen. Dieser hat sich auf programmatischer Ebene deutlich verändert, wenn man als Vergleichspunkt die Religionspädagogik vor 100 bis 50 Jahren heranzieht. Es gibt Sensibilität im Hinblick auf den Namen »Altes Testament«, wenn auch keine Lösung. Es hat sich etabliert, von der Vielfalt der Gottesbilder im Alten Testament zu sprechen. Der Gewaltdiskurs wird kritisch und differenziert wahrgenommen. Das Bewusstsein für den Charakter der Texte als Glaubens- und Bekenntniszeugnisse ist vorhanden. Bei der Textauswahl werden alle drei Teile des Tanach berücksichtigt und die vielfältigen Gattungen miteinbezogen. Die Wahrnehmung der Fremdheit verhilft dazu, sich zu distanzieren, aber auch sich zu öffnen.

Die heutige Bedeutung des Alten Testaments für die Religionspädagogik erweist sich (1) auf spiritueller Ebene, insofern das Dasein vor Gott in Form von Lob und Dank, Klage und Bitte an die alttestamentlichen Sprechmuster anknüpfen kann, auch im Bewusstsein, dass Jesus und die ersten Christen diese pflegten, und (2) auf theo-logischer Ebene, insofern vielfältige Gottesbilder, personaler und nicht-personaler Art, als Reichtum begriffen und die Einheit zwischen Neuem und Alten Testament in den Gottesbildern wahrgenommen werden.

Generell ist der Umgang eingebettet in ein Verständnis des Bibellesens als einem rezeptiven und subjektiven Prozess, der nicht eine direkte Anwendung gemäß einer erkannten Rezeptur sucht, sondern die Texte des Alten Testaments wie die des Neuen als Räume begreift, in die man eintreten kann, um sich durch sie anregen oder annehmen zu lassen.

---

[91] *Klöpper/Schiffner*, Erzählbibel (s. Anm. 9), 378.
[92] *Klöpper/Schiffner*, Erzählbibel (s. Anm. 9), 381.

Ein Desiderat bleibt sicherlich die weitergehende Verankerung all dieser Erkenntnisse und Haltungen in der religionspädagogischen (Diskurs-)Gemeinschaft in Universität und Schule. Einen Anstoß in diese Richtung könnte eine Stellungnahme seitens der schulischen Religionspädagogik bieten, wie sie bereits aus Sicht der gemeindlichen Religionspädagogik vorliegt.

Was den Zugang zum Alten oder Ersten Testament betrifft, bleibt eine Unsicherheit bestehen. Durch die sachlich notwendige multiperspektivische Hermeneutik ergibt sich eine gewisse Kompliziertheit für den Lese- und Aneignungsprozess in christlicher Bildung und Erziehung. Viele Texte des Alten Testaments lassen sich zweifellos unmittelbar auf persönlicher Ebene, d. h. spirituell und verhaltensbezogen, oder auf reflektierter Ebene im gesamtbiblischen Rahmen theologisch und ethisch rezipieren. Aber es gibt auch Texte, die so sehr auf ihren Ursprungskontext bzw. auf das Jüdisch-Sein bezogen sind, dass ein Umweg gegangen werden muss, etwa über eine Toradidaktik mit anschließender existentieller Abstraktion oder im Rahmen der dialektischen Einheit von Altem und Neuem Testament: Eine bestimmte Textstelle redet uns nicht an, ist jedoch Teil unserer Bibel aufgrund der Entscheidung unserer »Gründer« und wir tragen das mit. Diese Dialektik ist zuweilen unbefriedigend, und dass wir uns ihrer Sinnhaftigkeit immer wieder neu vergewissern müssen, ist, wie die Slenczka'sche Provokation gezeigt hat, anstrengend.[93] Gleichwohl steht sie im Zusammenhang mit der Erfahrung, dass auch Texte des Neuen Testaments aus unterschiedlichen Gründen nicht »zu uns« sprechen. Auch hier erleben wir die Bindung an die Texte aus der Vergangenheit als mühsam, aber zugleich als lohnend. Die alttestamentlichen Texte sagen etwas, was wir nicht zu sagen vermögen. Jenseits der theologischen Begründung ist es letztendlich die *Liebe* zu diesen Texten, die uns – Seite an Seite mit dem Judentum – dazu motiviert, diese mit jeder Generation neu zu teilen.

---

[93] Am Ende nahm Slenczka seine ursprüngliche Aussage – geräuschlos – zurück: *N. Slenczka*, Differenz tut Not. Systematische Erwägungen über das Alte Testament, in: Zeitzeichen 16,6 (2015), 8–12, hier 8: »Und niemand fordert, dass das Alte Testament nicht mehr im Gottesdienst gelesen und dass nicht mehr über dasselbe gepredigt wird – jedenfalls ich nicht.«

REGISTER

MODERNE AUTOREN

Bibelstellen

AUTORENVERZEICHNIS

DEEG, Alexander, Dr. theol., Professor für Praktische Theologie an der Theologischen Fakultät der Universität Leipzig.

DRECOLL, Volker Henning, Dr. theol., Professor für Kirchengeschichte mit Schwerpunkt Alte Kirche an der Evangelisch-Theologischen Fakultät der Eberhard Karls Universität Tübingen.

GERTZ, Jan Christian, Dr. theol., Professor für Alttestamentliche Theologie an der Theologischen Fakultät der Universität Heidelberg.

FRICKE, Michael, Dr. theol., Professor für Religionspädagogik und Didaktik des Religionsunterrichts am Institut für Evangelische Theologie der Universität Regensburg.

LAUSTER, Jörg, Dr. theol., Professor für Dogmatik, Religionsphilosophie und Ökumene an der Evangelisch-Theologischen Fakultät der Ludwig-Maximilians-Universität München.

OEMING, Manfred, Dr. theol., Professor für Alttestamentliche Theologie an der Theologischen Fakultät der Universität Heidelberg.

SCHWIENHORST-SCHÖNBERGER, Ludger, Dr. theol., Professor für Altes Testament an der Katholisch-Theologischen Fakultät der Universität Wien.

SLENCZKA, Notger, Dr. theol., Professor für Systematische Theologie an der Theologischen Fakultät der Humboldt-Universität zu Berlin.

SÖDING, Thomas, Dr. theol., Professor für Neues Testament an der Katholisch-Theologischen Fakultät der Ruhr-Universität Bochum.

WISCHMEYER, Oda, Dr. theol. Dr. h. c., emeritierte Professorin für Neues Testament am Fachbereich Evangelische Theologie der Friedrich-Alexander-Universität Erlangen-Nürnberg.

WITTE, Markus, Dr. theol., Professor für Exegese und Literaturgeschichte des Alten Testaments an der Theologischen Fakultät der Humboldt-Universität zu Berlin.

WRIEDT, Markus, Dr. theol., Professor für Kirchengeschichte am Fachbereich Evangelische Theologie an der Johann Wolfgang Goethe-Universität Frankfurt am Main.

Andreas Wagner
Jürgen van Oorschot (Hrsg.)

Individualität und Selbstreflexion in den Literaturen des Alten Testaments

Veröffentlichungen der Wissenschaftlichen Gesellschaft für Theologie (VWGTh) | 48

438 Seiten | Paperback | 15,5 x 23 cm
ISBN 978-3-374-04904-2
EUR 56,00 [D]

Die Projektgruppe Anthropologie des Alten Testaments der Wissenschaftlichen Gesellschaft für Theologie hat sich in zwei internationalen Symposien in Wittenberg 2015 und 2016 mit den anthropologischen Grundthemen der Individualität und der Selbstreflexion befasst. Der vorliegende Sammelband umfasst den Ertrag dieser Symposien. Im ersten Teil stehen übergreifende Beiträge zur Konstitution von Individualität, zu persönlicher und kollektiver Identität und zum Zugang zu Individualität von Texten und Bildern im Mittelpunkt. Im zweiten Teil folgen Aufsätze mit Fragestellungen aus den einzelnen Literaturbereichen des Alten Testaments zum Thema der Individualität und Selbstreflexion (Pentateuch, Propheten, Psalmen und Rechtsüberlieferung). Ein Literaturverzeichnis schließt den Band ab.

EVANGELISCHE VERLAGSANSTALT
Leipzig www.eva-leipzig.de

Tel +49 (0) 341/ 7 11 41 -44   shop@eva-leipzig.de